Kenkyusha Dictionary of
English Language
Learning and Teaching
[New Edition]

# 新編
# 英語教育
# 指導法事典

米山朝二 著

研究社

Copyright © 2011 by Asaji Yoneyama

KENKYUSHA DICTIONARY OF
ENGLISH LANGUAGE LEARNING AND TEACHING
[New Edition]

PRINTED IN JAPAN

# はしがき

　『英語教育指導法事典』は，2003年の刊行以来，多くの方々にご活用いただき，著者として大変うれしく思います．
　しかし，目まぐるしく変わる世界の動きに呼応して，英語教育を取り巻く状況も激しく変化しています．また第2言語習得研究も大きな進展を遂げました．こうした変動にあわせて，わが『英語教育指導法事典』も改訂の必要が生じ，数年前から少しずつ作業を進めてまいりました．
　改訂作業は2010年の春から本格的に始め，旧項目の整理と新項目の選定および執筆に1年近く費やしました．利用価値の低い項目を取り去る一方で，新項目をできるだけ多く取り入れて，最終的に大小合わせて300以上の項目を新たに加えました．その結果，旧版に比べて，分量もかなり増加しています．そして旧項目の記述も全面的に見直し，必要に応じて加筆・修正を施し，アップデートをはかりました．
　本『新編　英語教育指導法事典』も，基本的に旧版の編集方針を踏襲し，英語教育全般を扱う使い勝手のよい事典をめざしています．しかし，本新編では，英語教育にとどまらず，外国語教育の理論的情報も盛り込みました．さらには指導技術を整理して，具体的かつ詳細に示しました．
　そして，編集上，以下の配慮もいたしました．

　・旧版の指導法に関する項目を適宜細分して，見出しとして示した．これによって，必要事項がさらに参照しやすくなったと思われる．
　・理論的な情報と容易に区別できるように，書名などの固有名詞に加え，具体的な活動名は，見出し語を斜字体で示した．
　・各項目の利用価値を高めるために，クロスレファレンス（相互参照）も大幅に増やした．
　（※以上については，「凡例」も参照）．

　『新編　英語教育指導法事典』は，実際に英語教育，外国語教育に携わる教師，指導者の他，大学で英語教育学を学ぶ学部生，英語教育，言語習得

を専攻する院生，さらには英語教育学，言語習得論に関連する領域を大学などで講じる研究者など，幅広い読者層を念頭において，編纂・執筆いたしました．授業の準備や研修のために，あるいは指導のヒントや手順を求めて，多くの読者に本書を参照していただけますことを願っております．

英語教育，第2言語習得理論の書物で出会う術語の内容および概念がいま一つ明白に理解できない場合も，ぜひ本書を開いて確認してみてください．その際，時間がある方は，お目当ての項目以外のところにも目を通してみてください．『新編　英語教育指導法事典』は「読む事典」もめざしており，そのような使い方によって，思わぬ発見も得られるはずです．

巻末には，旧版に続いて，指導案を収載いたしました．そして新編では新たに1名の方に執筆をお願いしました．各執筆者のお名前を，勤務先とあわせて，ここに感謝とともに記します．

　　　永村邦栄　　新潟県立新潟高等学校教諭
　　　杉山　敏　　長岡市教育委員会学校教育課指導主事
　　　高橋直彦　　新潟市教育委員会学校支援課指導主事
　　　竹内正宏　　新潟県立新潟南高等学校教諭
　　　山賀淑雄　　新潟県立巻高等学校教頭

改訂作業の開始以来，かなりの数の新刊書が刊行されました．本新編刊行にあたり，文字どおりいろいろな書物から恩沢を受けたことを，記してお礼を申し上げます．

そして本新編刊行にあたっても，研究社編集部の金子靖氏に，前回に続いて，大変お世話になりました．金子氏の強力な推進力と絶えざる温かい励ましなしに本書は存在し得なかったと改めて思い，ここに心より感謝申し上げる次第です．また，フリー編集者の小島和子氏にも，貴重なご指摘をいくつも賜りました．厚くお礼申し上げます．

英語学習と英語教育をめぐる環境が目まぐるしく変化する中で，本『新編　英語教育指導法事典』が教育の現場で多くの先生方に活用されますことを，心より願っております．

　2011年6月　　稲田を渡る薫風の中で　　　　　　　　　　　米山　朝二

# 目　　次

はしがき……………………………………………… iii
凡　　例……………………………………………… vi

## 新編　英語教育指導法事典 A〜Z ……… 1

|指導案1| 小学校英語（第5学年） ………………… 387
|指導案2| 小学校英語（第6学年） ………………… 389
|指導案3| 中学校1年 ……………………………… 393
|指導案4| 中学校2年 ……………………………… 396
|指導案5| 高等学校　コミュニケーション英語 I ……… 400
|指導案6| 高等学校　コミュニケーション英語 II …… 406
|指導案7| 高等学校　英語表現 I …………………… 408
|指導案8| 高等学校　英語表現 II ………………… 411
|指導案9| 高等学校　英語会話…………………… 415

主要参考文献………………………………………… 421
和英対照表…………………………………………… 443

# 凡　例

- 見出し語の配列は，語句をひとまとめにして考え，その上でアルファベット順にしてある．したがって，例えば，assessment of reading は assessment-of-reading, teacher cognition research は teacher-cognition-research と考えて，配列している．
- 文中の * 印は，それが見出し語となっていることを示す．
- 各項目内で他に参照されたい見出し語がある場合は，⇨をつけて書体を小型大文字（スモールキャピタル）で示した．例：⇨ SPEAKING.
- classroom English の実例になっている項目については，その語の見出し語と訳語のあとに，CE のマークを記した．CE のマークがついている項目は，classroom English の項にまとめて示した．
- 学説を引用した場合，次のような形で示した．例：(Ehrman. 1999), (米山. 2003). ただし，同じファミリーネームの著者がいる場合は，ファーストネームのイニシャルも示した．例：(Cook, V. 2008), (Ellis, R. 2005).
- 書名などの固有名詞に加え，具体的な言語活動そのものについては，その見出し語をイタリック体で示した．例：*contextual correction, Guess who, jigsaw task, information-gap filling activity, ranking exercise.*

新編　英語教育指導法事典

**absolute evaluation** 絶対評価

　あらかじめ設定した目標を達成したか，あるいは目標にどの程度近づいたかを測定し，その結果に基づいて行なわれる評価方法．個々の学習者の目標達成度を決定するのがねらいである．他の学習者との比較によって全体の中の相対的な位置を特定する相対評価（*relative evaluation）と対比される（⇨ NORM-REFERENCED TEST）．達成すべき目標として詳細な基準を定め，この基準に照らして客観的に信頼のおける公正な評価を行なう必要がある．このような評価基準に照らして得られたデータは教師にとって指導の効果，問題点を探る貴重な資料となり，その後の指導方法などの改善に活用することができる．また，個々の学習者に対しても，学習結果の検討とともに，その後の学習計画，学習法を決めるための指針を与える．しかし，明確な基準を設定せずに行なわれる絶対評価は，教師の主観に左右されることが多く，その結果は信頼のおけないものになる．⇨ CRITERION-REFERENCED TEST.

**Academic Word List** 学術語彙リスト

　学術的な目的に広く利用できる語彙リスト．Coxhead のリストは学術文献コーパスに基づいて選定された 570 語から構成されている．医学，経済学など専門分野に特定されない，どの分野にも共通的な学術基本語彙で，一般的な専門教養に必要とされる語彙を集中的に習得できる．このリストはさらに頻度順に 10 段階に分類されているため，活用性大である．一般的な基本語彙 2,000 語の基盤に立って，このリストを集中的に学習することで特に大学における教養課程の英語力の伸長が期待できる．(Nation. 2001) ⇨ VOCABULARY; EAP; ENGLISH FOR SPECIFIC PURPOSES.

**accent** アクセント

　① 地域，社会階層，年齢，教育的背景などによって異なった発音形．訛りの意．② 語，句，あるいは文中で他の音節より目立って聞こえる (prominent) 音節をアクセントのある音節という．アクセントのある音

節は，大きく (loud)，長く (long)，高く (high) 発音される．強勢 (*stress) と同義に用いられる．

## acceptability　容認性

特定の発話 (*utterance) を母語話者が可能，あるいは正常と見なす程度を指す．容認性はコミュニケーションが行なわれる場面，当事者の役割，コミュニケーションの目的などの要因の影響を受ける．また，自己埋め込み文 (e.g. The man the girl your son knew saw arrived.) は英語の文法に則した文法文 (grammatical sentence) であるが，理解過程に過度の負担をかけるために容認性が低くなる．容認性の程度を調べる検査を容認性テスト (acceptability test) と呼び，以下のように，容認されない文にはアステリスク (*)，また容認性の低い文には疑問詞 (?) を付す．*Each other couldn't be seen. / ?It was hoped to see them.

## Accessibility Hierarchy　関係節化の可能性の階層

Noun Phrase Accessibility Hierarchy とも言う．節内でどのような文法機能を持った名詞句が関係詞になりやすいかを示す階層．言語間に興味深い共通点が観察される．それは主節との接点として使われる語の種類によって決まってくる．関係節化の可能性の階層は，次のようになる．主語 ＞ 目的語 ＞ 間接目的語 ＞ 前置詞の目的語 ＞ 所有格 ＞ 比較目的語．言語によって階層のどの段階まで関係詞化を許すかが異なる．例えば，間接目的語を関係詞に置き換えることができる言語ならば階層の左の語はすべて関係詞にすることができるように，関係詞化の可能な項目を含む階層の左がすべて関係詞化が可能である．

第2言語 (*second language) として英語を学習する者 (⇨ ESL) にとっても左から右に順次学習の困難が増加する．しかし，所有格に関しては主語と目的語の間に来ることが確認され，母語習得者の順序に沿っていない．この階層が関係詞の指導順序にも大きな意味を持つ．左から順に教えることで，無理のない指導過程が展開できると通常考えられる．しかし，逆に，右辺にある項目を取り上げ，その仕組み，機能の理解を図ることで得られる認識が左辺の項目の理解を促すことになるので，わざわざ指導の場を設定する必要がなくなるとする主張もなされている (Cook, V. 1991)．⇨ PROJECTION HYPOTHESIS.

## Accommodation Theory　応化理論

言語使用に関する社会・心理学的モデル．第2言語使用者は，会話場面で相手の発音，話の速度，発話の長さ，ジェスチャーなどの言語的，非言語的特徴に対応して自己の発話を変化させる能力を持っている．相手の特徴により近づける収斂 (convergence) と，逆に違いをより際立た

せる分岐（divergence）がある．話し手が基準集団に対して持っている社会的・心理的な関係が言語使用に反映される．Giles などによって提唱された理論で，Speech Accommodation Theory とも呼び，さらにより広い社会的交流の非言語的特徴に適用されることから Communication Accommodation Theory と呼ばれることもある．

**acculturation　文化変容**

　　ある文化に所属する個人あるいは集団が他の文化集団との接触をとおして，その文化を取り入れて自文化を変化させ，新しいアイデンティティを築く過程を指す．文化は個人の生活習慣，言語のみならず，思考や世界観をも律しているだけに，文化変容は次のように複雑な段階を経る．① 第1段階：周囲の新しさに興奮し，喜ぶ．② 第2段階：異文化に対し拒絶感を持ち文化ショック（*culture shock）を感じる．③ 第3段階：自他の違いを一部受け入れて文化ショックから緩やかに回復する．④ 第4段階：新しい文化を受け入れて，その文化の中で成長した新しい自己像に自信を持つ．acculturation を自然な状況での第2言語習得（*second language acquisition）に適用した理論として，文化変容モデル（*Acculturation Model）が知られている．

**Acculturation Model　文化変容モデル**

　　第2言語習得（*second language acquisition）はその言語使用圏の文化をどの程度受容したかに影響され，文化に適応する度合いが高ければそれに応じるように第2言語の習得も進むとする理論で，Schumann によって提唱された（Schumann. 1978）．教室外の自然な言語習得場面で第2言語を習得する場合に適用される．学習者の文化変容を決定する要因は社会的距離（social distance）と心理的距離（psychological distance）の2種がある．社会的距離は目標言語集団の成員になり，彼らと接触する程度を表し，心理的距離は学習活動をどの程度楽しんでいるかの程度を表す．それぞれの距離を決定する要因はさらに細分される．社会的距離が小さいほど第2言語習得が促進される．⇨ ACCULTURATION.

**accuracy　正確さ**

　　言語の文法規則に則した正しい形式を備えている状態，またその程度．主として，話す，書くという産出スキルについて言うことが多いが，聞く，読むというスキルについても正確さの概念は強い関連性を持つ．CLT（*Communicative Language Teaching）では，実際的なコミュニケーション能力（*communicative competence）の養成を重視するため，文法的に正しい文を産出する正確さよりも，自分の意図を相手に伝える流ちょうさ（*fluency）を重んじる姿勢が強調されてきた．しかし，正確さと流

ちょうさを対立した概念と捉えることに重大な問題が潜むことを忘れてはならない．両者のいずれを欠いても言語を運用することができないからである．実際の言語使用では，場面によってどちらかが他方よりも強調されることは十分想定できる．これは使用域（\*register）に関連する．言語学習の場面では，正確さと流ちょうさの扱いは，正確さ優先，流ちょうさ優先，両者のバランスをとる，という3つの立場がある． ⇨ FLUENCY.

## achievement test　到達度テスト

一定期間に学習した内容がどの程度学習者に定着したかを測定するテスト．学校の中間，期末の定期テストはその1例である．受験者の現在の英語力を測定する熟達度テスト（\*proficiency test）と対比される．到達度テストは学習者にとって最も一般的なテストであるだけに，その作成と実施に際しては次の点に配慮したていねいな扱いが望まれる．① 一定期間に教えたことをテストの範囲にする．教えたことをすべてテストすることはできないので，授業で重点的に取り扱った事項がテストに反映するように内容を整理する．スピーキング活動（\*speaking activity）が授業で大きな比重を占める場合には，正規のテスト時間以外の時間を設定して行なう．② 問題形式を単純化する．テスト形式は一定しないが，問題はできるだけ単純にして，指示も分かりやすいものにする．③ 適切なテストの分量を用意する．時間内に大多数の生徒が終えるように計画する．リスニング・テストは，準備に要する時間もテスト時間に加えて計画を立てる．④ 配点は授業中に時間をかけて教えた重要な事項に多く配分する．個々の項目の配点は，それに要する時間，重要度などを勘案して決める． ⇨ CRITERION-REFERENCED TEST.

## acquisition　習得・獲得

ヒトが言葉を理解したり用いたりする能力を身につけていくさまざまな心的過程．Krashen は，自然な言語使用場面で入力（\*input）に接した結果生じる言語体系の内在化の過程を指すとし，学習（\*learning）と区別する． ⇨ INPUT HYPOTHESIS.

## Acquisition-Learning Hypothesis　習得—学習仮設　⇨ INPUT HYPOTHESIS.

## acquisition order / acquisition sequence　習得順序

第2言語学習者が異なった言語構造を習得する順序．動詞の屈折形に関して見れば，学習者の母語に関係なく，また指導の方法や順序にも左右されることなく，進行形の -ing → 規則動詞過去形の -ed → 3人称単数現在の -s のように一様な順序で習得されることを示す研究が多く発表されている． ⇨ DEVELOPMENTAL SEQUENCE; MORPHEME ORDER STUDY.

## ACTFL Proficiency Guidelines　ACTFL 外国語熟達度評定基準

ACTFL (= American Council on the Teaching of Foreign Languages) のもとで開発された外国語熟達度評定基準．4技能の言語運用能力について次の10段階の熟達度を設定し定義している．① Novice Low（初級者低），② Novice Mid（初級者中），③ Novice High（初級者上），④ Intermediate Low（中級低），⑤ Intermediate Mid（中級中），⑥ Intermediate High（中級上），⑦ Advanced Low（上級低），⑧ Advanced Mid（上級中），⑨ Advanced High（上級上），⑩ Superior（最上級）．各レベルとも求められる能力の詳細な記述がなされている．1例として，スピーキングの中級低レベルの記述を要約すれば，次のようになる．分かりやすい社会的場面の中で言語を工夫して用いて，少数の簡単なコミュニケーションの課題を行なうことができる．会話は対象言語文化圏で生きのびるために必要な具体的なやりとりと予測できるトピックに限られる．このトピックは自分自身，家族，日常活動，個人的な好みのような基本的な個人情報に加え，食事の注文や簡単な買い物をするなどのつねに必要な事柄に限られる．学習者は相手の質問に応答して，質問などに苦心しながら答えることが多いが，自らも少数の質問を適切に行なうことができる．自分の知識や相手から得た情報を簡単な文にまとめて表現できるが，その発話には言いよどみや誤りが多く含まれている．ポーズが頻繁に生じ，言い直しや自己修正がうまく行なえないことが多い．発音，語彙，文法は母語の強い影響下にある．しかし，誤解を生じることは多いが，話し相手が協力的で，特に非母語話者とのやりとりに慣れているときには，一般的に相手に理解される．ACTFL Oral Proficiency Interview test（OPI と略す）は，この基準に基づいて開発された口頭面接テストである（Hadley. 2000）． ⇨ CEFR.

**action research　アクション・リサーチ**

　一連の明確で，繰り返される過程に関わるデータを集め，解釈する研究方法．教師が率先して行なう研究で，指導や学習についての理解を深め，授業改善をめざして行なう研究である．次の手順を踏んでなされることが多い．① 教師は当面する問題や課題に対処するために行動を計画する．② 実践する．③ この行動の結果を組織的に観察し，省察する．④ さらなる行動を計画する．このサイクルの繰り返しで，授業の改善を実現する．①〜④ の各段階を Nunan は次のように細分している．① problem identification（問題の確定）．② preliminary investigation（予備的調査）．③ hypothesis（仮説設定）．④ plan intervention（計画の実践）．⑤ outcome（検証）．⑥ report（報告）．（佐野．2000）⇨ CLASSROOM RESEARCH; REFLECTIVE TEACHING; TEACHER RESEARCH.

## activity sequence　活動順序

　言語教授における最も一般的な活動順序は PPP（presentation-practice-production）と呼ばれるものである．まず，教師が新しい事項を学習者に示し，説明やモデルを与えて理解を図る提示（*presentation）が行なわれ，その後，正確な再生（accurate reproduction）をめざして模倣・反復，文型練習などの練習（*practice）が設定され，最後にコミュニケーションの実現のために実際に用いる運用（*production）の活動が用意される．この順序は多くの教師が採用し，また教科書でも圧倒的にこの順序にしたがった教材配列が採用されている．presentation，practice，production の特徴を知るには次の Read の一覧表が役立つ．

|  | Presentation | Practice | Production |
|---|---|---|---|
| 目的 | ・新出項目の有用性と関連性を学習者に理解させる機会を提供する<br>・意味と形式を提示する<br>・理解を確認する | ・教師の指示によるが，現実的で文脈化された枠組みの中で最大限の練習を提供する<br>・新項目を使う自信を養う | ・自由に，創造的に新項目を用いる機会を与える<br>・どの程度学習されたかを確認する<br>・新項目を既習項目に統合する<br>・予測できない状況に対処する練習<br>・学習者の動機づけのため<br>・復習や診断のためにも用いられる |
| 特徴 | ・明瞭で，自然で，適切な文脈<br>・モデル文<br>・概念確認<br>・必要な場合に文法的説明 | ・枠組みが発話の手引きになり，エラーの範囲を狭める<br>・明瞭で，現実的なキュー（cue）<br>・学習者発話時間を最大限にする | ・目的のあるタスク<br>・学習者が自分のペースで共同で活動する<br>・明確な指示<br>・誤りを犯す可能性を許容する |

|  | Presentation | Practice | Production |
|---|---|---|---|
| 代表的活動 | ・新項目にふさわしい場面的,言語的文脈を設定する<br>・モデル文を聞き,反復する | ・ドリル(一斉,個人)<br>・2~4行の対話<br>・インフォメーションギャップ,オピニオンギャップ | ・ゲーム,ロール・プレイ,ディスカッション,インフォメーションギャップ,オピニオンギャップ |
| 教師の役割 | ・情報提供者 | ・指揮者,訂正者 | ・監視役,アドバイザー,相談役 |
| 相互交流の型 | ・T → Ss 一斉<br>・T → S 個人 | ・T → S<br>・S → S (ペア) | ・S → S (ペア,グループ,移動) |
| 管理の程度 | ・高度に管理され,教師をモデルにする | ・管理されているが,学習者にもある程度の選択が認められる | ・より拡大した自由 |
| 訂正 | ・言語形式の正確な把握のために訂正を重視する | ・教師,他の学習者,また学習者本人による訂正 | ・教師による介入は通常なし |
| 授業中の時間と位置 | ・短時間<br>・通常,授業の冒頭 | ・学習者のニーズと困難度による<br>・presentation の後,または復習の冒頭 | ・学習者のレベルと活動のタイプによる<br>・presentation と practice の後<br>・授業内,または複数授業時間にわたる |

(C. Read. 1985. Presentation, practice, and production at a glance, in Matthews, Spratt, Dangerfields (eds) による)

　しかし,PPP に対してさまざまな観点から批判がなされていることも事実である.まず,PPP は教師からの情報伝達(information transmission)タイプの授業になりやすく,そのため学習者が受け身の立場に立たされることが多い.また,PPP はモデルの正確な再生を中核に据える習慣形成理論(*habit formation theory)の影響を強く受けているが,言

語習得にはこの理論では説明できない部分が多い．言語習得とは個々の項目が他と切り離された形で1つずつ取り入れられていくのではなく，体系を構成する複雑な要素が洞察を含む認知過程により同時的に，また次第に明確に把握されるようになる過程である (Willis & Willis. 1996)．以上の批判に対応した形で問題点を減少させるために PPP に修正を加える試みが求められる．1例を挙げれば，提示を工夫することで，学習者の積極的な関わりを実現することである (⇨ PRESENTATION)．また，練習では機械的なドリルを有意味な活動に切り替える (⇨ MEANINGFUL DRILL) などの方策も有効である．

一方，学習環境や学習者のレベルで PPP が望ましい場合もあることを忘れてはならない．*EFL では教室外で英語に触れる機会が少ない．そのために，ある言語項目に全く未知の情報として初めて出会うことが多い．これは，特に初心者に言えることである．このような場合，教師の懇切な提示と十分な練習があって，ようやく運用が可能になる．これに対して *ESL では何らかの機会に教室外ですでに新教材に接していることも多い．この点を考慮しないで PPP を批判することは危険である．

上の PPP に代わって3つの P の位置を変えて production → presentation → practice の順序がコミュニカティブ・ランゲージ・ティーチング (*Communicative Language Teaching (CLT)) の影響を強く受けた順序として提案されている (⇨ SEQUENCE OF SPEAKING INSTRUCTION)．最初の段階で学習者は課題 (*task) に取り組み，自分の力でできるだけコミュニケーションを行なう (production)．この結果，多くの学習者にとってコミュニケーションの障害となった個所を取り上げ，次の段階で解説する (presentation)．さらに必要があれば，集中的に練習する (practice)．言語習得には実際の言語使用場面で経験を十分積むことが必要であり，その際に誤りが生じても大きな問題とはならない．また，危険を冒して新しい活動に取り組むことは言語習得にはとりわけ重要である．このような CLT の理念をこの順序は反映している．水泳指導の比喩を用いてこの順序をとる指導を "deep-end strategy" と呼ぶこともある (Johnson. 1982)．これはタスク中心教授法 (*task-based instruction) で基本的に採用されている順序でもある．ESL の使用者や，基本的な事項を習得した中級レベルの学習者には特に適したものといえる．

さらに，observe → hypothesis → experiment (OHE) の順序が Lewis によって提唱されている (Lewis. 1996)．ここでは，まず学習者は英語を聞いたり，読んだりする中で形式上の特徴を注意深く観察する (observe) 活動が設定される．これは単に英語に触れる (exposure) だけの経験と

は異なる．観察を経て，ある言語形式の特徴について，自分なりの考えが作られる（hypothesis）．この仮説に基づいて自分の意図を伝えるためにさまざまな表現を実際に用いて（experiment）コミュニケーションを図る．Lewis はこの3段階は言語学習に適用される過程であり，段階を追って継時的に生じる場合もあるが同時に用いられることもあると指摘しており，この学習段階を尊重した指導を試みることは可能である．これは発見学習（*discovery learning）の特徴を有し，どのような場面で最も効果的に活用できるかを見定める必要がある．

　以上のような活動順序のいずれが本来的にすぐれているか一概に判断することはできない．授業の目標，教師の指導スタイル，学習者のレベルや特徴などによっていずれの順序がふさわしいかが決定される．

## activity theory　活動理論

　Vigotsky の理論に依る学習理論で，学習の社会的な特徴，学習者個人の動機が学習活動におよぼす影響，また学習に際しての教師，教材，言語などの人工物の媒介が持つ役割を重視する．学習の社会的な特徴を重視し，人間の高次の活動はすべて動機と目的に基づいていて，言語，記号などの人工物が仲介すると考える．動機は目的に向けられた特定の活動の中で実現され，活動は特定の状況の中で行なわれる．それゆえ，活動は観察可能な要素（＝状況）と観察できない要素（＝動機と目的）から構成される．動機と目的が変化すれば，それに応じて活動も変化する．クラスで特定の課題に取り組む際に，個々の学習者によって動機と目的が異なるため，実際に得られる成果は個人によって異なってくる．学習者の行動は活動の指示で規制されるが，同時に学習者も主体性を維持し，自己の動機に適合するように活動を再構成することができる．コミュニケーション活動（＝目的）に従事する学習者（＝主体）は，教師や教材（＝媒体）の指示に応じて活動に取り組むのだが，動機が異なれば同一の活動も異なった解釈がなされることになり，教師の意図とは異なった結果が生じることになる（Mitchell & Myles. 2004）．⇨ SOCIOCULTURAL THEORY.

## ACT* model　アクト・モデル

　ACT* は Act star と読む．Anderson の認知学習理論で，Adaptive Control of Thought の略．スキル習得の一般的な認知モデルであるが，第2言語習得（*second language acquisition）にも適用される．言語習得とは言語スキルを自動化する過程である．スキルを構成する情報を宣言的知識（*declarative knowledge）として理解し，練習をとおして手続き的知識（*procedural knowledge）に転換することでスキルは獲得される．文法規則を知ることとそれを実際の言語使用の場面に適用することに置

き換えれば，この理論は至極明白である．Andersonによれば，宣言的知識から手続き的知識への移行は次の3段階を経て実現される．① 認知段階（cognitive stage）：手続きの説明（＝規則）を学ぶ．② 連想段階（associative stage）：スキルを用いる方法に気づく．③ 自動段階（autonomous stage）：スキルに習熟する．

スキルが自動化されると，情報処理資源の負担が軽減され，新しいスキルの獲得に注意を払うことができる．第2言語習得のすべての領域がこのアクト・モデルで説明できるかは不明な点も残る．なお，この理論は学習方略（\*learning strategy）の研究にも適用されている．⇨ SKILL ACQUISITION THEORY; AUTOMATIZATION.

**Adaptive Control of Thought**   ⇨ ACT\* MODEL.

**adaptive testing**   適応型テスト

個々の受験者の能力に適応した形で実施されるテスト．受験者のその時点で想定される学力レベルの問題を提示し，その問題が正しく解答された場合には，1段上の問題を項目バンク（\*item bank）から選択して提示し，受験者の反応に対応した形で順次高度な問題を提示することで受験者の所持する最高学力レベルを決定する．問題の提示方式は多様で，筆記方式，面接方式，コンピューターを用いた方式（\*computer adaptive testing）などがある．項目反応理論（\*item response theory）の基盤になる．

**adjacency pair**   隣接対

発話交代（turn-taking）の最も基本的な型で，相互に影響し合う隣接する発話．日常会話のあいさつや祝福の場面で見られる次のような対はその典型的な例．

あいさつ　A: Good morning.　　　　　B: Hi, good morning.
祝福　A: Congratulations on the new job.　B: Oh, thanks.
　　次のような隣接対もごく一般的：
　　　A: I have a terrible headache.　　　B: Oh, I'm sorry, can I do anything?
　　　A: I just love that green sweater.　B: Oh, so do I, isn't it great!

⇨ CONVERSATION ANALYSIS.

**adjunct model**   副次的言語プログラム

内容中心教授法（\*Content-Based Instruction）の1タイプ．専門学科と\*ESLコースを連動できる大学で典型的に実施されているが，高等学校での報告もある．英語教師と内容教科教師が目標と課題を連携させ，英語のクラスは内容教科の授業に即した内容を英語で教えることで内容

教科での学習者のニーズに対応する.

**affect　感情**

　外国語学習やその運用に影響をおよぼす感情的要因の総称. 一般に, 感情移入 (*empathy), 自尊感情 (*self-esteem), 外向・内向性 (*extroversion/introversion), 抑制 (*inhibition), 不安 (*anxiety), 態度 (*attitude) などが含まれる.

**Affective Filter Hypothesis　感情フィルター仮説** ⇨ INPUT HYPOTHESIS.

**age　年齢**

　年齢と外国語習得の関係について対立する2つの考えがある. 1つは, 外国語の習得に最適な時期が存在し, それは2歳から思春期までの間であるというもの. この期間を過ぎると脳の可塑性 (plasticity) が減少し外国語習得能力も減退するため, 自然な環境で英語に接するだけでは習得は期待できなくなる. したがって, 意識的な学習が必要になる, とする主張である. この立場を臨界期仮説 (*Critical Period Hypothesis) と呼ぶ. これに対して, 年長の子供の方が少なくとも, 語形, 統語, 語彙の面で習得にすぐれていることを示す研究結果がある. 成人でも外国語習得に成功した例が無数にあることは, 臨界期仮説に対する実際的な反証となっている. 年齢と外国語習得能力が反比例するとすれば, それは生物学的年齢と関係のある, 言語使用の目的, 場面, 必要性, 感情面などの要因によるのであろう. このことは, それぞれの年齢に適した学習・指導方法があり, 好ましい学習環境のもとであれば誰でも外国語は習得できることを示唆する.

　学習者を6歳から10歳頃までの児童期, その後の青年期 (adolescence), そして成人期の3段階に分けるならば, それぞれの特徴とそれに合った指導上配慮すべき点 (→で表示) は次のように要約できる (米山. 2002; Harmer. 2007; Putcha & Schratz. 1993).

　**児童期** (⇨ TEACHING ENGLISH TO YOUNG LEARNERS)

・注意持続時間が短く, 同じ活動に熱中できるのは10分程度である → 変化に富んだ活動を豊富に用意する.

・文法的な説明は理解に結びつかない → 具体的な活動をとおして英語の意味を理解し, さらに自分でも発表できるようにする指導過程を工夫する. More experience, less explanation! を指導原則に. 全身を使った体験学習 (⇨ TOTAL PHYSICAL RESPONSE) を行なう → ゲーム, 絵, 実物などを用いた単語の提示, 描画やぬり絵のような手を使った活動, 歌や韻文, 物語などを多用する.

・目の前にある興味ある活動には従事するが, 長期的な目標に向かっ

て努力するような活動はできない → 個々の活動を楽しいものにする．
・自分のことを熱心に話し，自分や自分の生活に直接関係のある話題の学習に興味を示す → 子供の話をよく聞いて，暖かい人間関係を維持する．

**青年期**
・理解力と好奇心に富み，論理的に考え推論することができる → 必要に応じ文構造や文法規則を使って理解を助ける．教師の興味深い説明と個人的に関連のある題材，活動をとおして，英語に対する興味を喚起し学習を進める．
・暗記力にすぐれている → 集中的に多量の学習を行なえるが，系統的で組織的な学習方法を提示し，学習者が自らに合った学習方法を選択できるような指導を行なう．
・教師の指導力に対する評価が厳しくなり，公正な扱いを教師に要求する．授業外でも教師からの積極的な指導を望む → 効果的な指導方法を工夫し，どの学習者に対しても対等に，親身になって接することで彼らの信頼を得る．
・明確な目標に向かって努力することができない → 学習活動そのものを興味深い，意味あるものにすることで興味を持続させる．
・学習に対する動機づけ(*motivation)の低い学習者が目立ち，授業に参加しなかったり，他人の学習を妨げたり，教師の指導に反抗するような破壊的な行動に出たりすることもある → 問題行動の原因を探り，学習者の自尊感情(*self-esteem)を尊重しながら話し合い，原因を取り除く．同時に，授業を理解しやすいものにし，学習者の関心事に密着した課題(*task)を設定することで，興味を持って積極的に参加し，仲間との協力関係が醸成されるようにする．

**成人**
・抽象的な思考に慣れている → 多様な授業形態をとる．
・自己制御(*self-regulation)ができ，単調な作業にも耐えられる．また，多くの経験を積んでいて，自分に合った学習方式を身につけていることが多い → これまでの経験を十分に生かした学習を進める．
・学習の目的がはっきりしていることが多い → 学習者の学習目標に合った授業を展開する．
・教師の指導法に批判的になることがある → 学習者の要望を十分取り入れた指導を心がける．

**aim** 目標

aim は長期的な目標を指す．これに対し，objective は短期，中期的な目標の意．goal は包括的で，一般的な用語．また aim は，コース終了後に達成をめざす目的であり，objective はコースの期間中に達成をめざすもので，テストなどでその成否が評価できるものをいう．したがって，objective の記述では，「書くことができる」のように行動（behavior）の形で，「友達に宛てた絵はがきの手紙文を」のような行動が生じる条件（condition），「旅行の様子を5分以内で」のような基準（standards）を明記する．

## allophone 異音

特定の言語内にあって，異なっているが意味の差をもたらさないような複数の音．英語では pat, spit, tip の p は，それぞれ有気音 [pʰ]，無気音 [p]，非開放音 [p̚] と異なった音であるが，入れ替えて発音しても意味の差は生じない．しかし，pat の [pʰ] を [p] と調音すれば多くの場合母語話者には奇異に聞こえる．日本語では鼻音「ン」の発音は，それが生じる環境で多様に変化する．「ニホンノ」，「ニホンモ」，「ニホンガ」のなかの「ン」/N/ はそれぞれ [n]，[m]，[N] と発音されるが意味の差をもたらさない異音である．異音の発音符号は [ ] で括って，／／で括られる音素記号と区別する．⇨ PRONUNCIATION; PHONEME.

## Alphabet writing 文字練習

大文字，小文字，ブロック体，筆記体と4種類をすべて短期間に習得させることは困難である．またすべて同程度まで習熟する必要はなく，ブロック体の小文字を正確に，早く書けるようになることが重要である．アルファベットの順序ではなく，文字の形と書き順でいくつかのグループに分類し指導する．次の小文字分類を指導の参考にするとよい．

- 第1段階
  - 導入（直線）　　　　　　　i　　　l
- 第2段階
  - 一筆（ギザギザ）　　　　　v　　　w
- 第3段階
  - 一筆（直線）　　　　　　　n　　　m　　　h
- 第4段階
  - 一筆（直線とマル）　　　　b　　　p　　　r
- 第5段階
  - 一筆（マル）　　　　　　　o　　　a　　　e
- 第6段階
  - 一筆（マルと直線）　　　　c　　　d　　　g　　　q

| | | | |
|---|---|---|---|
| ・第7段階 | | | |
| 一筆(直線とマル) | u | s | z |
| ・第8段階 | | | |
| 二筆(直線とマル) | f | j | t |
| ・第9段階 | | | |
| 二筆(直線) | x | y | z |

大文字は小文字と字体が大きく異なるものを中心に取り上げる．また，筆記体に習熟させることの善し悪しはさておき，外国旅行などでさまざまな書式に署名する機会が想定されるので，自分の名前を一定した書体の筆記体で書けるように指導することは重要である．

**ALT**

assistant language teacher（外国語指導助手）の略．⇨ JET PROGRAM.

**ALTE framework　アルテ フレームワーク**

ALTE は Association of Language Testers in Europe の略．ヨーロッパの31のテスト実施機関が加入する協会で設定した共通の外国語熟達度評価規準．ヨーロッパ共通参照枠（*CEFR）の言語熟達度測定尺度で示された共通参照レベル（*Common Reference Levels）に対応する6レベルで構成されている．一般的な能力を測定する評価規準（Overall general ability）に加え，日常・旅行者（Social and tourist），職場（Work），学校（Study）の各言語使用領域に対応した計4つの尺度が準備されている．英語を含む26言語のテストがこの枠組みにより実施されている．

**ambiguity tolerance　曖昧性許容度**

学習スタイル（*learning style）の1つの範疇．言語使用，特に外国語によるコミュニケーションは多くの要因が複雑に交錯しているため，意味と形式の両面について予測を行なうことが困難である．そのため，言語使用場面に直面して不確かな部分が多くあり，曖昧な部分を受け入れながらコミュニケーションを図ることが多くの場合必要になる．外国語習得に際しても，曖昧な部分を適度に許容する態度が学習を促進する．しかし，いずれの方向に偏っても望ましい学習の障害になる．どの程度の許容度が最適であるかについての明確な報告はない．（Ehrman. 1999）

**amotivation　非動機づけ**

学習に対する動機づけが欠如している状態．「学習しても無駄だ」，「私にはできっこない」と考えることに起因する．例えば，非動機づけの状態にある学習者は，英語をなぜ勉強するのかと問われれば，英語を勉強するのは時間の無駄だと思うと答えるだろう．（Dörnyei, 2005）

**anagram**　つづり変え遊び／アナグラム

　語順を入れ替えて元の語句とは別の語句を作る言葉遊び（⇨ LANGUAGE PLAY）．silent から listen, live から evil を作るのはその例．They see → the eyes / this ear → hear / life's aim → families / ideals → ladies などは，最初の項目と新しい項目が意味の上で関連があるのですぐれた アナグラムとされる．

**analysis of variance**　分散分析

　ANOVA と略すことがある．3つ以上の測定値の平均間に統計的に有意の差があるかを検定する方法．2つの測定値の優位さを調べるには t 検定（*t-test）を用いる．例えば，高校のあるクラスのコミュニケーション英語Ⅱ，英語表現Ⅱ，英語会話の中間試験の成績の間に有意の差があるかどうかを調べる際に用いる．このように外国語学習の指導法という1つの要因（⇨ INDEPENDENT VARIABLE）にしたがって成績がどのように変化するかを検定する方法を一元配置法（one-way ANOVA）と呼ぶ．さらに，英語学習への動機づけ（*motivation）の高さによってクラスを上位者と下位者に再区分して平均差の検定を行なう方法は二元配置法（two-way ANOVA）と呼ばれる（清川，1990）．⇨ PARAMETRIC TEST.

**analytic scoring**　分析的採点

　スピーキングやライティングなどの受験者のテスト結果についてスキルを構成する特徴ごとに採点し，それぞれの特徴に配点する採点方式．各特徴に重みづけを付し，総計点を集計することでより信頼性（*reliability）を確保し，公平な採点をめざす．全体的採点法（*holistic scoring）に対比される．⇨ ASSESSMENT OF SPEAKING; ASSESSMENT OF WRITING.

**analytic syllabus**　分析的シラバス

　言語教授に際し，個々の言語項目を他と切り離して取り上げることはせず，コミュニケーション活動を行なうために言語を全体として用いることをめざす教材配列．コミュニケーションの場面で言語を使用する中で，学習者が自らの言語発達レベルに合わせて，使用言語を分析し（analytic），規則を帰納的，経験的に習得することを重視する教材編成．統合的シラバス（*synthetic syllabus）と対比される．Wilkins が *Notional Syllabuses* の中で用いた用語．⇨ SYLLABUS.

**ANOVA**　= ANALYSIS OF VARIANCE.

**anxiety**　不安

　学習に関連する性格特性の1つ．不安は外国語学習には特に顕著に現れ，学習の障害になりがちである．不安をできるかぎり取り除き，安心して学習に専念できる環境を整えることが教師の重要な任務となる．大

勢の前で英語でまとまったことを話す状況が不安の大きな要因になることは明白である．しかし，小集団内のコミュニケーション活動を不安に感じる学習者がいることも教師は忘れてはならない．十分な練習を積み，自信を持って活動に参加できる態勢を作ること，また，活動に際しては他人の発言を受け入れる (acceptant) 学級づくり，共同学習 (⇨ COOPERATIVE LANGUAGE LEARNING) の推進などの方策を講じることが必要になる．もっとも，不安はすべて除去できるわけではない．不安には，学習を低下させる不安 (debilitative anxiety) がある一方で，適度な緊張感，警戒感を引き起こすことで学習を促進する不安 (facilitative anxiety) の意義を指摘する研究もある (Oxford. 1999)．⇨ AFFECT; PERSONALITY.

**aphasia　失語症**

　言語の理解や発表に障害が生じる症状で，聴覚，調音器官の異常に依るものでなく脳の損傷に依って生じるもの．脳の損傷を被った部位により異なった症状が発生する．ブローカ失語 (Broca's aphasia) はブローカ野 (*Broca's area) の損傷に由来し，発話の障害が生じる．ウェルニッケ野 (*Wernicke's area) の損傷によるウェルニッケ失語は，話し言葉の理解や話す際の語に言い誤りが生じる．両者とも復唱に障害が生じる．失語症の研究は脳の特定の部位と特定の言語機能との対応を示している (小池．2003，酒井．2002)．

**applied linguistics　応用言語学**

　言語理論，研究手法，研究成果を言語に関するさまざまな分野の問題の解明に適用することを主たる目的にする言語学の1分野．母語教育，外国語教育，第2言語習得 (*second language acquisition) を含む多言語使用，2言語使用 (*bilingualism)，文体論 (stylistics)，言語障害 (speech pathology)，翻訳・通訳 (translation and interpreting)，辞書編集 (lexicography)，言語政策 (language planning) などを主な研究領域とする．

**approach　アプローチ**

　教授法 (*methods) の背後にある言語理論，言語習得理論，学習理論などを包括した概念．体系としての言語を重視する言語観に立脚した構造中心のアプローチ (*structure-centered approach)，社会的交流の道具としての言語の役割を重視する機能的な (functional) 言語観に基づいたコミュニケーション志向のアプローチ (*communication-oriented approach)，言語学習を全人的成長を図る過程と捉える人間主義的アプローチ (*humanistic approach) などがある．それぞれのアプローチにはさらに具体的な指導法 (*methods) が存在する．

## appropriacy / appropriateness  適切さ

　コミュニケーション能力（\*communicative competence）は文法的に正しい（correct）だけでなく，場面にふさわしい表現を用いる能力を要求する．適切さは，このように場面にふさわしい言語使用を指す．水が欲しいとき，Give me a glass of water. という発話は話し手の願望を伝えるにはこと足りるかもしれないが，ていねいさに欠ける乱暴な表現で相手を不快にするおそれがある．この場合，May I have a glass of water, please? がより適切な表現になる．適切な表現は，場面（setting），社会的関係（social relationship），話題（topic），心理的態度（psychological attitude）などの要因で決まる．

## aptitude  適性

　第2言語習得研究においては言語を習得する特別な能力の意で，一般的な学習能力を示す知能とは異なると考えられる能力．適性の構成概念（\*construct）は明確でない部分が多いが，Carroll は次の4つの要因を提案している．① 音声記号化能力（phonemic coding ability）：外国語の音声をその言語の体系にしたがって認知する能力．② 文法感覚（grammatical sensitivity）：文中の語の文法的機能を識別する能力．③ 帰納的言語分析力（inductive language analytic ability）：言語形式と意味に関わる対応型を見分ける能力．④ 暗唱学習力（rote learning ability）：語彙暗記能力．正常な母語使用者で第2言語学習に対する動機づけ（\*motivation）が高ければ，好ましい学習環境のもとで対象言語に十分接することで適性とは関係なく，誰でも実務的レベルの第2言語は習得できる．適性は，第2言語習得（\*second language acquisition）に要する時間の差を示す尺度とも言える．⇨ MODERN LANGUAGE APTITUDE TEST; PIMSLEUR LANGUAGE APTITUDE BATTERY.

## aptitude test  適性テスト

　第2言語学習に対する適性（\*aptitude）を測定する検査．学習者の選別，診断，将来の学習達成の予測などに用いられる．第2言語学習における適性の構成概念（\*construct）は明確に定まっていないが，主要な適性テストでは次のような特徴を測定することで適性を評定する．① 音声記号化能力：音声識別と音声記憶．② 文法感覚：語の文法的機能の理解．③ 暗記学習能力．④ 帰納的学習能力．適性テストとしては \*Modern Language Aptitude Test（MLAT）や \*Pimsleur Language Aptitude Battery（PLAB）がよく知られている．

## aptitude-treatment interaction  適性処遇交互作用

　学習者の個人的な特性と指導法の間にある交互作用を指す Cronbach,

L.の理論．ATIと略す．外国語教育は個々の学習者の学習方式に合致するとき，最も効果的である．個人の学習方式に影響をおよぼす要因には，年齢（*age），認知的成熟度，学習スタイル（*learning style），第2言語学習適性（*aptitude），動機づけ（*motivation），態度（*attitude），個性（*personality），第2言語熟達度などが含まれる．このうち，主として適性および学習スタイルと指導方法の関連を探る研究がこれまでなされ，指導効率は指導方式を学習者の個人差に適合させることで高めることができるとする報告がなされている．しかし，多くの個人特性と指導方法の関連についてはなお今後の研究に待つところが多い（Rick de Graaff and Alex Houser. 2009）．

**arbitrariness　恣意性**

ヒトの言語を構成する記号とそれによって表される意味との間には物理的な対応関係はなく，言語が用いられている共同体の約束事として決められているにすぎないことを指す，ヒトの言語の特徴．例えば，日本語の「いぬ」という語で表される実態（ヒトに忠実な4本足の動物）の呼称は言語によってさまざまに異なる．これは恣意性の1例である．

**articulator　調音器官**

音声を作り出すために用いられる声門より上の器官．唇（上，下），歯，歯茎，口蓋（硬，軟），口蓋垂，舌（先，端，前，後）などを指す．調音器官をさまざまに動かして音声を作り出すことを調音（articulation）と呼ぶ．例えば，両唇を完全に閉じて口腔に呼気を蓄えてから開放することで /p/, /b/ の閉鎖音（stop）または破裂音（plosive）が調音される．また，下唇に上の前歯を軽く当てて，隙間から呼気を押し出すと /f/, /v/ の摩擦音（fricative）が調音される．⇨ PRONUNCIATION; CONSONANT; VOWEL.

**Aspect Hypothesis　アスペクト仮説**

時制と相（アスペクト）を示す動詞形態素の発達過程に関する理論．時制と相の標識の習得は，述語動詞に本来的に内在する意味的な特徴の影響を強く受けるとする論でAndersonとShiraiによって提唱された．動詞は意味の観点から次のように分類できる．状態的動詞（stative verb）—be, have, wantなど；活動的動詞（activity verb）—run, walk, breatheなど；到達的動詞（achievement verb）—leave, notice, reachなど；達成的動詞（accomplishment verb）—build, paint, writeなど．過去の形態素は到達的動詞から始まり，達成的動詞，活動的動詞，状態的動詞の順に発達する．非完結相は逆の方向，すなわち，状態—活動—達成—到達の各動詞の順で現出する．この順序は教室内でも自然の習得状況でも同様に観察される．英語に限らず，多くの対象言語についても研究が行なわ

れ，次のような報告がなされている：① 過去および完了の形態素は達成・到達的動詞 → 活動・状態的動詞の順序で出現する；② 非完結相の形態素は活動・状態的動詞 → 達成・到達的動詞の順序で出現する；③ 進行相の形態素は活動的動詞に強く結びついている（Gass, S. & L. Selinker. 2008）．

## aspiration　気音

pin /pɪn/, /tɪn/, /kɪn/ などの強い強勢の直前に来る破裂音 /p/, /t/, /k/ はいずれも破裂の後に強い無声の呼気 [ʰ] が生じ，その後有声化が生じる．このような破裂と声の出だしの時間（VOT）の間に生じる無声の強い呼気が気音である．同じ無声破裂音であっても，upper [ʌpə], active [ǽktɪv], economic [ekənámɪk] などの弱い強勢や子音の前，あるいは spit のような /s/ の後に生じる場合は気音は生じない．日本語では無声破裂音はいずれの場合でも気息は生じない．発音表記は，[pʰ], [tʰ], [kʰ] のように右肩に h を付けて示す．指導に当たっては，強い強勢の前の /p/, /t/, /k/ は，はっきりと強く気音を伴って発音することを強調し，口の前に手のひらや紙片をかざして pin, pen, pan, pit, pet, pot などの語を発音して気息を経験的に理解させ，さらに無気音を含む spin, spot, span, hop, step などの語の発音と対比したり，日本語のペン，パン，ポットなどの発音と比べると興味を喚起できる．

## assessment　アセスメント／評価

英語教育では学習者の英語知識と運用能力に関する情報を収集し，判断を行なうことを指す．テスト（test）と同義に使われることもあるが，通常，アセスメントは数量化できる得点とともに，観察，日誌，ポートフォリオ（*portfolio）などの他のタイプの質的な査定も含む幅広い意味で用いられる．しかし，観察されたさまざまな行動に基づいて学習者の所持する言語能力を推測するという点で，テストとアセスメントは共通する（Chapelle & Brindley. 2010）．

## assessment of listening　リスニングの評価

リスニング（*listening）が重視されるにつれてその評価方法の改善は重要な課題である．望ましい評価を行なうためリスニング・スキルの特徴をふまえ，特に次の点に留意する（Thompson. 2001）．① 聞き取る情報を少量にする：リスニングの評価は理解力を試すテストであり，リーディングと類似している．しかし，音声入力をとおして記憶できる情報は質量ともに文字入力に比べて劣るのが普通である．したがって，トピックと関連の深い重要な，少数の情報を求める設問に限定する．そのためには，問題作成者が受験者の立場になって考えることが求められる．②

各項目を短時間に収める：リスニングに集中できる時間は短い．したがって，1つのテクストは2～3分が限度である．③ 設問は極力理解力を試すものにする：記憶力，推理力のテストにならないようにする．

テスト形式はリスニングのどの部分を測定し，評価するかで自ずと決まってくる．次にいくつかの例を挙げる．

1. 音声識別

① 次の3語の録音を聞かせ，他の2語と違う母音を持った語を選ばせる．

(1) hat  (2) hut  (3) hat

② 次の3文の録音を聞かせ，他の2文と異なった語を含む文を選ばせる．

(1) That's a cat.  (2) That's cat.  (3) That's a cot.

2. イントネーション

2文を聞いてイントネーションの異同を識別する．

(1) The plane's leaving. (↗)  (2) The plane's leaving. (↘).

3. 文法の聞き取り

教師の生徒紹介を聞いて，それぞれの出来事が完了したのか，これから生じるのか，聞き取る．

(1) Tom Brown has just spent the afternoon in the library.
(2) His friend Mary will stay most of the weekend at her parents' home.
(3) Jane already took her English test.

4. 語彙の聞き取り

語句を聞いて絵を選ぶ，絵を描く，色を塗る，動作を行なうなどさまざまな反応を求める．

5. 聴解力

① 問いの答えが適切か否かを聞き取る．

When are you gonna get home? — By car.

② さまざまな情報を聞いて課題を行なう．

(1) 道順を聞いて地図上を目的地まで線でたどる．
(2) 家族構成を聞いて家系図の空所に記入して完成する．

③ 電話の話を聞いて適切な応答を選ぶ．

Mother: Well, Jane, you know you were supposed to call me yesterday.
Jane: I know, Mom, but I was too busy.
Mother: That's no excuse.
Jane: (a) You're right. I'll call next time. / (b) I'm sorry.

④ まとまりのある情報の要点を聞き取る.
　(1) 留守電を聞いてメモを取る.
　(2) 講義のノートを取る.
⑤ ディクテーション (*dictation) を行なう.
⑥ 聞いた内容を要約する.

**assessment of reading　リーディングの評価**

　他のスキルの評価にも言えることであるが, リーディング (*reading) の評価では何をどのように評価するかを考慮する必要がある.「何を」は, リーディングを構成する重要な要素を評価の対象に設定することを, また,「どのように」は, それをどのようなやり方で測定するかの方法に言及している. 両者が相まって初めて妥当なリーディング評価が可能になる. リーディングの構成概念 (*construct) に関して多くの異なった立場が表明されている. Urquhart & Weir (1999) は, リーディングのタイプを4つに分けて構成要素を次のように提案している.

|  | 全体的 (global) | 局所的 (local) |
| --- | --- | --- |
| 迅速 (expeditious) | A. ディスコースのトピックと重要事項を素早くさっと読みとる (*skimming). あらかじめ決めたねらいと関連のある情報を素早く突き止めて理解するために探し読みをする. | B. 特定の情報, 記号, 名称, 日付, 数字, 語を突き止めるためにさっと読む (*scanning). |
| 慎重 (careful) | C. 筆者が伝えようとする明確に述べられた重要事項を正確に理解するために注意して読む (careful reading). 命題の推測. | D. 文や節の統語的構造を理解する. 語彙や文法の結束性 (*cohesion) を理解する. 語彙を理解し, 語彙項目の意味を語形態や文脈から推定する. |

　テストの方法に関しては, No 'best method' (Alderson. 2001), すなわち最善の唯一の方法が存在しない. 次の代表的な形式にもそれぞれ問題点があることをわきまえる必要がある.
　1.　穴埋め形式 (gap fill)
　テクストの一部を空欄にして内容に合う適切な語を復元させる. 削除した語がテクストの内容理解に重要であるか, また復元がどの程度可能かを事前に確認する. あらかじめ選択肢として与えた語句の中から選ば

せることもできる.

2. クローズ形式 (cloze) ⇨ CLOZE TEST.

3. 多肢選択形式 (multiple choice question) ⇨ MULTIPLE-CHOICE TEST.

4. 短答形式 (short answer question)

設問に対して語数を制限して短い解答を要求する.解答は日本語,英語のいずれの場合もある.上の多肢選択形式の弊害を取り除き,内容理解の確認を重視する.主観テストの要素を含むので,問題作成を適切に行なうことが求められる.

5. 情報転移形式 (information-transfer task)

コミュニケーション中心の英語教育 (⇨ COMMUNICATIVE LANGUAGE TEACHING) の影響を受けて,最近よく用いられる形式である.テクストの内容を理解して必要な情報を表,グラフ,フローチャート,地図などに記入したり,選択したりする.文字情報を非言語情報に変えることから表記の名称を持つ. ⇨ INFORMATION TRANSFER.

6. マッチング形式 (matching technique)

テクスト中の複数のパラグラフに対応するように見出しを順不同に並べ,各パラグラフに対応する見出しを選ばせるような形式である.テクストの数カ所を削除し,対応する部分を別に掲げて適切なものを選択するなどの形式もこの部類に入る.

7. 整序形式 (ordering technique)

テクストをいくつかの部分に分けて順不同に並べ,原文の順序に復元する.順序が複数可能でないか,また一部のみ不正確な解答をどのように扱うかなど事前の検討が必要である.

8. 編集形式 (editing test)

テクスト中に誤りを挿入しておき,読んでその誤りを指摘させる.不必要な語を削除する課題であるが,逆に抜けている語を補ったり,その両者を組み合わせることもできる.

9. C-テスト (\*c-test)

上記2のクローズ形式と同様の理論で作られている.C-テストでは1語おきに単語のうしろ半分を削除しておき,補わせる.

10. 自由想起形式 (free-recall test)

テクストを読んでから内容を思い出して,日本語あるいは英語で書かせる.テクスト中の情報 (idea unit) をどの程度書き留めたかで測定する.

11. 要約形式 (summary test)

テクストの要約を限られた字数で日本語あるいは英語で書かせる.一

部を削除した英語の要約を用意して，抜けている部分を原文から補充させる方式もある．

**assessment of speaking　スピーキングの評価**

　スピーキング（*speaking）の評価は個人単位のテストに頼るため，時間を要し，また測定基準の信頼性を高めることにも配慮する必要もあって，他のスキルと比べると，それほど頻繁に実施されていない．しかし，コミュニケーション能力（*communicative competence）の養成を重視した英語教育ではこれまで以上にその実施が待たれる．直接テスト（*direct test）が妥当性（*validity）の観点から望ましいが，時間の制約上 semi-direct test，あるいは間接テスト（*indirect test）を用いる場合もある．

　次にいくつかのテスト方法を挙げる．

　① Repetition：教師あるいは録音テープの後をついて反復する．最初は1語から始め，次第に語数を増やし，構文も複雑にする．反復できた最終のレベルでスピーキング力を測定する．スピーキング力の間接的な測定である．LL を使えば集団で実施可能．次の例文を参照．

1. Hello.
2. Sit down.
3. I am a pupil.
4. Both my mother and father work in Tokyo.
5. Someone in this class knows if there is a clinic in the South Street.

　② Reading aloud：与えられたテクストの音読を音声的な正確さの観点で測定する．間接的なスピーキング力の測定法．

　③ Mini-situation on tape：録音された発話を聞いて適切に応答する．次例を参照．

1. Where've you been? We started 10 minutes ago.
2. Didn't you see the red light?
3. You are not sure of the time of the next class. How might you ask your friend for the information?

　④ Monologue：1枚，あるいは連続する絵を見て説明する．

　⑤ Interview：あらかじめ面接のポイントを決めて，公正な実施を図る．（⇨ INTERVIEW）

　⑥ Role-play：授業で用いたロール・プレイ（*role-play）と類似した活動を行ない，その結果を評価する．

　テストで得られた資料を用いて学習者のスピーキング力を測定するためには一定の基準が必要となる．次の表はその1例である．4つの観点（pronunciation, vocabulary, grammar, fluency）で素点を与え，それぞれ

に重みづけをして合計を算出する．スピーキング力の測定は日常の学習状況の観察を頻繁に行なうことでなされることが多い．しかし，観察をできるだけ客観的にすることが重要であり，そのためには評価尺度（*rating scale）として観察基準（*observation criterion）を用意するとよい．

```
Name _____
NOTES:


Pronunciation
  E    D    C    B    A
                 ×4 =
Vocabulary
  E    D    C    B    A
                 ×7 =
Grammar
  E    D    C    B    A
                 ×6 =
Fluency
  E    D    C    B    A
                 ×3 =


A = 4.5 – 5.0  Total = _____
B = 4.0 – 4.4
C = 3.5 – 3.9
D = 3.0 – 3.4
E = 2.0 – 2.9
```

## assessment of vocabulary　語彙力の評価

　語彙力測定は，語彙のどの部分を測定するかによって，その様式が異なる．以下，代表的なテスト形式を Nation (2001)，Ur (1996) を参考に列挙する．

1. *True-false test

   次の文が正しければ T，間違っていれば F を記入せよ．

   1. We cut time into minutes, hours and days. ____
   2. All the world is under the water. ____

2. Matching

Ⓐ欄の語の反意語をⒷ欄から選んで線で結べ.

| Ⓐ | Ⓑ |
|---|---|
| brave | succeed |
| cheap | cowardly |
| fail | expensive |

3. *Multiple-choice test

   次の文に続くのはどれが適切か. 1つ選べ.

   A cow is an animal that
   a. is found in the zoo.
   b. is used for racing.
   c. gives milk.
   d. does not have calves.

4. Writing sentences

   次の語の意味がはっきりするような文を作れ.

   ① frost    ② offend

5. Gap-fill

   次の空欄に適語を下から選んで記入せよ.

   Thank you very ___ for your video ___. It was so ___ that I felt I was ___ Boston myself. I agree ___ you—Boston looks very much ___ London, ___ it?

   [doesn't  exciting  letter  like  much  visiting  with]

6. Sentence completion

   次の文の下線部に適語を書き足して完成させよ.

   I found it frustrating that _____.

7. *Dictation

## assessment of writing　ライティングの評価

　ライティング（*writing）の評価は，他のスキルと同様に，ライティング能力を構成する重要な因子を測定するように行なわれる必要がある．評価の方法は，ライティングを構成する語彙，文法，綴りの能力を測定したり，和文を英訳することで間接的に評価する間接テスト（indirect test）と実際の言語使用の場面を想定して目的のあるライティングを行ない，その結果を評価する直接テスト（*direct test）がある．コミュニケーション重視の英語教育（⇨ COMMUNICATIVE LANGUAGE TEACHING）では，直接テストの利点が強調される．間接テストとしては，語彙，文法，綴りなどの誤りを含む誤文を提示して訂正する編集課題（editing task）や従来からの和文英訳などが挙げられる．間接テストは採点が比較的容易

に行なえる利点はあるが，高得点者が実際にライティングを効果的に行なえることを示すとは限らない点で，妥当性（*validity）が高いとは言えない．直接テストはこの欠点を補正する特徴を持ち，エッセイ，統制ライティング（controlled writing），要約（summary）などが一般的である．エッセイはトピックを選定し，語数を制限するだけで出題は容易であるが，受験者の日常生活における英語によるライティング活動を反映しているとは言えない点，また採点方法にも多くの問題を残す．さらに，学習者のレベルによっては実施不可能なことも生じる．したがって，多くの場合，統制ライティング課題形式が用いられることになる．次にいくつかの例を挙げる：

① 絵はがき：旅先から絵はがきを友人に送る場面を設定する．町の様子，楽しかったこと，これからの予定など，伝えるべき項目を指定して出題することが必要になる．

② 手紙：礼状，お詫び，抗議，お願い，近況，問い合わせなどさまざまなトピックが想定できる．絵はがきと同様に，条件を設定することが重要になる．

③ 書式記入：入学・入会申込書，宿泊予定表，旅程表などの書式を用いて必要項目を記入する．

④ 報告：出来事の経過を示す一連の絵などを見せて，その様子をまとめて記述する．

⑤ 説明：グラフ，図表などに示された情報に基づいて説明，解説を書く．

⑥ 要約：要約は高度な作業であるが，学習者のレベルによってこの技術が要求される場面も想定できる場合には有効なテスト形式になる．要約作業の対象になるテクストが学習者に関連の深いものであることが要件になる．この場合，日本語テクストの英語要約があってもよい．

ライティングは次のような観点から評価できる．① 内容：論旨，展開．② 構成：導入，論理的展開，結論．③ ディスコース：トピック・センテンス，パラグラフ構成，ディスコース標識（*discourse marker），結束性（*cohesion）．④ 統語．⑤ 語彙．⑥ 仕組み：綴り，句読点．

どの観点を重視するかは一定しないが，次のような重みづけが考えられる．各観点の持ち点が重要性に対応して異なる．

| 内容 | 0–24 |
|---|---|
| 構成 | 0–20 |
| ディスコース | 0–20 |

| 統語 | 0–12 |
|---|---|
| 語彙 | 0–12 |
| 仕組み | 0–12 |
| 合計 | 100 |

(Brown. 2007)

**assimilation　同化**

　連続する音の中で，ある音が周囲の音に近づいて調音されること．have to は /hævtə/ でなく，/hæftə/ と調音される．これは，有声音の /v/ が後続する無声音の /t/ を予測して無声化し，後続音により近づいた，すなわち，同化したことによる．used to が /ju:sttə/ と発音されるのも used /ju:zd/ の有声音 /-zd/ が後続する無声音 /t-/ に同化したことによる．同化は，前あるいはうしろのいずれかの音の影響を受ける．上述の例はいずれも前の音がうしろの音の影響を受ける．矢印で示せば ← となり，逆行同化 (regressive assimilation) と呼ばれる．

　これに対して，数は少ないがうしろの音が前の音の影響を受けて近づく同化を進行同化 (progressive assimilation)（矢印は → となる）と呼ぶ．happen /hæpn/ が通常 /hæpm/ と発音されるのは，n（歯茎音）が直前の p（両唇音）の影響を受けて m（両唇音）に同化したもの．複数語尾，3 人称単数現在，また所有格の -s の発音が無声 /-s/ あるいは有声 /-z/ に発音されるのはすぐ前の音，すなわち語幹の語末音の影響を受ける結果である．cats /kæts/, jumps /dʒʌmps/, Pat's /pæts/ をそれぞれ dogs /dɔgz/, runs /rʌnz/, Pam's /pæmz/ に対比すると無声音の後で無声音の /s/, 有声音の後で有声音の /z/ のように進行同化の現象が見られる．さらに，don't you /dount ju:/ が通常 /dountʃu:/ と発音されるのは，隣接音の /t/ と /j/ が互いに影響し合って，その結果新しい音 /tʃ/ が生じることによるもので，融合同化 (coalescent assimilation) と呼ばれる．同化は自然な速度の発話ではごく一般的な音声変化の現象であるので，特に聞き取り練習の際には学習者の注意を随時喚起し，習慣化することで効果的な指導が期待できる．

**ASTP　アメリカ陸軍各科専門教育計画**

　Army Specialized Training Program の略．本来，第 2 次世界大戦中にアメリカで軍事的な必要から軍人を対象に実施された教育訓練計画を指すが，その一環として行なわれた集中的外国語教育がその後とりわけ有名になり，以降，陸軍集中語学教育計画を指すようになった．アメリカ陸軍とアメリカ諸学会評議会 (American Council of Learned Societies) の協同事業として計画立案され，50 を超える大学で実施され，受講生は

予想を上回り1万5000人を超えた．ASTPの目標は，受講生が受講する外国語に関し，完璧に近い口語使用能力を習得することであった．全期間で9カ月，600時間におよぶ集中訓練は画期的な成果を挙げ，その後，委託校はもちろん全米の数多くの大学の語学教育の改善に強い影響をおよぼしたばかりか，中・高の外国語教育にも波及した．少人数のクラス編成，集中的な学習，言語構造の学習と口頭訓練による目標外国語の自動的な習慣形成，2カ国語対照分析に基づく教材など，当時としては画期的な指導原理に基づいた指導と高い動機づけに支えられた受講生がプログラムを成功に導いた．わが国で一時広く実施されたオーラル・アプローチ（Oral Approach）の理論的な基盤はASTPの影響を強く受けたものであった．

**ATI** = APTITUDE-TREATMENT INTERACTION.

## attention 注意

特定の言語特徴を選択し，意識を集中する認知的なプロセス．学習者が意識的に入力を符号化してワーキングメモリー（*working memory）中に保持し，また長期記憶から検索することを可能にする．注意は学習者が接する入力（*input）を選択して，それを学習するのに決定的な役割を果たすと主張されることが多い．Tomlin and Villa (1994) は，注意の過程を ① alertness（監視体制）—入力に対応する用意，② orientation（方向性）—特定の情報類に注意を揃える，③ detection（探知）—特定の感覚刺激の認知的登録が生じる，の3段階に区分する．注意は容量が限定されているため，与えられた課題が学習者の注意容量を超える場合には，その課題の達成率は低くなる．気づき理論（*noticing hypothesis）は，第2言語習得における注意の働きを中心に構成されている．⇨ AWARENESS; NOTICING.

## attitude 態度

英語学習に対して学習者はさまざまな態度をとる．態度が学習に強い影響をおよぼし，逆に学習成果が態度形成に反映される．したがって，肯定的な態度を持った学習者が，英語学習に成功すれば，その態度は一層肯定的になる．英語学習に対する態度は動機づけ（*motivation）につながり，学習成果に反映される．一般的には，英語，英語話者，英語圏文化に対して肯定的な態度をとる学習者は英語学習にすぐれた成果を収め，否定的な態度が学習の阻害要因になると考えられる．しかし，否定的な態度をとりながら，必要に迫られて学習に専念することで学習を推進する場合もある．このように，態度と学習成果は単純な因果関係にあるとは断定できない．⇨ AFFECT; ATTITUDINAL ASSESSMENT; ACCULTURATION MODEL.

## attitudinal assessment　態度の評価

　意欲，関心，態度などの非言語的な面の評価を指す．学習に積極的に参加し，英語で理解し，発表しようと努力することは自己学習力とも深い関連があり，学習評価の重要な側面となる．しかし，教師の主観的な判断が混入しやすいので，評価の観点，基準を明確にしておくことは言語的側面の評価よりも一層大切になる．次のようなチェック・リストを用い，授業中に個々の生徒の関心・意欲・態度，協調性，自主性，学習習慣などを定期的にチェックして評価の資料とする．⇨ ATTITUDE.

| 関心・意欲・態度の評価観点 | | |
|---|---|---|
| 積極的 | ＿＿＿＿＿＿ | 消極的 |
| しばしば自分の考えを述べる | ＿＿＿＿＿＿ | 自分の考えを述べない |
| 興味を示す | ＿＿＿＿＿＿ | 興味を示さない |
| 仲間と協力する | ＿＿＿＿＿＿ | 協力しない |
| 仲間の考えを受け入れる | ＿＿＿＿＿＿ | 受け入れない |

| 協調性の評価観点 | | |
|---|---|---|
| 集団の中で問題を起こさない | ＿＿＿＿＿＿ | 問題を起こす |
| 仲間と協力する | ＿＿＿＿＿＿ | 協力しない |
| 集団体制を受け入れる | ＿＿＿＿＿＿ | 受け入れない |
| 他人の作業を受け入れる | ＿＿＿＿＿＿ | 受け入れない |

| 学習習慣 | | |
|---|---|---|
| 学習を整然と行なう | ＿＿＿＿＿＿ | 行なわない |
| 学習計画を立てる | ＿＿＿＿＿＿ | 立てない |
| 真剣に取り組む | ＿＿＿＿＿＿ | 取り組まない |
| 自分で訂正する | ＿＿＿＿＿＿ | しない |

(米山．2002)

## attribution theory　帰属理論

　動機づけ理論の1つ．'帰属'（attribution）とは過去の経験の成功（失敗）の原因について行なう説明を指す．この帰属が将来の行動計画の作成に大きな影響をおよぼすことを認め，帰属を中心において構築された理論．学校場面での主な原因帰属として，能力，努力，課題の困難さ，運，気分，家庭環境，他者の助け（妨害）がある．このうち，失敗の経験

に能力を帰属させること，すなわち失敗を能力不足のせいにすることはその後の学習に悪影響をおよぼすため否定的な帰属とみなされる．一方，努力不足を失敗に帰属させることは，裏返せばもっと努力すれば成功できるということであり，成功に導く可能性を残す点で建設的な帰属である．したがって，教師は，能力不足ではなく，努力不足と不適切な学習方法が失敗の原因であったと学習者が認めるように指導しなければならない (Dörnyei. 2001). ⇨ MOTIVATION.

## Audiolingual Method, Audiolingualism　オーディオリンガル教授法

　Audio-Lingual Habit Formation Theory とも称されるこの教授法は，わが国ではオーラル・アプローチ (The Oral Approach) の呼称で親しまれてきた．音声主体の言語体系を自動的な習慣として定着させることを目標とした言語教授理論である．言葉は刺激に対する反応が習慣化されて習得されるとする習慣形成理論 (*habit formation theory) に基盤をおく．行動主義心理学 (*behaviorism) の影響を強く受けたこの教授法は，教材構成では構造言語学の言語観を反映している．オーディオリンガル教授法は次のような特徴を持つ．① 正しい言語習慣形成を目指して，正しいモデルの模倣と反復練習が重視される．最終的には日本語と同様の自動的な (automatic) 英語運用をめざす．② 日本語と英語の構造上の差が大きい部分が学習上の困難点となるので，両言語の対照分析 (contrastive analysis ⇨ CONTRASTIVE ANALYSIS HYPOTHESIS) をとおしてこの困難点を予測し，それに基づいて構造上の差の大きい部分を重点的に扱う教材を編成する．③ 言語は統合した組織体であるから，既習の項目と対比して新しい言語項目の指導を行なう．④ 模倣暗唱活動 (*mimicry-memorization) や文型練習 (pattern practice) などの指導技術を用いて言語スキルの習得を促す．

　心理学，言語学の理論と直結したこの教授法は，1940年頃からアメリカで開発され，最初は軍人の外国語集中訓練 (⇨ ASTP) に採用され，その後大学を始め多くの教育機関で広く実施され，1960年代の前半まで外国語教育の主流であった．音声面の指導，口頭による活発な訓練により，それなりの成果を挙げた．しかし，機械的な反復や文型練習に終始するために授業が単調になり，意味を考えない口真似に終始すると批判されることもあった．また，練習段階で正確に操作できた文型でも，教室外の実際の場面に適用できない事態が生じた．その後，生成文法 (*generative grammar) の言語理論が優勢になるにしたがい，習慣形成理論の欠点が鋭く指摘されることになり，理論的基盤に対しても強い疑義が向けられることになった．しかし，指導技術の多くは改善された形で現在で

も英語教育の貴重な財産となっている．学習の場面設定を意味のあるものにする工夫，個々の生徒の学習スタイルや能力に対応した活動の工夫などによって，今後とも英語指導に貢献できる部分がある．

**Audio-Visual Language Teaching　視聴覚語学教育**

ヨーロッパで1950年代から70年代にかけて行なわれた指導法で，多くは，視覚，聴覚教具を指導の根幹に据え，目標外国語のみを用い，聞く・話すという基本的な口頭スキルの習得を重視し，文字言語はかなり遅れて導入される．対話による口頭スキル訓練を重視する点では，ほぼ同時代にアメリカ合衆国で広く行なわれていたオーディオリンガル教授法（*Audiolingual Method）と共通しているが，言葉の意味と形の関連を重視する点で，むしろ直接教授法（*Direct Method）により近い立場である．1枚の絵に1つの文，あるいは文の1部を対応させるなど，視覚教具と言語理解の関連を厳密に考慮している．

いくつかの流派があるが，CRÉDIF (Centre de Recherche et d'Étude pour la Diffusion du Français) では次の指導手順を踏む．① 絵による提示段階（presentation phase），② 目標言語を用い対話を取り入れた理解促進段階（explanatory phase），③ 録音教材のモデルの模倣段階（imitation phase），④ 対話文の練習・習熟の利用段階（exploitation phase），⑤ 新たな場面への転移段階（transposition phase）．場面を重視し，全体的理解を優先する指導理念は，逆に学習者の混乱を招き，理解の障害なるとの批判もあった．

**authenticity　真正性**

実際の言語使用を支配する条件を満たした本物の言語活動，あるいは対象言語の母語話者が実際に使用する言語テクストの備えている特徴，またその程度を示し，CLT（*Communicative Language Teaching）で強調されている特徴の1つ．英語学習者のために特別に編集されたテクストには特定の文法項目のみが用いられて，英語圏の社会で実際に母語話者が日常的に接するテクストとはかけ離れた真正性の低いものが多い．そのため，学習者のレベルを念頭におきながらもできるだけ自然な英語を提供することで真正性を高める努力が求められる．また，学習活動でも，読んで訳すタイプの活動は英語教室で頻繁に行なわれるが，日常の言語活動ではきわめて稀であることから真正性が低い活動である．テクストの内容理解を効率的に行なう手段としてそれなりの意味は持っているが，この種の活動が授業の大半を占めるとすれば問題である．真正性は授業がCLTの考えをどの程度反映しているかを測定する試験紙の役割をおびることがある．しかし，英語圏で日常的に用いられているテク

ストを日本の教室に持ち込むことで真正性が保たれるのか，また日本人学習者のみの教室で生徒同士が英語で相互交流を図ることが真正性の高い活動を実現することになるのか，判断は決して容易ではない．重要なのは，外国語学習の目的に適合し，学習者の言語発達を促進させるテクストであり，活動でなければならないという点である．特に初級から中級レベルの学習者には，レベルに合致した言語項目と興味深い内容を盛り込んだ"教授テクスト"（pedagogic text）が必要であり，学習者のために作られた"人為的な（artificial）"教材こそ望ましいとも考えられる．

**authoring software　オーサリング・ソフト**

文字，画像，音声，動画などのデータを編集して教材（courseware）を作成するためのソフトウェア．教師は手持ちのテクストを打ち込むことで，特定の学習者に適した多様な教材を容易に作成することが可能になる．FlashやDirectorなどの汎用の有料ソフトがよく知られているが，語学教材に特化した無料のソフトも多く，容易にダウンロードできる．Hot Potatoes（http://hotpot.uvic.ca）は使いやすく，多肢選択（multiple-choice），整序活動（jumbled sentences），クロスワード（crosswords），matching/ordering，空所補充（gap-filling）などの練習問題を作成できる．⇨ CALL.

**automatic processing　自動処理**

第2言語習得の情報処理モデル（*information processing model）の用語で，言語スキル習得の最終段階で特徴的に生じる情報処理方式．初期段階の統制処理（*controlled processing）が練習（*practice）を重ねることで習慣化し（routinized），情報処理能力の負担が減少する．そのため，大量の情報を素早く，正確に処理することが可能になる．⇨ SKILL-ACQUISITION THEORY; AUTOMATIZATION.

**automatization　自動化**

スキルの学習で宣言的知識（*declarative knowledge）として規則を習得する最初の段階からほとんど意識を払わずに自発的，迅速，正確にそのスキルを運用できるようになるまでの全段階．自動化された状態を自動性（automaticity）と呼ぶ．⇨ SKILL-ACQUISITION THEORY; ACT* MODEL; CONNECTIONISM.

**autonomy　自律性**

自らの学習を自分自身で掌握できる状態．⇨ LEARNER AUTONOMY.

**avoidance　回避**

何らかの理由で，特定の言語項目の使用や情報の伝達を避けること．エラー分析（*error analysis）で日本人英語学習者が関係詞に関するエ

ラーが少ないと同時に使用頻度が極端に低いことが明らかになった．これは，日本語と英語の関係詞に関する構造の差が大きく，習熟が不十分なため使用を避ける傾向が強いことによる．また，コミュニケーション方略（*communication strategy）の1つとして用いられ，言語形式や言語機能の使用を避けることでコミュニケーションに際して予測される問題を事前に取り除く行為を言う場合がある．

# B

**baby talk** ベビー・トーク
　乳幼児に対して周囲の人が話しかける際に用いる特有の言葉遣い．養護者言葉（*caretaker speech）とも言う． ⇨ CHILD-DIRECTED SPEECH.

**backchannel** 相づち
　会話で聞き手が相手の話に注意を払い，また話の継続を促す合図．I see., uhhu, mm, yeah, sure, right などがある． ⇨ CONVERSATIONAL ANALYSIS; FEEDBACK.

**backsliding** バックスライディング／後退
　第2言語習得で，ある時点で習得したと考えられていた言語項目がその後使えなくなり，より初期の習得段階に属する表現を再度使用するようになる現象．バックスライディングは文法項目から発音にいたるさまざまな言語形式に頻繁に生じる現象で，認知的に高度な処理が要求される複雑な内容を時間的制約のある中で伝えなければならない状況では，確実に内在化された言語形式に依存することから特に顕著に観察される．

**backward buildup** 逆方向積み重ね方式
　長い文を反復するスピーキングの練習方法．文の最後の方から区切って反復し，次第に前の方に重ねていくことで，最後の部分が何度も反復されるので文全体がよどみなく言えるようになる．The old women have been waiting for the bus for two hours. の反復練習は次のように行なわれる．

　T: for two hours.
　C: for two hours.
　T: for the bus for two hours.
　C: for the bus for two hours.
　T: have been waiting for the bus for two hours.
　C: have been waiting for the bus for two hours.
　T: The old women have been waiting for the bus for two hours.

C: The old women have been waiting for the bus for two hours.

文全体のイントネーションを保って，最後の言いにくい部分を何度も練習することになるので長い文の口頭練習に効果的である．

**backwash** 波及効果 ⇨ WASHBACK.

**Basic English** ベーシック・イングリッシュ

簡略英語の一種．国際的なコミュニケーションを容易に実現するために考案され，外国語としての英語学習に用いられた．Ogden によって提唱され，Richards らによって教授法（⇨ GRADED DIRECT METHOD）に適用された．850 語の語彙と簡略化された文法に基づいて通常の英語で表現される内容をすべて伝えることができることを最も大きな利点として普及が図られた．BASIC は British, American, Scientific, International, Commercial の頭文字から．

**behaviorism** 行動主義

心理学の 1 学派．こころ（mind）の働きである認知（cognition）を想定しないで，外部から直接観察可能な刺激や行動に着目して，観察，実験をとおして動物やヒトの学習などの行動を解明しようとする立場．行動主義では言語も刺激—反応—強化（stimulus—response—reinforcement）の繰り返しをとおして習慣形成により習得されると考える（⇨ HABIT FORMATION THEORY）．アメリカの心理学者 Skinner のオペラント条件付け（*operant conditioning）が行動主義による言語習得理論として提唱されたが，その後，「ヒトには普遍的な言語構造知識が生来備わっている」とする生得理論（innateness hypothesis）の観点から，彼の理論は Chomsky により徹底的に批判された（⇨ UNIVERSAL GRAMMAR）．

行動主義では，母語習得と同様に第 2 言語習得（*second language acquisition）も習慣形成理論（*habit formation theory）で説明される．母語習得と異なるのは，すでに形成された母語の言語習慣が第 2 言語習得に影響をおよぼす点である．母語と第 2 言語が異なる部分では母語の習慣が第 2 言語の習得の障害になる．逆に，類似している部分では習得を促進する働きを持つと主張された．⇨ CONTRASTIVE ANALYSIS HYPOTHESIS; TRANSFER.

**belief system** 信条 ⇨ LEARNER BELIEF.

**Berlitz School** ベルリッツ語学学校 ⇨ DIRECT METHOD.

**BICS** 基本的対人間コミュニケーション技能

Basic Interpersonal Communication Skills の略．⇨ CALP.

**bilingual** 2 言語使用者

2 言語について年齢相当の言語スキルを有する者を指すが，両言語に

同等に習熟している（balanced）場合は少なく，どちらか一方が優勢な場合が多いと言われている．生後，2言語を同時に習得する者を simultaneous bilingual，第2言語を遅れて習得する者を sequential bilingual と呼んで区別することもある．⇨ BILINGUALISM.

**bilingual education　2言語使用教育**

　1つの学習者集団に対して教室内で授業の媒体言語として2言語が用いられる教育．いくつかのタイプに分類されるが，次の3タイプが一般的である．① 移行的2言語指導（transitional bilingual instruction）：外国から移住して間もない学習者が多数派言語（majority language）を用いて行なわれる授業に参加できるまでの間，学習者の第1言語を同時に使用し，次第に多数派言語に移行する．② 維持的2言語使用（maintenance bilingual instruction）：第2言語を習得中も，第1言語能力を維持していく教育プログラム．③ イマージョン教育（\*immersion program）．

**bilingualism　2言語使用**

　個人あるいは集団で，1地域で2つの言語を使用する状態．世界的に見ると，1言語使用者（monolingual）よりも2言語使用者の数が多い（Cook, V. 1991）．学校で多数派言語（majority language）の使用される教室で授業を受ける者が次第に母語能力を失っていく場合がある．年齢相当の第2言語能力を獲得する以前に母語能力が減少するタイプを除去的2言語使用（subtractive bilingualism）と呼ぶ．この状況におかれた者は第2言語学習に対する動機づけ（\*motivation）も低下することが多く，否定的な結果を招く．これに対して，母語能力を保持しながら新しい言語能力を獲得する付加的2言語使用（additive bilingualism）は学習者に好影響をもたらすと言われる．⇨ BILINGUAL.

**blackboard / whiteboard　黒板／ホワイトボード**

　最も一般的な教具．\*OHP（overhead projector），コンピュータによる提示装置，モニターテレビなども利用できる教室が多くなってきたが，黒板が簡便であることに変わりない．新しい言語項目を導入するとき，板書は学習者の注意を引きつけ，理解と記憶の助けになる．その場で板書することは時間のかかることであるが，この時間は無駄であるとは限らない．文を言いながら書く，学習者にもノートを取らせる，指で同じ文をなぞらせるなどして学習者の注意をひきつけるならば，この時間のゆとりは情報を理解し咀嚼することを可能にする．重要箇所を説明したり，要約するためにも板書は有効である．次の点に留意するとよい効果をもたらす．① 左端に新語，中央上部にキーセンテンスのように，黒板の割付を決める．② 不要になった部分は途中で消す．③ 重要部分を色

チョーク，下線，囲み，大文字などで強調する．④ センテンス・カードをあらかじめ用意して，時間の節約を図る．⑤ マグネットが使える黒板は，視覚メディアの活用を図る．

　近年，コンピュータ画面を表示できる電子黒板 (interactive whiteboard) が普及しつつある．電子黒板には自由に書き込みができ，また画面上のイメージを自由に移動させることもできる．画面は保存，プリントアウトが可能である．文字テクスト，画像，インターネット機能，音声教材，DVD のすべての機能を兼ね備えているため，使用範囲はきわめて広い．今後さらに普及が進めば，求めやすい価格になるであろう．しかし，学習者の注意を 1 枚のボードに集中させる点で，教師主導の従来型の授業に陥る危険性を有していることを忘れてはならない．

**blog　ブログ**
　インターネット上で個人やグループが運営する日記状のウェブサイト．さまざまなトピックに関して，個人的な感想や意見を表明したり，他人と議論したりすることが多い．使用者は，テクストのみならずマルチメデアの情報をウェブ上に提供することができる．

　語学教育ではブログを用いてリーディング，ライティング技能の練習を行なうことに加え，教室の外に出て公の場面で個人あるいは集団の一員としてさまざまな考えを述べ，また議論を展開することが可能であり，学習者の主体的な言語使用の重要な機会を提供する．ブログはまた，ライティングなどについての生徒同士の批評や感想を述べあったり，ライティングの協同プロジェクトを展開するなど現実の英語運用を促進する．なお，blog は web log の合成語 (Brett & Conzález-Lloret. 2009)．⇨ CALL; INTERNET.

**body language　身振り言語**
　言葉によらずに，表情，目の動き，頭の動き，肩と上半身の動き，手の動き，姿勢などで情報を伝えることを指す一般的な用語．異なった文化間では同一の動作が異なる意味を伝え，そのために誤解を生じることは珍しくない．このため，注意すべき重要な身振り言語は授業でも取り上げる必要がある．ジェスチャー (*gesture) と同義．また，body language を系統的に研究する領域を kinesics (動作学) と呼ぶことがある．⇨ NONVERBAL COMMUNICATION.

**bottom-up processing　ボトム・アップ処理**
　聞く，読むなどの情報処理方式の 1 つ．トップダウン処理 (*top-down processing) と対比する構成概念 (*construct)．言語理解過程で個々の音声的特徴や語彙素などの入力を正確に知覚，認知し，この要素を次々に

結合させて次第に大きな言語単位の処理を行ない，ついには全体的な意味を把握すると考える．入力駆動（input driven）の処理方式． ⇨ READING; INTERACTIVE MODEL.

**bottom-up task　ボトム・アップ タスク**

言語の分析と理解をめざしたタスク（*task）． ⇨ TASK-BASED LISTENING ACTIVITY.

**brainstorming　ブレーンストーミング／集団討議**

グループで，あるトピックについて自由にアイディアや意見を発表し合って，多面的でより新しい考えを産み出していく方法．リーディング指導の第1段階であるプリ・リーディング活動（*pre-reading activity）で，本文で扱われる題材について知っていることを一定時間小グループで自由に話し合わせ，結果をクラスで発表することで題材についてのスキーマ（*schema）の活性化を図ることができる．また，エッセイを含むライティングの作業でもブレーンストーミングを行なうことで，個人作業が促進される．学習者のレベルにもよるが，日本語使用が支配的になりがちである．英語の使用を奨励し，教師による英語の言い換えを行なうことも必要になる． ⇨ PRE-LISTENING ACTIVITY; SEQUENCE OF WRITING INSTRUCTION.

**Broca's area　ブローカ野**

脳の言語優位半球（通常は左半球）の下前頭回に位置し，言語産出（発語）に関わる部位．フランスの解剖学者 Paul Broca がこの部分の損傷した患者は，主として内容語（*content word）から構成された電文的な文で意味を伝えることはできるが，文法的に複雑な文を産出することできないことを指摘したことにちなむ（酒井. 2002, 小池. 2003）． ⇨ APHASIA; WERNICKE'S AREA.

**buzz group　バズセッション**

ペアから4〜5名の小集団で，あるトピックについて自由に話し合うこと．クラスで個人の発表を求める前に行なうことは学習者の考えを整理し，不安を取り除くことにつながる．バズセッションはディスカッション（*discussion）で活用されることが多いが，それ以外に多くの場面で用いることが可能である．教師の発問に対して学習が応答するタイプのインタラクションにおいても，発問—個人指名—個人応答の形態を，発問—バズセッション—個人指名—個人応答に変えることで，学習者のより積極的な学習参加を実現するきっかけとなる． ⇨ IRF; BRAINSTORMING.

# C

**CALL　コンピュータ支援言語学習**

　　Computer Assisted Language Learning の略．外国語の指導・学習にコンピュータを使うシステム．コンピュータと学習者が双方向的に情報を交換し，提示された教材に学習者が反応し，この反応にコンピュータが適切なフィードバック（*feedback）を与えることで学習が進められる．備えた機能別にいくつかのタイプに分類される．音声の再生，録音を行なう *LL 機能を備えたもの，CD-ROM や *DVD を用いたもの，*internet 接続タイプなど多様なタイプの CALL が設置されている．

**CALP　知的・学問的言語能力**

　　Cognitive / Academic Language Proficiency の略で，言語構造の知的理解能力を意味する言語的知能と類似した能力である．これと対照をなすのが Basic Interpersonal Communication Skills（BICS [基本的対人間コミュニケーション技能]）である．BICS は日常生活で人間関係の維持のための，口頭による情報を伝達する際に用いられる技能である．Cummins は，CALP と BICS は別個の能力であり，両方とも母語，外国語の習得に際して見いだせる，と主張する．CALP と BICS の二分法は，外国語として英語を学習する（⇨ EFL）学習者と，自然な状況で第2言語として英語を身につけていく（⇨ ESL）学習者の間に見られる相違点の適切な説明となる．知能は，教室内で英語の構造を知的に理解し，規則を適用して言語形式の操作を行なうことが重視される指導では大きな意味を持つ．しかし，自然の状況で必要な情報を伝えながら言葉を習得するような場合には，知能はさほど大きな意味を持っていない．（Cummins. 1980）

**Cambridge EFL Examinations　ケンブリッジ英検**

　　イギリスのケンブリッジ大学付属の海外試験評議会（University of Cambridge Local Examination Syndicate = UCLES）で研究・開発され，世界150カ国以上で受験されている熟達度テスト（*proficiency test）．英

語能力を最上級から基礎級まで5レベルに分け,各レベルに適した次のテストが用意されている.CPE (Certificate of Proficiency in English), CAE (Certificate in Advanced English), FCE (First Certificate in English), PET (Preliminary English Test), KET (Key English Test).

**caretaker speech**　養護者言葉 ⇨ CHILD-DIRECTED SPEECH.

**Can-Do statements**　能力記述文

　ヨーロッパ共通参照枠(*CEFR)の共通参照レベル(*Reference Levels)中の能力記述文で用いられている表記法で,外国語を使って何ができるかを示すことで,言語運用能力を具体化している.例えば,共通参照レベル A1 の全体的な尺度は次のような can-do 記述文で表されている.
A1
・具体的な欲求を満足させるため,よく使われる日常的表現と基本的言い回しを理解し,用いることもできる.
・自分や他人を紹介することができ,どこに住んでいるか,誰と知り合いか,持ち物などの個人的情報について,質問したり,答えたりできる.
・もし,相手がゆっくり,はっきりと話し,助け船を出してくれるなら,簡単なやりとりをすることができる.

　能力尺度については,学習者がどのような課題を遂行できるかを,スキル別,場面別など数多くの項目に分けた詳細な一覧表が用意されている.能力記述による学習目標・熟達度の設定は,わが国の教育機関やテスト実施機関でも試みられている.

**case study**　事例研究

　1つの事例の特異性あるいは複雑性の研究.事例には1人の人物の他に1つの事業,機関など明確な境界のあるものである限り,いかなるものも含まれる.取り上げる事例について,面接,観察,文献調査,介入などのさまざまな資料収集の方法を用いる.事例研究は,典型的には定性的研究(*qualitative research)に分類されるが,量的な資料収集も行なわれる.1つの事例について詳細な情報の蓄積を求めるため,事例研究は長期的な研究になることが多い.また,得られた結果を一般化することができないことも多い.しかし,徹底した分析と考察をとおして取り上げた事例の理解が深まり,新しい仮説の提起に有効である.しばしば,他の研究手法と組み合わせることで多くの研究で広く用いられてきた.第2言語習得研究ではこれまで事例研究から多くの知見が得られた (Dörnyei. 2007).

**CBI**　= CONTENT-BASED INSTRUCTION.

**CE** = CLASSROOM ENGLISH.

**CEFR　ヨーロッパ共通参照枠**

　　Common European Framework for Reference of Languages: Learning, teaching, assessment（外国語の学習，教授，評価のためのヨーロッパ共通参照枠．通常，ヨーロッパ共通参照枠と略称）の略．/siːfə/ と発音．ヨーロッパにおける，外国語教育のシラバス，カリキュラム，教科書，試験の作成，および学習者能力の評価のための共通の基準で，欧州評議会によって制定され，2001 年に英語版が，日本語訳は 2004 年に出版されている．外国語によるコミュニケーションを行なうために学習者が備えるべき知識と言語能力を広範囲に，また詳細に規定している．

　　CEFR の中核をなす理念として複言語主義（*plurilingualism）・複文化主義（*pluriculturalism）および行動中心主義がある．後者は，言語能力を単なる言語知識としてではなく，特定の場面でどのような課題に対処できるかで言語能力を判断する立場を示す．CEFR は言語教育政策全般を包括的に論じているが，とりわけ注目を集めているのは言語熟達度を測定するための共通参照レベル（*Common Reference levels）である．CEFR は欧州域のみならず，世界各地の外国語教育，とりわけテスト開発に適用されている．わが国にもその影響は及んでいる．しかし，欧州内での共通枠が，日本のよう文化，風習の異なる地域でそのまま適用できるのかは，これからの検討課題である．

**ceiling effect　天井効果**

　　テストがやさしすぎて，上位グループが満点に近い成績をとり，このグループの受験者の能力を適切に識別できない状況を指す．逆に，むずかしすぎるテストは得点は底辺に集中する結果，低位の集団を弁別できなくなる．この状況を床効果（floor effect）と呼ぶ．

**chaos / Complexity Theory　カオス／複雑系理論**

　　カオスは非線形の規則にしたがって予測不可能な不規則なふるまいをするシステムを指す専門用語．複雑系は多くの要素から構成され，部分同士が関連し，部分が全体に，また全体が部分に影響を与えるため，未来のふるまいを予測することが不可能なシステムを言い，カオスと同義に用いられることもある．このシステムは時間の経過に伴って変化するダイナミックな特徴を有し，気象現象，生命，経済動向はその好例．

　　この理論の第 2 言語習得への導入は Larsen Freeman によって行なわれ，第 2 言語習得はダイナミックで，複雑，非線形的な過程であるとされる．ダイナミックな特徴は学習者の中間言語が絶えず変化している点に認められる．また，言語発達は母語と対象言語の関連，入力と相互交

流の量とタイプ，学習場面，動機づけなど，多くの相互に影響し合う要因が関わってくる点で複雑である．さらに，不規則動詞と規則動詞の過去形の習得に関し，U字型学習(*U-shaped learning)が観察される場合は非線形的な発達を示している．概括的な説明は首肯できる部分を多く含むが，より明確な形でどのように第2言語習得研究および指導に取り入れることができるかは今後の課題．

## checking attendance　出欠調査 CE

| | I'll | call the roll. |
|---|---|---|
| Now! | I'm going to | call your names. |
| OK! | Let me | take the register. |
| Quiet, now, please. | (Let's see) Who's absent today? | |
| | Is everybody here? | |
| | Is anybody | absent? |
| | | missing? |
| | | away? |

(Yes. / Here. / Present. Taro is absent.)

| What's the matter with | |
|---|---|
| Have you seen | Taro? |
| Does anybody know why Taro is absent? | |
| Why is Taro absent? | |

(I think he has got a flu. / Her mother is ill.)

## child-directed speech　子供に向けられた言葉

養護者言葉(caretaker speech)とも言う．子供に対して親や保護者，周囲の人たちが話しかける際の言葉で，成人同士の会話に見られない次のような特徴を示す．① 通常よりも発話速度を落とし，ピッチ(*pitch)を高く保ち，抑揚に変化をつける．② 短い，単純な文を使う．③ 繰り返しを多用する．④ パラフレーズを多用する．⑤ 会話のトピックを子供の身近な「今，ここ」の話題，あるいは子供の経験で成人が知っている内容に限定する．⑥ 子供の発話(*utterance)を繰り返すが，文法的に正しい文に拡大する(Lightbown & Spada. 1999)．

このような特徴は子供とのコミュニケーションを容易にするが，子供の言語発達に決定的な役割を演じるか否かを巡って議論が分かれる．

**CHILDES**　= CHILD LANGUAGE DATA EXCHANGE SYSTEM　⇨ CORPUS

## Chi-square test　$\chi$(カイ)二乗検定

好き，嫌い，どちらでもない，のような名義尺度(nominal scale)の

変数が一定の傾向をどの程度示すかを検定する方法．例えば，3クラスの英語授業に対する好き嫌い調査をして得たデータを基に，クラス間でその割合に差があるか検査する際に用いる．

**choral response　一斉行動 CE**

| Everyone,<br>All together, | listen and repeat.<br>please. | |
|---|---|---|
| All of you,<br>The whole class, | say, 'That's the most expensive.'<br>answer this question. | |
| Let's repeat it | in chorus.<br>all together. | |
| I want<br>I'd like | everyone<br>all of you<br>the whole class | to read the paragraph.<br>to listen and repeat. |

**chunking　チャンキング**

　まとまりのある情報の単位をチャンク (chunk) と呼び，言語を含む情報処理に際して，この単位をさらに意味のある高次の固まりに分類し，まとめること．George Miller (1965) は平均して7つのチャンクを短期記憶に留めることができるとし，これを magical number ±2 と呼んだ．例えば，154085 のような数字は6チャンクであるが，これをヒッコシオヤコ (＝引っ越し親子) とまとめる (＝チャンキング) と1つの有意味な単位 (＝1チャンク) になり，より記憶しやすくなる．

　言語習得はチャンク学習によると捉えることもできる．最初の段階では，定型表現 (*formulaic sequence) をより細かな構成要素に分析せずに1つのチャンクとして理解し，あるいは産出する．熟達するにつれて，構成要素を一定の型に分析し，構造をより明確に理解するようになる．英語教育においても，チャンキング重視の指導が語彙中心教授法 (*lexical approach) で提唱されている．⇨ U-SHAPED LEARNING.

**clarification request**　⇨ INTERACTIONAL MODIFICATION.

**clarification request　明確化要請 CE**

| Sorry?<br>Pardon?<br>What (did you say)?<br>Excuse me. | I can't hear you.<br>Will you try again louder, please?<br>I'm not sure I understand what you said.<br>Do you mean ＿＿＿?<br>Could you go into more detail? |
|---|---|

**classroom conditions　環境整備 CE**

**classroom English**

| It's | rather<br>a bit | hot<br>sunny<br>bright | in this room | , isn't it? |
|---|---|---|---|---|
| Don't you think it's | too<br>very | stuffy<br>cold<br>dark | in here | ? |

| Will<br>Can<br>Would<br>Could | you<br>someone | turn<br>switch<br>put | the | light(s)<br>air conditioner<br>heater | on?<br>off? |
|---|---|---|---|---|---|
| Would | | mind | turning<br>switching<br>putting | | |

| (Will)<br>(Can)<br>(Would)<br>(Could) | (you) | open<br>close<br>shut | (a)<br>(the) | window(s)<br>door<br>shutters | , please (?) |
|---|---|---|---|---|---|
| | | draw the curtains<br>pull the blinds down / up | | | |

| Will<br>Would | you | straighten<br>tidy | desks | | ? |
|---|---|---|---|---|---|
| I want you to | | move | desks<br>chairs<br>tables | back<br>forward<br>this way<br>that way | , please? |

**classroom English**　教室英語　⇨ CHECKING ATTENDANCE; CHORAL RESPONSE; CLARIFICATION REQUEST; CLASSROOM CONDITIONS; DISCIPLINE; DIVIDING CLASS; ENCOURAGEMENT; END OF THE LESSON; GREETINGS; HANDING IN PAPERS; HANDING OUT PAPERS; LATENESS; PRAISING; REVIEW; SETTING HOMEWORK; TRANSITION TO WORK.

**classroom discipline**　授業規律

　　教室内の行動に関する一定の規則を，教師および生徒の両者が認め，一貫してそれを遵守することは，円滑で効果的な授業を促進するために

は必須である．規律は，社会，学校，教師が生徒を制御するために強制する一面を持つが，生徒による一定の理解，是認なしに維持されるものではない．授業規律は教師の生徒に対する行動によって左右されることが多い．良好な授業を展開するための教室運営（*classroom management），学習を促進し，有意義だと生徒が感じるような指導法（*methods），綿密な指導計画（⇨ LESSON PLANNING），協力的で，目的志向的な教室内の人間関係作り，学習に対する高い動機づけの維持（*motivation）などが望ましい授業規律を高める．

授業規律が保たれている教室は，教師が生徒集団と学習活動を掌握し，教師と生徒が協調して学習活動が円滑に進行し，学習者が安心して学習に専念できる環境である．そのためには，早い時期に協調的な学習を推進するための次のような「クラスの決まり」を生徒とともに策定し，全員で確認して遵守することが重要になる．

---

・全員の決まり：話しを熱心に聞く／助け合う／価値観を尊重する／間違いを笑わない／短所をからかわない／言葉の上でも相手を傷つけない
・生徒の決まり：授業に遅れない／宿題をやる／挙手をしてから発言する
・教師の決まり：時間どおりに授業を開始，終了する／テストの結果を早く知らせる

---

(Dörnyei. 2001)

規律を乱す問題行動は未然に防止することが最も重要である．綿密に指導計画を練り，生徒の注意を引き付ける活動を展開することで生徒の信頼を得るとともに，明確な指示を与えて生徒が学習に自信を持って取り組めるようにする．何よりも，クラス全体の動きに絶えず細心の注意を払い，生徒の学習状況に適した対応を取ることで混乱を回避することができる．問題が生じた場合には，教師の冷静で毅然とした取り組みが求められる．混乱を鎮め，学習を迅速に再開するとともに，授業後は問題行動を起こした生徒と話し合い，原因を明らかにし取り除く．必要に応じて，学級担任などにも適宜連絡し処理に当たる（U. 1996）．

## classroom management　教室運営

効率的な授業を実現するために授業中の教室環境，学習者の行動，学習活動，指示，インタラクション（*interaction）に関して教師が組織し管理する職務．物理的な教室環境整備や学習に専念できる学習環境の維持を指し，適切な照明，室温，通風，窓の開閉，騒音防止などに留意し

なければならない．また，安心できる，支持的な（supportive）クラスの形成が求められる．教師と生徒のラポール（*rapport）および生徒間の協力的，結束的な集団作りに積極的に関わっていく必要がある．早い段階で，英語学習の特徴を説明し，好ましい学習態度（*attitude）などを説明し，生徒とともに「教室の決まり」を作ることも大切である．その中には，「間違い」は外国語学習には大切な一部であり，恥ずかしがらない，笑わないことなどの決まりを含め，規則を決めたら，教師を含め全員で遵守することを確認する．⇨ LEARNER TRAINING; CLASSROOM DISCIPLINE.

学習活動に応じた座席配列およびグループ分け（*grouping）は随時適切に行なう．講義タイプの学習に適した全員が黒板に対面する列毎の配列に加え，グループ・ペア活動（*group work / *pair work）に合わせた配列，さらにコの字型の配列など，それぞれの特色を考慮した配列が望まれる．

学習活動とその順序（*activity sequence）は，教室運営の重要な要素である．シラバス（*syllabus）に沿った，学習者のレベル，年齢（*age）に適した多様な活動を用意するとともに，各活動の展開に際して明瞭な指示・演示を含む導入を行ない，スムーズで意欲的な参加を促す．活動中は，モニターをとおして，必要に応じて援助することで時間内に終了するように導く．授業中の教師の行動，移動，適切な声量と話しの速度，ジェスチャー（*gesture），板書（⇨ BLACKBOARD）は学習活動を成功に導く要因である．

授業は通常，教師と生徒のさまざまな交流を伴う．伝統的な質問・応答・確認（*IRF）の型に加え，発問を工夫し，学習者の自発的な発言を誘発することで積極的な学習参加を促す（⇨ QUESTIONING TECHNIQUE）．学習者の発話に対応し，発展させる方法（⇨ INTERACTIONAL MODIFICATION; ERROR TREATMENT）も重要な課題となる．従来型の教育機器に加え，情報通信技術（ICT）の急速な発展に伴って，インターネット（*internet）を始めとする多様なメディアの活用が教室運営の重要な一部となる．

授業中の問題行動に対応する（⇨ CLASSROOM DISCIPLINE）など，指導案（⇨ LESSON PLANNING）に用意されていない事態が生じることがある．代替案の用意，日常的な生徒観察，問題行動の根源を探る努力も教室運営には欠かせない．

**classroom research　教室研究**

外国語教授と学習に関する研究で，そのデータのすべてあるいは一部分が，教師と生徒の教室内での行動を観察あるいは測定したものに基づいているもの．教室内で教師と生徒，生徒同士の間で生じるさまざまな

過程に焦点が当てられる．研究者は教師自身であっても部外者であってもよい．研究テーマには教室内での教師言葉（*teacher talk），学習者行動（learner behavior），教師・学習者相互交渉（student-teacher interaction），学習結果（learning outcome），教師のエラー処理（*error treatment），小集団内相互交渉（small group interaction），2者相互交渉（dyadic interaction），日記研究（*diary study），学習方略（*learning strategy），教師認知研究（*teacher cognition research）など多様である．
⇨ ACTION RESEARCH; COLT; REFLECTIVE TEACHING; TEACHER RESEARCH.

**clause　節**

　主語と述語動詞を含む文の構成要素を持ち，文あるいは文の一部をなす語群．主語，述語動詞を含まない句（*phrase）とは異なる．単文は1つの節から構成されている．2つ以上の等位節から構成された重文（compound sentence）に対し，主節（main clause）と従属節（subordinate clause）から構成された文を複文（complex sentence）と呼ぶ．従属節は文中の機能により名詞節（noun clause），形容詞節（adjective clause），副詞節（adverb clause）（例文中の斜体部）に分類される：名詞節—I know *what you mean*.；形容詞節—This is the school *where my father teaches*. / This is a problem *which occurs regularly*.；副詞節—Tell me *after I've eaten my dinner*.

**CLIL　内容言語統合型学習**

　Content and Language Integrated Learning の略．ヨーロッパで広く実施されている社会や理科などの"教科"を母語以外の外国を用いて教える指導法で，教科の学習と外国語の習得を同時に達成する目的を持った教育方法．1994年に提唱され1996年に開始された．内容教科を学習者の母語以外の言語で教えることで，言語の知識が教科内容理解の手段となる．言語が教育課程の中に統合され，自然な言語使用の中でその学習も促進される．教科横断的な教育理念に基づき，ある文脈の中で習得された知識・技能を異なった文脈における学習に活用することで，両者の統合的な進展を促す．

　CLILは対象外国語のみを用いたものから学習者の母語をかなり交えた指導まで，地域，指導者，対象学習者によってその具体像は多様である．CLILは外国語教育ではなく，また外国語による教科学習でもないが，その実際の指導には*EFLで用いられている多くの手法が用いられている．アメリカ，カナダで実施されているイマージョン教育（*immersion program）を含む内容中心教授法（*Content-Based Instruction）と共通部分を多く有している．

**CLL** = COMMUNITY LANGUAGE LEARNING.

### cloze test　クローズ・テスト

リーディング・テストの1形式．テクストの一部を5～7語の等間隔に抜き取り（次例ではカッコで表示），その部分を復元させ，復元率でリーディングの能力を測定する．

In the 1980s, a drought struck California. California's water disappeared. This made officials look for other (water) sources. Their search led them to (wastewater) reclamation—using purified water from sewers (instead) of treated water for some purposes. (This) became an important way of saving (the) precious water supply. Although some people (think) using wastewater is unpleasant, it is (a) good way to increase local water (supplies). In some areas, reclaimed water may be the only water for farming or watering lawns.

採点法は，原文にある語を用いた場合にのみ得点を与える exact word method と，文脈に適した語を正解と見なす appropriate word method がある．後者の方式が前者よりも高得点を生み出すのはもちろんであるが，両者の相関は一般的に高いと言われている．クローズ・テストは元来アメリカのジャーナリスト William Taylor によって，テクストの読みやすさ（⇨ READABILITY）を測定する目的で提唱され（1953），特定の新聞読者層に適したテクストを用意するために用いられた．その後，クローズ・テストは理解力の測定やリーディング過程を理解するための診断法として盛んに用いられるようになった．⇨ ASSESSMENT OF READING; C-TEST.

**CLT** = COMMUNICATIVE LANGUAGE TEACHING.

**CMC** = COMPUTER-MEDIATED COMMUNICATION.

### code switching　コード切り替え

話し手同士が共通の複数言語を知っているときに，発話の途中で1つの言語から別の言語に切り替えること．コード切り替えを行なう理由として，① 他人の言葉を引用する，② 特定の情報を強調する，③ ある言語にふさわしい話題に切り替える，④ 話者の特定の役割を強調する，⑤ 直接話しかける相手を絞り込む，⑥ ある言語の表現を知らない，などが挙げられる．文中の切り替えの84％は単一語，約10％ が句，6％ が節とする調査がある．(Cook, V. 2008) ⇨ COMMUNICATION STRATEGY.

**cognitive / academic language proficiency** = CALP.

### Cognitive Code Learning Theory　認知体系学習

学習者が英語の体系を理解することを重視する教授理論．習慣形成理論（\*habit formation theory）に対する反論として提示され，次の点が強

調された．① 学習項目を混同しやすい他の項目と対比して提示する．② 言語材料が意味を伴えば，学習の保持が容易になる．③ 言語項目の特徴に意識的に注意を払い，それを明確に理解することで学習は促進する．教師の任務は，学習者の心的活動を刺激して，学習者が新しい言語知識をすでに保持している知識に関係づけるのを助けることにある．

認知体系学習には，Ausubelの認知学習理論に基づく有意味受容学習（meaningful receptive learning）を英語教育に適用した側面もある．教師は新しい言語項目を学習者が咀嚼しやすい形で提示して理解を助ける．一方，学習者は自らの意志で積極的に学習に参加し，言語形式とその意味を関連させ，知識体系に組み入れることで理解が進む．この部分は言語能力（*competence）の獲得が言語運用（*performance）に先行することを指摘していることも意味するもので，生成文法（*generative grammar）理論の言語観を取り入れていると解釈できる．

認知体系学習では独自の教材，新しい指導テクニック，言語活動などは提案されていない．また，言語体系の知的理解を優先する点で文法・訳読式教授法（*grammar-translation method）の現代版と批判されることもあった．しかし，学習者の主体的な学習参加を重視し，言語規則の内在化をめざした点で，コミュニケーション志向のアプローチ（*communication-oriented approach）の先駆けとなった．

**cognitive linguistics　認知言語学**

言語は人間の認知プロセスの反映であると捉え，一般的な認知能力から言語の記述，説明を行なう言語理論．1980年代以降に研究が進み，広く提唱されるようになった．それ以前の多くの言語研究が，言葉はそれを使用する主体とは独立した自律的な記号系として存在するとする前提で行なわれていた言語理論と著しい対照をなす．また，言語獲得に特化した生得的なモジュールを設定している生成文法（*generative grammar）とは対極に位置する．言語習得・使用に関しては，われわれの身体的なさまざまな経験がその基盤になると考える（中島. 2006）．⇨ USAGE-BASED THEORY.

**cognitive strategy　認知的方略** ⇨ LEARNING STRATEGY.

**cognitive style　認知スタイル**

学習スタイルと同義．⇨ LEARNING STYLE.

**coherence　一貫性**

テクスト（*text）の内容がバラバラでなく，まとまりがあって首尾一貫している状態．意味上のまとまり，内容が全体としてつじつまが合う状態を指す．普通，ディスコース（*discourse）は言語形式面のまとまり

を示す結束性（\*cohesion）と一貫性を備えている．しかし，次の会話例は cohesion を欠いているものの coherence の性質を持っている．

A: That's the telephone.
B: I'm in the bath.
A: OK.　　　　　　　　　　　　　　　　　　　（Widdowson. 1978）

この会話には文法的，語彙的結束性は見あたらないが，A の最初の発話を B に対して電話に出るようにとの要請（request），B の発話をその要請に応えられない弁明（excuse），A の最後の発話を B の弁明を承認したもの（acceptance）と解釈すれば，内容の面につながりが生じ，全体として一貫したテクストを構成していることに気づく．このような内容上のまとまりを coherence と呼ぶ．

**cohesion　結束性**

テクスト（\*text）中の文中，文と文，あるいは節と節の間の意味を関連させる言語形式．例えば，A: Do you know my sister Jane? B: Yes, I met her at the cinema. では代名詞の her は前方の名詞句 my sister Jane を照応する機能を持ち，A の発話と B の発話を結束させている．

結束性を示す装置には次のタイプがある．① 照応（reference）：代名詞などが前後にある異なった文や句の中の人やものを照応する．② 代用・省略（substitution / ellipsis）：文の一部を省略することで前の文のある部分を呼び出す．③ 結合（conjunction）：接続詞などで文と文を関連づける．④ 語彙的結束（lexical link）：反復，類義語，反義語など意味的に関連のある語を用いる（Halliday & Hassan. 1976）．⇨ COHERENCE.

**collaborative dialog　共同会話**

問題解決のために学習者が行ない，その中で対象言語の知識形成が実現される会話．解決策を述べることで対象言語を用い，述べられたことに応答することで，発話の中に生じる言語形式に注意を払う過程をとおして言語習得が促進される．Swain (2000) の用語で，社会文化的理論（\*sociocultural theory）の流れが底流にある．ディクトグロス（\*dictogloss）の編集作業を共同で行なう過程で，言語形式に意識的に注意を払うことで，言語習得が実現されることを示す実験結果など，いくつかの研究成果がある．学習者同士の共同会話が，誤った言語習得などの逆効果をおよぼす事例は少ないとする報告がある一方で，共同会話は機能的な言語運用能力の向上に資するものの，正確な言語習得には教師による適切な介入が必要だとする研究もある．

**collaborative learning**　⇨ COOPERATIVE LANGUAGE LEARNING.
**collocation　連語**

特定の語彙項目間に頻繁に見られる共起関係を言う．heavy / light rain, strong / weak tea のように，ある語が出れば決まってある語が連想されるものがある．また，名詞の guess は，have / make / take a guess のような動詞と連語をなすが give a guess とは言えないように，連語的制限が見られることがある．言語使用における連語の重要性に着目して，語彙（\*vocabulary）を指導の中核においた指導理論に，語彙中心教授法（\*lexical approach）がある．

**Common European Framework　ヨーロッパ共通参照枠** ⇨ CEFR.

**Common Reference Levels　共通参照レベル**

ヨーロッパ共通参照枠（⇨ CEFR）の言語熟達度測定尺度．熟達度を A. 基礎段階の言語使用者，B. 自立した言語使用者，C. 熟達した言語使用者に分け，さらに各段階を A1, A2 のように2つに細分し，合計6段階レベルに分類し，各レベルに全体的な尺度が具体的に分かりやすく能力記述文（descriptor）で「～ができる」（can do）のように示されている（⇨ CAN-DO STATEMENTS）．各段階は，さらに聞くこと，読むこと，話すこと（やりとり，表現），書くことの5領域に分けて詳しい能力記述文が用意されている．各段階の詳細は，A2（\*Waystage），B1（\*Threshold），B2（Vantage）で提示されている．わが国でも，この尺度を用いた教育研究，実践が活発に行なわれてきている．しかし，特に A1, A2 の基礎レベルはさらに細分しない限り実用に供することは困難であるとする指摘もある．

**COLT**　= COMMUNICATIVE ORIENTATION OF LANGUAGE TEACHING.

**communication activity　コミュニケーション活動**

CLT（\*Communicative Language Teaching）を特徴づける言語活動．実際的な目的を持ったコミュニケーションを英語で行なうことで，英語を使用する経験を積み，英語の運用能力の習得をめざす活動．

コミュニケーション活動は多様な形態があるが，次の3つの条件を満たしていることが重要．① 情報差があること（⇨ INFORMATION GAP）．② 選択（choice）：話し手は，自分が伝えようとするさまざまな内容と形式の中から状況に合った適切なものを選択して相手に伝える．このような選択の余地がなければ，聞き手は事前に相手の発話を予期できることになり，聞く意義が失われる．③ フィードバック（\*feedback）：話し手は，聞き手の示す反応から意図するメッセージが相手に伝わったかどうかを判断する．相手に理解されないと判断すれば，発話の反復，言い換えなどを行なうことでフィードバックをさらに得て，コミュニケーションの目的を実現する．このようなやりとりを意味の交渉（\*negotiation of meaning) と言う.

代表的な活動には次のようなものがある：*debate / *discussion / *role-play / *speech / *interview / *jigsaw task / *ranking exercise / *values clarification / *problem-solving activity / *simulation.

## Communicational Teaching Project　コミュニケーショナル・ティーチング・プロジェクト

コミュニケーション志向のアプローチ (*communication-oriented approach) に分類される教授法の1つ. 言語能力 (*competence) の獲得にはコミュニケーション活動 (*communication activity) が最も有効であるとする理論に基づいて開発実施された教授法である. コミュニカティブ・ランゲージ・ティーチング (*Communicative Language Teaching (CLT)) でコミュニケーション能力 (*communicative competence) の重要な要素に数えられている適切さ (*appropriateness) が，特に初心者には非現実的な要求であると，この教授法では判断する. この点を強調して，プロジェクトの推進者であった Prabhu は，Communicational Teaching Project と呼んで，CLT と区別した (Prabhu. 1987). インド南部のバンガローア (Bangalore) で試みられたこの方法は，*ESL の教授法として出発した CLT とは英語教育の目的についても異なった，以下のような独自の見解を示した.

この教授法は，対象とする学習者集団を限定して，彼らの要求に合った (⇨ NEEDS ANALYSIS)，しかも彼らが解決できるような現実的な課題 (⇨ TASK) を中心にシラバス (*syllabus) を構成する. 各課題とも教師主導の準備作業 (pre-task) を経た後に学習者自身が課題に取り組む. 課題解決のために言語運用 (*performance) が行なわれ，そのことが結局は彼らの言語能力を高める有効な方法となる. コミュニケーショナル・ティーチング・プロジェクトは，コミュニケーション志向のアプローチの中でも「言語能力はコミュニケーション活動をとおして最も効果的に養成される」とする "strong version" の立場を大規模な実験をとおして実証しようとした試みであり，それはタスク中心教授法 (*Task-Based Instruction) の先駆けとなった.

## communication-oriented approach　コミュニケーション志向のアプローチ

言語の本質を対人的なコミュニケーションと捉える機能主義的言語観に基づき，英語によるコミュニケーション能力 (*communicative competence) の養成を最優先する指導理念で，構造中心のアプローチ (*structure-centered approach) と対極をなす. 言語は人びとのあいだの関係を

築き，相互交流を深めるためにあり，言葉を用いることは人びとと接し，話を交わすことである．言語は規則や構造やテクストの集合というよりも，人びとと話し合う手段であり，それは意味を表現するための体系である．そこで用いられるシラバス (*syllabus) は，機能や概念などの，学習者に最も役立つコミュニケーションの要素を取り上げて配列したものになるという主張 (Cook, V. 2008).

　文法的に正しい文で話すよりも，意志の疎通を図る能力を養成することを優先するコミュニケーション志向のアプローチは，ヨーロッパ諸国間の相互依存が加速するにつれて急速に普及した．わが国でも，国際化の動きの中で同様な機運が社会的にも盛り上がった．世界中の多くの地域でこのアプローチが英語教育の主流になっているのは，同様の社会的背景によるところが多い．コミュニケーション志向のアプローチには，コミュニケーショナル・ティーチング・プロジェクト (*Communicational Teaching Project)，コミュニカティブ・ランゲージ・ティーチング (*Communicative Language Teaching)，内容中心教授法 (*Content-Based Instruction)，タスク中心教授法 (*Task-Based Instruction)，共同方式教授法 (*Cooperative Language Learning)，内容言語統合型学習 (*CLIL) などの教授法が含まれる．⇨ APPROACH.

**communication strategy　コミュニケーション方略**

　言語能力 (*language competence) の不足を補ってコミュニケーションを達成するために学習者が用いる方略．具体的なコミュニケーションの場面に対応して，学習者が問題解決のために行なう手だてであり，英語学習のために意図的にとられる学習方略 (*learning strategy) とは一線を画す傾向が強い．しかし，コミュニケーションに成功することで英語学習を促進するとして，学習方略の一部に含める立場もある．多様な分類が提案されている (Cook, V. 1991) が，以下はその1つの例．

I　回避方略 (avoidance strategies)

　① 通信回避 (message avoidance)：統語，語彙，発音などの言語的な問題があるため通信の一部を途中でやめる．② 話題回避：言語的な困難を伴う話題や概念を避ける．

II　補償方略 (compensatory strategies)

　① 遠回し表現 (circumlocution)：言い方の分からない品物や行動を説明することで理解を図る．② 近似表現 (approximation)：めざす表現に接近した語句を用いる．③ 多目的語使用 (use of all-purpose words)：thing, stuff などを用いる．④ 新造語 (word coinage)：英語にない語を作り出す．⑤ 固定表現 (prefabricated patterns)：決まり文句を用いる．

⑥ 非言語的合図（nonlinguistic signal）：しぐさ，表情，動作，音などを用いる．⑦ 直訳（literal translation）．⑧ 外国語化（foreignizing）：日本語を英語らしく発音する．⑨ コード切り替え（*code switching）：英語に日本語を挟む．⑩ 援助要請（asking for help）：What do you call...? のように，相手から表現を聞き出す．⑪ 時間かせぎ（stalling）：Well, let me see, uh などを用いてポーズを埋める．（Brown. 2007）

　コミュニケーション方略を取り立てて指導することの価値について議論は分かれている．また，コミュニケーションが言語発達を促すかどうかについても，今後の研究を待たなければならない．

**communicative competence　コミュニケーション能力**

　社会的文脈，すなわち適切さ（*appropriateness）の社会言語学的基準（⇨ SOCIOLINGUISTICS）に沿って言語を使用する能力．文法に即した正しい文を産出する言語能力（linguistic competence ⇨ COMPETENCE）に対して，Hymes によって提唱された，言語使用を説明しようとするより広い概念である．会話の当事者の関係や場面の違いなどを考慮に入れて，さまざまな状況で言葉を実際に使う能力を意味する．コミュニカティブ・ランゲージ・ティーチング（*Communicative Language Teaching）が外国語学習の目標とする能力である．

　コミュニケーション能力はこれまでに多くの定義が示されてきた．その中で有力な理論として英語教育で知られてきたのは Canale（1983）の4要素理論である．この理論ではコミュニケーション能力は次の4能力から構成されていると考える．① 文法能力（grammatical competence）：語彙，語形成，統語（*syntax），発音，綴りなどの言語体系を正確に操作する手続き的知識（*procedural knowledge）．② 社会言語学的能力（sociolinguistic competence）：言語使用に関する社会的な規則に関係する能力．言葉が使われている社会的な文脈を理解して，場面，目的，話し手と聞き手の関係などの要因に応じて適切な言語形式と内容の言葉を使う能力．③ ディスコース能力（discourse competence）：いくつもの発話を適切に組み合わせてテクスト（*text）を構成し，まとまりのある内容を伝えたり，文脈から話し手の意図を的確に判断する能力．テクスト構成には結束性（*cohesion）と一貫性（*coherence）の要因が深く関わっている．④ ストラテジー能力（*strategic competence）：さまざまな理由でコミュニケーションに支障が生じた場合や，より効果的にメッセージを伝えるために用いられる，その場に応じてとられる方策に関する能力．特定の表現が思い浮かばないときにはそれに近い別の言い回しを用い，相手の話が理解できないときには聞き返す．言い換えれば，上

の ① から ③ の能力の不備を補うのがこの能力である．この4つの能力の相対的な重要性は学習者のレベルによって決まるものの，コミュニケーションの実現にはいずれの能力も不可欠である．また，それぞれの能力は互いに関連し合い切り離すことはできない．Canale の提唱になるこの4要素理論は英語教育に大きな影響を与えてきた．その後，4つの能力の関連をさらに明確にし，コミュニケーションの過程を考慮に入れた理論として *communicative language ability が提唱されている．

**communicative language ability　コミュニケーション能力理論**

　　Canale の4要素理論（⇨ COMMUNICATIVE COMPETENCE）の改良版として Bachman（1990）によって提案され，さらに Bachman & Palmer（1996）によって修正されたコミュニケーション能力理論．CLA はその略称．この理論では，コミュニケーション能力（*communicative competence）は言語能力（language competence），ストラテジー能力（*strategic competence），心理生理機構（psychophysiological mechanisms）の3つの主要素から構成されている．

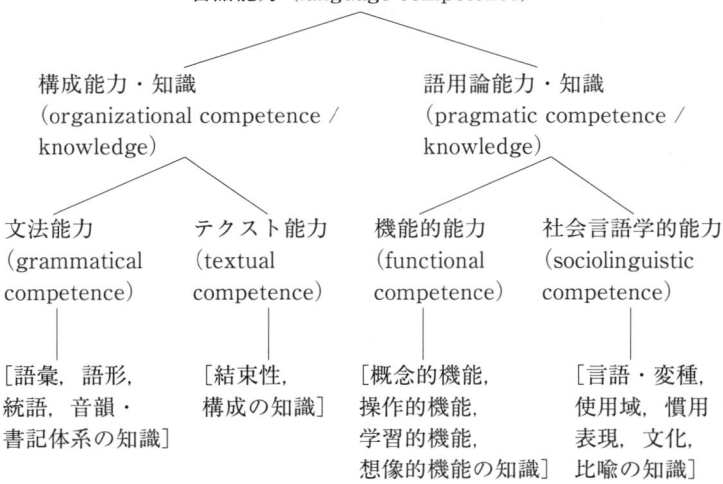

言語能力（language competence）

構成能力・知識
（organizational competence /
knowledge）

語用論能力・知識
（pragmatic competence /
knowledge）

文法能力
（grammatical
competence）

テクスト能力
（textual
competence）

機能的能力
（functional
competence）

社会言語学的能力
（sociolinguistic
competence）

［語彙，語形，
統語，音韻・
書記体系の知識］

［結束性，
構成の知識］

［概念的機能，
操作的機能，
学習的機能，
想像的機能の知識］

［言語・変種，
使用域，慣用
表現，文化，
比喩の知識］

（based on components of language competence taken from Bachman. 1990, Bachman & Palmer. 1996）

　　言語能力・知識は言語によるコミュニケーションに際して用いられる能力で，構成能力・知識（organizational competence）と語用論能力・知識（pragmatic competence）からなる．前者は文法能力・知識（grammatical competence）とテクスト能力・知識（textual competence）からなり，言語構造とその構成を処理する．後者は社会言語学的能力・知識（sociolinguistic competence）と機能的能力・知識（functional competence）を含む．言語能力は次の図のように構成されている．

　ストラテジー能力は，実際の言語コミュニケーションの場面で自分の所持する知識を使って言語能力を構成する諸能力を実行に移す高次の能力で，発話者の意欲が強く作用する．言語を使う際には言語能力に加え，話題に関する知識また情意スキーマ（⇨ SCHEMA）が関わってくる．ゴールを決めて，計画を立てて，話の途中また結果を評価する過程を含む．

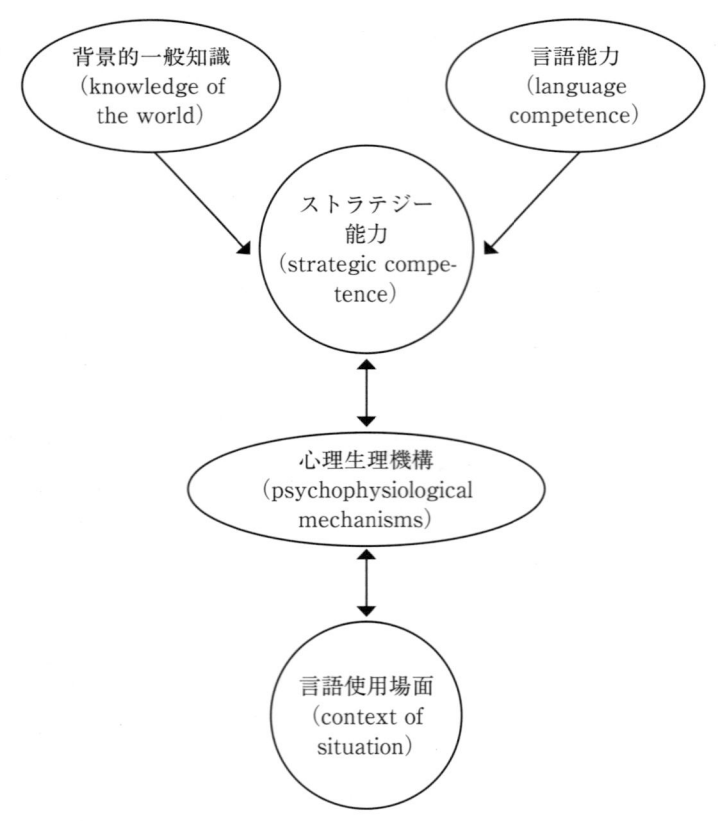

```
         背景的一般知識              言語能力
        (knowledge of             (language
         the world)              competence)
                  ↘           ↙
                  ストラテジー
                    能力
                (strategic compe-
                    tence)
                      ↕
                  心理生理機構
               (psychophysiological
                  mechanisms)
                      ↕
                  言語使用場面
                  (context of
                   situation)
```

*Components of communicative language ability in communicative language use*

心理生理機構は，文字や音声として言葉を用いる際の発声，知覚に関わる神経的，心理的過程を指す．以上の3要素と言語使用者の背景的一般知識および言語使用場面の関係を Bachman は前ページのように図示している．

**Communicative Language Teaching** コミュニカティブ・ランゲージ・ティーチング

　コミュニケーション志向のアプローチ (*communication-oriented approach*) に分類される教授法の1つ．英語のコミュニケーション能力 (*communicative competence*) の養成を重視した教授法で，CLT はその略称．多くの学習者にとって英語によるコミュニケーション能力の獲得が英語学習の目標である．このような学習者に対しては，言語能力 (language competence) よりはむしろコミュニケーション能力養成を重視する教授法が必要になる．もちろん，複雑な内容を正確に理解したり伝えたりするには，言語形式に熟達していることが前提となる．それ故，英語構造を理解し操作する言語能力の養成は欠かせない．しかし，従来の多くの教授法ではオーディオリンガル教授法 (*Audiolingual Method*) に見られるように，言語能力に傾斜するあまり，コミュニケーション能力の養成に十分な配慮がなされてこなかった．

　この反省を踏まえて提案された CLT は次のような特徴を持つ．① コミュニケーション達成の目的で言葉を用いる経験をとおして，言葉を習得することをめざす．② 授業の中で実際的な目的を実現するために，本物の (⇨ AUTHENTICITY) 言語活動に参加する．③ 正確な言語操作能力とともに相互にメッセージを効果的に交信する流ちょう性 (*fluency*) を養成する．④ いくつものスキルを統合して使用することでコミュニケーションを実現する．⑤ 仲間との言語的な相互交流のなかで，自ら工夫して新しい表現を試みることで言語習得を図る．⑥ 教材編成の面では，概念・機能中心のシラバス (*notional-functional syllabus*) を採用することが多い．

　CLT ではペア活動 (*pair work*)，グループ活動 (*group work*) が多用され，学習者間のコミュニケーションが頻繁に行なわれる．各種のコミュニケーション活動 (*communication activity*) が設定され，インフォメーション・ギャップ活動 (information gap-filling activity ⇨ INFORMATION GAP)，問題解決活動 (*problem-solving activity*)，ディスカッション (*discussion*)，ディベート (*debate*)，情報収集活動などはその代表例である．

　実際的な英語運用能力養成が重視される時代にあって，CLT はいわば

標準的な公認教授法として広く採用されている．CLT は構成主義(*constructivism)の学習観に立ち，学習者が体験をとおして言語能力を獲得すると主張されることがある．第2言語習得(*second language acquisition)でもこうした考えを支持する理論がある (⇨ INPUT HYPOTHESIS)．確かに，*ESL の学習環境では CLT は効果を上げることが多い．しかし，わが国のような *EFL の環境ですべての学習者にとって効果的な教授法か否かは速断できない．

初期の CLT では，ディープエンド・ストラテジー(deep-end strategy) (⇨ ACTIVITY SEQUENCE)に代表されるようなコミュニケーション第一主義の傾向がきわめて強かった．しかし，次第に言語習得における文法の重要性が指摘されるようになり，正確さ(*accuracy)と流ちょう性(*fluency)を両立する動きが高まってきた．さらに，より精緻で複雑な表現を理解し発表する能力(complexity)を視野に入れた理論と実際的な指導過程が提案されるようになってきた．CLT とはこうした修正を絶えず加え，変化している教授法であることを忘れてはならない．⇨ FOCUS ON FORM.

## communicative language test　コミュニケーション能力テスト

コミュニケーション能力(*communicative competence)を測定するテスト．一定した定義はないが，文法能力(*grammatical competence)，社会言語学的能力(*sociolinguistic competence)，ディスコース能力(*discourse competence)，ストラテジー能力(*strategic competence)など，種々の能力を総合的に測定して学習者の実際の英語運用力を判定することをめざす．このために，適切なコンテクスト(*context)の中で現実的な課題(*task)を設定し，その解決に向かって学習者が言語を用いる過程を上述の諸能力の観点から観察し，総合的に評定する．学習者は所定の課題解決に実際に従事することを要求されるという点でパフォーマンス・テスト(*performance test)と言える．4技能それぞれについて実施されていて，各技能に適した多様な形式をとる．⇨ ASSESSMENT OF LISTENING; ASSESSMENT OF READING; ASSESSMENT OF SPEAKING; ASSESSMENT OF WRITING.

## Communicative Orientation of Language Teaching　言語教授コミュニケーション志向性

COLT と略す．教室研究(*classroom research)で行なわれる授業観察の1タイプ．授業中に英語によるコミュニケーションが行なわれる様子を定性的，定量的に測定することを意図している．観察の観点にはオーセンティック(authentic ⇨ AUTHENTICITY)教材とグループ活動(*group work)の使用，意味中心の授業における機能(function)の強調，英語のディスコース(*discourse)と社会言語学的な特徴に対する考慮などが含まれている．

2部で構成され，Part A はドリル(*drill)，ゲーム(*game)，提示(*presentation)などの教室内の活動を単位として設定し，各単位の特徴を活動形態(participant organization)，題材(content)，言語スキル(student modality)，教材(materials)の観点で記述して明らかにする．Part B は教師と学習者および学習者間の言語的交換(verbal exchange)のコミュニケーション面の特徴を記録する．観察対象の特徴は，使用言語(use of target language)，情報差(*information gap)，持続するスピーチ(sustained speech)，発話訂正(reaction to code or message)，先行発話併合(incorporating preceding utterances)，ディスコース始動(discourse initiation)，言語形式の制約(relative restriction of linguistic form)を含む(Allen, Fröhlich, Spada. 1984). ⇨ QUALITATIVE RESEARCH; QUANTITATIVE RESEARCH.

## Community Language Learning　コミュニティ・ランゲージ・ラーニング

CLLと略す．別名は Counseling Learning．人間主義的心理学(humanistic psychology)の影響を強く受けた教授法である．英語を学習する場面では，思春期以降の学習者は精神的ストレスを強く受けるため学習が阻害されることがある．CLL では教室を共同社会と見なし，学習者の仲間意識を高め，精神的な安定感を与える．カウンセラーとしての教師とクライアントとしての学習者の間に受容的な人間関係を樹立し，教室内に信頼関係を確立する．

CLLは特色のある授業を展開する．学習者は輪を作り，向かい合うように並び，教師はその外に位置する．学習者は自由に話題を選んで英語または日本語で話し合う．一方，教師はそれぞれの発言者のうしろに立ち，必要な場合に小声で援助を与える．この助けによって，学習者間では英語で話が進む．教師の助けにより，学習者は伝えたい内容を英語で表現することを学ぶ．学習者の会話は録音し，授業の後半で英語の部分を再生し，板書も併用して言語体系を学習する．学習者間の自発的な会話がそのまま教材となるので有意味で文脈化された特色を持つことになる．

学習が進むにつれて学習者と教師の関係は次の段階を経て変化する．① 全面依存期(total dependent period)：教師からすべてを訳してもらう．② 自己主張期(self-assertive period)：学習者は自分でも発話を試

みる．③ 反抗期（resistance period）：教師から離れて通訳なしで話す．④ 役割逆転期（reversal period）：現在の知識と目標とする知識の間の差を率直に認めて教師の指導を素直に受け入れる．⑤ 独立期（independent period）：教師から独立して自由に話す．

　学習者自身の手になるシラバス（*syllabus）を用いた学習者中心（*learner-centeredness）の授業が，CLLの際立った特徴である．しかし，反面，教材の言語面の系統性が失われる，話題が学習者の身辺や関心事に限られるため，目標言語の文化的な理解が不足しがちであるとの指摘されることがある．⇨ HUMANISTIC APPROACH.

**comparative fallacy　比較誤信**

　第2言語習得研究で，学習者の発話データを目標言語の基準のみで分析することから生じる誤り．Bley-Vroman（1983）の用いた用語．第2言語習得研究の目標は第2言語の基底にある体系を明らかにすることである．母語とも対象言語とも異なる学習者言語は，それ自体を独自の体系として認め，その変化を追求することでのみ，言語習得のメカニズムが解明されるのであり，学習者言語と対象言語を比較し，対象言語からの逸脱部分を指摘して学習者言語を欠陥品のように扱うことは誤りであるとする立場を指す．⇨ INTERLANGUAGE.

**competence　言語能力**

　ある言語の母語話者の所持する，内在化された言語知識で，Chomskyが提唱した概念．等質的な言語社会の中で，その言語を完全にマスターして，その知識を運用する（perform）際に不注意などの外的な要因の障害を受けない理想化された話し手，聞き手が想定される．linguistic competence とも呼ぶ．実際の言語運用（*performance）とは異なる．言語能力は内在化された言語（internalized language）という意味で *I-language と呼び，実際に用いられて表出された（external）形である *E-language と区別することがある．⇨ COMMUNICATIVE COMPETENCE; GENERATIVE GRAMMAR.

**Complexity Theory**　⇨ CHAOS / COMPLEXITY THEORY

**Competition Model　競合モデル**

　言語形式とコミュニケーション機能の対応は言語により異なる．それゆえに，日本人が英語を学習するには日本語と異なった英語の対応関係を理解し，運用できるようになることが重要な条件になる．主要な形式として語順，語彙，語形，音調などがある．言語運用（*performance）は瞬時にある機能を実現するために行なわれ，その際に確保できる認知容量は限定されている．その中で用いられる形式は特定のものに限られる．

例えば，複雑な音調を持つ中国語では語形は変化しない．名詞の格変化を持ったラテン語では語順はほとんど活用しない．このように，上の4つの言語形式は言語運用に際して，そのいずれを優先して用いるか競合関係にある．母語と対象言語における形式上の手がかりに与えられる異なった重みづけを理解し，処理することが外国語学習の重要な部分になる（Cook, V. 2008）.

**comprehensible input　理解可能入力**

　入力（\*input）は学習者がさまざまな場面で接する言語資料を指し，入力の中で意味を理解できる入力を理解可能入力（comprehensible input）と呼ぶ．理解可能入力は，コンテクスト（\*context），単純化（\*simplification），あるいはインタラクション（\*interaction）により実現される．Krashenは彼の入力仮説（\*Input Hypothesis）の中で，学習者が現時点で所持する言語体系（i段階）よりも1段階だけ複雑な入力に接し，文脈や周囲の人たちとの言語交渉をとおしてその意味を理解する経験を積めば，次の発達段階（i+1）に到達できると主張した．しかし，iおよびi+1の概念を操作化することは困難である．⇨ INPUT HYPOTHESIS.

**Comprehensible Output Hypothesis　理解可能出力仮説**

　Swainをはじめとするカナダの研究者たちの提唱による第2言語習得理論．イマージョン教育（\*immersion program）の評価に基づいて，理解可能な入力に豊富に接しても，習得が依然として不完全な状態にとどまる学習者が多い理由を求めて提唱された．外国語で何かを発表しようとするときに，文法的な選択をし，文法形式についての自分なりの仮説を立てて発話を構成する．その結果のスピーキングが相手から理解されれば，自分の文法が正しかったことが確認でき，また否定のフィードバック（⇨ NEGATIVE FEEDBACK）を得たときには，自分の仮説を修正し，再度発話にそれを使用する．このような言語表出の経験が言語習得を促すとする理論で，Krashenの入力仮説（\*Input Hypothesis）と著しい対照をなす．

**comprehension approach　理解中心教授理論**

　スピーキングよりもリスニングを重視する第2言語習得理論で，次のような理念に基づいている．文脈の中で対象言語の英語を聞いてその内容を理解することをとおして，英語の言語体系が次第に学習者の中に習得される．最初から産出作業を行なうよりも理解中心の活動に従事することが学習者の年齢を問わず習得をより促進することになる．この点で，第2言語習得は幼児の母語習得の過程と類似している．聞くことをとおして言語体系の習得が進めば，話すことを強制しなくても，適切な場面

の中で学習者は自発的に発話を産出するようになる．以上の主張を具体化した指導法として，ナチュラル・アプローチ（*The Natural Approach）と全身反応教授法（*Total Physical Response）がよく知られている．
⇨ AUDIOLINGUAL METHOD.

## comprehension question　理解確認の質問

理解確認の質問は，聞く・読む活動に関連して行なわれることが多い．内容面から次のように分類することができる．

(1) factual question: テクストの中にそのままの形で答えが見いだせる事実を尋ねるもの
(2) inferential question: 推測して答えを見つけなければならない質問
(3) judgmental question: 生徒自身の判断を求める質問
(4) evaluative question: 生徒自身の評価を求める質問

また，形式から次のように分類できる．

(1) yes-no question: yes-no の答えを要求するもの
(2) alternative question: or を含む選択疑問文
(3) wh-question: 答えを自ら表出しなければならない wh で始まる疑問文

内容と形式をそれぞれ縦・横軸に配置した表を作って，予定した質問を表のなかに配置することにより，質問の偏りなどが明らかになり，バランスのとれた質問を用意する際の手だてとなる．⇨ CONCEPT QUESTION; DISPLAY QUESTION; QUESTIONING TECHNIQUE; REFERENTIAL QUESTION.

## computer adaptive testing　コンピュータ適応型テスト

大量のテスト項目バンク（*item bank）から構成されたテスト．受験者がテスト項目に解答するにしたがい，受験者の能力に合致した項目がコンピュータによって選択，提示される．このように，コンピュータが受験者の学力レベルに合わせながらテストを行なう．テストの初めに，少数の共通項目がすべての受験者に提示される．この項目の解答結果に応じて，各受験者の能力の範囲内と想定される項目のみをコンピュータが選定して提示する．すべての受験者に同一テストを課すことは効率の低いテスト方法である．受験者の能力の範囲内とそれを少しだけ超えた項目を集中して提示することで，テストは短時間に正確な測定を実現できる．このようにコンピュータが受験者のレベルに合うように適応する方式を指し，項目反応理論（*item response theory）実施の前提となる（McNamara. 2000）．

## computer assisted language learning　= CALL.

**computer-mediated communication** コンピュータ仲介コミュニケーション

インターネット（*internet）上でコンピュータをとおした教師—学習者間および学習者同士のコミュニケーション．CMCと略す．地理的に離れた学習者が学習している言語を用いて母語話者，教師あるいは他の学習者と交信することで言語学習を促進すると考えられる．CMCが言語学習に対して持つ主な利点として，共同学習（collaborative learning）を実現し，意味のある会話に従事するなかで学習者が自己の言語を修正し，精緻化する機会を提供することが挙げられる．チャット（chat）の活用が拡大し，ビデオ会議（video conferencing）の普及に伴い言語教育におけるCMCの重要性が指摘され，CMCと対面コミュニケーションの言語学習におよぼす効果についての比較研究が数多く報告されている（Chapell. 2009）．⇨ CALL; INTERNET.

**concept question** 概念質問

理解確認の質問（*comprehension question）の1タイプ．学習者の理解の程度を確認するために対象の言語項目の構成概念を分析し，各構成要素に焦点を当てた質問．例えば，She has been reading since she came home. の下線部の理解を確かめるとき，現在との関連，開始時点，継続性，将来への連続などの観点から構成概念を分析し，次のような概念質問を用意する．Is she reading now? (Yes) / When did she start reading? (When she came home) / Was she reading all the time? (Yes) / Will she stop reading now? (Perhaps; I don't know) （かっこ内は想定される解答を示す．）概念質問に対して正解を得ればその側面が正しく理解されたことを示す．各側面を取り出して，その部分の理解を明確に確かめることで，中核部分の理解程度を知ることができる．次の文では以下のような概念質問を設定する．She managed to do it. ① Did she try? ② Was it difficult? ③ Did she succeed? (Scrivener. 1994)

**concordance** コンコーダンス

コーパス（*corpus）の言語データから特定の語彙項目を抽出して一定の順序に文例を配列したリスト．語の出現頻度，前後の語句との共起パターン，文法特徴などの情報を容易に得ることができる．辞書編纂などに活用される他，英語教育ではデータに基づいた学習（data-driven learning）などが提唱されている（Flowerdew. 2009）．⇨ CORPUS.

**concurrent validity** 併存的妥当性 ⇨ VALIDITY.

**conditioning** 条件付け

動物やヒトに対して，一定の操作により特定の反射や反応を引き起

すよう学習させること．古典的条件付けとオペラント条件付け (*operant conditioning) がある．パブロフのイヌの実験でよく知られている古典的条件付けは，元々は生体 (イヌ) に特定の反応を起こさない中性的刺激 (ベルの音) と特定の反応を起こす刺激 (肉粉) を一定の時間間隔で何度も提示すると，中性的刺激のみで一定の反応 (唾液分泌) を引き起こす (学習する) ようになるということ．オペラント条件付けは，生体の自発的な反応の後で刺激を与えることで，特定の反応の生起率を高めること (市川他．1994)．

## connectionism　コネクショニズム

コネクショニズムは，脳を情報ノード間の連結の複雑な束である神経回路網から構成されていると見なし，コンピュータになぞらえる．この連結，すなわちコネクションは入力により強化されることも弱まることもある．ある特定の項目と別の特定の項目が同時に，頻繁に知覚されると，その結びつき，連合が強化される．学習は抽象的な規則を作り出すことではなく，こうした連合過程に基づいて生じる．さまざまな要素の結合が繰り返されると，特定のノード間の結合が強まり，特定の出力型が生じやすくなる．脳の中にある語句を，それと同時に生じる他の語句と結びつける回路 (network) が作られる．I go, He goes を例にとれば，He goes と言えたとしても，それは「3人称単数現在」の規則が習得されたことの現れとは捉えない．むしろ，コネクショニズムでは言語入力の中に he と goes の共起構造に何度も触れることで両者の結合が強化された結果と見なす．このように，コネクショニズムは行動主義 (*behaviorism) の学習観と表面的には類似している部分がある．結合の変化は多くの箇所で同時並行して生じる．この観点に焦点を当てたモデルは並列分散処理モデル (parallel distributed processing model) と呼ばれる．

コネクショニズムの研究は人工言語や言語のごく小さい断片的な事象に限定して行なわれてきた．このような実験室的研究から得られた結果を教室の言語学習に適用することができるのかは明確でない．しかし，言語学習の認知面のみが強調される傾向にあった外国語教授理論に反省を迫る理論になっている．

## consciousness raising　意識高揚

学習者の注意を言語の形式的特徴に引きつけ，彼らが文法構造を理解し学習することを助けることを言う．構造シラバス (*structural syllabus) の配列順序にしたがって言語習得が行なわれるとする立場はとらないが，シラバス (*syllabus) の順序にしたがった指導を行なう際に言語項目の規則性，特徴を強調することで明確な理解 (explicit knowledge) を促し，

言語習得を実現できると考える．文法項目の正確な反復操作と産出をめざした練習活動は意図しない（⇨ PRACTICE）．例文を与えて，特定の項目の規則性に気づかせる活動（⇨ NOTICING），類似した意味を伝える複数の表現の差異を理解させる活動，学習者自身の発話と母語話者や教師の発話を比較して違いに気づかせるなど，多様な活動が用意できる．
⇨ FOCUS ON FORM; INPUT ENHANCEMENT; LANGUAGE AWARENESS.

## consolidation　まとめ

授業の最終段階．通常，次の活動のうち，いくつかが行なわれる．① 本時の復習：1時間を振り返り，重要構文，語彙，リーディングの内容などを確認する．以下のように，次の文の空所を記入させることで復習を行なうことも可能である．In this lesson I found out ... I liked ... I learned ... I began to understand ... I wanted to ... I didn't understand ... Next lesson I'd like to ....（Woodward. 2001）② 宿題（*homework）の提示．③ 次時の予告．④ 各種ゲーム（*game）：なぞなぞ（*riddle），ジョーク（*joke），word game など．

## consonant　子音

調音器官（articulators）を閉鎖したり狭めたりして，呼気の流れを妨害することで調音される音声．調音方法（manner）の観点から，調音器官を完全に閉鎖した後開放して調音される子音を閉鎖音（stop）あるいは破裂音（plosive），調音器官を接近させ，狭めた隙間から呼気を放出することで調音される摩擦音（fricative），閉鎖をゆっくりと開放することで生じる破擦音（affricate），口蓋垂（uvula）を下げて呼気を鼻腔から出す鼻音（nasal），舌を歯茎に当てて両側から息を出す側音（lateral）などに分類される．なお，呼気の流れが妨害されることはないが，母音（*vowel）のように音節の核にならない /w/ /r/ /j/ のような子音を半母音（semi-vowel）と呼ぶ．子音は，調音に際して用いられる器官の部位（place）によって上下の唇を用いる両唇音（bilabial），下唇と上歯を用いる唇歯音（labio-dental），舌先を歯茎に触れて調音する歯茎音（alveolar）などに分類される．また，声帯を振動させて調音する有声音（voiced）と声帯の振動を伴わない無声音（voiceless）に分けられる．下の表では，対になっている音の上が無声音，下が有声音である．

英語には24の子音がある．これは調音の場所（どの調音器官を使うか），調音方法（どのように調音するか），声を伴うか（声帯が振動するか）によって分類される．次はこれを表にまとめたものである．

|  | 調音の場所 (place of articulation) | | | | | | |
|---|---|---|---|---|---|---|---|
| 調音方法 (manner) | 両唇音 (bilabial) | 唇歯音 (labio-dental) | 歯音 (dental) | 歯茎音 (alveolar) | 硬口蓋歯茎音 (palatal) | 軟口蓋音 (velar) | 声門音 (glottal) |
| 閉鎖音 (stop) | p<br>b |  |  | t<br>d |  | k<br>g |  |
| 摩擦音 (fricative) |  | f<br>v | θ<br>ð | s<br>z | ʃ<br>ʒ |  | h |
| 破擦音 (affricative) |  |  |  |  | tʃ<br>dʒ |  |  |
| 鼻音 (nasal) | m |  |  | n |  | ŋ |  |
| 流音 (liquid) |  |  |  | l | r |  |  |
| 半母音 (semi-vowel) | w |  |  |  | j |  |  |

子音の例と指導のヒントを次に示す．なお，発音の指導活動の詳細については発音活動（*pronunciation activity）を参照．

| 音 | 例 | 指導のヒント |
|---|---|---|
| p | pen, apple, hop | 強勢母音の前では強い気息を伴い，pʰとなる．薄紙を口の前において発音し，激しく震えることを示す |
| b | bed, about, cab | 語尾では破裂しない |
| t | ten, stay, cat | 強勢母音の前では強い気息を伴ってtʰとなる |
| d | door, bed | 語尾では破裂しない |
| k | king, cook | 強勢母音の前では強い気息を伴ってkʰとなる |

| | | |
|---|---|---|
| g | good, beg | 語尾では破裂しない |
| f | fine, safe | 上歯と下唇を軽く接触させて．(日)の「フ」とは違う |
| v | vine, glove | /f/ と有声の点が異なる．(日)の「ブ」にならないよう |
| θ | thin, bath | 舌先を上歯に軽く当てて．(日)の「ス」にならないよう，最初は舌先を両歯の間に入れて練習する |
| ð | then, father | /θ/ と有声の点が異なる．(日)の「ズ」にならないよう |
| s | sun, sister. | /i/, /ɪ/ の前で(日)の「シ」にならないように |
| z | zoo, easy, | /i/, /ɪ/ の前で(日)の「ジ」に，/u/, /ʊ/ の前で /dʒ/ にならないように |
| ʃ | shoe, wash | 唇を丸める |
| ʒ | usual, garage | /ʃ/ と有声の点が異なる．連続音である．/dʒ/ と区別する |
| h | who, hit | 手に息を吹きかけるように．/i/, /ɪ/, /u/, /ʊ/ の前で(日)の「ヒ」，「フ」にならないように |
| tʃ | chair, question | 唇を丸めて |
| dʒ | June, edge | (日)の「ヂュ」のように |
| m | many, mum | 語尾で /n/ と混同しがち．聞き取りに注意 |
| n | name, ten | 語尾で「ヌ」のつもりでしっかり歯茎に舌先をつける |
| ŋ | long, bring | 「テング」，「ギンコウ」の「ン」 |
| l | lead, milk | 舌先を歯茎につけたまま舌の両側から息を出す |
| r | ring, cry | 唇を丸めて「ラ」，「リ」...と発音．舌先をそらし，どこにも触れない |
| w | west, wood | 唇をぐっとすぼめて前に出す |
| j | yes, young | year は「イェアー」のように |

子音指導の困難点は単音よりも，子音連結 (*consonant cluster) にある．これは，日本語が子音＋母音 (CV) のような開音節 (open syllable) の特徴を有するのに対し，英語が CVC (C) (C) のように子音が連続する閉音節 (closed syllable) の特徴を持つことによる．このため，street を /sutori:to/ のように発音しがちである．余計な母音を挿入 (*epenthesis) しないように，英語の子音連結の練習は単音練習よりも強調することが求められる． ⇨ PRONUNCIATION; VOWEL.

## consonant cluster　子音結合

母音の前後に子音が連続して生じる現象．英語の音節では母音の前に3個まで，また後には屈折語尾を含めて4個まで子音が続くことができる．子音をC，母音をVで表すと1音節内の最大の子音列は CCCVCCCC となる (e.g. strengthened /strenθnd/)．これに対して，日本語では子音結合は許されない．このため，英語からの借用語では音節構造が異なるため，子音結合の中に母音を挿入 (*epenthesis) して日本語の音節構造に則った発音が生じることがある．例えば，英語で1音節の strike /straɪk/ が日本語では /sutoraiku/ と5音節になり，2音節の Christmas /krɪsməs/ (CCVCCVC) が5音節となって /kurisumasu/ (CVCVCVCVCV) と発音されることになる．日英の子音結合の相違に学習者の注意を向けることは，英語の聞き取りおよび表出を向上させることにつながる． ⇨ CONSONANT; PRONUNCIATION.

## construct　構成概念

直接観察されないが，観察された行動に基づいて理論上設定される特性 (trait) や能力 (ability) で，さまざまな事象を分析したり理解する際に用いられる．テストの得点から設定される能力を言うことがある．例えば，動詞の時制，関係詞，受動態などのさまざまな問題に対する学習者の反応に基づいて推定されるその人の文法能力は構成概念の1例である．テストが測定するはずの構成概念を的確に測定することがテストの備える重要な条件である (⇨ CONSTRUCT VALIDITY)．この条件をどの程度満たしているかを検証することを construct validation (構成概念妥当性検証) と呼ぶ (静・竹内・吉澤, 2001).

## constructivism　構成主義

ヒトは皆，自分なりに現実を把握し，認識を形成する．したがって，知識は教師などの他者から伝達，注入されるよりも，学習者が自ら作り上げるという特徴を有する．学習者は新しい情報に接したとき，それまでの背景的な知識 (⇨ SCHEMA) を用いてそれを理解する．さらに，認知的方略 (cognitive strategy ⇨ LEARNING STRATEGY) を用いて積極的に意

味を構成する．言語教授では，学習方略（*learning strategy），学習者の信条（*learner belief），学習者が積極的に自ら工夫して学習に取り組む活動などがこの立場を反映している．*participatory approach, *whole language approach, *language experience approach, learner's lives as curriculum (LLC), *project-based learning などは構成主義の考えを色濃く反映している．また，Vygotsky の社会文化学習理論に基づく社会文化理論（*Sociocultural Theory）は，特に注目を集めている．

**construct validity　構成概念妥当性**

テストが測定しようとしている能力，すなわち構成概念（*construct）の重要な要素を反映している程度．ライティング・テストがライティング能力を構成すると想定される重要な要素を的確に測定できれば，高い構成概念妥当性を有しているのであり，それはライティング能力の最もすぐれた理論を反映していなければならない．⇨ VALIDITY.

**Content and Language Integrated Learning**　⇨ CLIL.

**Content-Based Instruction　内容中心教授法**

コミュニケーション志向のアプローチ（*communication-oriented approach）に属する教授法で CBI と略す．第2言語習得理論や学習理論に基盤をおく，教科内容と英語教育の統合をめざす教授法である．CBI は，言語形式よりも伝えられる内容理解を重視する．これは Krashen の入力仮説（*input hypothesis）に合致する．同時に，教科内容の学習で頻繁に行なわれる発表の機会は学習者のより高いレベルの言語発達を促すことになり，Swain の理解可能出力仮説（*Comprehensible Output Hypothesis）に沿っている．一方，教育理論に関しては「言語教育は教科の枠を超えてすべての教育活動をとおして推進されるべきだ」とするカリキュラム横断言語教育（language across the curriculum）の見解を反映している．主として *ESL の環境で実施され，外国人学習者が普通クラスに編入される前の予備段階として行なわれることが多いが，その他の場面で実施される形態もある．

CBI は学習者のレベル，学習環境，言語と内容のいずれをどの程度強調するかなどの観点で，次のようないくつものモデルに分類される．① イマージョン教育（*immersion program）：主として，カナダ，アメリカで実績を上げてきた2言語使用教育（*bilingual education）．② 隔離プログラム（*sheltered model）：外国語訓練コースの代わりに，その外国語による，外国人学生のみを対象にした専門科目（＝隔離プログラム）を受講することで，専門教育と外国語習得の両面を同時に実現しようとする CBI．③ 副次的言語プログラム（*adjunct model）：内容教科のコース

に ESL クラスを付属させ，学習者は両方を受講する．ESL クラスでは，内容教科に連動した授業を展開する．④ テーマ中心プログラム（*theme-based model）：学習者が興味を持つテーマを中心に構成したコース．⑤ 内容強化プログラム（*content-enriched model）：内容教科で既習の題材を英語授業の内容として用いて行なう．

CBI に共とおする特徴は，学習者に必要な教科などの知識・技能を習得しながら英語の学習を行なう点，すなわち，学習者に有益な知識・技能と英語指導の統合を図る点にある．CBI の理念を取り入れた授業を行なうためには，英語教師が他教科の内容を理解していることが要求される．逆に，小学校の英語教育のように，学級担任が単独で英語を教える際には，教師が基礎的な英語運用能力を所持していなければならない．どちらの場合にも，複数の教師の協力体制を基盤に据えた本来のティーム・ティーチング（*team teaching）が実施される必要がある．また，学習者のレベルにもよるが，*internet を活用して学習者が関心を持つ情報を収集，整理，要約して発表するなどの活動を取り入れることが今後さらに現実味をおびる．このことは CBI の長所を取り入れた英語授業の普及を促すことになるかもしれない．⇨ CLIL.

**content-enriched model　内容強化プログラム**

内容中心教授法（*content-based instruction）の 1 タイプ．小学校の *EFL などで実施される，内容本意の英語教育を指す．構造シラバス（*structural syllabus）でなく，さまざまな教科の既習内容を英語で復習したり，英語をとおして学んだりする．例えば，社会科の授業で日本の産業を扱ったとしたら，その単元の復習と補強を兼ねて類似した内容に関連した英語による活動を設定する．こうすることで，意味のある英語学習ができ，学校の教育課程の統合を図る契機ともなる．また，英語授業のために特別の教材を準備する必要もなくなる．*ALT や専科の英語教師がクラス担任と ティーム・ティーチング（*team teaching）を行なうような場合，このプログラムから学べる点が多い．⇨ CLIL.

**content schema　内容スキーマ**　⇨ SCHEMA.

**content validity　内容的妥当性**　⇨ VALIDITY.

**content word　内容語**

それ自体，単独で独立した意味を持った語で，名詞，形容詞，動詞，副詞，指示代名詞，疑問詞を指す．文中で強勢（*stress）をおびることが多い．⇨ FUNCTION WORD.

**context　コンテクスト／脈絡**

言語形式（語，句あるいはより長い発話）の前後に来る語，句あるいは

発話を指す．語句などの言語形式はコンテクストの中でその意味が明確になる．逆に，単独で提示された場合に，その意味が特定できないことを意味する．たとえば，light という語を見ただけでは，それがどんな意味であるかは分からない．これに対して，Light was streaming in through the open door. では光線，I had a light lunch in town. では軽食，She has light blue eyes. では薄い青色，また light the candle では点火する，のようにコンテクストの中ではじめてその意味が明確になる．コンテクストは，また，発話が行なわれる状況，場面(situation)の意味にも用いられる．NO BICYCLES の掲示は，公園では自転車禁止の警告を意味するのに対し，自転車のレンタルショップでは手持ちの自転車をすべて貸し出してしまったという客向けのお詫びを込めた知らせである．このような言語が用いられる非言語的な状況を場面的コンテクスト(situational context)と呼ぶ．コンテクストによって言語単位は明確な意味をおびてくる．この現象を脈絡化・コンテクスチュアリゼーション(*contextualization)といい，英語教育における言語項目の提示に重要な意味を持つ．

***contextual correction***　**状況訂正作業**

状況から判断して，テクストの内容を訂正することで文の転換スキル(⇨ CONVERSION)を同時に養成する活動．以下の例を参照．

---

次のテクスト (省略) を読み，内容に合っている文は ( ) に○を，違っている文は×を，またはっきりしないものは？をつけ，○の文はそのままコピーし，×は否定文，？は疑問文に書き換えよ．

Our school was founded in 1965. ( )

Originally it was a girls' school. ( )

At first it was located in the center of the city. ( )

It moved to the present location in 1989. ( )

At the same time it became co-ed. ( )

The chorus of our school is a well-known circle. ( )

It took part in the inter-high choral competition and won the first prize last year. ( )

There are 950 students enrolled now. ( )

There are more girls than boys. ( )

---

picture correction (絵の訂正) は，絵と対応するように記述文を訂正しながら，転換作業を行なう．

**contextualization**　**コンテクスチュアリゼーション／脈絡化**

英語教育で，新教材の提示をコンテクスト（\*context）の中で行なうこと．コンテクストから切り離すこと（decontextualized）で新教材の意味とその働きを理解することが困難になる．したがって，適切なコンテクストを準備することが効果的な提示の重要な要素となる．⇨ PRESENTATION.

## Contrastive Analysis Hypothesis　対照分析仮説

第2言語習得（\*second language acquisition）には習得困難な部分と容易な部分がある．それは母語と第2言語の構造上の特徴に起因するとする理論．両言語を対照して分析することで，2言語の異同が明らかになる．両言語の異なった部分は習得困難な箇所である．それは母語の習慣がそのまま第2言語学習に転移する（\*transfer）ため，習得に干渉（interference）することによる．このタイプの転移を負の転移（negative transfer）と呼ぶ．これに対して，類似している部分は転移が学習を意味するので正の転移（positive transfer）と呼ぶ．母語が異なれば，学習上の困難点も異なってくる．対照分析により明らかにされた両言語の異なっている部分は学習上の困難点であるので，対照分析は学習者のエラーを事前に予測でき，この予測に基づいて教材を編成することで言語分析に基づいた"科学的に配列された"教科書が出現すると唱えられた．対照分析は1950代から60年代にかけて活発にしかも大規模に行なわれたが，多くの場合，音声と統語の一部の領域に限られた．また，エラー分析（\*error analysis）の結果から学習者の第2言語習得は必ずしも対照分析の予測にしたがわない事例も多く観察されることが判明した．このように，対照分析仮説は現実的にも理論的にもその妥当性（\*validity）に対して疑問が表明されるようになった．⇨ BEHAVIORISM.

## control group　統制群　⇨ EXPERIMENTAL GROUP.

## controlled processing　統制処理

第2言語習得の情報処理モデル（\*information processing model）の用語で，言語スキルの初期段階の特徴的な情報処理方式．言語規則や表現の理解に基づいて，意識的に注意を払って時間をかけて行なう言語操作の段階で，反応速度が緩慢で，しばしば誤りを多く含む．また，1度に処理できる作業量も限られてくる．統制処理は適切な練習を十分行なうことで，習慣化され（routinized），自動的処理段階（\*automatic processing）に変化する．⇨ SKILL-ACQUISITION THEORY; AUTOMATIZATION.

## controlled writing　統制ライティング

教師のさまざまな指示にしたがって行なうライティング活動の総称．次のように細分される．

① 統制ライティング (controlled writing)

各種文の書き換え活動からパラグラフ単位のライティングまである. 次の例は後者の1例.

> 次の文章の ( ) に下の語句を入れて書き換えよ.
> A (1) man (2) walked (3) down the street. A (4) girl (5) was waiting for him outside a (6) shop. As he approached, she smiled (7) and said, "Hello! How are you?"
> (1) tall, young, well-dressed
> (2) with a beard, in a black hat, with sunglasses
> (3) rapidly, hurriedly, impatiently
> (4) pretty, fair-haired, dark-skinned
> (5) in high-heeled shoes, with an umbrella, in a pink hat
> (6) chemist's, grocer's, bicycle
> (7) pleasantly, attractively, in a friendly manner

(Byrne. 1988)

教科書本文を用いて同様の活動を行なうことができる. 下線部の箇所や数を加減し, 与える語句を工夫することで生徒の創意を組み入れた次の guided writing に変えることもできる.

② 誘導ライティング (guided writing)

教師の指示を緩やかにして, 生徒の創意を取り入れた活動.

> 次の文章の下線部を書き換えてスピーチの原稿を作れ.
>
> My Dream
>
> Mayumi Saito
>
> Let me tell you about my dream. My dream is to <u>work as a nurse in a developing country</u>. I have this dream because <u>my mother is a nurse and I know that helping sick people is very important. I also see a lot of people suffering from illnesses in Africa and Asia on TV. I really want to help them.</u>
>
> I know I have to <u>work hard and study more</u> before <u>I become a nurse</u>. But I'll try as hard as I can to make my dream come true.
>
> Thank you.

③ 平行ライティング (parallel writing)

モデル文にならって異なった文章を書く活動.

> England の気候を述べた次の文章にならって日本の気候を伝える文章を書け.
>
> In England, it is usually quite cold and never very hot. Like the rest of Europe, England has a mild climate. It rains all the year round in England, but it never rains very hard. It doesn't rain every day, but it usually rains at least once a week. The people in England like the summer, because then there is some sunshine. They usually have to wear a lot of clothes, especially in winter. Then it is very cold indeed.

各種手紙文, 履歴書 (CV) などはそれぞれ特有の書式がある (⇨ PUBLIC WRITING). 適切な書式に則った手紙を書く能力はライティング能力の重要な一部になる. ⇨ GENRE-BASED APPROACH TO WRITING; WRITING.

## conversation analysis 会話分析

会話の社会学的見地からの分析. 会話の一部を取り上げて, 詳細に分析, 研究して会話の過程を明らかにすることをめざす. 話し手の発話をだれが, どの時点で引き継ぐかという発話交替 (turn-taking), お祝いと感謝のように, 隣接する発話が相互にどのように規制し合うかという隣接対 (*adjacent pair), 言い直し (*recast), 相づち (*back channeling), 相互交流 (⇨ INTERACTION) の特徴を示すディスコース標識 (*discourse marker) など, 会話の多様な側面について研究が進められている.

## *conversion* 転換練習

平叙文 → 疑問文, 平叙文 → 否定文のように文をさまざまに転換して柔軟な言語操作能力を養う活動である. しかし従来の機械的な転換練習は形式操作のみに終始する. そのため, 意味を考慮に入れようとすると, かえって不都合が生じかねない. 例えば, 1)(平叙文 → 疑問文), 2)(平叙文 → 否定文) はそれぞれ下のような問題を呈する.

1) John likes cats. → Does John like cats?
2) Mary read a comic. → Mary didn't read a comic book.

1) では, John がネコが好きだと言うことを知っていればわざわざそのことについて質問するのはおかしいし, 2) では, Mary がマンガを読んだことが真であれば, 読まなかったことは偽であり, どちらも同時に真であるはずはない. このように, 1), 2) は, いずれも意味を考えようとすると不自然になってしまう純粋な形式操作のみの練習である. この

転換練習を有意味ドリル（*meaningful drill）にするには以下の方法を採る．

① 主語や目的語を変えることでいくぶん不自然さは解消される．
  1) T: John likes cats. How about Bill? → Does Bill like apples?
     *OR* John likes apples. How about bananas? → Does John like bananas?
  2) T: Mary read a comic book. But Jane... → Jane didn't read a comic book.
     *OR* Mary read a comic book. But not a novel... → Mary didn't read a novel.

② テクスト内容の理解確認の目的で，テクストに合った文，合わない文，どちらとも言えない文を用意し，それぞれの文に○，×，？をつける．○をつけた文はそのままコピーし，×をつけた文はテクストと合うように否定文などに書き改め，？をつけたものは，疑問文に書き換える．その後，確認の口頭練習を行なう．本文理解と転換練習の統合が実現する． ⇨ CONTEXTUAL CORRECTION.

## cooperative language learning　共同方式教授法

コミュニケーション志向のアプローチ（*communication-oriented approach）に分類される教授法の1つで協働学習（*collaborative learning）と呼ばれることもある．集団で互いに学び合う学習方式で，そのために教師は社会的技能（social skills）を具体的に示して建設的な集団作りを学習者に教える．ペア活動（*pair work），グループ活動（*group work）を用いて自然な第2言語習得（*second language acquisition）の機会を与え，相互交流活動から語彙，文構造，コミュニケーション機能の習得をめざす．多様な活動が実践されている．1例を挙げれば，グループごとにストーリーの異なったセクションを読み，内容を理解し，語彙，構文も一定時間，共同で学習する．次に，グループを再構成して，新しいグループで情報を交換してストーリーの全体を理解し，語彙，構文も相互に教え合う．その後，再度最初のグループに戻り，得た情報を交換して学習を深める．学習した内容についてテストが行なわれ，その得点を合計してグループ，クラス全体の成績を発表する．また，時間ごとに強調する社会的技能を指定し，その活用にも注意を向けさせる．

集団全体の協力で個々の学習者の言語習得を促進することが第1の目標であるが，テストに見られるように集団内で各成員が自分の責任を果たすことも重視される．*jigsaw task, *information gap, project（⇨ PROJECT-BASED LEARNING）などのコミュニケーション志向のアプローチで用い

られる活動が多用される．(Richards & Rodgers. 2001; Larsen-Freeman. 2000)

## co-operative principle　協調の原則

コミュニケーションを適切に行なうために話に加わる者が当然知っているはずの原則．提唱者の Grice は「自分の発言を，その時点で会話の方向と目的が求めているようにする」と言っている．次の4つの公理 (maxim) に分けられる．① 質 (quality)：真実を話す，嘘だと思うことを言わない．② 量 (quantity)：会話の目的にとって十分な情報を提供する，必要以上のことは言わない．③ 関連性 (relation)：関連のあることを話す．④ 様態 (manner)：簡潔，明瞭に話す．⇨ SPEECH ACT THEORY; RELEVANT THEORY.

## copying　筆写／コピーイング

ライティング (*writing) の最初の練習に筆写は欠かせない．何度も書き写すことで，早く正確に英語の文字の仕組みを操作できるようになる．しかし，学習者がその活動に意義を見いださなければ，強制された活動になり，習熟は望めない．単純で機械的な性格が強いだけに，興味をそそる活動に仕立て上げることが成功の秘訣である．次のような活動が考えられる．

1. 語レベル

① Word copying: テクストに扱われた語を 2 文字語 (two-letter word)，3 文字語 (three-letter word) のように長さで分類して書き写す．名詞，動詞などの品詞別に分類して書き写す．さらに，用途別に再区分する．このように意味を考えて行なう活動に変えることで学習者の関心を引くことができる．

② Selective copying: 英語の週間テレビ・プログラムを見て，指定された数の見たい番組を書き写す．

2. 文，テクストレベル

① Matching: 絵の説明文を読み，誤りの文を取り除き正しい文のみを書き写す．

② My portrayal: テクストの登場人物に関する説明文を必要な部分のみ最小限削除したり，訂正を加えたりして自分に合った説明文に変える．

③ Story construction: テクストを見て，次にそれを裏返しにして見ないで書く．数名のグループでストーリーを分割したテクストを各成員が担当し，担当部分を読み上げる．他のメンバーがそれを筆写し，最後に正しい順に並べてストーリーを完成させる．

④ Editing: 教科書の本文を切り刻み，意図的に断片をずらし貼り合

わせる．生徒は，前後関係や単語の全体から判断して正確に本文を再現する．次の例を参照．⇨ WRITING ACTIVITY.

---

テクスト本文をよく読んでから，下の文を正しく清書せよ．

*Giovanni 11. Piemonte, Italy*

Hello, everyone! My name is Giovanni and I come from Italy. I live in a big house in the country. I like pop music, dancing, and singing. I have an iguana in my garden. He's black and red. My mother is from Jamaica and my father is Italy. Please write to me! Bye!

---

（テクスト本文）

*Giovanni 11. Piemonte, Italy*

Hello, everyone! My name is Giovanni and I come from Italy. I live in a big house in the country. I like pop music, dancing, and singing. I have an iguana in my garden. He's black and red. My mother is from Jamaica and my father is from Italy. Please write to me! Bye!

---

**core grammar** 核文法

普遍文法（*universal grammar）と同義．少数の原理（principle）とそれに付随するいくつかのパラメータ（*parameter）からなる言語の中心的な普遍的文法規則．これに対して，個別言語に特有の周辺的な規則を周辺文法（peripheral grammar）と呼ぶ．⇨ PRINCIPLES AND PARAMETERS.

**corpus** コーパス

corpus（複数形は corpora）はコンピュータを使って言語データ（書き言葉と話し言葉の両方）を大量に収集，整理したものである．コーパスには広い領域からデータを総合的に収集し，一般的な言語研究のために用いられる汎用コーパス（general corpus）と限られた領域内の言語使用を研究するための特殊な目的のために用いられる特殊コーパス（specialized corpus）がある．前者には，アメリカ英語の Brown Corpus, イギリスの British National Corpus などがよく知られている．また，後者で

は英語教育に関連の深いものとして，大学で話される音声英語のコーパス Michigan Corpus of Academic Spoken English (MICASE)，子供の言語使用のデータベース CHILDES，英語学習者コーパス International Corpus of Learner English (ICLE) などが挙げられる．膨大な言語データから語の検索や使用頻度を容易に調べることができるので，言語学の研究，辞書編纂に用いられる他に，英語学習でも活用できる．コーパスは年々その規模が拡大し，COBUILD 系辞書のデータベースである Bank of English は5億語を超える規模になっている．英語教育では，基本語彙の選定と配列など教材開発に活用されている．このような間接的な適用に加え，より直接的な適用が主として上級学習者の *ESP コースで試みられている．

コーパスの中で，ある語の出現頻度，語の連結，接辞，句などを検索する索引をコンコーダンス (*concordance) と呼ぶ．コンコーダンスの結果を辞書の記述に用いているものもある．英語教育で concordance を用いることで，学習者自らが語法，語義などを調査し理解を深める発見学習 (*discovery learning) 的な活動が展開できる．

## correction　訂正

学習者の誤りを指摘し，正すこと．訂正は教師によって行なわれる teacher correction の他に，グループ活動等ではクラスメートによって行なわれる peer correction，また学習者自身がライティングの下書きの誤りに気づき訂正するときなどに見られる self-correction がある．どのような誤りを取り上げ，いつ，どのように訂正するかは，学習活動のねらい (*fluency かそれとも *accuracy か)，学習者のレベルなどを勘案して行なう必要がある．訂正は学習者の反応に対する否定的フィードバック (*negative feedback) あるいは訂正的フィードバック (*corrective feedback) に分類される．⇨ ERROR TREATMENT; FEEDBACK; REPAIR.

## corrective feedback　訂正的フィードバック

学習者の誤りを含む発話に対して，それを否定，訂正し，正しいモデルを与えるための情報提供．否定的フィードバック (*negative feedback) に加え，出力 (output) を促す明確化要請 (*clarification request) などの相互交流修正 (*interactional modification) を含めた呼称．

## correlation　相関

2つあるいはそれ以上の事柄のあいだの関連をいう．英語と数学の成績の関連が強いとき，両者の相関が高いことになる．また，3つのクラスの英語の成績に強い関連があるときも3者の間に高い相関が認められることになる．⇨ CORRELATION COEFFICIENT.

## correlation coefficient　相関係数

相関(correlation)とは，リーディングの成績とライティングの成績のような2つの変数の間の関連のこと．2つの変数のあいだの関連を表す数値を相関係数という．「リーディングの成績がよければライティングの成績もよい，逆にリーディングの成績が悪ければライティングの成績も悪い」のように両者が対応するときは「正」の相関関係(positive correlation)，反対に「リーディングの成績がよければライティングの成績が悪い」のように反対の関係があるときは「負」の相関関係(negative correlation)，両者の間に関連がないときには無相関で0の数値を取る．相関の計算方式には，最もよく用いられるピアソンの積率相関係数(r)(*Pearson's product-moment correlation coefficient)がある．順位のついた2つの変数の相関はスピアマン順位相関($\rho$/rho)(*Spearman's rank-order correlation)を用いる(清川. 1990).　⇨ PARAMETRIC TEST.

## Counseling Learning　⇨ COMMUNITY LANGUAGE LEARNING.

## Course of Study, The　学習指導要領

小学校，中学校，高等学校の教員に対して学習指導目標の設定，指導方法，教材，評価などの手引きとして文部科学省が告知する公的な文書．学校における英語教育の内容はこの学習指導要領によって規定される．また，検定教科書も学習指導要領に基づいて編成されている．1958年に最初の学指導要領が公表されて以来，ほぼ10年に1回の割合で改訂がなされてきた．

## Creative Construction Hypothesis　創造的構築仮説

外国語習得は，母語習得と同じく，学習者の生得的な言語習得機構に導かれて周囲の対象言語の入力に触れることで無意識的に仮説を立て，対象言語の体系を自ら作っていく創造的(creative)過程である，と考える立場．1970年代の第2言語習得研究で，母語とは関係なく，目標言語の習得順序がどの学習者にも一定していること(⇨ MORPHEME ORDER STUDY)，またエラー分析(*error analysis)の結果から発達的エラー(*developmental error)や過剰一般化(*overgeneralization)の存在が示され，学習者の外国語習得過程に関与する状況が明らかにされることで，この仮説が主張されることになった．習慣形成理論(*habit formation theory)と対比する．　⇨ INPUT HYPOTHESIS.

## creative writing　創作ライティング

英語を用いて各学習者が個人的な意味を作り出す過程あるいはその結果である作品を指す．高度な表現能力を駆使した文芸的創作とは異なる．学習した英語を自由に組み合わせて，自分なりの考えや感情を表現する

ことで言葉を用いる楽しさを味わい，他人にも伝えることが最も重要な目的になる．したがって，学習者のレベルは問わない．創作は次のようなカテゴリーに分類できる．

① エッセイ (essays)：狭義のエッセイの他に，あるトピックについて短時間のうちに自由にできるだけ多く書く作文 (free writing)，観察に基づいて書かれる観察文もここに含める．いずれも準備段階を含むライティングの過程に沿った指導により生徒の困難点を取り除くようにする．

② 詩 (poems)：すぐ使える簡単な詩として，5行詩 (word cinquain)，haiku, tanka などがある．このうち，5行詩は次の構成を取る．

第1行　トピックを示す名詞1～2語
第2行　トピックを説明する2～3語
第3行　動作を表す3～4語
第4行　自分の態度を表現する4～5語
第5行　トピックを示す別の名詞1～2語
（例）
A cat
Full of mischief
Charges, dances, pounces
Brightens my longest days
A wonder

tanka は，第1行：5音節，第2行：7音節，第3行：5音節，第4行：7音節，第5行：7音節から構成される．haiku は，第1行：5音節，第2行：7音節，第3行：5音節から構成される．(Richard-Amato, 1988)

③ スキットなどの脚本 (script writing)：教科書の対話文に新たに文を付け足す，場面を変えて内容も変更する，登場人物を変えてセリフを変更するなど，オリジナルの修正版を作ることから始める．次に，明確な場面を与えて，自由にセリフを作らせて演じさせる．また，4コマ漫画の吹き出しに入れる文を作る，状況の説明文を作るなどの活動もある．

④ 感想文 (reaction)：ストーリーを読んで感想文を書いてクラスで発表する，登場人物がその後どのような行動をとるか想像して書く，話の結末を自由に書く，登場人物宛に手紙を書くなど．

**creativity　創造性**

言語使用者が有している，過去に用いたことも聞いたこともない文を数限りなく産出し，あるいは理解する能力を指す．有限個の規則を用いて無限個の文を作り出す性質はヒトの言語の際立った特質であり，動物のコミュニケーション体系とは異なる．芸術の分野で用いられる意味と

異なる点に注意.

**criterion-referenced test　目標基準準拠テスト**

　設定された学習目標という基準をどの程度達成したかを測定するテスト.個々の学習者が基準に達したか否かに関心が向けられ,他の学習者との比較は行なわれない.例えば,can を使って時間を尋ねるという目標が設定されたとすれば,その基準に達したかどうかを判定することがこのテストのねらいである.適切な目標を明確に設定する,目標に到達したか否かを判定する標的課題を準備する,合格ラインを定める,などの手順を着実に踏む必要がある.このテストの結果に基づいてなされる評価を絶対評価(*absolute evaluation)と呼ぶ(松沢.2002).⇨ ACHIEVEMENT TEST; NORM-REFERENCED TEST.

**criterion-related validity　基準関連妥当性**

　類似する他のテストなど,外部にある基準とどの程度相関を示すかに関する妥当性で,併存的妥当性(concurrent validity)と予測的妥当性(predictive validity)(⇨ VALIDITY)が含まれる.empirical validity(経験的妥当性)とも言う(静・竹内・吉澤.2001).

**critical pedagogy　批判的教育学**

　学習者が社会的な抑圧に関して批判的な洞察を得て,自由と平等を勝ち取るための行動力の育成を重視した教育理念.ブラジルの教育学者 Paul Freire が1960年代に貧しい人たちに実施した識字教育がよく知られている.Freire は国外追放中にアメリカ,ヨーロッパに滞在したことで彼の教育思想が各地に広まった.外国語教育では Crawford の研究が発端になり,次のような特徴を持つ.① 学習者のおかれた状況を問題として提示し,その問題を知覚し,熟慮し,それに働きかけるような批判的な思考力を養う.② 教育内容は学習者のおかれた現実の諸問題が呈示されている生活場面に基づく.③ 学習教材は学習者が作成する.④ 教師は学習者の一員として参加し,問題を提起する.⑤ 意志決定は学習者が行なう.主として,移民や難民を対象にした,成人のための英語教育(*ESL)のクラスで実施され,具体的な実践では教材・活動内容,ニーズ分析(*needs analysis),現実的な言語活用などの面で人間主義的アプローチ(*humanistic approach),コミュニカティブ・ランゲージ・ティーチング(*Communicative Language Teaching)やタスク中心教授法(*task-based instruction)と共とおする部分が多い(Crookes.2009).

**Critical Period Hypothesis　臨界期仮説**

　母語が自然に,努力せずに習得される時期がが存在し,それを過ぎると習得が困難になるとする説.具体的には,脳の可塑性が保たれる2歳

から思春期までの限られた期間.第2言語習得における臨界期に関しては議論が分かれる. ⇨ AGE.

**cross-cultural communication** 文化間コミュニケーション ⇨ INTERCULTURAL COMMUNICATION.

**cross-cultural pragmatics** 文化間語用論

言語がコミュニケーションの中でどのように用いられるかは,各文化圏において共通する部分と異なる部分がある.この異同を明らかにすることをめざす研究分野.近年,文化間の発話行為 (*speech act) の対照研究が盛んに行なわれ,発話行為の遂行におよぼすコンテクスト (e.g. 混雑した場面で肩が触れ合ったとき,事態をどのように受け止め,またどのような発話行為を実行するか) や語用論的原則 (e.g. わが子を褒められたとき,どのように受け止め,どのような言語行為を実行するか) の影響が明らかにされるようになった.これを受け,外国語教育では学習者の語用能力の発達と指導の研究分野の取り組みが盛んになり,中間言語語用論 (interlanguage pragmatics) として応用言語学の研究分野に位置づけられている.しかし,学習者の語用能力の基準を母語話者のそれに近づけることを目標とするのか,学習者のアイデンティティを重視するかを巡り,未解決の課題は多い (Spncer-Oatey & Žegarac. 2010). ⇨ ENGLISH AS AN INTERNATIONAL LANGUAGE; PRAGMATICS.

**cross-cultural understanding** ⇨ INTERCULTURAL UNDERSTANDING.

**crosslinguistic influence** 言語間影響

転移 (*transfer) とほぼ同義であるが,行動主義理論の色合いの濃い"転移"を避けて用いられた用語.母語あるいは他の習得済みの言語と対象言語の間に見られる影響を指し,転移 (*transfer),干渉 (*interference),回避 (*avoidance),借用などの概念を包括する.Sharwood Smith and Kellerman (1986) による. ⇨ CONTRASTIVE ANALYSIS HYPOTHESIS.

**cross-sectional study** 横断的研究

第2言語習得研究で頻繁に用いられる研究手法.発達段階の異なる複数の学習者集団に同一のテストを行ない,その結果を分析して異なった集団が示す言語行動の差を明らかにすることで発達段階を推定する.例えば,中学校2年,3年,高校1年のクラスを対象に疑問文を作る問題を与え,各クラスの反応の違いから疑問文生成の発達段階を特定する.1回のテストで発達段階を推定できる利点がある反面,用いられるテストの妥当性 (*validity),異なった被調査者を対象にしている点など問題を残す.長期間にわたり,被調査者の言語発達を自然な場面で観察することで第2言語習得過程を研究する長期的研究 (*longitudinal study) と対

比される. ⇨ MORPHEME ORDER STUDIES.

**cross-word puzzle　クロスワードパズル**

　最も一般的な言葉遊び（⇨ LANGUAGE PLAY）．多くのパズル集はもとより，辞典まである．英語教育でも，語彙，文法などの言語的な面の学習を進めるために各種のクロスワードパズルが頻繁に用いられてきた．タテ，ヨコの指定された箇所に入る語の定義や説明，ヒントを見て適当な語を記入する通常の形に加え，ヒントをストーリーの中に入れたり，絵で示したりするなどさまざまな方法がある．次は絵を用いた初級レベルのパズルである．

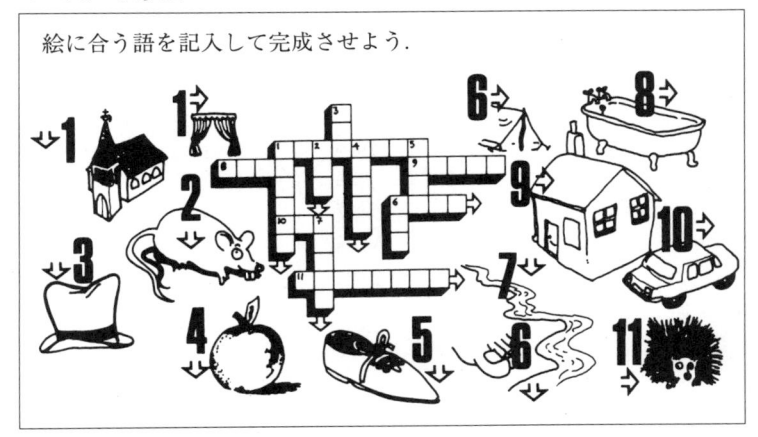

絵に合う語を記入して完成させよう．

　クロスワードパズルを簡単に作るソフトがあるので，教師自作のものも短時間に作れるようになった．

**c-test　C-テスト**

　リーディング・テストの1形式．クローズ・テスト（*cloze test）と同様に，テクスト中の語を削除しておき，それをどの程度正確に復元することができたかで受験者のリーディングの能力を測定する．C-テストでは，1語おきに語の後半部を半分削除して補わせることで短いテクストで多くの検査項目を設定し，結果の評定も正確に実施できる利点がある．
⇨ ASSESSMENT OF READING.

**Cuisenaire rod　キズネール棒**

　サイレント・ウェイ（*The Silent Way）で用いられる教具．1センチ角で長さが1 cmから10 cmの異なった大きさの棒で，それぞれさまざまな色が施されている．語や文構造と意味を結びつけるために使われる．実物，精密な模型，あるいは色彩を施した絵や写真などはあまりにも多

くの情報を含むため,かえって正確な意味を理解する上で障害になることがある.これに対して,キズネール棒は,例えばbuildingのような抽象的な意味を伝えるためにより効果的で,また学習者の想像力をかき立てる.数学者であったCaleb Gattegnoが数学教育で用いられていたこの教具に着目し,彼の創始したサイレント・ウェイに取り入れた.

## culture 文化

文化の解釈は多様である.最も一般的な解釈として,文化とは,所産(products),考え(ideas),行動(behaviors)の相互に関連した3つの範疇から構成されると考えられる.

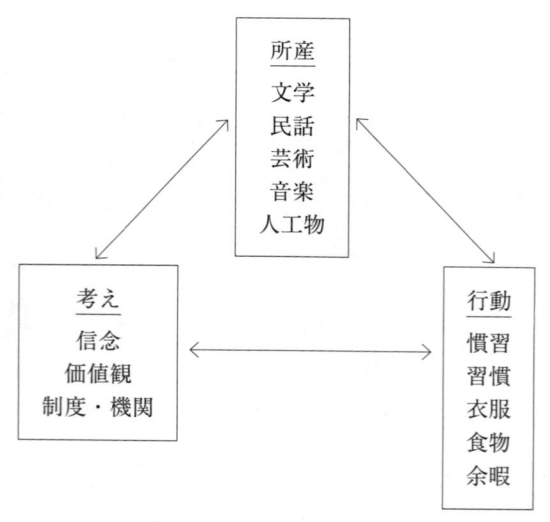

```
                    所産
                    ──
                    文学
                    民話
                    芸術
                    音楽
                    人工物

    考え                          行動
    ──                           ──
    信念                          慣習
    価値観         ⟷             習慣
    制度・機関                     衣服
                                 食物
                                 余暇
```

(Tomalin & Stempeski. 1993)

文化は,このようにある集団を特徴づける考え方,習慣,技術,芸術,道具などを指し,言語ももちろんその中に含まれる広い概念であり,学者によりその定義はさまざまである.文化は人びとに意識されないで,彼らの考えや行動を律する力を有している.発話行為(*speech act),身振り言語(*body language),ジェスチャー(gesture ⇨ BODY LANGUAGE),時間の概念,もてなしの習慣などもいずれも文化の一部である.

それぞれの文化は,その文化圏の人びとにとって堅固な行動規範となる.ある文化圏で育ち,生活している人はその文化を当然のこととして受け入れるだけでなく,他の異なった文化を理解できず,また違和感を

持つ（⇨ CULTURE SHOCK）こともある．例えば，次の発話に続く適切な応答が日本語では通常 A よりも B が自然である．一方，英語圏ではその逆が普通である．「立派なお子さんですこと」／ A.「ありがとうございます．...」／ B.「とんでもありません．...」実際，Thank you. を適切に言うことは日本人にとって決して容易な学習ではない．

　文化を反映した言語使用をディスコース（*discourse）と呼ぶことがある．英語学習は，英語の言語体系のみでなくディスコース習得を意味する．より広く捉えれば，文化間理解（*intercultural understanding）に基づき，文化間のコミュニケーション（*intercultural communication）を実現する能力の獲得が英語教育の大きな目標になる．英語学習では言語体系の学習のみでなく，文化理解も重要な一部となる．

**culture shock　文化ショック**

　異文化に接することで，自他の文化的相違に気づき自己像が脅かされるほどの強い衝撃を受けることで生じる異文化に対する否定的な感情．軽いいらだちから強い恐怖心や危機感をいだくにいたるさまざまな感情を伴う．新しい文化の中での疎外感，敵意，怒り，挫折感，悲しみ，孤独感，ホームシック，時には身体的な不調を伴うこともある．文化変容（*acculturation）の第2段階．⇨ CULTURE.

**c-unit　C-ユニット**

　ディスコース分析（*discourse analysis）の基本的な単位の1つ．tユニット（*t-unit）と類似しているが動詞を伴わないで，しかもコミュニケーションの価値を持った独立した句を基本単位として認める．例えば，次のような問いに対する答えの中に典型的に現れる．Q: Where's my hat? ／ A: On the table．この場合，答えは t-unit と認められないため t-unit を用いた分析では無視されるが，1つの c-unit として数えられる．

**curriculum　カリキュラム／教育課程**

　① 学校，教育機関の提供するすべての教育プログラムを指す．「〜中学校教育課程」などの表題を付けた書類の内容．

　② 教科，コースの教育内容．教育目標（objectives, aims），シラバス（*syllabus），指導理論（*methodology），評価（*assessment / evaluation）を含む．シラバスをその一部に含む広い概念であるが，アメリカではシラバスと同義で用いられることもある（White. 1988）．

# D

## *debate* ディベート

　決められた論題について賛成（affirmative），反対（negative）の 2 派に分かれて議論して，その優劣を競うゲーム．正式の debate は手順が厳格に決められているが，英語の授業で行なう debate はできるだけ簡略化したものが効果的である．以下の手順はその 1 例である（青木，1994）．

　Step 1: 論題の設定：制服，喫煙，給食など学習者の関心を呼ぶ論題を設定し，その是非を戦わせる．*warm-up として教師の説明，*discussion，必要な表現などを取り上げる．

　Step 2: グループの編成：司会者 1 名，賛成，反対のそれぞれの debaters を 3～5 名，judges 3 名を決める．

　Step 3: 準備と練習．

　Step 4: debate：次の手順で行なう．

1. constructive speech：賛成（aff.），反対（neg.）の代表者による argument とその理由の発表．— 2 分．
2. questions & answers：相手の立論に対する質疑．— 3 分．
3. rebuttal：相手の argument に対する反論．— 5 分．
4. summary：rebuttal に対する再反論を含む，締め括りのスピーチ．— 2 分．
5. judging and comment：judge による判定と講評．

　⇨ SPEAKING ACTIVITY．

## *decision-making activity* 意志決定活動

　スピーキング活動（*speaking activity）の 1 つ．学習者がさまざまな決定を行ない，それに基づいて話し合いが行なわれる活動である．例えば，ペアまたはグループになり，それぞれが次頁の街路図の○地点に右欄にある施設や建物を任意に書き込む．その後，相互に質問をして相手の配置を再現する（"Byrne, 1986" など参照）．

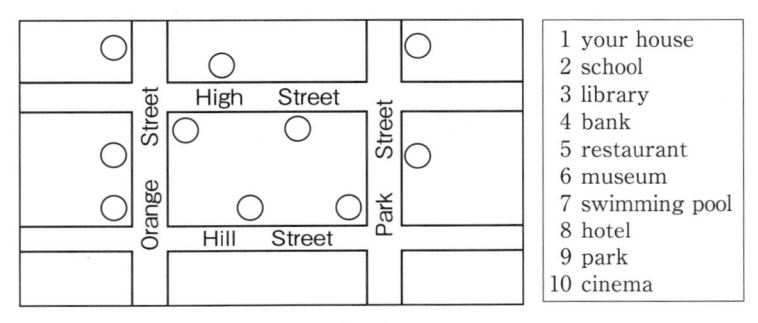

# decision-making activity

```
1 your house
2 school
3 library
4 bank
5 restaurant
6 museum
7 swimming pool
8 hotel
9 park
10 cinema
```

street map

また，レストランのメニューを用いて，客の注文を給仕が聞き取るペア活動 (*pair work) やグループ活動 (*group work) も decision-making activity である．この場合，予算の範囲内で注文するなど条件を付けるとより現実味が増す．さらに，テレビのプログラムを見て，どの番組を見るか話し合い，その理由も付け加えて話し合う活動は，テレビが1台しかない家庭内の話し合いという設定にすれば運用 (*production) のレベルの活動になる．

'Let's go together' は自分と同じ決定をした仲間を探す活動である．まず，下のような表を提示する．学習者はこの表を見て教師の下の説明を聞いて予定を立てる．自分の予定と同じ仲間を見つけたら "Let's go together!" と言わせる．必要があれば下の A と B の対話を練習する．

| July | August | September |
|------|--------|-----------|
| Hong Kong | England | Australia |
| JAL | BA | Qantas |

T: You are going to take a trip. Look at the board. You can choose a suitable month from the list. Also choose the place and the airline you will take. Take memos. Make use of the following example.

A: Excuse me, but when do you plan to go on a trip?
B: In July. How about you?
A: Me, too. Where are you going?
B: I am going to England. Are you going there, too?
A: Yes, I am. I'm going to take BA. How about you?

> B: Me, too.
> A: That's great! Let's go together!
> B: Yes, let's.

予定が異なっている場合には，Sorry. I'm not. I must find somebody else. Good bye. のように対応することも教えておくと活動がスムーズに進む．

## declarative knowledge　宣言的知識

「～ということを知っている」「～という知識」(knowledge that～) の～に入るタイプで，命題として述べることができる知識を指す．それは事実に関する意識的な情報である．例えば，'3 単現 s' の規則を言えるなどの文法知識に見られるように，それは明示的知識 (*explicit knowledge) である．

しかし，'3 単現 s' の宣言的知識を持っていることが，必ずしもそれを使えることを意味するわけではない．この規則を自在に用いるには宣言的知識を手続き的知識 (*procedural knowledge) に転換しなければならない．手続き的知識は「～のやり方を知っている」と表すことができる．「自転車に乗れる」「車を運転できる」「日本語を話せる」のは，いずれも手続き的知識を有し，しかもそれが無意識的なレベルまで自動化されているからである．手続き的知識は，「自転車の乗り方」からも推測できるように暗示的知識 (*implicit knowledge) であり，宣言的知識のように一度聞けばすぐに (sudden) 獲得されることはなく，何度もやりながら次第に (gradual) 身につけていく特色を持つ．言語習得は他の多くのスキルの獲得と同じように，宣言的知識を手続き的知識に転換する段階を重要な要素として持つとする学習理論はアクト・モデル (*ACT* model) と呼ばれる．

## decoding　解読／理解

文字，音声などの記号体系 (code) を解いてその意味を理解すること．文章読解，音声聴解の過程やその結果，すなわちリーディング (*reading)，リスニング (*listening) を指す．逆に，メッセージを文字，音声などの記号に変換して伝える過程は発信 (*encoding) あるいは記号化と呼ばれる．

## deductive learning　演繹的学習

教師はまず規則を明確な形で提示して，学習者の理解を図る．次に，学習者は理解した規則を適用して数多くの文を作るなどの練習を行なう．規則→運用の順序をとる学習形態．文法・訳読式教授法 (*grammar-translation method) でよく用いられる教材提示の方式．帰納的学習（*inductive learning) と対比される． ⇨ PRESENTATION.

**deep-end strategy** ディープエンド・ストラテジー ⇨ ACTIVITY SEQUENCE.

**demotivation** 意欲喪失

　動機づけ（*motivation) が低下し，失われる状態．学習者の動機づけが外的な要因で抑制され，あるいは歪められるときに生じる．特定の外的な要因として，教師の個性，熱意，指導力，指導法などの教師の要因，クラスサイズ，施設・設備などの教育機関の要因，クラスの雰囲気，使用教科書，学習に対する自信喪失などが挙げられる．外国語教育における demotivation の研究は少ないが，学習環境と教師の関わり方が要因であると指摘されることが多い（Dörnyei. 2005).

**dependent variable** 従属変数 ⇨ INDEPENDENT VARIABLE.

**descriptive grammar** 記述文法

　体系的で一貫した方法で，特定の言語の用いられ方を支配している規則を明確に述べた文法．個々の言語を対象にしており，言語の普遍性を扱うものではない．通常，書き言葉，話し言葉の幅広いサンプルに基づいて規則を明らかにする． ⇨ GRAMMAR.

**desuggestopedia** ディサジェストピーディア ⇨ SUGGESTOPEDIA.

**developmental error** 発達的エラー

　母語の干渉によるものではなく，学習者が第2言語（*second language) の限られた入力に接し，その規則体系を推測し，自ら作り上げることから生じるエラー．実際の第2言語の体系から逸脱した部分も含んだ学習者言語（language learner's language) である． ⇨ ERROR ANALYSIS; GLOBAL ERROR; INTERLANGUAGE.

**developmental sequence** 発達順序

　特定の文法項目（e.g. 否定文，肯定文，関係詞）が予測可能な段階を追って習得され，その順序が学習者の母語に関係なく共通していること．英語の否定構文を例に取れば，次の発達順序が観察される：

ステージ1　文の外部に否定辞を置く（No eat. No bicycle.)
ステージ2　文の内部に否定辞を移す（I don't can sing. I no have time.)
ステージ3　助動詞の後に否定詞を置く（You can not go. She don't like rice.)
ステージ4　時制，人称，数を明示した do に動詞を付す（It doesn't work.)

　英語教授は発達を加速させることはできるが，発達順序を変えることはできないと主張する学者もいる． ⇨ ACQUISITION ORDER; MORPHEME

ORDER STUDY.

### diagnostic test　診断テスト

学習者の英語力診断テスト．文法，語彙，発音など構成要素ごとに細かく診断し，学力レベルとともに，学習上の問題点も指摘することで学習状況を詳細に把握し，また指導，学習の指針としても利用される．

### dialect　方言

1つの言語共同体の中で，地域や社会階層などの違いから生じる変種を指す．語彙，文法構造，音声の点で他と明確に区別されるものを言う．いくつもの方言の中で有力な方言が標準語（standard form）と呼ばれるようになる．音声的な特徴の差異を強調するときにはアクセント（\*accent）と呼ぶ．

### DIALANG　ディアラング

リーディング，リスニング，ライティング，語彙，文法の領域について能力を測定するテスト．\*internet 上でアクセスできる外国語能力（自己）診断テスト．英語を含む14言語がリストされている．テスト結果は，ヨーロッパ共通参照枠（\*CEFR）の共通参照レベル（\*Common Reference Levels）に即して A1 から C2 まで6段階で表示される．受験者の能力レベルに加え，答えの確認や学習上の助言が提示される．欧州委員会（European Commission）の財政支援を受け，フィンランドのイバスキラ大学の協力の下で開発された．⇨ EUROPEAN LANGUAGE PORTOFOLIO.

### dialog　対話

教科書中の会話体の教材．多くの場合，特定の文法，文型，機能，イントネーションなどを対話の文脈の中で提示して理解を促すと同時に，口頭練習をとおして習熟を図ることをめざして構成されている．dialog を用いた活動形態は以下のようにさまざまである．① 対話のテープ再生，あるいは教師による朗読．ティーム・ティーチング（\*team teaching）の場合を除き，教師は対話の両方の人物を演じる．声を少し変える，左右に位置を変える，黒板に登場人物の絵を貼りいずれかを指す，人形を使うなどしてどちらの発話（\*utterance）であるかを明確に示す．② 教師の朗読の後で，学習者は教師の後についていずれかの人物の発話を反復する．③ 教師が一方，学習者が他方の人物を演じる．④ クラスを A, B に二分して，それぞれが分担して演じる．⑤ 学習者はペアになって（⇨ PAIR WORK），各人物を演じる．この場合に，次例に示すように斜体部を置き換えて練習させるとよい．⑥ いくつかのペアを選んで全員に対して演じさせる．

A: Have you heard?

B: No, what?
A: *I passed my driving test.*\*
B: Really? *How wonderful!*†

置き換え*

Mary got the job. / Betty's broken her leg. / The Tigers won. / Jack failed the exam.

置き換え†

How fantastic! / How terrible! / How awful! / How amazing! / How surprising!

### **diary study**　日記研究

　学習者の学習記録を分析することで学習過程を明らかにしようとする研究．分析は学習者自身であることも他の研究者による場合もあり，長期間にわたって行なわれる観察，内省（\*introspection）に基づく縦断的研究（\*longitudinal study）である．実験を伴う研究の補助的資料として用いられることもある．日記研究は教師の教授活動の研究にも用いられる．⇨ CLASSROOM RESEARCH.

### ***dictation***　ディクテーション

　ディクテーションは古くから実践されている活動で，ライティングのみならず，リスニングも動員して行なわれる総合活動である．いくつかのタイプに分類できる．

　① 標準タイプ：教師が読み上げる文を聞いて書き留める一般的な活動である．普通，次のような段階を踏む．

　Step 1: 教師がテクストを普通の速度で読み上げる．学習者はそれを聞いて内容を理解する．

　Step 2: 教師がセンスグループごとに区切って読み，各ユニットの終わりにポーズをおく（ポーズは教師がその部分を2度指先で書ける間隔をとる）．学習者はその間，正確に書き留める．

　Step 3: 教師が再度普通の速度で全体を読み上げ，学習者は必要に応じ訂正や修正を行なう．

　ディクテーションの採点は単語が正確に書かれていれば1語に1点を与えて合計点を出す．全体の語数が多いときには，次のような計算式で点数を算出する．

$$\frac{全体の語数 - 誤りの数}{全体の語数} \times 100 =$$

　テクストにない語句はエラーと見なして減点することもできる．語順

の間違いも減点する．綴りの誤りは判読できれば減点しない．

テストの目的で行なう場合には，公正，公平に行なわなければならないが，授業の一環として行なう場合には聞き取れなかった部分は Pardon? と聞き返したり，Excuse me. と再度不明な部分の反復を要請することを勧めるほうが望ましい．

② 部分ディクテーション（spot dictation）：読み上げるテクストの一部分を空白にしたものを配布し，空白部を埋めさせる活動．

③ ディクト・コンポ（dicto-comp）：教師が普通の速度で数回テクストを読む．その後，学習者がその内容をできるだけ忠実に再現するように作文する．しかし，必要なときは自分なりの語句を補うなどの積極的な関わりが奨励される．教師は読み上げる段階で，重要な語句を板書したりして，ヒントを与えることもできる．

④ ディクトグロス（*dictogloss）

**dictionary　辞書**

学習者のレベルに合ったよい辞書は，英語学習の最も貴重な情報源である．分からないことは教師に尋ねればよいが，教師がいつも身近にいるわけではない．しかし辞書は常時手元に置いて，参照することができるからである．辞書編纂の技術が進歩して，すぐれた辞書が多く出版されている．また，従来のペーパー辞書に加え，CD 版の辞書や，電子辞書などさまざまな形態のものが利用でき，学習者にとって便利になっている．学習者に対して各辞書の特徴を説明し，選択のヒントを与えることは教師の任務の1つである．

次に，辞書使用の訓練を行なうことが必要になる．学習辞典には必ず「利用の手引き」が載せてある．教室で実際に「手引き」の解説と基本語のいくつかを取り上げて検索させ，結果を検討することが，特に初・中級レベルでは望まれる．授業中，随時辞書を参照させることが自発的な辞書活用の習慣形成に役立つ．

また，辞書を利用したコミュニケーション活動（*communication activity）は学習者に学習情報源としての積極的な価値を認識させ，そこで用いられた語は強い印象を持って記憶にとどまる．例えば，クラスでアルファベットの1文字を決めさせ，1〜5の数字の1つを選ばせる．Fと4であったとしよう．教師は，「Fの最初の4ページをテストする．10分以内で辞書を調べ，準備するように」と言う．また，教師は，重要語あるいは学習者がすでに知っていると思われる語を選んで，「1分以内に〜の意味の語を見つけなさい」と指示し，答えを言わせる．複数の答えが出たらすべて板書してどれが最もふさわしいか話し合わせる．

辞書指導には，望ましい辞書利用法も含まれる．未知語に出会ったら，いきなり辞書を調べるのではなく，文脈から推測するなどのストラテジー（⇨ LEARNING STRATEGY）を有効に活用することの重要性を指摘する．さらに，テクストを与えて，辞書を参照する上限を5回のように設定して，どの語がテクスト理解に最も重要な未知語であるか決め，仲間とその結果を話し合わせるなどの活動も有効である．逆に言えば，未知語はすべて家庭学習で調べるといった課題は望ましい辞書活用には結びつかない（Wright. 1997）．⇨ VOCABULARY.

## *dicto-comp* ディクト・コンポ

ディクテーションと作文を組み合わせた活動．⇨ DICTATION.

## *dictogloss* ディクトグロス

教師が普通の速度でテクストを2回読む．学習者はそれを聞きながら語句を書きとめる．その後，書きとめた断片を基にテクストを再生する．個人作業が終わったらペア（⇨ PAIR WORK）で比較し，欠落部分を補い，誤りを訂正してより正確なテクストを作る．さらに，大きなグループ（⇨ GROUP WORK）になって各自のテクストを比較し修正して，いっそう文法的に正しい，まとまり（*cohesion）のあるテクストを完成させる．⇨ DICTATION.

## **direct intervention　直接的介入**

教師による対象言語特徴の明示的な指導（*explicit instruction）を指し，言語形式重点指導（*form-focused instruction）と同義．Krashenなどが主張する「言語は自然な順序にしたがって習得される」とする説（⇨ INPUT HYPOTHESIS）や，実際の使用場面で特定の言語に接することで次第にネットワークが形成されるとするコネクショニズム（*connectionism）は直接的介入に否定的である．文法指導に関し直接的介入の有効性を示す研究は多くあり，個別的要素テスト（*discrete-point test）の結果に反映されている．しかし，実際の運用場面での直接的介入の効果に関する研究は少数に留まっており，自然な口頭言語の使用では正確な言語使用が生じる可能性は低い．直接的介入により自然な習得順序が変更されることはないが，習得が加速される可能性はある．また，文法規則のメタ言語的な理解は進むものの，それが直接言語使用能力に連動するものではないとする有力な説がある（Ellis, R. 2005）．

## **Direct Method　直接教授法**

文法・訳読式教授法（*Grammar-Translation Method）を批判して登場した直接教授法は，その呼称が示すように，日本語を介在させずに英語の音声を直接意味に結び付け，英語を理解し発表する活動を与えること

によって，英語で考えることができるような学習者の養成を意図した．F. Gouin（1831-95）や H. Swan（1845-1912）などによって唱道された，幼児の母語習得のプロセスを，外国語教授にできるだけ再現しようとする Natural Approaches（自然主義的接近法）の流れを受け継いで生まれた教授法である．

直接教授法は次のような特徴を持つ．① 教室では英語だけを用いる．② 音声を活動，品物，身振り，場面と結び付けることによって，音声によって表される意味を母語の介在なしに直接理解させる．③ 最初にリスニング，スピーキングを教え，その後にリーディング，ライティング指導を行なう．④ 文法は帰納的に教える．⑤ 正確な発音と正しい言語操作を重視する．⑥ Question & Answer を頻繁に行ない，学習者の理解を確認すると同時に瞬発的な理解力と発表力の養成を図る．

直接教授法は19世紀にヨーロッパ各地で広く実践されたものの，母語の使用を認めないため，教師の母語が英語であるか，または教師にきわめて高い英語運用力が要求された．これは教室の現実にそぐわない部分も多く，現在ではベルリッツ語学学校（*Berlitz School）などの商業ベースの語学学校でしか見ることができない．また，英語のみで授業を行なうために，母語を用いれば手短に効率よく提示できることでも，長時間，回りくどい説明に頼ることになり，学習の妨げにさえなることがある．直接教授法は，最も自然な言語習得法は母語習得過程であると見なし，その過程を外国語教授に反映させようとした．しかし，幼児にとって"自然な"言語習得の過程は母語を習得した成人には必ずしも適用できない．それは，かえって"不自然な"学習を強いることになることもある．
⇨ GRADED DIRECT METHOD; INDUCTIVE LEARNING; ORAL METHOD; STRUCTURE-CENTERED APPROACH.

**direct test　直接テスト**

測定しようとする能力を直接テストする方式を指し，間接テスト（*indirect test）と対比される．スピーキング，ライティングのテストに使われることが多く，言語使用の実際の場面を再現して英語を使用する活動を行なう中で，スピーキングやライティングの能力を測定する．

要約（summary writing）はライティングの直接テストの1例である．これに対して，完成した要約の一部を空欄にして行なうクローズ・テスト（*cloze test）はライティング・テストとしては間接テストの例になる．

直接テストは，コミュニケーション能力（*communication competence）の養成に合致し，積極的な波及効果（*washback）を期待できるなど利点が多い反面，実施上大きな困難を生じ（⇨ PRACTICALITY），信頼性（*reli-

ability)が低くなるなどの問題点も抱えている.
## discipline　規律 CE

| Don't do that.<br>Be quiet.<br>That's enough. | That's silly.<br>Now listen.<br>Settle down.<br>Calm down. | | |
|---|---|---|---|
| No<br>No more<br>Stop | chatting.<br>making a noise.<br>shouting.<br>dreaming. | Look | at me.<br>over here. |
| | | Pay attention now.<br>Face me. | |
| Wake up! | | | |

| Don't<br>You mustn't<br>You'd better not<br>You don't need to | disturb your friends.<br>behave like that.<br>talk with your partner now. |
|---|---|

## discourse　ディスコース/談話

　コミュニケーションの目的を持った,文を超えたまとまりのある言語単位.話に参加する人びとの役割と目的を明示した特定の文脈の中で,意味を作り出す相互交流(⇨ INTERACTION)の過程を指すこともある.テクスト(*text)がその結果を示すのと対照的.

## discourse analysis　ディスコース分析

　コミュニケーションの過程で展開するコミュニケーション機能に焦点を当てた,実際に用いられている話し言葉の分析.教室における教師と生徒の言語的相互交流(⇨ INTERACTION)の記録に基づいた研究は,初期のディスコース分析として知られている(Sinclair & Coulthard. 1975).

　教師主導型の授業では,教師が質問などを発して話し合いの口火を切る(initiating),学習者はそれに対して応答し(responding),教師による yes / no やコメントなどのフィードバック(follow-up)で完結するというサイクルが頻繁に観察された.このような交流(exchange)を各ステップの頭文字をとって IRF と呼ぶ.

　Sinclair & Coulthard の研究では,相互交流の単位のうち最も小さな単位は教師の質問とそれに対する生徒の答えからなる move,次に move

の結合した IRF で代表される exchange，さらに exchange の結合で，知識のまとまりを伝達する活動全体を指す *transaction，のように階層化した．パラグラフ (*paragraph) 構成のディスコース分析は，パラグラフが situation — problem — response — evaluation の典型的な型を取ることを明らかにした．このような情報は学習者の英語学習に有効に活用されるであろう（Harmer. 2001）． ⇨ CONVERSATIONAL ANALYSIS; C-UNIT; IDEA UNIT.

### discourse competence　ディスコース能力

コミュニケーション能力 (*communicative competence) を構成する能力の1つで，単一の文を超えたまとまりのあるテクスト (*text) を的確に理解し，また効果的に産出する能力．文と文の間に形式上のまとまり (*cohesion) をつけ，意味の上でも一貫性 (*coherence) を保つ能力を含む．

### discourse community　ディスコース・コミュニティ

同一の専門分野，職業に従事し，職務の目的を達成するために同じ言語習慣や規範を持っている集団．それぞれのディスコース・コミュニティで用いられる特有の特徴を持ったタイプの言語はジャンル (*genre) と呼ばれる．英語教育では，ESP (*English for specific purposes) 領域における学習者のニーズ分析 (*needs analysis) に用いられる概念．

### discourse completion task　ディスコース完成課題

第2言語習得研究 (*SLA) で語用論 (*pragmatics) 能力を調査するためのテスト．ある発話行為 (*speech act) が生じる文脈で，その一部が空所になった課題が用意される．次例のように，受験者は前後関係を理解して，その空所に適切な応答を記入することを求められる．

> You are trying to study in your room and you hear loud noise coming from another student's room. You don't know the student, but you decide to ask them to turn the music down. What would you say?

語用論テスト形式として一般的で頻繁に用いられる．受験者の学習レベルに応じた適切な場面設定が重要になる（Gass & Mackey. 2007）．

### discourse marker　ディスコース標識

ディスコース (*discourse) 中の2つの部分の関係を明確にする語句．接続詞，接続副詞などがある．使用頻度の高い表現をリストにして配布して授業中に随時参照させると，特にリーディング指導に便利である．

以下の例を参照. ⇨ READING ACTIVITY.

---

Discourse markers

first, second, ... then, finally ...
again, moreover, above all, also ...
similarly, in the same way ...
by the way, now, well ...
so, therefore, in short, to sum up, as a result ...
in other words, that is to say, rather ...,
for example ...
on the other hand, instead, by contrast ...
because, when ...
although, but ...
after, before ...

---

**discovery learning　発見学習**

　学習者が観察し，推測し，自分なりの考えを組み立て，この考え（＝仮説）を他の場面に適用して機能することを確かめることで進める学習．理解し，知識体系に組み込む最終的な形で，教師が教材を提示する受容学習（receptive learning）と対比される．純粋な発見の過程を教室で再現することは不可能であるし，また，そのための時間的な余裕もない．しかし，発見的手法の一部を取り入れることは可能であり，それは学習者の好奇心を引き出し，学習に対する意欲をかき立てることになる場合も多い．複数の用例から，それらに共通する原理を見つけ出す帰納的学習（*inductive learning）は，発見学習と一脈通じる部分がある．⇨ ACTIVITY SEQUENCE; GUIDED DISCOVERY; PRESENTATION.

**discrete-point test　個別的要素テスト**

　各テスト項目が言語能力，言語知識などの１つの要素のみを測定するテストで，統合的テスト（*integrative test）に対比する．音素の聞き取り，文法項目，語法項目などを取り出してテストし，その合計点が受験者の英語力を反映しているとする言語能力観に基づいている．間接テスト（*indirect test）の弊害を受け継いでいるため，コミュニケーション能力（*communicative competence）のような総合的な言語能力を discrete-point test で測定するのは困難である．

***discussion*　ディスカッション**

　スピーキングの中で最も一般的な運用（*production）活動（⇨ SPEAKING

ACTIVITY) である．テクストのトピックと関連させて，感想や意見を述べたり，グループ（⇨ GROUP WORK）で意見の集約を図るのは，その1例である．テクストの内容を絶えずペア（⇨ PAIR WORK）やグループで話し合い，その結果をクラスで発表する活動を頻繁に設定することで，教師も生徒も discussion に慣れてくる．これが成功の第一歩である．また，話し合ったことをメモにまとめる段階を取り入れることで，正確でより込み入った内容と形式の英語を表現する力が養成される．

グループで行なう場合には，話をリードする chairperson，メモを取る secretary，時間を管理する time-keeper，全体発表を担当する reporter などと役割をあらかじめ決めて，各人が責任を分担することで積極的な参加が実現する．とりわけ，何をどんな目的で討議するのか，どのような結論を得ればよいのかを discussion 開始前に明確にすることが何よりも重要である．

(例1)

In pairs, discuss what you would do in the following situation. Try to be as honest as you can.

You are in a big supermarket. You see a poor old woman put a small piece of cheese in her shopping bag. When she goes to the cashier, just in front of you, she does not pay for the cheese, which is still hidden in her shopping bag. (O'Neill. 1986)

(例2)

1. 次の空欄に自分が思っていることを自由に書き入れなさい．
[例] I think 'Titanic' is the best movie in the world.
(1) [　] is the best movie in the world.
(2) [　] is the most boring book in the world.
(3) [　] is the most interesting program on TV.
(4) [　] is the best song in the world.
(5) [　] is the best singer in the world.
2. 上の各項目について，下の例を参考にしてグループで話し合いましょう．
A: I think *King's Speech* is the best movie in the world.
B: Yes, I think so, too. I think *King's Speech* is the most interesting.

> C: I don't think so. I like *Toy Story 3* very much. I think that is the best movie.

(例3)

> 1. 自分の好みのテレビ番組,気に入らない番組を次の表に記入しなさい.
> Favorite programs
> Reasons
> 1. ＿＿＿＿＿＿＿＿＿＿
> 2. ＿＿＿＿＿＿＿＿＿＿
>    ＿＿＿＿＿＿＿＿＿＿
>
> Least favorite programs
> Reasons
> 1. ＿＿＿＿＿＿＿＿＿＿
> 2. ＿＿＿＿＿＿＿＿＿＿
>    ＿＿＿＿＿＿＿＿＿＿
>
> 2. グループになり,仲間とテレビ番組について話し合いなさい.
> Example:
> A: What are your favorite programs?
> B: My favorite programs are ＿＿＿.
> A: Why's that?
> B: Well, because....
> A: What are your least favorite programs?
> B: I guess ＿＿ are my least favorite programs.
> A: Why?

### display question　表示質問

教室で典型的に見られる,教師が発する質問のタイプ.教師はあらかじめ解答を知っていて,学習者が問いに答えることができるかどうかを確認する目的でなされる質問.授業の冒頭のあいさつで,いつも "What day of the week is it today?" のような問いかけや,外の様子がよく見える教室で "How is the weather today?" と問いかける質問はその例である.

教科書のポスト・リーディング（*post-reading）の活動として行なわれる理解確認の質問（*comprehension question）に表示質問が多用されることがある．これは，英語に限らず，すべての教科指導に頻繁に観察される教室特有の質問である．教育の機能の1つに文化の継承，伝達を挙げることができる．教師の質問に表示質問が多いのは知識伝達タイプの授業が多いことの現れと解釈することができる．あらかじめ解答を知っていて行なわれる質問は日常生活ではクイズ番組の問題などに限られている．⇨ INFORMATION GAP; REFERENTIAL QUESTION.

## distractor　錯乱肢

多肢選択テスト（*multiple-choice test）などの強制選択問題（forced-choice item）で，正答ではないが，受験者が正答とそれ以外の解答を区別したことを確認するために用意される選択肢．かなりの数の受験者が正答であると解釈する程度の同質性が求められる．

## dividing class　クラス編成 CE

Halves

| Now, This time, | I'll I'm going to | divide you | in half. down the middle. | This side, you read A's part. This side, you read B's part. |
|---|---|---|---|---|

Groups

| I want you in | | with your neighbors. | | |
| We're going to work in | pairs | in fives | | |
| Get into | groups | | | |
| Work in | | Has everyone got a partner? Is everyone in a group? | | |
| Form | | | | |
| Turn around and Can you | face look at | your neighbor. | | |
| | | the person the people | next to behind in front of | you. |

## drama　ドラマ

言語習得には言語使用の直接的な体験が欠かせない．ドラマは言語使用の擬似的な直接体験となる．ドラマでは，英語が用いられている場面，参加者の役割，言語交流の目的などを自由に設定できる点で，現実の言

語使用よりもさらに多様な体験を学習者に提供する．さらに，感情，しぐさ，表情などの全身の体の動きを伴った活動を組み入れることで，知的な学習活動に終始しがちな英語学習を総合的な言語体験（⇨ WHOLE-LANGUAGE APPROACH）に転換する可能性を含んでいる．

英語教育におけるドラマ的手法の使用は3つに分類される．① 教科書活用タイプ：教科書には対話（*dialog），ロール・プレイ（*role-play）などペア（⇨ PAIR WORK）やグループ（⇨ GROUP WORK）で行なう活動が多く含まれている．これらはすべて，ドラマの手法を用いた活動である．身振り，登場人物の分析，場面の解釈，即興的要素を加えて演じることで，自然な形で言語形式の自発的な反復による習熟が実現する．② 4技能習得タイプ：いずれのスキル習得にもドラマの手法は適用できる．テクストの朗読（reading aloud ⇨ POST-READING ACTIVITY），分担読み，発音，リズム，イントネーションなどの習得に効果がある．③ 上演タイプ：大掛かりな英語劇を通常のクラスで行なうことは現実的ではないが，教科書所載の戯曲はビデオの視聴，台本読み，演技を交えた表現活動，上演などのいくつかの段階を設定することで調整を図ることができる（Wessels. 1987）．

**drill** ドリル

特定の音声，文法，文型などの言語形式を正確に，スピーディに模倣，反復，再生ができるようにする練習．与えられた合図（cue）にしたがって，予測される形式の応答（response）を行なう．応答の形式でドリルは次のような種類に分けられる．

① 一斉ドリル（choral drill）：クラス全体が同時に同じ応答をする．

② 個人ドリル（individual drill）：1人ずつ応答するドリル．

③ 有意味ドリル（*meaningful drill）．

④ 機械的ドリル（*mechanical drill）．

⑤ 反復ドリル（repetition drill）：合図の中に示された形式をそのまま反復するドリル．

⑥ 置換ドリル（*substitution drill）：合図にしたがって，基本文の一部を他の語句で置き換えるドリル．

⑦ 変換ドリル（transformation drill）：合図にしたがって，肯定文を否定文，能動態を受動態のように文を変換するドリル．

ドリルは伝統的な学習活動であり，特にオーディオリンガル教授法（*Audiolingual Method）で盛んに用いられた．意味を考えないで言語形式の操作のみに注意を払うために実際の言語使用に結びつかない，学習者がたえず外部の合図にしたがうことが要求されるので，受動的な立場

に追いやられるなどの批判が向けられた．しかし，このような問題点を指摘してドリルをすべて排除することは誤りである．意味を伴った，学習者の積極的な参加を促すドリルは言語学習の重要な一部となる．⇨ ACCURACY; SPEAKING ACTIVITY.

**during-listening activity　デュアリング・リスニング活動**

　デュアリング・リスニング活動は内容を聞きながら行なう活動で，次の4タイプに大別できる（Morley. 2001）．① 'Listen and Repeat' type: モデル文を聞いて正しく模倣・反復する活動．新教材の提示の際に頻繁に行なわれる．リスニング本来の活動というよりも英語学習の一部としてリスニングを活用している．このタイプの活動では，模倣・反復が強調されるあまり，リスニングが手薄になりがちである．学習者がリスニングをとおして提示された項目の意味を明確に理解するとともに，その形式を認知するまで十分聞かせることが大切である（⇨ PRESENTATION）．② 'Listen and Answer' type: 聞いた内容についての質問に答える形の活動．リスニングの内容をどの程度理解したかを確認するために行なわれることが多く，teaching というよりも testing の色彩を強くおびる．そのため，日常生活のリスニング活動からかけ離れた活動になりがちである．この弊害を防ぐには，重要な点は聞きながらノートを取らせる，細かな内容を尋ねない，質問数を少なくするなどの配慮が必要である．③ 'Listen and Talk' type: 多くの場合，聞くことは話すことと連動して行なわれる．このような日常の言語活動を反映した活動である．リスニングの感想をペア（⇨ PAIR WORK）で話し合い，それをまとめて書いて全体に報告し，さらにこの報告について質疑を展開するなどのコミュニケーション活動（*communication activity）の重要な部分を構成する．こうした状況では相手の話を真剣に聞く態度が要求される．それだけ，高度なリスニングであるとも言える．④ 'Listen and Do' type: タスク中心のリスニング活動（⇨ TASK-BASED LISTENING ACTIVITY）．聞き取った情報を用いて現実的な課題（*task）を解決する目的実現タイプのリスニング活動である．道順の説明を聞いて地図上でその順序をたどり目的地を確認したり，電話の用件を聞いてメモに残すなどの活動はその例である．課題を適切に処理できたか否かでリスニングの評価がなされる．⇨ SEQUENCE OF LISTENING ACTIVITY; LISTENING; LISTENING ACTIVITY.

**during-reading activity　デュアリング・リーディング活動**

　リーディング活動（*reading activity）の一部で，プリ・リーディング活動（*pre-reading activity）とポスト・リーディング活動（*post-reading activity）の間に来るリーディング活動の中核部を構成する．テクストの

効率的，かつ効果的な内容理解をめざして行なわれるリーディング活動である．テクストの概要把握，要点把握，文間関係把握，文単位解釈などの活動が一般的である．こうした活動を行なう際に，テクストの該当部分に印を付けたり，note-taking を行なわせてもよい．いずれの活動を設定するかは，扱うテクストの内容，学習者のレベルなどによって異なる．しかし，活動を課題 (*task) 形式にして，読むことで課題を解決し，結果を検討する中でテクストのさらなる理解を図る過程が重要になる．
⇨ READING; SEQUENCE OF READING INSTRUCTION.

**DVD**

　Digital Versatile Disc（デジタル式万能ディスクの意）の略．CD-ROM よりも大容量で高速．文字，画像，音声を統合的に提示できるので，英語教育に有効に活用できる可能性を持つ．映画ソフトでは，音声と字幕を日本語，英語のいずれも選択でき，キャプションをコンピュータ画面に取り入れ，教材に加工することも可能．ただし，著作権に留意．

**Dynamic Systems Theory　ダイナミック・システムズ理論**

　システムは多くの変数から構成されており，それぞれの変数が互いに影響し合うことで時間の経過に伴ってそれぞれが変化し，また構成するシステム自体も変化する．さらに，システムは入れ子状により大きなシステムの一部としてたえず変化しているとする理論．元来，数理論であるが自然科学のみならず社会科学の多くの分野で適用されている．従来の第2言語習得では自然な習得順序 (*acquisition order) の研究に見られるように言語習得はある言語項目が習得されると次の項目が習得されるとする線的 (linear) な累加で，予測可能な現象と捉えられてきた．これに対し，ダイナミック・システムズ理論では，対象言語の多くの特徴，母語の影響，学習場面などのそれぞれがシステムを構成し，こうした多くの要因が複雑に絡み合って言語習得に影響をおよぼすとしている．このため，第2言語習得 (*second language acquisition) は非線形状 (non-linear) の，時には混沌 (chaos) とした変化をたえず繰り返して発達する複雑な (complex) 過程であると捉えられる．数多くの心理的，社会的な要因が複雑に作用し合って時間の経過に伴って変化する外国語習得は，この理論で説明できる部分が多くある．しかし，この概念的な枠組みを操作化し，第2言語習得研究と指導にどのように適用するかはこれからの課題である．(Dörnyei. 2009) ⇨ CHAOS/COMPLEXITY THEORY; EMERGENTISM; MULTI-COMPETENCE.

# E

**EAP**

English for Academic Purposes（学術目的の英語）の略．大学などの学術機関で必要とされる英語運用能力養成に特化した外国語教育プログラム．EAPの特徴は，学習者と彼らのおかれた場面を最初に考慮する点にある．それは，英語の構造と機能を中心に据える一般目的のための英語教育（*EGP）とは著しい対照をなす．そのため，受講者のニーズ分析（*needs analysis）がEAPコースの設計と指導の根幹にくる．一般的には，学術的な言語使用域（*register）を考慮したスタディ・スキル（*study skill）（レクチャーの聞き取り，セミナー参加，ライティング，リーディング，ノート・テーキング，オーラル・プリゼンテーションなど）の効果的な養成が主眼になる．ニーズ分析に基づいてコースの目的が決定され，シラバス（*syllabus）の編成，教材開発，さらには適切な指導法とアセスメント（*assessment）が検討される．1970年代に始まったEAPは高等教育の普及とともに理論・実践面での急速な進展が見られるが，対象を学術英語一般と捉えるか，あるいはさらに細分された各専門分野に絞り込むか，また一般英語教員の指導能力など未解決の課題は多い（Hamp-Lyons. 2001）．⇨ ENGLISH FOR SPECIFIC PURPOSES.

**eclecticism**　折衷案的指導法　⇨ METHODS.

**EFL**

English as a foreign language（外国語としての英語）の略．学校の教科として教えられているが，授業の媒体とはならず，また政治，経済，法律などの分野で公用語として用いられることがなく，通常の日常生活のコミュニケーションのための言語ともなっていない地域で英語が学習される状況を指す．⇨ ESL; FOREIGN LANGUAGE; SECOND LANGUAGE.

**EGP**

English for general purposes（一般目的のための英語教育）の略．ESP（*English for specific purposes）と対比される．学習者の一般的な英語

能力の養成を図る目的で実施される英語教育で，わが国の中学校における英語教育はその典型的な例である．また，高等学校の多くの授業もEGP に分類される．*ESP に比して，EGP では学習者のニーズを特定することは困難である．

**EIL** = ENGLISH AS AN INTERNATIONAL LANGUAGE.

## EIL pronunciation targets　EIL から見た発音指導

　Jenkins（2002）は非母語話者が言語使用のさまざまな場面で感じる困難点を分析して，EIL（⇨ ENGLISH AS AN INTERNATIONAL LANGUAGE）として英語の発音指導を行なう場合の目標を Lingua Franca Core と呼び，次のように設定している．このリストは，いわゆる英語らしい発音とは異なる部分があるが，発音指導のシラバス（*syllabus）の作成に示唆を与えるものである．NS（＝Native Speaker）は従来の発音教本で取り上げられる重要項目，EIL は Lingua Franca Core である．（RP＝Received Pronunciation; GA＝General American）

|  | NS target | EIL target |
| --- | --- | --- |
| 1. 子音一般 | ・すべての音声 | ・/θ/, /ð/, /ɫ/ を除くすべての音声 |
|  | ・RP 非 R 音声的（/r/ を発音しない） | ・R 音声的のみ |
|  | ・GA R 音声的（/r/ を発音する） |  |
| 2. 音声的要件 | ・/p, t, k/ の後の気息音 |  |
|  | ・硬音・軟音の前の母音の長短の調節 |  |
| 3. 子音連結 | ・語のすべての位置 | ・語頭，語中のみ |
| 4. 母音の長さ | ・長短の対比 | ・長短の対比 |
| 5. 母音の質 | ・RP あるいは GA に近い音 | ・RP, GA 以外でも構わない |
| 6. 弱形 | ・きわめて重要 | ・理解の助けにはならない |
| 7. 連続音声の特徴 | ・すべて | ・重要でない，助けにならない |

| 8. 強勢拍リズム | ・重要 | ・存在しない |
| 9. 語強勢 | ・決定的 | ・指導不可能 / 柔軟性を損なうおそれあり |
| 10. ピッチの移動 | ・態度 / 文法の提示に不可欠 | ・指導不可能 |
| 11. 核強勢 | ・重要 | ・決定的に重要 |

## E-language　E-言語

　externalized language の略．言語運用に際し実際に用いられる文を指す．Chomsky によって提案された用語で，脳の外部で用いられる言語表現を表し，人の脳に内在する言語知識（*I-language）と区別して用いられる．言語運用（*performance）と同義．

## e-learning　e-ラーニング

　コンピュータやインターネット（*internet）などの情報通信技術を使った教育・学習システム．英語教育では，すでに早い時期からコンピュータ支援言語学習（*CALL）が導入されて多くの教育機関で用いられてきている．e-ラーニングは，学習者が使用する教材コンテンツと学習を管理する学習管理システム（leaning management system）から構成される．教材は，反復ドリル・語彙練習・文型練習などの言語習熟をねらったタイプからインターネットなどのネットワークに基づく学習活動を組み込んだものまであり，発展を続けている．教材（courseware）は各学習課題に即した教師自作のものから，コース全体をカバーする網羅的な専門の教材開発業者によるものまで多様な種類が提供されている．今後，外注教材はますます増加することであろう．それに伴い，授業の目標に即した厳しい選別眼が教師に求められてくる．教材の保管，提示，学習に対する即時的フィードバック，テスト実施と事後処理などを統合的に扱う学習管理システムを効果的に活用するためには，教師にかなりの知識と技術が必要とされる．さらに，教師による直接的指導との有機的な関連を維持することもきわめて重要な課題となる．e-ラーニングには学習者のレベルとニーズにあった真正性（*authenticity）の高い多様な教材を豊富に，また授業を超えた場面で提供できる，また学習結果を教師と学習者の双方が共有できるなどの多くの利点を有している．さらに，e-メール（e-mail）やブログ（*blog）を用いた情報交換，インターネット会議などのコンピュータを介したコミュニケーションは，現実的な英語コミュニケーション活動も可能にしてくれる．しかし，遠隔教育の通弊，

すなわち教師,級友との面接,交流の欠如はe-ラーニングでは補完できない.また,学習意欲(*motivation)をどのように持続するかも大きな問題である.e-ラーニングの成功は,通常の授業よりも教師によるより綿密な指導と学習者自律性(*learner autonomy)の養成にかかっている.

**elicitation　誘発**

　エラー処理(*error treatment)の方法の1つ.学習者から正しい言語形式を直接引き出す手法で,発話のエラー部分の直前まで教師が言ってからポーズをおき,その間に学習者に再度正しい形式を言い直させる完成法(elicit completion),How do you say X in English? のような疑問文により誘発するもの,さらに発話を言い直させる(reformulate)方法がある(Lyster & Ranta. 1997).(⇨ RECAST)

　また,第2言語習得研究では,実際の言語運用(*performance)の観察データとは対照的に特定の課題(*task)や文脈を設定してその中で対象とする言語現象を被調査者から誘発する手法を指す.会話の一部を空欄にして,適当な発話(*utterance)を誘発したり,モデル文の模倣,変形課題を設定することで誘発したりする手法はその例.

**elision　脱落**

　ゆっくりした発話では発音される母音,子音が自然な速度の会話で省略されること.

　弱強勢中の /ə/, /ɪ/ はしばしば脱落する.e.g. family /fæm(ə)li/, camera /kæm(ə)rə/, I am /aɪ(ə)m/, let us /let(ə)s/, it is /ɪt(ɪ)z/. 子音が連続する場合にも脱落が起きやすい.e.g. goodbye /gʊ(d)baɪ/, next question /neks(t)kwestʃən/, tell him /tel(h)ɪm/.脱落が自然な音変化であることを指摘し,学習者の注意を喚起することは聞き取りの指導に有効.⇨ PRONUNCIATION.

**emergentism　エマージェンティズム**

　対象言語のさまざまな形に繰り返し接することで神経回路網モデルの結合が強化され,言語規則に似た特定のパターンが次第に形成される.第2言語習得は言語規則の習得とその適用によって実現されるのではなく,言語入力に何度も出会い,それを使う機会を得ることで現れてくる(emerge)とする説.言語学習は反復的プロセスで,学習者が接する言語形式の使用頻度が高ければ言語習得が促進される.ある特定の言語形式が頻繁に使用されるが他の形式の使用がきわめて稀なとき,多用される言語形式のパターンの抽象化のプロセスが進み規則性(=文法)が表れてくる,とエマージェンティズムでは主張される.この主張は認知主義的な習得理論に立つコネクショニズム(*connectionism)や競合主義

(\*Competition Model) の言語習得の考えに反映されている (Larsen-Freeman. 2010). ⇨ USAGE-BASED THEORY.

**empathy  感情移入**

　性格 (\*personality) に関わる要因の1つ．相手の立場になって気持ちや感じを理解することを意味する．母語，外国語を問わず，会話の成立には相手の意図を推測することが前提となる．このことからも会話の成功には感情移入が重要なことは明白である．感情移入の強い人が必ずしも英語学習が得意だとは言えないものの，それが弱い人はすぐれた結果を収めることは期待できない．感情移入は学習を成功させるための必要条件と言える．⇨ AFFECT.

**empirical validity  経験的妥当性** ⇨ CRITERION-RELATED VALIDITY.

**enabling skill  イネーブリング・スキル／可能化スキル** ⇨ MICRO-SKILL.

**encoding  発信／記号化／符号化**

　メッセージを文字や音声に変換して伝える過程，またその結果を指す．ライティング，スピーキングの総称とも言える．⇨ DECODING; SPEAKING; WRITING.

**encouragement  励まし CE**

| That's | | much<br>a lot | better. | You have good pronunciation.<br>You read fluently. |
|---|---|---|---|---|
| Not | quite right.<br>exactly.<br>really. | | Try again.<br>Have another try.<br>Take it easy.<br>Don't give up. | You find it difficult to read aloud.<br>You need more practice with spelling. |
| It depends.<br>In a way, perhaps. | | | | Can someone else answer?<br>Can you give me another answer? |

| Almost right.<br>You've almost got it.<br>That's almost it. |
|---|

**end of the lesson**　授業終了 CE

| There's the bell / buzzer.<br>The time's up.<br>We've run out of time. | (I'm afraid)<br>It's time to<br>We have to | stop<br>finish | here.<br>now. |
|---|---|---|---|
| All right. That's all for today.<br>We're through for today.<br>So much for today. | You've done quite well. | | |

| Good bye, | everybody.<br>boys and girls. | |
|---|---|---|
| I'll see you<br>I'll be seeing you<br>See you | tomorrow afternoon<br>next Friday<br>after the vacation | again. |

**English as a foreign language**　= EFL.
**English as an international language**　国際語としての英語

　EIL と略す．英語が国際語としてますます多くの人びとに用いられるようになってきている．英語を公用語，準公用語として用いる国は60を超え，世界で公表される科学論文の3分の2は英語で書かれ，*internet 上の言語の80% が英語であると言われている．このように，英語は国際的なコミュニケーションのための言語としての地位につくようになった．非母語として英語を使う人口は母語話者をはるかに凌駕している．母語話者同士，あるいは母語話者と非母語話者のコミュニケーションでは求められる基準は従来のイギリス英語，アメリカ英語が想定できるが，非母語話者同士のコミュニケーションではこのいずれである必要もない．むしろ，会話に参加する非母語話者が最も容易にコミュニケーションを実現できる新たな基準が求められるべきである．例えば，英語の核になる部分のみを残した Nuclear English の考えが提唱され，tag question を廃止して right? とするなどの案が示されている．また，発音に関しても *EIL pronunciation targets が提案されている．しかし，統一的な基準はこれからの課題である．英語教育でも少なくとも従来の「標準的な英語」をモデルとする立場は再考されるべき時が来たと言える．

**English as a second language**　= ESL.
**English for general purposes**　= EGP.
**English for specific purposes**　特定の目的のための英語教育

ESP と略す．English for special purposes と言うこともある．学習集団の英語学習の目的が特定できるような場合に，その目的に応じた内容と活動を準備して，彼らの要求に応える英語教育のコースを指す．例えば，銀行業務のための英語コース，看護師のための英語コースなどはいずれも ESP に分類される．一方，中学校における英語教育は *EGP（= ENGLISH FOR GENERAL PURPOSES）の典型である．

ESP は，いくつのコースに分かれるかは定まっているわけではないが，細分される．次の表は分類表の1例である．

## English for Specific Purposes (ESP)

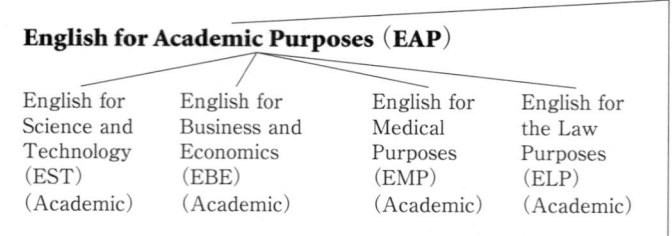

### English for Academic Purposes (EAP)

| English for Science and Technology (EST) (Academic) | English for Business and Economics (EBE) (Academic) | English for Medical Purposes (EMP) (Academic) | English for the Law Purposes (ELP) (Academic) |

### English for Occupational Purposes (EOP)

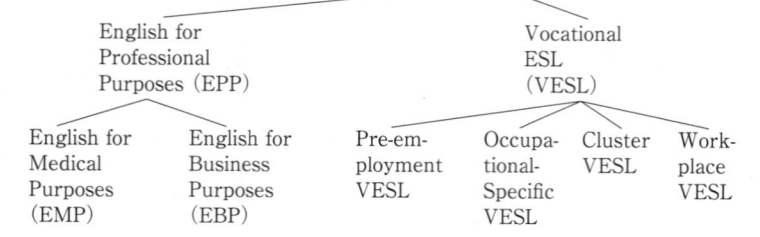

English for Professional Purposes (EPP)

| English for Medical Purposes (EMP) | English for Business Purposes (EBP) |

Vocational ESL (VESL)

| Pre-employment VESL | Occupational-Specific VESL | Cluster VESL | Workplace VESL |

Classification of ESP Categories

まず，ESP は English for Academic Purposes (EAP: 学術目的の英語) と English for Occupational Purposes (EOP: 職業目的の英語) に大別される．EOP はさらに English for Professional Purposes (EPP: 専門職目的の英語) と Vocational ESL (VESL: 職業目的の英語) に細分される．EAP は大学における英語教育などが該当する．EPP は例えば医学分野の研究者が文献を読むのに必要な英語力養成プログラムを挙げることができる．表の2例以外にも多くのコースが存在する．また VESL は外交官などがすぐに赴任して現地の言語を使用しなければならないような場合に準備されるコースを指す．以下に例を挙げる．Pre-employment VESL

は就業に際して必要とされる一般的な英語力養成コースであり，電話の応答，苦情処理，会社案内などに必要な英語運用能力が例として挙げられる．Occupational-Specific VESL は看護師，電子部品組み立て工などの特定の職業に関連した内容を盛り込んだ職業教育の一部を構成する．Cluster VESL は職場を限定せずに，どの職場でも必要とされる英語力の養成にあたる．Workplace VESL は特定の職業に限定して，各職場で業務遂行のために要求される英語力を養成する．

ESP のコース設計は次の各段階を経て行なわれる．① 学習者のニーズ分析（*needs analysis）を実施する．② シラバス（*syllabus）を作成する．③ 教材を開発する．④ 教授法を確定する．

ESP はまた次のような特徴を示す．① 学習者の明確な目的に対応するように計画されている．② 特定の学問領域，職業，活動と結びついている．③ 特定の分野に必要とされる文法，語彙，言語スキルに限定して教える．④ 無駄を省いて効率的な指導を実現する．

以上の特徴からも分かるように，ESP は基礎的な英語力を身につけた学習者を対象にしたプログラムである．英語教育でも accountability が要求される時代にあって，ESP の必要性は今後さらに強まることになるであろう．一方，各分野を担当する英語教師の養成が緊急の課題になる．さらに，英語教師に特殊な分野で必要とされる英語力を要求することは事実上不可能な場合も多い．このような場合には，その分野の専門家との連携が不可欠となる．⇨ CONTENT-BASED INSTRUCTION.

***English Note*** 『英語ノート』

わが国の小学校外国語活動の実施に当たり，文部科学省が編集した共通教材．教科書ではないが，学習指導要領に沿って作成されており，その活用が推奨されている．1，2の2冊からなり，それぞれ小学5，6年生用に編集されている．各冊とも9単元構成で，1単元4時間の授業時間を想定しているので，1年分の教材が提供されていることになる．しかし，その活用方法は，地域，学校に一任されており，一部を取り出して用いることも，順序を変えて使用することも可能である．

### enriched input　強化入力

聞くことや読むことの活動の中で特定の項目に下線を施したり太字で示すなどして強調すること．学習者の気づき（*noticing）を促すことで習得（*acquisition）を促進するとする立場から研究が行なわれている．
⇨ INPUT ENHANCEMENT; INPUT FLOODING.

### EOP　=English for Occupational Purposes（職業上の目的の英語）
⇨ ENGLISH FOR SPECIFIC PURPOSES.

## epenthesis　語中音添加

英語の子音結合（\*consonant cluster）の中に母音を挿入して発音すること．例えば，本来1音節の語である strike（/straɪk/）を発音する際に /sutoraiku/ のように母音を挿入して4音節に発音する現象．これは，日本語の音節（\*syllable）構造と英語の音節構造の相違によるもので，借用に当たり日本語の言語構造が英語の構造に転移（\*transfer）した結果である．⇨ PRONUNCIATION; SYLLABLE; CONSONANT CLUSTER.

## EPP　=English for Professional Purposes（専門職のための英語）
⇨ ENGLISH FOR SPECIFIC PURPOSES.

## error analysis　エラー分析

第2言語学習者の言語使用に生じるエラーを体系的に観察することで，その特徴を明らかにすると同時に言語習得の段階，過程を理解する手がかりを得ようとする研究手法．対照分析仮説（\*Contrastive Analysis Hypothesis）の欠陥が明らかになるにつれて，それに代わる理論として登場した．エラーは，対照分析仮説が主張するように，母語の干渉により生じた排除すべき習慣ではなく，むしろ，それは学習者が第2言語習得（\*second language acquisition）に積極的に関わっていることの反映である．エラーは第2言語習得に際して必然的に生じるのである．学習者のエラーを体系的に分析することで次の点が明らかになった．① エラーの多くは対照分析仮説によって予測される特徴を示していない．② エラーは多くの学習者に共通の特徴を示し，体系的である．③ 学習者はいくつもの段階をたどって第2言語（\*second language）を習得し，それぞれの段階を特徴づけるエラーが観察される．

エラーは学習者の母語の影響による言語間エラー（interlingual error）と学習者が第2言語学習に際して用いる学習方略（\*learning strategy）を反映した言語内エラー（intralingual error）に大別される．後者はさらにいくつかに細分される．さまざまなエラー分類がこれまでに提案されてきたが，定説はない．Richards は次の7項目に分類している．① 過剰一般化（\*overgeneralization）：対象言語の規則を適用範囲を超えて用いる．② 単純化（\*simplification）：対象言語よりも単純な規則を用いる．③ 発達的エラー（\*developmental error）：母語習得の各段階で観察される特徴を反映している．④ コミュニケーションに起因するエラー（communication-based error）：コミュニケーション方略（\*communication strategy）を用いた結果生じる．⑤ 誘導エラー（induced error）：例えば，進行形を集中して練習すると過剰に進行形を用いる傾向に見られるような，特定の指導法から生じる．⑥ 回避エラー（error of avoidance）：

むずかしいと判断される項目を使用しない．⑦ 過剰使用エラー（error of overproduction）：特定の項目を集中的に用いる（Richards & Schmidt. 2002）．エラーはまた，その結果コミュニケーションにおよぼす影響から，全体的エラー（*global error）と局部的エラー（*local error）に分類される．

エラー分析は第2言語習得に新しい展開をもたらしたが，エラーの分析のみでは学習者の言語習得の全貌を捉えることができないとする欠点が指摘され，中間言語（*interlanguage）研究へと発展した．

**error of avoidance　回避エラー** ⇨ AVOIDANCE; ERROR ANALYSIS.

**error of overproduction　過剰使用エラー** ⇨ ERROR ANALYSIS.

**error treatment　エラー処理**

教室内で学習者がおかすエラーを誰が，どの程度，いつ，どのように訂正するかがエラー処理の中心課題である．まず，教師がエラーに気づかなければその後の処理は行なわれない．教師が対象言語の非母語話者である場合に頻繁に生じる．また，母語話者は学習者のエラーを寛大に扱う傾向が強い．コミュニケーションの障害になるようなエラー（⇨ GLOBAL ERROR）を取り上げ，文法，発音などの形式面は無視するという取り扱いが一般的であるが，学習活動のねらいに即した訂正が重要であると言われる．訂正の機会は，学習者の発言中，直後，活動のまとめの段階，と多様である．訂正の方法として，学習者の発話の意図を十分尊重して受け入れた言い直し（*recast）は間接的な訂正（implicit correction）である．より直接的な訂正としては，エラーがなされたことを学習者に伝える，エラーの場所を指摘する，エラーそのものを指摘する，などの方法がある．これに加え，説明，訂正，練習の機会を与えるなどの手だてがとられることがある．さらに，訂正を学習者自身，他の学習者，教師のいずれが行なうかによっても分類できる．

口頭のエラー処理の手順を30以上に細分した，Chaudronによる緻密なフローチャートがよく知られている（Chaudron. 1977）．また，Aljaafreh & Lantolfは学習者のライティングを題材にして間接的な方法から直積的方法にいたる12段階のスケールを提案している（Aljaafreh & Lantolf. 1994）．⇨ CORRECTIVE FEEDBACK; CLASSROOM RESEARCH; ELICITATION; FEEDBACK; FORM-FOCUSED INSTRUCTION.

**ESL**

English as a second language（第2言語としての英語）の略．英語が学校の授業の媒体として用いられ，政治，経済，法律などの分野で公用語として使用されており，さらに日常生活の場面でも使われている地域

で英語が学習されている状況を指す．英語を母語とする国あるいはシンガポール，インド，ナイジェリア，フィリピンなどの国における英語教育．　⇨ EFL; FOREIGN LANGUAGE; SECOND LANGUAGE.

**ESOL**

English to Speakers of Other Languages の略．英語が国際語としての性格を強めている現状に対応するため，*ESL と *EFL を区別せず，両者を合わせた概念．（Harmer. 2008）

**ESP**　　= ENGLISH FOR SPECIFIC PURPOSES.

### ethnography　エスノグラフィー／民族誌学

文化の詳細な記述的研究を行なう人類学の1領域．綿密な観察，面接，質問紙法などの手続きを用いて，豊富で多面的な側面を映し出すデータを収集する．この手法は授業観察で用いられることがあり，民族誌学的研究（ethnographic research）と呼ばれる．外国語教育では，学習者の授業参加や教室内相互交流（*interaction）など広い分野でこの手法を用いた研究が展開されているが，多様な視点を組み入れた研究手法の定義の厳密さを望む声も強い．

### European Language Portfolio

欧州評議会現代語プロジェクト（Council of Europe Modern Language Project）の発案でヨーロッパ共通参照枠（*Common European Framework）と連動した評価文書．外国語学習者の個人学習歴を網羅して記録することで，言語学習公式記録（'パスポート'），学習経歴，学習能力を示す証明資料を組み入れている．2001年に開始，40数カ国で実施されている．この文書は個人の所有物であり，学習促進機能と記録機能を併せ持っている（Byram. 2004）．　⇨ PORTFOLIO; SELF-ASSESSMENT.

### evaluation　評価

一般的に，教育課程や教材などの学校教育全般に関する情報の収集と点検を指す．教育課程の評価のねらいは，コースあるいは授業の目標が達成されたか，外部基準に到達したかを見極めることにある．評価は外部の専門家による外部評価（external evaluation），当事者が行なう当事者評価（internal evaluation）あるいは自己評価（self-evaluation）がある．　⇨ ASSESSMENT.

### examination　試験

一般に試験機関によって行なわれる公的なテストを指す．大学入試センターによって実施される大学入試センター試験はその1例．学校内で行なわれるテスト（*test）と区別することもあるが同義に用いられることもある．わが国で受験可能な主要な英語力資格試験として *Cambridge

EFL Examination, *IELTS, *TOEIC, *TOFEL, *STEP（英検）などを挙げることができる．試験結果は多くの受験者にとって将来に大きな影響をおよぼす high-stakes test（⇨ STAKE）である．こうした試験の相互の得点換算は，いくつか試みられていてインターネット上で容易にアクセスできるが，公式の換算表はない．

**Expanding Circle　拡張円** ⇨ WORLD ENGLISHES.

**experimental group　実験群**

　　実験研究で，一方のグループに指導などの特定の処遇を与え，他のグループにはそうした処置を与えないで両者の間に差が生じたかどうかを検定するとき，処遇を施したグループを実験群（experimental group），施さなかったグループを統制群（control group）と呼ぶ．

**explanation　説明**

　　新項目を提示（*presentation）する際に，日本語による説明がなされることが多い．それは，短い時間で正確な理解を促す長所を有している．しかし，簡便であるだけに，過剰に用いられてしまいがちなので注意する必要がある．よく整理された，効果的な方法は説明の手順を指導案に忠実に書き留めてみることで体得できる．次の点に特に留意する．① クラスの注意を引きつけること：Now stop talking and listen to me. のような活動の区切りを明確にし，全員の注意を喚起してから説明を始める．② 簡潔であること：学習者の注意持続時間内でひとまとまりの規則を説明し終える．③ インタラクション（*interaction）を設定する：ひとまとまりの説明の直後に理解を確認して，学習者と教師のインタラクションを頻繁に設定する．一方通行的な説明に終始せずに，双方向の相互交流を実現する．④ 実例を添える：適切な例文を与えることで説明の理解が深まる．⑤ 概念質問（*concept question）を用いること：Do you understand? のような確認の方法は学習者の理解度を測定するには不適切な場合が多い．説明は文法規則などの言語構造についての理解（⇨ DECLARATIVE KNOWLEDGE）を助けるが，得られた知識を手続き的知識（*procedural knowledge）に転化しない限り，言葉の機能を身につけたことにはならない．練習（*practice），活用（*production）と一体化した説明が言語習得には不可欠である．

**explicit instruction　明示的指導**

　　目標とする言語項目の理解を図るために学習者の注意をその項目に意図的に向けさせる指導．このための方法として，教師による説明を与える教師主導型の指導法と言語形式を例示するデータを用意して学習者に規則を気づかせる発見学習（*discovery learning）を促す指導法がある．

暗示的指導（*implicit instruction）と対比される．両者の比較は次の表を参照のこと．

| 明示的指導 | 暗示的指導 |
| --- | --- |
| ・言語が学習の目的 | ・言語は主としてコミュニケーションの手段として機能する |
| ・あらかじめ決めておいた言語を扱う | ・言語はその場に即して自然に用いる |
| ・意味伝達を中断して言語をはっきり教える | ・意味伝達の中断を最小限にし，言語に注意を喚起せず． |
| ・目標項目を取り出して提示する | ・目標項目は文脈の中で提示する |
| ・言語形式の説明および規則発見のために形式に注意させる：文法用語を使用する | ・言語形式の説明および規則発見のために形式に注意する旨の指示なし；文法用語使用せず |
| ・目標項目を指示に基づいて使用する | ・目標言語の自由な使用を奨励する |

(based on Graff & Housen. 2009)

明示的指導が暗示的指導に比して指導効率が高いことを指摘する比較研究があるが，"明示的"の概念をさらに厳密に定義することが求められる．

### explicit knowledge　明示的知識

言語知識や項目について，はっきりと気づき，また意識的に利用できる知識．それは，原則として，その仕組みや意味を，自分の言葉で説明できる特徴を持つ．暗示的知識（*implicit knowledge）と対比される．通常，母語である日本語運用の基盤にある，すべての日本人が持っている日本語の知識は意識されることのない暗示的知識である．これに対して，学校で英語を学習する場合には，意識的な理解と練習を伴う明示的知識であることが多い．しかし，明示的知識と暗示的知識はつねに截然と区別されるとは限らない．また，両者の関連についても対立する説がある．
⇨ DECLARATIVE KNOWLEDGE; INTERFACE POSITION; NON-INTERFACE POSITION.

### explicit learning　明示的学習

ある事項をマスターしようと学習者が意識的，意図的に取り組む過程で，学習内容に気づく（*noticing），あるいは言葉で説明できるレベルの理解を伴う．外国語としての英語（*EFL）の成人の学習は明示的学習に

よることが多い．明示的学習で得られた知識は，練習(*practice)を経て自動化(*automatization)されることで実際の言語使用の場面で無意識的に運用できるようになる．明示的指導(*explicit instruction)が明示的学習を実現することは多いが，必ずしも両者は1対1の対応関係にはならない．また，暗示的指導(*implicit instruction)の結果，あるいは自然な言語使用の場面で明示的学習が成立する場合もあり得る．

**explicit negative feedback　明示的否定フィードバック**

学習者の発話(*utterance)が誤りであると，明確に指摘すること．
⇨ NEGATIVE FEEDBACK.

**exploratory practice　探求的実践**

実践者による研究(practioner research)の1タイプで，Allwrightによって提唱された研究理論．指導技術を案出し，授業の効率を高めることをめざす問題解決的アプローチに対する批判として提案された．探求的実践は，授業活動への参加者(教師と学習者を含む)の成長と教室内における彼らの"生活の質"(quality of life)の向上を最重視する．教師と学習者の両方を協同研究者として捉え，データ収集方法を特別な研究活動ではなく正常な授業活動に関連して行なうことで教室内の営みについてのより深い相互理解が得られる．研究に際しての教師の負担を軽減することで，探求を持続可能にし，より快適で生産的な授業を実現できるとする(Allwright. 2003)．⇨ ACTION RESEARCH; REFLECTIVE TEACHING; TEACHER RESEARCH.

**extensive reading　多読**

We learn to read by reading. (Frank Smith)とよく言われるように，多読はリーディング力の養成に効果的に作用する．速く読む→多く読む→理解が進む→読むことが楽しくなる→達成感を味わう，の連鎖が多読には期待できる．このためには，やさしいが興味深いものをたくさん速く読むことが鉄則である．多読は教室内よりも課外で行なわれることが多いのでいっそうきめ細かな指導が求められる．次のような段階を設定して計画的に指導に当たるようにしたい．Step 1: 多読計画を設定する．できれば学校の英語科全体で行なう．Step 2: 多読の効用を分かりやすく学習者に説明して納得させる．Step 3: リーディング教材を用意する．個々の学習者の興味に合わせるように，できるだけ多様なトピックの読み物を多種そろえる．学習者が独力で読める程度の(⇨ READABILITY)ものが望ましい．古くなった検定教科書や現行の他社本を活用するのも一案である．その際は，教科書をそのまま利用するよりも，特に学習者の興味をそそる読み物を選んで抜粋してカードを作成するなどの段階を踏

めれば理想的である．インターネット（*internet）活用も是非試みたい．Step 4: 読み物教材を分類する．言語レベルを色分けして明示することで，学習者が選択する助けになる．また，内容，題材別に分類することも大切である．Step 5: 多読を励まし，様子を見守る．"Reading Record" を個々の学習者に与え，読んだ本の題名，レベル，ページ数，簡単な感想などを記入して提出させ，教師がコメントを与えるようにする．この際，次に読む人のためにアドバイスを書き留めることを求めるのはよいが，詳細な読後感想を強要することは多読の意欲をそぐことになりかねない．多読に対する精読（intensive reading）は通常，ゆっくりした速度で行なわれ，内容・表現などに注意を集中して行なわれるリーディングを指す．なお，多読に関する情報は次のウェブサイトに網羅されている．http://www.kyoto-su.ac.jp/information/er/ ⇨ READING.

**extrinsic motivation　外発的動機づけ** ⇨ MOTIVATION.

**extroversion　外向性**

　内向性（introversion）と対立する概念．外向的な人は自己の価値を確認するのに他者の助けを多く必要とするのに対し，内向的な人は内面的な自己充足を自ら実現できる人を指す．外向的な人が社交性に富み，つねに陽気で自信に満ち，内向的な人はそれと対極をなすとするのは固定観念にすぎない．陽気で，社交性に富んだ，いわゆる外向性の強い学習者は一般にはすぐれた外国語学習者（*good language learner）と考えられがちであるが，これまでの研究では断定できない．Naiman, et al. (1978) では，すぐれた学習者を特徴づける因子としてこの性格特徴を摘出することはできなかった．また，外向性・内向性と英語の能力の間には有意味の相関（⇨ CORRELATION COEFFICIENT）が得られなかったばかりでなく，発音に関しては内向的な学習者の方がよい成績を収めたとの研究報告もある（Busch. 1982）．口頭活動は他人との直接的な交渉を必要とするので，外向的な性格が良い結果を生むことは想像に難くない．しかし，聞くこと，読むこと，書くことなどのスキルの学習にも同じことが当てはまると考えることはできない．さらに，学習者が生活する文化，社会習慣によっても大きな影響を受ける．外国語は，外交・内向のいずれのタイプの人にも習得可能なものであり，いずれかのタイプにその成否を帰することは誤りである．同様に，教室場面でもさまざまな学習者のタイプに適した指導の実現が求められる．　⇨ AFFECT; PERSONALITY.

# F

**factor analysis　因子分析**

　いくつかの変量間に潜む共通の因子を探り出す方法を指す．例えば，英語，数学，理科，社会，国語の成績で最初の3科目の相関が高く，後の2科目の相関が高いとする．前者は理系的能力，後者は文系的能力によると想定して，各能力を構成する因子を明らかにする手法．因子分析は習熟度（proficiency）や適性（*aptitude）などの構成概念（*construct）を成立させる要因を研究するため，また言語テストの妥当性（*validity）を検証するために第2言語習得研究で用いられてきた（Seliger & Shohamy, 1989）.

**feedback　フィードバック**

　行動の結果に関して提供される情報を意味する包括的な概念．授業中の学習者の発言に対して教師から与えられるさまざまなコメントはその1例（⇨ ERROR TREATMENT）．会話では，聞き手の相づち（*backchanneling）を含むさまざまな反応を指す．第2言語習得（*second language acquisition）では，教師，仲間，母語話者などからの反応を指し，発話（*utterance）を受け入れる肯定的フィードバック（positive feedback）とその逆の否定的フィードバック（*negative feedback）に分け，それぞれが言語習得に対して果たす役割を巡って研究が行なわれてきている．
⇨ COMMUNICATION ACTIVITY; INTERACTION.

**FFI**　= FORM-FOCUSED INSTRUCTION.

**field dependence / field independence　場面依存型／場面独立型**

　前者をFD，後者をFIと略す．学習スタイル（*learning style）の1つの側面．場面独立型（FI）の学習者は，場面の構成要素に着目して，分析的に物事を理解しようとするのに対し，場面依存型（FD）の人は全体をまるごと理解しようとする傾向が強い．FIは，英語の規則を1つひとつ取り上げて，その仕組みを説明して理解を図る指導法で良い成績をあげることが多いが，FDは場面の中で実際に使われる英語に何度も接す

ることによって学習するのに向いていると言われることがある．FI と FD のいずれが英語学習に適しているかは提供される指導の型によるところが多い．FI の学習者には，文章全体の概要を素早く捉えさせるためにスキミング (*skimming) の課題を用意する一方，FD の学習者にはテクストの中から必要な情報を的確に捉えるためのスキャニング (*scanning) の課題を豊富に与えるなどの方策はそれぞれの傾向性に対応しようとする試みである．⇨ READING TYPES.

### filler つなぎ語

話の途中で言葉に窮したときに埋め合わせのために発する表現で Well, I mean, You know, Actually などがよく用いられる．コミュニケーション方略 (*communication strategy) の1つの方法で，pause fillin stalling (時間かせぎ) ともいう．

### *Find someone who . . .*

スピーキング活動 (*speaking activity) の1つ．仲間に尋ねて，該当する人を多く見つけだす活動．これまでに次のことをしたことのある人 (go to America, stay overnight at a friend's home, eat snail, break an elbow, etc) のように特定の文法項目を選んだり，特定のテーマ (I feel happy / angry / tired / when . . .) を選ぶこともできる．項目数を増減したり，理由を答えさせるなどで活動の難易を調節できる．また，項目ごとに質問する人物を換えることで多くの仲間と話を交わすことになる．すべての項目に Yes の解答を最初に見つけた人を winner にすると活気が出る．

(例)

---
**Find someone who . . .**

likes doing jigsaw puzzles _____
likes to have very hot baths _____
reads more than one book a week _____
has been to China _____
has a pet with four legs _____

---

(Klippel. 1984)

### finger pointing 指差し

的確なリスニングには連続する音を意味の単位に区切り，発話の構成要素を理解する段階を伴う．この段階は指で構成要素を示して理解の助けにすることができる．例えば，左の手のひらを教師の方に向けて開き，

目標文の各要素を言いながら右手の指で左手の指に触れて示す.

目標文が They should've come earlier. であれば，次のように指で示し，助動詞の縮約部分も明示する.

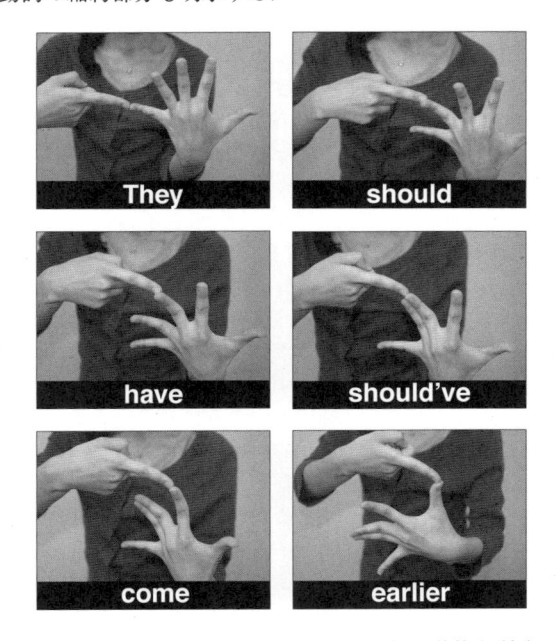

単語が6個以上の文であっても，主要部分を1単位と数えて1本の指を当てることで長い文でも処理できる．誤りの訂正にも同様に指を用いることができる． ⇨ PRESENTATION.

**first language acquisition　第1言語習得**

言語習得の初期段階では，どの子供も，おかれた環境とは関係なしに類似した特徴を示す．無意識の泣き声の発声（crying）からクークー（cooing），ゴロゴロ（gurgling）の発声，さらに生後7カ月頃から喃語（babbling）の段階にいたる．生後12カ月になると，日常語をかなり理解するようになり，自らも数語を表出するようになる．この時期を過ぎると急速に語を習得し1語文を発する．2歳前後に内容語（*content word）のみで構成された電文形式（telegraphic sentence）の2語文を話す．機能語（*function word）と文法形態素は欠如しているが語順はその言語の語順を反映している．3歳6カ月頃には，疑問文，命令文，現実の出来事の報告，想像上の出来事の話を作ることができる．また，文法形態素は

完備する．4歳までには言語の基本的な構造をマスターすると考えてよい．言語を理解し，自らを表現するために用いる能力は就学時以前に急速に発達する．メタ言語（*metalanguage）理解はリーディング能力の獲得に伴い急激な進歩を示す（Lightbown & Spada. 1999）．

言語習得機構を巡ってこれまで多くの理論が提案されている．主なものとして，モデルの反復による習慣形成を重視する行動主義（*behaviorism）や生得的な言語習得機構の存在を全面に出した普遍文法（*universal grammar）に加え，ヒトの一般的な認知能力の働きと捉えて，周囲との交流をとおして言語を用いることから習得がなされるとする用法基盤理論（*usage-based theory）などがある．⇨ SECOND LANGUAGE ACQUISITION.

**flashcard** フラッシュカード

語彙（*vocabulary）の導入と練習に用いられる単語カード．短時間提示されるカードを素早く読みとり，文字と音声の関連を自動化することを意図する．カードはクラス全体がはっきり読めるサイズであり，一定の規格に統一してあること，文字が明瞭に書かれていること，扱いやすい厚さであることなどの条件を満たすようにして作成する．カード使用の留意点を以下に示す．① カードを全員の見える位置に掲げる．② 教師が数回発音する．③ 学習者が発音する―クラス，ハーフ・クラス，列，個人，と自信がついたらより小さな単位に移行する．④ カードを見て，動作，しぐさで意味を表す．⑤ カードを順不同に重ねて，1枚ずつ素早く，短時間示す．学習者は発音する（カードは裏返しにして掲げ，素早く表を見せることでも同様の効果が出る）．⑥ カードを並べて示す．次に，生徒に目を閉じさせてカードの1枚を取り去り，なくなったカードの語を言わせる．⑦ 並べたカードを教師が1語を除いて発音する．発音しなかったカードを学習者が指摘する．⑧ 教師がカードの束の中から1枚を選ぶが学習者には見せない．学習者がどのカードであるか次々に単語を発音して当てる．教師は該当する語が発音されるまで No を繰り返す．⑨ カードの語を用いた文を言う．正しい文であれば，学習者は反復する（Pachler & Field. 2009）．⇨ PHRASE CARD.

**floor effect** 床効果 ⇨ CEILING EFFECT.

**flow** フロー

時間のたつのを忘れ，活動に集中して没頭している状態．きわめて高い動機づけに支えられた課題への取り組みで，その結果，多くの場合よりすぐれた達成が実現される．フローが生じる課題の条件として，① 課題の困難度と学習者のスキルに調和がとれていると学習者に知覚されること，② 課題が高度な集中力を注ぐ機会を提供し，明確な目標を追求す

ることに学習者の注意が払われること，③ 学習者が課題をきわめて興味深く，本物（⇨ AUTHENTICITY）であると認識すること，④ 課題の取り組みとその結果について学習者が掌握していること．教師は以上の条件を満たす課題を準備することで学習者にフロー体験を得させることができるかもしれない（Dörnyei. 2005）．⇨ MOTIVATION.

**fluency　流ちょうさ**

コミュニケーションを容易に，効果的に実現する能力，またその程度．母語話者が言語使用に際して示す特徴を多く備えていれば，流ちょうさが高いと言える．言いよどみや過度の反復などがなく，相手に話の内容が容易に理解される，また継続してまとまりのある内容を伝えることができる状態．口頭による流ちょうさ（*oral fluency）は1分間当たりの表出シラブル数で測定される．なお，流ちょうさは4技能すべてにおよぶ概念である．⇨ ACCURACY; AUTOMATIZATION; SKILL ACQUISITION THEORY.

**focus on form　フォーカス・オン・フォーム／言語形式焦点化**

FonF は略称．言語使用場面で実際に理解や産出の支障になる言語形式にそのつど学習者の注意を喚起することで言語形式の習得をめざす立場．活動の主たる目的はコミュニケーションであり，その際に障害になる部分を取り上げて理解を促す．FonF は最近の第2言語習得理論で展開される習得過程を反映し，意味を理解・産出するという言語使用の場面をより忠実に反映しているがゆえに，形式のみを取り上げた文法形式中心指導（*focus on forms）よりも効果的であると主張される．

FonF は計画的なタイプと付随的なタイプに二分される．前者には目標形式を含む実例を意図的にたくさん組み入れたテクストを用いてコミュニケーション活動（*communication activity）を行なう方法がある．これを強化入力（*enriched input）と呼ぶ．学習者の注意は入力の内容に応答することに集中する．強化入力のねらいは意味に焦点を合わせた活動の中で目標言語形式を学習者に気づかせようとすることにある．入力集中（*input flooding），入力増強（*input enhancement）の他に，コミュニケーションの中で特定の言語形式を集中的に用いる集中コミュニケーション活動（focused communicative task）がある．後者の付随的なタイプには学習者の誤りに対してなされる教師の否定的フィードバック（*negative feedback）がある．このうち，言い直し（*recast）や明確化の要請（⇨ INTERACTIONAL MODIFICATION）などの暗示的フィードバック（implicit feedback）の他に明示的フィードバック（explicit feedback）として誤りの指摘（⇨ ERROR TREATMENT）がある．⇨ CONSCIOUSNESS RISING; FORM-FOCUSED INSTRUCTION; NOTICING HYPOTHESIS.

## focus on forms　文法形式中心指導
あらかじめ選定された文法形式を学習することが目的となる活動であり，学習者がその形式を学習するために注意を集中しなければならないことを学習者も教師も意識している．特定の言語形式を他と切り離して取り上げて指導する伝統的な文法指導に代表される．明示的な (explicit) タイプと暗示的な (implicit) タイプに大別される．前者はさらに，帰納的 (inductive)，演繹的 (deductive) 提示に分けられる．⇨ ACTIVITY SEQUENCE; FOCUS ON FORM; FORM-FOCUSED INSTRUCTION; INPUT PROCESSING.

## FonF　= FOCUS ON FORM.

## foreigner talk　外国人言葉
母語話者が，言語運用能力の劣る外国人とコミュニケーションを行なう際に自分の発話を修正して外国人に理解しやすくした言語使用．次のような特徴を示すことが多い．① 機能語 (*function word) を省くなどして文法を単純化する．② 基本的な語彙を頻繁に用いてタイプ・トークン比率 (*type / token ratio) を低くする．③ 緩い速度で話し，イントネーションを強調する．④ 文のトピックを文頭に移動して，相手の理解を助ける．母語話者は相手の言語習熟レベルを直感的に察知して，そのレベルに合わせた修正を自分の言葉に加えコミュニケーションを効果的に実現する能力を備えている．外国人言葉は当面のコミュニケーションを円滑に運ぶことを最大の目的として用いられるが，その結果外国人の言語発達の促進に寄与すると言われる (Ellis, R. 2008)．⇨ TEACHER TALK.

## foreign language　外国語
共同体の多数の人びとにとって母語でなく，コミュニケーションの有力な手段として日常生活で用いられることがなく，学校の教科の1つとして教えられるが，教育の媒体言語とはならない．したがって，わが国における英語は外国語である．⇨ EFL; ESL; ENGLISH AS AN INTERNATIONAL LANGUAGE; SECOND LANGUAGE.

## formal / rhetoric schema　形式・修辞スキーマ　⇨ SCHEMA.

## formative assessment　形成的評価
授業の途中で随時教師によって行なわれる指導の点検評価．その結果に基づいて指導計画を続行したり，修正したり，あるいは中止して別個のものに取り替えたりすることになる．学習者の反応，表情などによってなされることが多い．総括的評価 (*summative assessment) に対比される．

## form-focused instruction　言語形式重点指導
学習者の注意を特定の言語形式に集中させることで，その学習を促進

することをねらった指導の総称．ここでいう言語形式は文法構造，語彙項目，音声特徴，言語の社会言語的特徴および語用論的特徴などの幅広い事項を指す．明示的（explicit），暗示的（implicit）のいずれの方法も含む．伝統的な文法形式中心の指導（⇨ FOCUS ON FORMS），コミュニケーション活動（*communication activity）などの意味のある言語活動の中で言語形式に学習者の注意を喚起する指導（⇨ FOCUS ON FORM），エラー処理（*error treatment）などを包括する．FFI と略す．意味焦点化指導（*meaning-focused instruction）と対比される．

**formulaic sequence　定型表現／決まり文句**

　1つのまとまった単位として機能する連続する2語以上からなるつながり．句動詞（*phrasal verb），成句（idiom），連語（*collocation），ディスコース標識（*discourse marker），あいさつなどの社交的表現（e.g. Good by., Long time no see.）などが含まれる．第2言語習得（*second language acquisition）研究では，習得の初期の段階で多くの学習者の発話に観察される特徴を指し，I don't know. Can I have __? などの言い回しを構成要素に分析することなしに，そのまま全体として記憶し，特定の機会に多用することでコミュニケーションを円滑に進める効果を持つ．⇨ CHUNKING.

**fossilization　化石化**

　母語習得と際だった対比を示す第2言語習得（*second language acquisition）の特徴の1つ．あらゆる言語項目のそれぞれについて，すべての学習者が母語話者のレベルに到達できるわけではない．母語話者のレベルに達しない段階で習得が停止してしまうことを化石化と呼ぶ．多くの学習者の場合，ある段階ですべての言語項目にわたり化石化が生じることがある．また，特定の言語項目に関しては母語話者のレベルに達したが，他の項目では化石化が生じる場合もある．

*four/three/two (4/3/2) technique*

　流ちょうさ（*fluency）の向上をねらったスピーキング活動．学習者は話し手と聞き手のペアを作り，話し手が話題を決めてまず最初に4分間の時間内に話し手が話し，聞き手はその話を聞く．次に，新たなペアを作り，話し手は新しい聞き手に同じ話題に関して3分間話す．さらに新しいペアを再度作り，同じ話題について2分間の制限時間内に話す．話題は同じであるが聞き手が異なるなるため，話し手は内容の伝達に注意を注ぐことになる．また，継続して大量の英語を3回反復して用いること，および，話題，語彙，話の構成を自由に選択することで fluency の向上に資する（Nation. 2001）．⇨ SPEAKING ACTIVITY.

## frequency distribution　度数分布

テストの得点を5点，10点のように一定の幅で分類し，それぞれの範疇（得点帯）に何名の受験者がいるか，またその比率を示した表．度数分布表やヒストグラム（histogram）が用いられる．

## Frequency Hypothesis　頻度仮説

第2言語の習得順序は学習者の入力の中でさまざまな項目が生じる頻度によって決定されるとする説．このため，入力頻度と習得順序の関係を調査する研究が数多く行なわれてきた．入力頻度と正確さ（*accuracy）のあいだに高い相関（*correlation）を認める研究がある一方で，直接的な関連を認めない研究もあり，この領域では明確な結論は得られていない．頻度仮説は，最近では，音韻から定型表現（*formulaic sequence）にいたる幅広い領域の研究でコネクショニズム（*connectionism）の立場から強い支持を得てきている（Ellis, R. 2008）．

## *f*-test　F検定

分散分析（*analysis of variance）を行なう際に用いられる検定方法の1つで，本質的には分散情報を利用した平均値（*mean）の検定である．分散分析は各群の分散をもとに行なわれ，特に群と群の間の得点のちらばり（群間分散）が各群内のちらばり（群内分散）より大きいかどうかが群間の平均に差があるかどうかの重要な決め手となる．群間分散を群内分散で除した数値をF値（F-value）と呼ぶ．

$$F = \frac{\text{群間分散}}{\text{群内分散}}$$

F値が1より大きくなると（＝群間分散が群内分散より大きい場合）有意になり，逆に小さくなると有意差はなくなる．F値はF表でサンプルサイズと照らし合わせて有意かどうかを確認する（Seliger & Shohamy. 1989）．⇨ T-TEST.

## full access　完全利用仮説　⇨ UNIVERSAL GRAMMAR.

## function　機能

文脈の中で言語が用いられる際のコミュニケーションの目的を指す．あいさつする，招待する，感謝を表明する，抗議する，などはその例．
⇨ NOTIONAL-FUNCTIONAL SYLLABUS.

## functionalism　機能主義

発話の情報内容を重視し，言語を規則の集合としてよりも主としてコミュニケーションの体系と捉える言語理論．機能（function）には構造的

な機能と語用論的な機能が含まれる．前者は主語あるいは目的語，行為者あるいは目標として言語構造の要素が果たす役割を，また後者は情報伝達，他者の行動の支配，感情の表出などの言語使用によって達成できることを指す．機能主義に立脚した言語教授は，実際の場面における言語使用を重視し，言語の目的はコミュニケーションであり，言語知識の発達は目標言語によるコミュニケーションの経験をとおして実現されると考え，文単位の学習を超えてディスコースの理解と産出能力の指導をめざす．言語形式と機能を結びつけることで，発話の持つ機能を意識した言語活用場面を学習場面に多く取り入れたコミュニカティブ・ランゲージ・ティーチング(*Communicative Language Teaching)とそこで用いられる概念・機能中心のシラバス(*notional-functional syllabus)には機能主義の言語観が強く反映されている．

**function word　機能語**

文法的な働きを持っているが，内容的な意味が希薄な語で，冠詞，助動詞，人称代名詞，前置詞，接続詞などを指す．文中では特別の場合を除き，弱強勢をおび，弱形(*reduced form)で発音されることが多い．
⇨ CONTENT WORD.

**Fundamental Difference Hypothesis　基本的差異仮説**

幼児の母語(L1)習得は完全な母語知識獲得の状態に達するのに対し，成人の第2言語(L2)では完全な知識に到達することはきわめて稀である．この事実は，L1習得とL2習得の過程は基本的に異なっていると考えることで説明できる．母語は暗黙的(*implicit learning)，自動的，領域特化型学習の特徴を示すのに対し，成人のL2習得は主として明示的(*explicit learning)，分析的で，母語の知識と一般的問題解決ストラテジーの活用によって達成されるという点で，両者は根本的に異なるとする理論．Bley-Vromanによって提唱された．⇨ UNIVERSAL GRAMMAR; FIRST LANGUAGE ACQUISITION; SECOND LANGUAGE ACQUISITION.

# G

**game** ゲーム

　頻繁に用いられる言語活動の1つのタイプで，4技能のいずれにも，またどのレベルの学習者にも適したものが多く利用されている．ゲームは次のような特徴を有する活動である．① ゲームを行なうための明確な規則がある．参加者はこの規則を守らなければならない．② 明確な目的を持った活動である．興味をそそるような課題（*task）に立ち向かい，それを解決するというはっきりとした目的を実現するために努力する．そのために，英語を用いる．③ 参加者は適度な楽しい緊張感を感じながらゲームに参加する．ゲームは個人やグループ間の優劣を競う競争（competitive）タイプとグループで協力して課題を解決する共同（cooperative）タイプに分類される．ゲームは用いられる言語の正確さ（*accuracy）よりもコミュニケーションを成功させることが強調される．そのため，正確さよりも流ちょうさ（*fluency）に力点を置いた運用（*production）活動になることが多い．ゲームは楽しい活動であり，多くの学習者によって好まれる．しかし，そのためにかえって真剣な言語運用（*performance）の側面が軽視されることも多い．この危険性を意識して，活動を展開しなければならない．

　代表的なゲームとして次の種類がある．① information gap activity（情報差活動 ⇨ INFORMATION GAP）．② guessing game（推測ゲーム）：情報を所有していない方が相手の持っている情報を推測して当てるゲーム（⇨ DECISION-MAKING ACTIVITY）．③ search game（探索ゲーム）：グループ，あるいはクラス全体で行なうゲームで，参加者それぞれが情報の断片を持っており，仲間とその情報を次々に交換することで問題を解決する．④ matching game（一致ゲーム）：アンケート結果をもとに自分と同意見の仲間を探すゲーム．⑤ matching-up game（組み合わせゲーム）：グループの各メンバーが異なった予定表などの情報を持っている．互いの情報を交換して，全員で都合のよい日時，場所，行動などを決定する．

⑥ exchanging and collecting game（交換・収集ゲーム）：与えられたカードを仲間と交換して，完全な1セットのカードを集めるゲーム．*role-play, *simulation もゲームの1種である．⇨ COMMUNICATION ACTIVITY; SPEAKING ACTIVITY.

***gapped dialogue*　空所補充会話**

スピーキング活動（*speaking activity）の1つ．次のように対話文の一方のみを与えて，もう一方は空所に適切な文を入れて会話する．文脈の中で発言内容は自ずと制限されるが，表現はさまざまに工夫の余地を残してある．

A: Like to come out tonight?
B: ...
A: How about tomorrow, then?
B: ...
A: OK. See you about (seven), then.
B: ...

**GDM**　= GRADED DIRECT METHOD.

**generalization　一般化**

ある特定の言語特徴を類推によって他の場面にも拡大して適用すること．例えば，Tom plays tennis. 中の plays の下線部を他の動詞にも適用して，Jane swims. He cleans his room. She buys ice cream. のように3人称単数現在の動詞屈折を用いること．⇨ OVERGENERALIZATION.

**generative grammar　生成文法（理論）**

1つの言語のすべての文法的な文を，そして文法的な文のみをどのように形成していくかを明確に示す規則から成る文法理論．Chomsky によって提唱され，彼を中心にした多くの言語学者によって発展深化してきた言語理論で，現実の言語運用（*performance）と区別して，内在化した言語能力（*competence）を明らかにすることで言語の本質的な理解をめざす．また，ヒトに生得的に備わっている言語習得能力を普遍文法（*universal grammar）と捉え，それを明らかにすることを言語学の目標に据える．generative-transformational grammar（生成変形文法）と呼ばれたこともあった．⇨ MODULE.

**genre　ジャンル**

特定の場面で用いられるディスコース（*discourse）の型．異なった各場面で特有の構成，構造を示す．新聞記事では見出しに続いて，最も重要な情報が先に来るように情報を配列する．料理のレシピは材料，手順を，時には図を交えて一定の形式と順序で情報を配列している．また，

昔話のような物語にも特有の構成が見られる．ジャンルが異なれば，構造，構成，文法形式も独自の特徴を示す．商用文，ニュース放送，広告，報告文，科学論文などはそれぞれ異なったジャンルを構成する．そのため，書き手はジャンルに応じて定められた書式，文体で記述することを求められる．一方，読者は情報の配列，構成などについて予測できるので効率的なリーディングが行なわれる．英語教育で，特に *ESP (English for specific purposes) ではジャンルの概念は重視される．それぞれの専門領域に特有なディスコースに留意した指導により，学習者に必要とされる英語能力を効果的に高めることが期待される．しかし，*EGP (English for general purposes) であっても，場面特有の会話の運び方に注意を向けることでコミュニケーション能力 (*communicative competence) の養成に資することになる．

**genre-based approach to writing　ジャンル方式のライティング指導**

ライティング指導法 (⇨ SEQUENCE OF WRITING INSTRUCTION) の1つ．1つのコミュニティの中で他のコミュニティと区別される特有の言語使用の型をジャンル (*genre) と呼ぶ．例えば，商品の使用説明書は特有の構成，用語を持っていて，1つのジャンルをなしている．それは友人宛に書かれた手紙とは文体，構成，内容，用語などの点で区別できる．特定のジャンルでどのような言語特徴を持った文章を作るか，この情報はライティングをコミュニケーションの実現のために用いるときには重要な働きをなす．誰に対して何の目的でどんな場面でライティングがなされるかによって，用語，文体はもちろん構成もさまざまに異なってくる．
⇨ PERSONAL WRITING; PUBLIC WRITING.

学習者が将来必要とするようなライティングの場面を想定して，それに合ったジャンルのライティングを行なわせることで，実際的なライティング能力を養成することができる．まず，準備段階としてモデル文をさまざまな角度から検討し，その特徴を捉える．次に，同じジャンルのライティングに取りかかる．この際に，準備段階で得た情報を十分活用する．ジャンル方式は *ESP (English for specific purposes) の受講生に特に適していると言えよう．しかし，一般の学習者にも適用できる範囲は広い．⇨ WRITING.

次の表はライティングのタイプの一覧表である．この中から，担当クラスの学習者にふさわしいライティングを選択することができる．

## Types of writing

| Personal writing | Public writing | Creative writing |
|---|---|---|
| diaries<br>journals<br>shopping lists<br>reminders for oneself<br>packing lists<br>addresses<br>recipes | letters of –enquiry<br>　　　　　–complaint<br>　　　　　–request<br>form filling<br>applications (for<br>　　memberships) | poems<br>stories<br>rhymes<br>drama<br>songs<br>autobiography |
| **Social writing** | **Study writing** | **Institutional writing** |
| letters<br>invitations<br>notes –of condolence<br>　　　–of thanks<br>　　　–of congratula-<br>　　　　tions<br>cablegrams<br>telephone messages<br>instructions –to friends<br>　　　　　–to family | making notes while<br>　reading<br>taking notes from<br>　lectures<br>making a card index<br>summaries<br>synopses<br>reviews<br>reports of –experi-<br>　　　　ments<br>　　　–workshops<br>　　　–visits<br>essays<br>bibliographies | agendas　　　posters<br>minutes　　　instructions<br>memorandum　speeches<br>reports　　　applications<br>reviews　　　curriculum<br>　　　　　　　vitae<br>contracts　　specifications<br>business letters　note-making<br>public notices<br>advertisements |

(Hedge. 1988)

**gesture**　ジェスチャー

　賛意を表すのにうなずく，街角で知人に手を上げてあいさつするなどの，意味の伝達を伴う顔や体の動き．ジェスチャーは言語によらないコミュニケーション（⇨ NONVERBAL COMMUNICATION）の重要な一部である．口頭による言語産出できわめて一般的．言語により，類似したジェスチャーに異なった意味づけがなされることがある．したがって，ジェスチャーの理解は文化間コミュニケーション（*intercultural communication）能力の養成には欠かせない．　⇨ BODY LANGUAGE; CULTURE.

## global error　全体的エラー

　文構成の全体に影響するようなエラーを指す．語順の誤り，接続詞の誤用や脱落，基本的な統語規則の誤りなどが含まれ，コミュニケーションに重大な障害になると考えられる．これに対して，局部的エラー(*local error)は，文の1つの要素に起因するもので，名詞や動詞の屈折，冠詞，助動詞，数量詞の誤用が含まれ，コミュニケーションの障害になることは少ない．⇨ DEVELOPMENTAL ERROR; ERROR ANALYSIS.

## good language learner　すぐれた外国語学習者

　熟達した外国語学習者が学習に際して示す特徴的な活動，行動を探り，体系化して共通の特徴を明らかにする研究を言う．こうした特徴はすべての学習者に対する指導にも重要なヒントとなることが期待された(⇨ LEARNER TRAINING)．Rubin & Thompson は，英語についての情報を整理する，教室の内と外で英語を使う練習の機会を自分で見つける，不明な個所があってもあわてずにやっていく，文脈上の手がかりを使って理解を進めたり推理する，などのすぐれた外国語学習者の特徴を14項目にまとめている．これまでの研究では異なった特質を取り上げることもあり，共通項が見いだされたとは言えない．しかし，Ellis は次の5項目を主要な特徴として挙げている (Ellis, R. 2008)．① 言語形式に対する関心．② コミュニケーションに関する関心と機能的な練習．③ 主体的で活動的な学習．④ 学習過程の理解．⑤ 学習課題に即応して柔軟にさまざまな方略を用いる能力．すぐれた外国語学習者の研究は初期の学習方略(*learning strategy)研究の先駆けとなった (Brown. 2001; Naiman et al. 1978; Rubin. 1975)．

## good language-teacher characteristics　すぐれた言語教師特性

　すぐれた英語教師の特徴を取り上げた研究としては Moskowitz (1976) が知られている．また，Brown はいくつかの未刊の資料に基づいて独自のリストを提示している．次はその主要な点を意訳したものである．項目ごとに，5段階の評点を与えることで評価基準として利用できる．

---

専門的知識
1. 英語の言語体系 (音声，文法，ディスコース) を理解している

2. 言語学習と教授の基本的な原則を十分に把握している　　＿＿
3. 英語を自由に聞く，話す，読む，書く能力を備えている　＿＿
4. 経験をとおして外国語学習が何であるか知っている　　　＿＿
5. 言語と文化の密接なつながりを理解している　　　　　　＿＿

6. 定期的に研修会・研究会に出席し，また読書をとおして専門領域の動向を察知している　　　____

教授技能
7. 広い見識に支えられ，練り上げた指導方法を身につけている

8. 多様な指導技術を理解し，用いる　　　____
9. 手際よく指導案を作成し，実践する　　　____
10. 授業中に学習状況を観察し，必要に応じて適宜修正を加える

11. 学習者のつまずきを的確に察知する　　　____
12. 学習者に適切なフィードバックを与える　　　____
13. 相互交流，協力，チームワークを教室内に作り出す　　　____
14. 教室運営の適切な原則を用いる　　　____
15. 効果的で明瞭な提示方法を用いる　　　____
16. 教科書や他の視聴覚，電子教具を工夫して手直しする　　　____
17. 必要に応じて教材を新たに開発する　　　____
18. 効果的なテストを実施するために双方向的で，強い動機づけとなる技術を用いる　　　____

対人的技能
19. 文化間の相違点を理解し，学習者の文化的伝統に細心の注意を払う
20. 人間に興味を持ち，強い興味，思いやり，親近関係，ユーモアを持って臨む
21. 学習者の意見と能力を尊重する　　　____
22. 能力の低い学習者に忍耐強く教える　　　____
23. きわめて高い能力の学習者に高度な課題を与える　　　____
24. 同僚と協調して，率直に協力する　　　____
25. さまざまな考え，アイディア，指導技術を同僚と共有する機会を求める　　　____

個人的資質
26. 物事をよく整理し，誠意を持って仕事を行ない，信頼される
27. 事態が思うように進まないときには柔軟に対応する　　　____

| | | |
|---|---|---|
| 28. | 新しい指導法を試行するときは探求的な態度をとる | ____ |
| 29. | 専門家として絶えざる成長をめざして短期目標，長期目標を持つ | ____ |
| 30. | 高い倫理的，道徳的基準を維持し，実践に努める | ____ |

(based on Brown. 2007)

網羅的なリストであるが，英語に限らずすべての教師に必要とされる資質も多く含まれている．また，それぞれの項目をさらに具体化しない限りあいまい性が残る部分も多いので，この種のリストは状況に応じたリスト作成の参考と考えるべきである．

**Gouin method　グアン教授法**

19世紀後半に，フランス人 François Gouin が提唱した直接教授法(*Direct Method)．日常の出来事(event)を一連の細かな動作(series)に細分して，それぞれの動作に対応した文を理解，反復する．個々の孤立した動作の表現を学習するのと違い，出来事を構成する動作は自然な配列をなしているために連想が働き記憶に留めやすく，また文を動作と関連させることで言語学習を促進する利点を有していた．一方，系統的な発音指導の欠如，書き言葉の軽視などいくつかの欠陥が指摘されてきた(Howatt. 2005)．

**Graded Direct Method　段階的直接教授法**

教材配列に段階を付け(graded)，日本語を媒介せずに英語で直接(direct)教える教授法．GDM と略すことがある．Richards によって提唱された．語彙はベーシック・イングリッシュ(*Basic English)の850語を用い，その配列(grading)は，① コミュニケーションに最も有効，② 次に来る指導の準備になる，③ 他の語を説明できる，の3点を基準とする．また，文構造の配列は次の基準による．① 具体的で明瞭な場面を示すことができる文から教える．なお，場面(situation)と文(sentence)の結びつきを SEN-SIT と呼ぶ．② 次に教える SEN-SIT の準備になるものを教える．③ 次に教える SEN-SIT が前に教えた SEN-SIT の復習になるようにする．教室場面，単純化された線画による場面設定のなかで，学習者の積極的な参加を促すことで緊張感のある授業の展開をめざす(片岡 & 吉沢. 1998)．⇨ DIRECT METHOD.

**grammar　文法**

文法理論により定義は多様であるが，ある言語の中で認められた意味の単位を作るために語や語の部分を組み合わせる方式に関する規則の集

合で，統語論（*syntax）と形態論（*morphology）から構成される．文（sentence）レベルおよびそれより下のレベルの構造の分析に限定されることが多いが，ディスコース（*discourse），テクスト（*text）に対する関心が高まるにつれて，文法研究の領域も拡大されてきている．

文法の種類は，一般的に規範文法（prescriptive grammar），記述文法（*descriptive grammar），理論文法（theoretical grammar）などに分類される．規範文法は，英語の"正しい用法"を規則として示すのが目的である．しかし，絶えず変化するという言語の特性を勘案すれば，何を正しいとするかは時代，立場によって異なることが多く，すべての人に受け入れられる規範文法を想定することは困難である．理論文法は個別言語の枠を超えて，ヒトの言語を律する特徴を明らかにすることをめざす（⇨ UNIVERSAL GRAMMAR）．英語教育では，文法能力がコミュニケーション能力（*communicative competence）の一部をなすことから文法の指導は重要な意味を持つ．そのため，どのような文法項目を取り上げてどのような順序で教えるかに言及した文法を特に教授文法（*pedagogical grammar）と呼ぶことがある．

文法はコミュニケーション能力の主要な構成要素であり，その習得なくしては母語，外国語を問わず，言語能力（language competence）の養成は期待できない．すべての言語使用者はその言語の文法を保持している．それは母語の場合には無意識的な能力として内在化され（⇨ COMPETENCE），手続き的知識（*procedural knowledge）となっているため言葉で明示的に説明することができないことが多い（⇨ IMPLICIT KNOWLEDGE）．外国語としての英語を習得する場合にも，英語の文法を何らかの形で内在化し，活用できるようになる必要がある．

問題は，どのようにこの文法能力を教えるかに関してである．文法指導（*grammar instruction）の歴史はこれまで振り子の両端のように揺れ動いてきた．コミュニケーション中心の教授法（⇨ COMMUNICATIVE LANGUAGE TEACHING）の出現で文法規則を知識として教え込む文法中心の教授法が排除され，一時期，理解できる英語（*comprehensible input）に十分接することで文法は母語習得と同様に自然に習得されるとする立場（⇨ INPUT HYPOTHESIS）が有力視されることがあった．しかしその後，文法指導の重要性が再確認され，言語使用の文脈の中で文法に学習者の注意を喚起することがコミュニケーション能力の発達を促進すると主張されるようになった．⇨ GRAMMAR INSTRUCTION; FOCUS ON FORM.

**grammar instruction**　文法指導

文法指導の目的は正確に意味を理解して，その場にふさわしい言語形

式を用いることができるようにすることにある．指導法は多岐にわたる．例えば，構造シラバス（*structural syllabus）で指定された文法項目を取り上げて提示・練習する PPP（presentation-practice-production ⇨ ACTIVITY SEQUENCE）と呼ばれる従来の方式がある一方で，コミュニケーション活動（*communication activity）を最優先させて，その障害になる文法上の誤りにそのつど対応するコミュニケーション優先主義（⇨ COMMUNICATIVE LANGUAGE TEACHING）がその対極をなす．後者の方法はさらにコミュニケーションを続行する中でさまざまなエラーを教師が言い直す（⇨ RECAST）ことで学習者が自分の発話と目標とする形式の間のギャップに気づき（⇨ NOTICING），習得を促す間接的な処置から，学習者の注意を文法形式に向けさせて規則を発見させるより積極的な方法がある．具体例としては，テクスト中の特定の言語項目を強調して表示する方法（⇨ INPUT ENHANCEMENT），集中的に用いる（⇨ INPUT FLOODING）方法，データを基に規則を導き出す活動を設定する意識高揚（*consciousness raising），特定の言語形式に注意を向けないと行なえない活動を設定することで形式に注意を引きつける入力処理（⇨ INPUT PROCESSING THEORY）などが挙げられる．

文法規則の理解とともにそれを用いる産出（output production）経験が習得には欠かせない．さらに，特定の形式を意味のある多くの文脈で頻繁に用いることでそれに習熟し，自動化することが可能になる（⇨ PROCEDURAL KNOWLEDGE）．このためには，種々の適切な練習（*practice）が求められる．学習者の発話（*utterance）に対して教師が与えるさまざまなコメントは言語習得に影響をおよぼすので，適切なフィードバック（*feedback）を提示できることは教師の重要な資質の一部である．

文法指導の原則を次の7点にまとめた提案がある（Mitchell. 2000）．① 最終的な目標に照らして計画的，体系的に教える．② 多様な学習者に適合するように幅を持たせた（roughly tuned）内容で教える．③ 特に初心者の場合には母語を用いて理解を助ける．④ 少しずつ繰り返して（little and often）教える．⑤ テクストレベルの，問題解決型の文法活動も必要になる．⑥ 積極的な訂正（corrective feedback）と誘発（*elicitation）が効果を上げることがある．⑦ 意味中心の活動や課題（*task）の中で文法を教える．⇨ THREE DIMENSIONAL GRAMMAR FRAMEWORK．

## Grammar-Translation Method　文法・訳読式教授法

実際的な英語運用能力の養成よりも，英語教育をとおして言語構造の理解を深め，言語感覚を豊かにすることで教養を高めることめざす教授法．英語教室は知的錬磨の趣をなす．この伝統的な教授法は外国語教授

法として長い歴史を持つ．ヨーロッパでは，本来ラテン語，ギリシャ語などの古典語の指導に用いられたのが現代語の指導にも適用されるようになった．わが国でも，英語教育の伝統的教授法として，長い間主流を占めてきた．

　文法・訳読式教授法は次のような特徴を持つ．① 授業で教えられた英語の文法規則を適用して文章を読む練習が主になる．② リーディング，ライティングによる学習活動が重視されるが，この教授法で英語を実際に読んだり，書いたりできるようになる学習者は一部の高い能力の持ち主に限られる．③ まとまりのあるストーリー，エッセイなどを，翻訳をとおして1文ずつ理解する活動が多く，聞き話す活動は組織的には与えられない．④ 授業はほとんど日本語を使って行なわれ，コミュニケーションの目的で英語を使うことは少ない．文法・訳読式教授法は長い間鋭い批判にさらされても依然として多くの教師に用いられている．それには次のような理由が考えられる．① 英語の実際的な運用能力が多くの学習者に求められなかった．② 能力の高い，少数の選ばれた学習者を対象に授業が行なわれてきた．③ 教授法に強い影響力を持つ入学試験で訳読の能力が重視されてきた．④ 事前の準備をほとんどせずに，どの教師にも容易に用いることができる．⑤ 日本語による説明が生徒の理解を深める助けとなった．最後の理由を除けば，この教授法はすべて消極的な存在理由に基づいている．言語感覚を磨き，教養を高める目標自体は重要な理念であるが，それは英語を実際に用いることをとおして実現できるし，またその方が効率的である．すべての学習者が習得すべき最も基礎的な能力は英語運用能力である．しかし，この実際的な能力の養成には文法・訳読式教授法は適していない部分が多い．上級レベルのリーディングのクラスや，翻訳家のための特別クラスには適しているかもしれないが，初級，中級の一般学習者には不適切である．⇨ COGNITIVE CODE LEARNING THEORY; DEDUCTIVE LEARNING; PARSING; READING METHOD; STRUCTURE-CENTERED APPROACH.

**grammatical competence　文法能力**

　コミュニケーション能力（*communicative competence）を構成する能力の1つ．語形を扱う形態論と語の結びつきを扱う統語論を含む狭い意味の文法，語彙，音声に関する情報を処理する能力．文法能力の養成は言語の正確な操作（*accuracy）に必須の能力．メタ言語能力（＝文法規則などの言語項目を説明できる能力）と同義ではない．⇨ GRAMMAR.

**grammaticality judgment test　文法性判断テスト**

　学習者の保持する文法能力を調べる方法．学習者に対して文法文

(grammatical sentence) と非文法文 (ungrammatical sentence) の混在リストを示し，いずれが正しいかあるいは誤りかについて判断を求める．正答を得た項目は学習者が習得したものと解釈される．逆に誤答項目は未習得と判断される．この方法は通常の言語使用場面で観察することが困難な事象を取り上げて集中的に調査することができるという利点を有する．学習者の直感に関する情報を得るために有効だとして第2言語習得研究でも用いられることがある．問題文は文字による提示が多いが音声の聞き取りの形式をとることもある．以下は関係代名詞（目的語―目的語；目的語―主語）についての調査項目例である．学習者は次の各文について文法文か非文かを判断する．

   A. The engineer answered the gentleman who the owner shoved.
   B. The diplomat answered the man who introduced the doctor.
   C. The man greeted the doctor who the actor introduced him.
   D. The lawyer questioned the student who he answered the owner.

**grammaticalization**　文法化

語彙項目や句が新しい文法機能に発達する言語変化の過程．He is going to school. の中の移動を示す動詞 go が It's going to rain. の中で時制の標識に用いられるようになるのはその例．語彙項目が文法標識になるにつれ，使用頻度が急速に高まり，音声的な変化を生じることがある．上の going to は [gɔnə] としばしば単純化されて発音されることがある．また，He has lost his bag. 中の has のように語彙項目としての意味特徴が失われる．grammaticization ともいう．なお，第2言語習得の過程で文法化が認められるとする研究結果が報告されている．

**greetings**　あいさつ CE

| Good | morning,<br>afternoon, | everybody.<br>class.<br>boys and girls. |
|---|---|---|
| Hello,<br>Hi there. | | |

(Good afternoon; Hello, Mr. / Mrs. / Ms Tanaka.)

| How are you (all) | today? |
|---|---|
| How are you getting on | this afternoon? |
| How are you feeling | this morning? |
| How's life | |

(Fine, thank you, and you?)

(Very well, thanks.)

**group dynamics　集団力学／グループ・ダイナミクス**

　集団の内部特徴とその生成過程，集団行動，集団と成員の関連などを扱う研究領域．集団は社会的単位としてその成員の意識，行動に強い影響をおよぼすと同時に個々の成員が集団形成に密接に関連している．英語教育ではこれまでグループ・ダイナミクスに基づいた研究は多くないが，集団力学が提供する集団行動に関する知見は英語教師にとって貴重である．集団凝集性（group cohesiveness）は，集団のまとまりを表す集団力学の概念である．学習者の動機づけはまとまりのあるクラスの中で高まることが指摘され，凝集性を高めるための具体的な方策も提案されている．他の重要な概念である集団規範（group norm）は集団内の行動指針であり，外部から明示的に与えられるものに加え，自然発生的な暗黙の規範も多くある．動機づけを高めるための建設的な規範の設定は英語教師の課題になる．集団形成に重要な役割を果たすリーダーの養成とその機能も英語教師が取り組むべき課題である（Dörnyei, 2001; Dörnyei & Murphey, 2003）．

**grouping　グルーピング／グループ分け**

　学習活動のタイプに応じて，学習者をさまざまな集団に配置すること．一般的に次のように分類できる．

- 一斉学習（whole class work）： 教師による講義，指示，生徒の発表などをクラス全体で聞くような全体的なものと，一定時間内にできるだけ多くの仲間から情報を集めるような混合タイプがある．
- 集団学習（group work）： 3～6名程度の小集団（small group）に分ける場合とクラスを2～4分した大集団（large group）がある．
- ペア学習（*pair work）： ペアで行なう活動．
- 個別学習（*individual work）： 黙読，練習問題に取り組むなど，個別の活動．

　従来型の訳読方式では一斉学習が行なわれることが多いが，コミュニカティブ・ランゲージ・ティーチング（*Communicative Language Teaching）ではペア活動や小集団活動が頻繁に用いられる．しかし，1つのタスク（*task）の中でも，教師が活動を説明し（whole class work）―個別に内容を確認，反復し（individual work）―ペアで情報交換を行ない（pair work）―結果を小グループで確認し（group work）―クラス全体で発表する（whole class work）のように活動の展開に合わせて異なったグルーピングを取り入れることで効果を挙げられることが多い．

**group work　グループ活動**

グループになって行なう活動全般を指す．学習者中心の指導（⇨ LEARNER CENTEREDNESS）で特に顕著に見られる活動形態である．グループの人数は活動の目的に応じて変化する．一般的に5名前後で構成される場合が多い．グループ活動は次の利点を有する．① 個人の発話量を増大させる．② ペア活動（*pair work）と異なり，個人間の問題が生じることが少ない．また，成員間に意見や情報の違いが多くなる．③ ペア活動よりもさらに多くの協力と交渉の技術が助長される．④ 学習者が独自に決定する場面が多くなり，学習者自律性（*learner autonomy）が育つ．逆に次のような問題が生じることがある．① クラスが騒がしくなり，教師の管理が行き届かなくなる．② 特定の学習者のみが活躍して，他の成員が参加できなくなる．③ グループ活動に否定的な学習者が存在する（⇨ LEARNER BELIEF）．④ 活動に要する時間が長くなる．

グループ活動は次の点を留意して実施する．① 活動の目的，内容，手順を明確に，手際よく説明する．教師の演示が効果的な場合が多い．② 活動時間を設定する．③ 活動中，観察をとおして事後指導の事項を決定する．また，問題を持ったグループを集中して指導する．④ 活動終了の合図をはっきり送って，それにしたがわせる．⑤ いくつかのグループにクラスの前で演じさせる．⑥ 活動全体についてのコメントを与えるとともに，誤りの多くあった箇所をさらに練習する．

**guessing vocabulary meaning**　未知語の推測

豊富な語彙力は英語運用能力の要件である．同時に，外国語としての英語を用いる場合，未知語に遭遇することはきわめて日常的な出来事である．不安に陥ることなく，文脈から意味を推測することが有効であることを次のような実例で示し，具体的な方策を教えることが求められる．

> 1. 次の話の概略を読みとれ（斜字体の語はすべて無意味語である）．
> A country girl was walking along the *snerd* with a *roggle* of milk on her head. She began saying to herself, 'The money for which I will sell this milk will make me enough money to increase my *trund* of eggs to three hundred. These eggs will produce the same number of chickens, and I will be able to sell the chickens for a large *wunk* of money. Before long, I will have enough money to live a rich and *fallentious* life. All the young men will want to marry me. But I will refuse them all with a *ribble* of the head — like this...'
> 
> And as she *ribbled* her head, the *roggle* fell to the ground and all the milk ran in a white stream along the *snerd*, carrying her plans

> with it.
> 2. 無意味語を再度見て，その意味を推測せよ．
> (実際の語は次のとおり．road; can; stock; sum; luxurious; shake; shook; can; road)

(Doff. 1988)

テクスト中の未知語の意味を文脈から推測するストラテジーとしてNation (2001) は，次のステップを提案している．

Step 1  Decide on the part of speech of the unknown word. (未知語に出会ったら，その品詞を決定せよ．名詞，動詞，形容詞，それとも副詞か？)

Step 2  Look at the immediate context of the word, simplifying it grammatically if necessary. (未知語が生じる前後の語句を見よ．複雑な構文の場合はそれを文法的に単純化せよ．例えば，受け身は能動態に，関係詞は名詞に直して語と語の関係を把握する．)

名詞：修飾する形容詞は何か？ 近くにある動詞は何か？ この名詞の機能は何か？

動詞：どんな名詞を伴っているか？ どんな副詞が修飾しているか？

形容詞：どんな名詞を伴うか？

副詞：どんな動詞を修飾しているか？

Step 3  Look at the wider context of the word, that is, the relationship with adjoining sentences or clauses. (未知語の含まれている節や文とその前後の文やパラグラフの関係を見よ．)

・関係を示す接続詞は何か？

・接続詞が示されていないときには，原因，理由，対照，時間，例示，要約などの関係のうちどれであるか？

Step 4  Guess. (単語の意味を推測せよ．)

Step 5  Check the guess. (推測の結果を確認せよ．)

・推測した語は未知語と同じ品詞か？

・推測した語と未知語を交換し，文脈にうまく収まるか．

・未知語をいくつかの部分に分け，部分をまとめると未知語の意味になるか？

・最後に辞書で意味を確かめよ．推測は正しかったか．

適切なテクストを用意して，いくつかの語句を選び，クラスでこの手順を実際に使って生徒に未知語の意味を推測させる活動を折を見て行なうことで，具体的な方法を多くの生徒が使えるようになる．ただし，最

初は推測しやすい語を選び，またテクスト中の語の95%が既習語であること，すなわち未知語1に対して既習語24の割合が推測には必要な条件であることを忘れてはならない． ⇨ READING INSTRUCTION.

***Guess who*** ゲス・フー

スピーキング活動（*speaking activity）の1つ．推測して誰であるかを当てる活動．活動中に目標文が何度も使われる．下の表は，上段コラムの4名の人が左端の国に行ったことがあるかどうかを○×で示す．

|  | Mary | Jane | Janet | Alice |
|---|---|---|---|---|
| Singapore | ○ | ○ | ○ | × |
| Egypt | ○ | ○ | × | ○ |
| Thailand | ○ | × | ○ | ○ |
| India | × | ○ | ○ | ○ |

最初にリスニング，次にスピーキングの活動に移行する．

T: I have been to Singapore. I have been to Egypt. But I haven't been to India. I have visited Thailand, though. Who am I?
S: You are Mary.
T: That's right. Now ask me questions and guess who I am.
S: Have you been to Singapore?
T: Yes, I have.
S: Have you been to Egypt?
T: Yes, I have.
S: Have you been to Thailand?
T: No, I haven't.
S: You are Jane, aren't you?
T: Yes, I am.

さまざまなトピック，文型に適用できる．

**guided discovery　誘導発見**

学習者が自ら文法規則，言語形式あるいは語彙の意味に気づくように，教師の説明（*explanation）によらずに発問，ワークシートなどをとおして誘導する方法．学習者の注意を該当の学習項目に引きつけ，次第に理解に導くためには適切な発問が欠かせない．そのため，教師の周到な準備が誘導発見を成功に導くカギとなる（Scrivener. 2006）． ⇨ DISCOVERY LEARNING.

**guided writing　誘導ライティング** ⇨ CONTROLLED WRITING.

# H

**habit formation theory**　習慣形成理論

　行動主義（*behaviorism）に立つ学習理論．言語習得は刺激 —反応—強化のサイクルをとおして新しい言語習慣が定着することで実現されるとする立場．英語教育では習慣形成理論に基づいた教授理論としてオーディオリンガル教授法（*Audiolingual Method）が知られている．創造的構築仮説（*Creative Construction Hypothesis）と対比される．⇨ COGNITIVE CODE LEARNING THEORY.

**handing in papers**　用紙回収 CE

| Turn<br>Hand<br>Pass | in | your | work<br>papers | now.<br>quickly. |
|---|---|---|---|---|
| Let me collect | | | the assignment | |

**handing out papers**　用紙配布 CE

| I have some | papers<br>sheets | to give out.<br>to hand round. |
|---|---|---|

| Please | take one and pass the rest back/down. |
|---|---|
| | hand these papers round. |

**heritage language**　継承言語

　移民や外国人労働者とその家族などの少数者の母語（minority language）あるいは先住民の用いる土着語．ハワイの日本人移民とその子孫にとっての日本語は継承言語の1例．従来，移民などに公用語の習得を推し進める政策がとられてきたが，その結果，継承言語の喪失を招く結

果になった．祖国の文化・言語は，多くの場合，家族や地域の努力で継承されてきた．これに対し，公的な施策により，継承言語の教育が実施される国が増加している．継承言語使用者（heritage language speaker）は，世代間や環境でその熟達度に差が認められる．継承言語教育（heritage language instruction）は，わが国でも今後体系的に取り組まなければならない課題である．⇨ BILINGUAL EDUCATION.

## holistic scoring　全体的採点

ライティング・テストなどの採点で，全体的な印象に基づいてなされる採点法．採点が短時間に行なえるという利点を持つので複数の採点者の採点結果を総合して評定を決定することができる．その反面，主観に頼るため異なった採点者間の採点にばらつきが生じ，信頼性（*reliability）が低くなる危険性を有する．したがって，採点開始前に，基準を設定しておく必要がある．また，結果を分析して診断的な情報を提供することができないという欠点もある．分析的採点（analytic scoring）と対比される．

## homework　宿題

教室の限られた時間内で行なわれる学習は家庭学習によって定着し，発展する．また，学習者自身が計画し，学習方法を工夫し（⇨ LEARNING STRATEGY），自分のペースで学習することで望ましい学習習慣を身につける助けとなる．しかし，独力で行なう作業であるから適切な助けを与えるとともに次の留意点に配慮する必要がある．① 時間を取りすぎない，適当な分量であること：学習者の学力レベルや学年などを考慮すると同時に全教科の家庭学習量を勘案することも必要になる．宿題にも学校の全体的な教育方針が反映されるべきである．② 明確であること：課題を明示する．「今日習ったところをしっかり勉強しておくように」というような指示は明確ではない．③ 1人でやれるものであること：生徒の能力差を考慮する．課題を，第1段階―本文を10回音読して，基本文を正確に書けるようになる，第2段階―本文を暗唱して，基本文の語句を入れ換えて自分の状況に合う文を2文書く，のように段階に分け，1は必ず，2はできるだけやるようにする．④ 学習成果を確認できる活動であること：数回音読を行なって次第にすらすら読めるようになったと実感できる活動が望ましい（⇨ READING CARD）．家庭学習の記録簿を用意して記入させ，定期的に点検する．⑤ 興味深いものであること．⑥ 次の授業に直結していること：復習と連携させる．

次に示すのは宿題の代表例を頻度の高い順に並べたものである．① 文法練習．② guided writing（⇨ CONTROLLED WRITING）：誤文訂正．③ リー

ディングの内容理解問題を解く．④ 自由作文．⑤ 辞書を用いて語の意味を調べる．⑥ リーディング内容の予習：文中の新語を書き出す．⑦ 作文の概要を作成する．⑧ 音読練習．⑨ 教科書以外の読み物の多読（*extensive reading）．⑩ 要約作業：会話文作成：文法書で文法規則を調べる．⑪ 作文の添削：単語の暗記：対話文の口頭練習．⑫ パズル・クイズ．⑬ ロール・プレイ（*role-play）の練習．⑭ TV・ラジオ番組の視聴．⑮ 日記をつける．（上の：は，その前後の項目が同数であることを示す．）マレーシアで行なわれたこの調査（North & Pillay. 2002）はわが国でも参考になる点を含む．宿題は従来型になることが多いが，次のような作業を組み入れることで改善を加えることができる．

- テープ，CD などの活用：教科書準拠の音声教材でリスニングを行なう．
- 発音練習，音読，会話をテープレコーダなどで録音し，スピーキングを行なう．定期的に学校で点検する．
- *internet で教科書のトピックを調査し，クラスで発表する．
- 教科書の対話文を記述文に書き直したり，物語文の一部分を取り上げて対話文に発展させる．この作業をパソコンで行なう．また，教師やクラスメート，あるいは海外のメール仲間と e-mail を交信する．

宿題に予習を課す場合には，明確な指示を与え，効果的な学習法の習得を図る配慮が求められる．このため，教科書準拠の予習ノートを用いたり，教師が自作するなどの取り組みも必要になる．

## homonym　同音異義語

綴り，発音が同じで意味を異にする語．bank（土手）—bank（銀行），bear（クマ）—bear（我慢する），light（軽い）—light（明るい），like（好む）—like（〜に似た），kind（親切な）—kind（種類）など．同音異義語の中でも発音が同じで綴りが異なる異義語を特に homophone と呼ぶことがある．e.g. our — hour, threw — through, ate — eight, knew — new, hear — here. また，綴りが同じで発音を異にする異義語は homograph と呼ぶことがある．e.g. wind /wɪnd/ — /waɪnd/, close /kloʊs/ — /kloʊz/.

## homophone　同音異義語

音が同じで意味や綴りが異なる語を指す．次のような言葉遊び（⇨ LANGUAGE PLAY）ができる．

次の文の空所に homophone のいずれかを入れる．
① (night; knight) The ___ traveled all ___ to find the dragon.
② (weigh; way) That's a good ___ to ___ chicken.

③ (heal; he'll) I know ＿＿ play ball again after his legs ＿＿.

## humanistic approach　人間主義的アプローチ

学習者を全人的に捉え，言語学習における情動的側面（⇨ AFFECT）を知的側面に劣らず重視することで人間的な成長を図ることを最優先する言語教育理論．学習の成否は，学習者の心的な動き，教室内の人間関係にかかっていると考える．主な教授法として，サイレント・ウェイ（*The Silent Way），コミュニティ・ランゲージ・ラーニング（*Community Language Learning），サジェストピーディア（*Suggestopedia），多重知能理論（*Multiple Intelligences Theory），*NLP，ホール・ランゲージ・アプローチ（*Whole Language Approach）などを挙げることができる．

## hypothesis testing　仮説検証

一般に，仮説の真偽を実験や観察などをとおして確かめることを指す．第2言語習得では次のような文脈で用いられることがある．相手との一連の言語交渉の中で新しい発話を表出することは，学習者の立場から見れば，"実験"であり，どのように意図を伝えるかについての学習者のその時点の仮説を反映していると解釈される．学習者は，発話の表出，すなわち出力（output）に対する相手のフィードバック（*feedback）からその時点における仮説の妥当性を検証することになる．その結果，意図が相手に伝われば，その出力は中間言語に組み入れられ，破棄されれば修正し，再度試行する．フィードバックに対応して学習者が発話を修正することが第2言語習得過程の一部になるとする仮説検証は第2言語習得研究の主要な論点の1つであり，言語形式焦点化（*focus on form）の重要な基盤となっている（Swain. 2005）．⇨ COMPREHNSIBLE OUTPUT HYPOTHESIS; PUSHED OUTPUT.

# I

**i + 1**　⇨ INPUT HYPOTHESIS.

**icebreaker**　アイスブレイカー

　　集会の冒頭で参加者の緊張を解きほぐし，会場の雰囲気を和らげるきっかけ，口火となるさまざまな活動を指す．新学期の最初の授業などで，初対面の生徒が多くいるような場合に，隣同士で自己紹介をするなどの活動はごく一般的なアイスブレイカーである．学習者のレベルに応じてさまざまな活動が設定できる．初級レベルでは，たとえば，5人程度のグループで輪になって隣の生徒と自己紹介しあい，イスを取り換える．違う仲間と同じように名前を教え合ってイスを取り換えるとグループの名前が簡単に覚えられる．さらに異なったグループを編成し，同じような紹介をすることでクラスの仲間とうち解けた関係を作る素地ができる．学習者のレベルに応じて名前だけでなく，出身地，趣味，好きな食べ物などのトピックを取り上げ，板書して，自由に話し合わせることで，より親密な仲間作りができる．日常の授業の開始時に生徒の積極的な取り組みを促すために用いられるウォーム・アップ (*warm-up) はアイスブレイカーと類似した機能を持っている．

**idea unit**　アイディア・ユニット

　　ディスコース分析 (*discourse analysis) の基本的な単位の1つ．T-ユニット (*t-unit) や C-ユニット (*c-unit) が文法形式に基づいた分析であるのに対し，より心理的な単位として設定されている．次の文中の斜線は idea unit の境界を示す．Sue roared all the harder. / she claimed I looked funny, / clinging there, / screaming. (= 4 アイディア・ユニット). t-unit, c-unit に比べて用いられるのは稀 (Kroll. 1977).

**idiom**　成句／慣用句

　　表現を構成する個々の語の総和が表現全体の意味にならない表現形式を言う．kick the bucket (= die), spill the beans (= tell the secret), root and branch (= completely) などの慣用句はいずれも語の意味を合わせて

もカッコ内の意味にならないことから成句であると見なされる．⇨ FOR-MULAIC SEQUENCE.

## IELTS

International English Language Testing System の略．イギリス，オーストラリア，ニュージーランドなどの高等教育機関への留学の際にスコア提出を求められるテストで，listening, reading, writing, speaking の各側面から，総合的な英語力を判定する．大学・大学院留学をめざす場合には4技能をカバーした Academic Module を受験する．マークシート方式の *TOEFL に対して，IELTS はすべてが記述式をとる．

### I-language　I-言語

Internalized language の略．言語を運用する基盤となっている人の脳の内部にある言語知識．Chomsky によって提案された．言語能力（*linguistic competence）と同義．実際に用いられる言語を E-言語（*E-language）と呼び，区別する．

### immediate recall　即時想起

学習者の内省的過程を探る研究手法（*introspection）で，想起すべき事象が生じた直後に誘発することでデータを収集する方法．例えば，実験参加者と調査者のインタラクションの中で，実験参加者の非文法的な発話を調査者が言い直した（*recast）直後にテーブルを2度叩くなどの動作で指示をして，指示直前の調査者の発話（＝言い直し）を想起させ，その結果を正確な想起，修正された想起，想起なしに分類することで recast とアップテイク（*uptake）の関連を探る．刺激想起法（*stimulated recall），思考表出法（*think aloud technique）と対比される（Gass. & Mackey. 2007）．

### immersion program　イマージョン教育

内容中心教授法（*Content-Based Instruction）の1つの形態．多くの教科をすべて外国語で教えて，母語能力を維持しながら外国語の運用能力を獲得し，目標言語集団の文化理解能力の獲得を目標とする．イマージョン教育は，小学校入学時から完全に外国語で授業を行なう（early) total immersion，母語と外国語の使用比率を半々にする partial immersion，開始時期を小学校中学年まで延期する delayed immersion などに分類される．学習者の母語は同一である．カナダやアメリカで普及している大規模で，長期間にわたる教育プログラムであり，その成果は綿密に研究され，公表されている．多くのプログラムは，与えられた目標を達成していることが各種研究で報告されている．長期間にわたって外国語に豊富に接するのでリスニングは高度なレベルに習得されるものの，

スピーキングは母語話者のレベルには到達せず，外国人特有の訛りを留めていることが指摘されている．⇨ BILINGUAL EDUCATION; COMPREHENSIBLE OUTPUT HYPOTHESIS.

## implicational scaling　含意法

学習発達の過程を明らかにするための手法．例えば，ある言語項目 A が別の項目 B の習得を前提としているとき，A が習得されれば当然 B の習得が含意され，A > B の関係が成り立つ．このように，含意法とは複数の言語項目の習得順序を明示する統計的手法のことで，そのために次のような含意表（implicational table）を用いる．

| 被調査者 | 連結詞 | 冠詞 | 不規則過去 | 3 単元 s |
|---|---|---|---|---|
| 1 | + | + | + | + |
| 2 | + | + | + | − |
| 3 | + | + | − | − |
| 4 | + | − | − | − |
| 5 | − | − | − | − |

上図は，義務的な文脈で上記の形態素が 90% 以上正確に使用されている場合は +，それ以下の場合は − で表示されている．このデータからいちばん左に位置する形態素（= 連結詞）の習得が最も早く，右端（= 3 単元 s）の習得が最も遅いことが示され，形態素間の習得順序が明らかになる．また，被調査者間の発達順位も明示される．⇨ ACQUISITION ORDER; DEVELOPMENTAL SEQUENCE.

## implicit instruction　暗示的指導

学習者が言語項目を推測する形で行なわれる指導で，教師などの外部の積極的な手だてによって学習項目の理解が図られることはない．言語使用の場面で特定の言語項目に触れることでその形と意味を習得することを重視した指導法．明示的指導（*explicit instruction）と対比される．⇨ EXPLICIT INSTRUCTION; FORM-FOCUSED INSTRUCTION.

## implicit knowledge　暗示的知識

言語規則や項目の中で意識することのない直感的な知識で，通常，言葉で説明することがきわめて困難な特徴を持つ．母語話者である日本人は通常，日本語の運用を支配する規則は暗示的知識として蓄えられ，それを意識することはない．したがって，説明を求められても，一般には言葉で説明することに困難を覚えることが多い．暗示的知識は，頻繁に言葉に接することで，経験をとおして次第に身についた知識である．明

示的知識（*explicit knowledge）と対立する．明示的知識と暗示的知識を連続体と捉えるか，あるいは2つの異質の知識と捉えるかで，外国語教育に関する議論は大きく分かれる．⇨ INTERFACE POSITION; NON-INTERFACE POSITION; PROCEDURAL KNOWLEDGE.

**implicit learning** 暗示的学習

　学習内容を自覚することなしに，言葉によらないで直感的に行なわれる学習で，学習結果は言葉で説明できないことが多い．母語習得はその典型．暗示的学習によって得た知識が言語運用に活用されることは疑いないが，外国語としての成人の学習者がどの程度暗示的学習によって英語を習得するかは明らかではない．また，学習内容に気づかずに（*noticing）に外国語を学習できるかについての議論は続いている．⇨ IMPLICIT KNOWLEDGE.

**implicit negative feedback** 暗示的否定フィードバック ⇨ NEGATIVE FEEDBACK.

**incidental learning** 付随的学習

　語彙を例にとれば，特に母語では自然な文脈の中で何度も接している間に自然に身につくことが多い．これが付随的学習である．英語学習でも，特に領域限定リーディング（narrow reading）で類似したトピックを扱うテクストに接しているうちに，特定の領域の語を自然に学習することは決して珍しくない．2000〜3000語の語彙習得を目標とする基準地点（'threshold level'）までは意図的な学習（⇨ INTENTIONAL VOCABULARY LEARNING）が重要であるが，それ以降は付随的学習がより重視されるとの指摘は当然である（Decarrico. 2001）．語彙に限らず，外国語の学習を促進するのは究極的には個々の学習者の動機づけ（*motivation）に依存するからである．しかし，教師は未知語推測（*guessing vocabulary meaning）の方法や語彙の学習方略（*learning strategy）の技術を教えるなど，付随的学習でも学習者を助けることができるし，それは学習者の自律性（⇨ LEARNER AUTONOMY）の伸長の観点で教師の大切な任務である．⇨ INTRODUCTION OF VOCABULARY; VOCABULARY PRACTICE; VOCABULARY.

**independent variable** 独立変数

　実験研究において複数の変数のうち，他の変数に影響をおよぼす変数を言う．例えば，単語を決められた回数書き留める練習の結果，その前に比べいくつ多く書けるようになったか比較する実験では，練習回数が独立変数，その結果が従属変数（dependent variable）である．⇨ ANALYSIS OF VARIANCE; REGRESSION ANALYSIS.

**indirect access** 間接的利用 ⇨ UNIVERSAL GRAMMAR.

## indirect intervention　間接的介入

　　対象言語によるコミュニケーションの方法を学ぶことをとおして学習者が経験的に学習する状況を作り出す指導法．内容中心教授法（*content-based instruction），内容言語統合型学習（*CLIL），また最近では特にタスク中心教授法（*task-based instruction）にその具体例を見ることができる．内容中心の学習活動の中で，言語形式に随時注意を喚起することで言語習得を促進する言語形式焦点化（*focus on form）が取り入れられることが多い（Ellis, R. 2005）．⇨ DIRECT INTERVENTION; PROCEDURAL SYLLABUS.

## indirect test　間接テスト

　　受験者の言語能力・技能を間接的な方法で測定するテスト．スピーキング能力を対話文の再配列問題で代用する，あるいは印刷された語の強勢アクセントを選択させるなどはその例．間接テストの得点が必ずしも受験者の言語技能を反映するものでないため，妥当性（*validity）が低くなることに加え，テストの波及効果（*washback）に関しても問題が多い．⇨ DIRECT TEST.

## individual difference　個人差

　　第2言語は個人により習得に大きな違いが生じる．これは，母語習得と著しく異なる特徴である．類似した学習環境に置かれても，学習速度と達成度は個人によって大きな差が生じる．第2言語習得に強い影響をおよぼす個人差の要因として性格（*personality），適性（*aptitude），動機づけ（*motivation），学習スタイル（*learning style），学習方略（*learning strategy），ワーキングメモリー（*working memory），年齢（*age），性（gender）などが挙げられる．

## individualization　個別化

　　一般的には，個々の学習者が自ら目的を設定し，その目標に向けて自ら学習計画を立てて学習を進める学習形態を指すが，状況によりさまざまな解釈が可能である．学習者のニーズに合わせた（⇨ NEEDS ANALYSIS）カリキュラム（*curriculum）のもとで学習者の学習スタイル（*learning style）に対応して学習活動が設定される．個別化を推し進めれば，欧米の語学学校に見られるような教師と学習者が1対1で行なわれる個人教授が実現する．また，個々の学習者の異なった要望に対応する自習室（*self-access）を設置して自由に学習できる環境を整えるなどの条件整備も必要になる．

　　しかし，一般の教室内で個別化を行なうことも可能である．学習者の学習速度，学習レベル，関心のある話題，言語スキルなどに見られる個

人差を考慮して次のような活動を取り入れて指導することになる．① 一定時間内で学習者は異なった種類の読み物教材の中から自分に合ったものを選んで読む．② 録音テープを聴いて自分で理解した点あるいは重要だと判断した箇所を書きとめる．③ 学習した項目に関する練習問題をさまざまなソースからとり，多様な問題を用意して学習者は好みのものを選ぶ．④ 教科書の内容に関する質問をいくつかのタイプに分けて，学習者は選択して答える．⑤ 宿題を個別化する（⇨ HOMEWORK; READING CARD）．

個別化は学習者自律性（*learner autonomy）と密接に関連しており，また，学習者中心（*learner-centeredness）の動きとも連動している．さらに，知識形成は個々の学習者が自ら行なうとする構成主義（*constructivism）の学習観に立っている．

**induced error** 誘導エラー ⇨ ERROR ANALYSIS.

**inductive learning** 帰納的学習

数多くの実例に触れて，その意味を理解しながらそれらに共通する形式を学習者自らに発見させるように導く学習法．直接教授法（*direct method）やコミュニカティブ・ランゲージ・ティーチング（*Communicative Language Teaching）などで多用される．演繹的学習（*deductive learning）に対比される．⇨ DISCOVERY LEARNING; PRESENTATION.

**information gap** 情報差

コミュニカティブ・ランゲージ・ティーチング（*Communicative Language Teaching）の中心的な原則の1つ．コミュニケーションが行なわれるには，その前提として，話し手（A）と聞き手（B）の間に何らかの情報の差がある．すなわち，Aの所持している情報をBが持っていないか，あるいはその一部しか持っていない．また，全体の情報の異なった部分をA, Bが持っている．このような状況が情報差である．情報差を解消する（bridge）ために情報交換（information exchange）の話し合いが行なわれ，その結果コミュニケーションが成立する．例えば，時計がある教室で，教師がその時計を見ながら生徒に What time is it now? と尋ねる場合には，教師と生徒の間に information gap はない．これに対して，時計のない教室で時計を忘れてきた教師が時計を所持する生徒に同様の問いを発したとしたら両者の間には information gap が存在することになる．⇨ DISPLAY QUESTION; REFERENTIAL QUESTION.

***information-gap filling activity***　情報差解消活動

現実的な情報差を作り，それを解消するための活動で，このタイプのコミュニケーション活動（*communication activity）は，いずれもその中核に情報差（*information gap）の原則を持っている．次の活動は，その

原型的なものである． ⇨ JIGSAW TASK.
   T: A, B のペアになり，相手のカードを見ないで自分のカードの空欄を相手に質問して情報を得て記入せよ．

Card A

| Name | Age | Occupation | Hobby |
|---|---|---|---|
| Mary Smith | | Teacher | |
| Hilary McGuire | 38 | | Gardening |

Card B

| Name | Age | Occupation | Hobby |
|---|---|---|---|
| Mary Smith | 45 | | Swimming |
| Hilary | | Engineer | |

**information processing model　情報処理モデル**

　認知心理学の一般的なスキル学習理論を取り入れた第2言語習得理論．McLaughlinなどが唱道するこの理論は，学習者の情報処理能力の観点で第2言語習得過程を説明する．学習者の情報処理容量は限られている．このため，入力中のすべての情報に注意を集中することはできず，特定の情報に焦点化して選択的に注意を払うことになる．言語能力はさまざまな下位スキルから構成されていて，この下位スキルは練習（*practice）を重ねることで統制された（controlled）状態から自動化した（automatic）状態に変化して習慣化する（routinize）．そして，習慣化（routinization）は情報処理容量に対する負担を軽減する．その結果，処理可能な情報量が飛躍的に増加する．一方，学習者は，用例にならって反復，習熟する学習から規則を立てて情報を再構築する（restructure）ようになる．その結果，中間言語（*interlanguage）体系に質的な変化が生じる．練習によるスキルの習熟と情報の再構成（restructured）が絶えず繰り返されて言語習得が実現する．このようにスキルの自動化（automatization）と言語体系の再構成化（restructuring）が第2言語習得（*second language acquisition）の特徴である．上述のように，McLaughlinは練習の重要性を強調する．しかし，その特長が明確に示されていない．また，自然な習得順序（natural order ⇨ INPUT HYPOTHESIS）についての言及もないなどの指摘もある（McLaughlin. 1987）．⇨ ACT* MODEL; INTERFACE POSITION;

SKILL ACQUISITION THEORY.

### information transfer　情報転移
リーディングのテクストやリスニングから重要な情報を引き出して図表，フローチャート，絵などの非言語的表示に，またその逆の方向に転換するコミュニケーション活動（*communication activity）．

### inhibition　抑制
学習に関連する学習者の性格特性の1つ．外的な要因から自己を防御しようとする心的な機構である．抑制は，子供が他人と異なる自己に次第に気づくにつれて強くなる．成人でも抑制の強い人は自己防衛心が強く，未知のもの，自己を脅かす危険性を持ったものを避けようとする．外国語は，自分のアイデンティティの一部になっている母語能力と対立する脅威として捉えられるため，それに対して学習者は無意識のうちに防御的な姿勢をとることになる．抑制を低く押さえることは外国語学習を促進する上で重要な意味を持つ．このため，教師は外国語学習に必然的に生じるエラー（⇨ ERROR ANALYSIS）に対して寛大になる重要性を指摘し，当惑を感じずに危険をおかしても目標言語を用いてその特徴を自ら発見することを奨励するなどの取り組みが望まれる．⇨ AFFECT; PERSONALITY.

### initiate — respond — follow up　質問―応答―確認
教師主導型の授業で主流を占める教師と学習者のやりとり．教師の質問―学習者の応答―教師の受容・評価・コメントの順序を指す．*IRF と略す．⇨ IRE.

### innatism　生得主義
ヒトには生得的に言語一般についての基本的な知識が備わっていて，この知識により周囲の特定の言語を習得することが可能になるとする理念．普遍文法（*universal grammar）の言語観はこの立場を反映している．生得的立場（innateness position）あるいは生得仮説（innatist hypothesis）と呼ばれることもある．⇨ PRINCIPLES AND PARAMETERS.

### Inner Circle　内円　⇨ WORLD ENGLISHES.

### inner speech　内言
思考や行動を整理しコントロールするために用いられる音声化されない心的な言語．他者との交渉を前提としないため，省略や短縮が行なわれ言語の一般的な形式をとらないことが多い．ロシアの心理学者 S. Vygotsky の用いた用語．⇨ SOCIOCULTURAL THEORY; PRIVATE SPEECH.

### input　インプット／入力
学習者が教室や実際の言語使用場面で聞く，読むこと，相手との言語

交渉などをとおして接する言語情報．未知の言語ではインプットのほとんどすべてが理解不可能，また学習中の言語でも学習レベルによって理解可能のインプット（*comprehensible input）は限定的な場合がある．学習者のレベルに対応したインプットは修正インプット（modified input）と呼ばれる． ⇨ INTAKE.

**input enhancement　入力増強**

特定の言語入力を際立たせ，強調して，その規則性に学習者の注意を引きつけることで，その部分の習得が促進されると考える立場．例えば，テクスト中の特定の項目を太字で印刷する，下線を施す，大文字にする，色彩を施す，規則を与えるなどの手法が用いられる．意識高揚（*consciousness raising）の方法と共通する部分が多いが，「意識」という複雑な構成概念を避けて活動の特徴に力点を置いた概念． ⇨ FOCUS ON FORM; INPUT FLOODING.

**input flooding　入力集中**

目標とする言語特徴そのものには注意を引かず，テクストの内容理解に専念する活動の中で，テクストに特定の言語特徴を数多く入れることで集中的に入力を提示（*presentation）し，学習者に集中的に触れさせること．フォーカス・オン・フォーム（*focus on form）に属する活動．入力に豊富に接し，その意味を理解することでその形式も付随的に学習されるとする付随的学習理論（⇨ INCIDENTAL LEARNING）の立場に立つ． ⇨ INPUT ENHANCEMENT.

**Input Hypothesis　入力仮説**

第2言語習得理論の1つで，普遍文法（*universal grammar）が第2言語習得（*second language acquisition）に適用されるとする完全利用（full access）（⇨ UNIVERSAL GRAMMAR）の立場に立つ．1970年代にKrashenによって提唱され，最近の第2言語習得理論の中で最も注目されたものの1つである．さまざまな批判を浴びたが，英語教育の理論と実践に強い影響力をおよぼしてきた．入力仮説は次の5つの下位仮説から構成されている．① 習得—学習仮説（acquisition-learning hypothesis）：言葉が使われている場面に積極的に参加することによって知らず知らずに言葉を身につけていく習得（*acquisition）と，その言葉の規則を理論的に理解して構造を理解していく意識的過程の学習（*learning）の2つがある．それぞれの方法で習得された能力は異質であって，一方が他方に転化することはない．習得は子供が母語を身につける際に用いる無意識的な過程を指し，学習は言語構造を理論的に理解する意識的な過程を意味する．② モニター仮説（Monitor Hypothesis）：実際の言語運用（*performance）

に際して利用されるのは習得によって身についた能力である．学習された言語規則の知識は単に自分の発話(*utterance)を訂正するための監視役(=モニター)をするだけである．モニターが機能するのは，言葉を使う人が発話の文法的な正しさに関心を向け，しかもその項目の規則を知っているときに限られる．しかし，この2つの条件を満たすことはつねに可能とは言えない．③ 自然順序仮説(natural order hypothesis)：言語規則の習得には自然な順序があり，それは予測できる．この順序は形式や機能の単純・複雑の要因に依るものではないし，また教室での提示(*presentation)の順序によるものでもない．自然な習得順序の研究はこれまで数多く行なわれてきた．中でも，形態素順序研究(*morpheme order study)はその代表的なものである．④ 入力仮説(input hypothesis)：現在の自分の中間言語(*interlanguage)のレベル(i)より少し進んだ要素を含む言語(i+1)に接すると，学習者は周囲の状況や文脈などによりその意味を理解する．その結果，iの段階から次のi+1に進むことができる．換言すれば，自分の今のレベルより少し上の新しい項目を含む英語を十分聞いたり読んだりして，その内容を理解すれば英語の力が伸びるとする立場．⑤ 感情フィルター仮説(affective filter hypothesis)：理解可能入力(*comprehensible input)に豊富に接することは習得の必要条件であって十分条件ではない．学習者が安心して，しかも意欲的に英語に接することができる状況が習得には必要である．失敗をおそれ，過度の緊張感を持って臨んだら，感情フィルターが高まり，英語が理解できなくなると主張される．

　入力仮説は学習者の第2言語習得を包括的に扱っている点ですぐれている．習得と学習という2つの独立した過程を設定し，その間に相互交渉を認めない非交流主義(⇨ NON-INTERFACE POSITION)がこの理論の最も顕著な特徴である．しかし，学習したことを練習(*practice)し，その操作に熟達し，自由に使えるようになることを英語学習者はだれでも経験している．入力仮説はこの事実と矛盾する．また，上記の下位仮説を各々検討すると不明の点が多く露呈する．例えば，iレベル，i+1レベルの各段階が明確に示されていないため，結局は無意味な仮説になっている．また，理解できる入力が習得を可能にし，習得は理解できる入力に接したからだ，とする主張は循環的な定義である．習得と学習の定義も明確でない．さらに，英語を聞いて理解する際に，その言語形式にまで注意を払うとは限らない．この点で，入力仮説は，獲得すべき言語特徴に注意し，自分の現在の中間言語とのギャップに気づくこと(⇨ NOTICING)で言語は習得されるとする理解可能出力仮説(*comprehensible output hypothesis) と著しい対照をなす. ⇨ CONTENTBASED INSTRUCTION; INTERFACE POSITION; THE NATURAL APPROACH.

**Input Processing　入力処理理論**

聞いたり読んだりする間, 特定の言語特徴に注意を払わなければならない場面の中で学習者はその特徴を理解し, 結果としてインプット(*input) がインテイク(*intake) となり, 言語習得に寄与すると主張する理論 (VanPatten. 1996). 特定の言語構造をあらかじめ選んで, その形式と機能を説明する解説 (processing instruction) を与えておき, この特徴を理解することが正解を得ることに決定的になるような課題 (*task) に繰り返し取り組ませることでインプットを理解し, それがインテイクに転換し, 学習者の言語体系 (developing system) に繰り込まれ, ついにはこの言語特徴を産出 (output) できるようになる. 産出練習を伴わずに, 理解力のみならず産出力においてもすぐれた成果を上げることができると主張される. 図示すれば次のようになる.

```
input → intake → developing system → output
   ↑
processing mechanism
   ↑
processing instruction
```

(Patten. 1996)

この理論は, 特定の言語項目を整理して提示する構造化入力 (structured input) タイプの指導形態であり, 特定の項目を集中的に口頭練習する産出練習 (production practice) と対比される. しかし, いずれの指導形態も文法形式中心指導 (*focus-on-forms) に属す指導である.

**instrumental orientation　道具的オリエンテーション** ⇨ ORIENTATION.

**intake　インテイク／摂取**

学習者が気づき, 理解した入力. ワーキングメモリー (*working memory) に一時保持され, 当面の理解の目的に供されるが, それが学習者の中間言語 (*interlanguage) に統合されるものとそうでないものの両方がある. ⇨ INPUT.

**integrated study　総合的学習**

カリキュラム横断的な特徴 (⇨ CONTENT-BASED INSTRUCTION) を持った包括的な学習. 学習者の興味, 関心に沿った主題 (theme) を設定して, 多面的に主題を掘り下げ理解を深める. その際に, 学習者の既習の知識,

情報，学習方法などが総合的に動員されると同時に，新たな知識，情報はもちろん学習方法も獲得される．テーマが国際理解のような多面的な内容であれば，社会科単独の授業では対処しきれない．このように，従来の教科の枠を超えていくつもの教科が協力することでようやく多角的にこのテーマに迫ることができる．ここでは，外国人から話を聞き，彼らと直接話し，相互に文化交流を図る活動はとりわけ重要である．また，インターネット（*internet）をとおして情報を得る活動も当然必要となる．こうした側面で学習者はこれまで得た英語力を活用するだけでなく，活動をとおして英語力を増進することが期待される．内容中心教授法（*Content-Based Instruction）のテーマ中心プログラム（theme-based model）や内容言語統合型学習（*CLIL）は総合的な学習を考える上で参考になる．

**integrative orientation　統合的オリエンテーション** ⇨ ORIENTATION.

**integrative syllabus　統合シラバス**

外国語学習は多面的で，複雑な構成要素から成り立つ過程である．したがって，その中の1つを中心に据えた単一シラバスは必ずしもこの特徴を反映したものとはなりえない．そのため，いくつもの構成要素を組み合わせて網羅的にするシラバス統合が試みられ，多くのコースで採用されるようになった．統合シラバスではトピック（topic），課題（*task），機能（*function），概念（notion），文法（*grammar），語彙（*vocabulary），発音（*pronunciation）などの要素が体系的に列挙されて全体を構成する．混合シラバス（mixed syllabus），多構成シラバス（multi strand syllabus）とも呼ばれることがある．⇨ SYLLABUS.

**integrative test　統合的テスト**

受験者の英語力を総合的に測定することを意図したテスト．例えば，ディクテーション（*dictation）は読みあげられるテクストを聞いて理解し（リスニング），文字に転写する（ライティング）など複数のスキルを統合して行なわれるので integrative test に属する．その他にクローズ・テスト（*cloze test），インタビュー（*interview）形式のスピーキングのテストなどもこの部類に入る．学習者の英語力を直接測定でき（⇨ DIRECT TEST），学習にすぐれた波及効果（*washback）をおよぼすなどの利点を持つ一方で，信頼性（*reliability）が低くなりがちで，何を測定しているのか不明である（⇨ VALIDITY）などの問題も生じることがある．⇨ DISCRETE-POINT TEST; SUBJECTIVE TEST.

**intelligence　知能**

知能が全般的な学習能力を指すとすれば，教室での英語学習が知能と

相関を持つことは容易に想定できる．他方，母語習得に際し，健常児はIQに関係なく等しく母語をマスターする．自然な状況で第2言語（*second language）として言葉を習得するような学習者の場合も知能は重要な因子とはならない．Cumminsは言語能力（language competence）を知的・学問的言語能力（*CALP）と基本的対人間コミュニケーション技能（BICS ⇨ CALP）に区別する．知能と高い相関を示すのはCALPである．一方，文脈の中で日常生活の基盤として用いられるBICSが知能と関係ないことは経験的にもうなずける．BICSの習得をめざした英語教育を展開することは，知能に関係なく学習者が一様に英語を習得する最も確実な方法である．意味のある言語交渉を豊富に用意し，学習者間でも英語を用いて現実的な情報交換を英語で行なう指導をとおして，知能に関係なくどの学習者も英語を習得できる可能性が高まる．一般的に，学習指導の質は知能と反比例すると言うことができる．すぐれた授業とは，知能に関係なくすべての学習者の学習を実現するのに対し，劣悪な授業はごく少数の恵まれた学習者層のみに恩恵をもたらす．従来，知能は言語的な能力と論理・数理的能力から構成されると考えられてきた．しかし，Gardnerの提唱する多重知能理論（*Multiple Intelligences Theory）は8つの能力を構成要素として取り入れている．多重知能の観点に立てば，知能と英語学習の関係は新たな展開を見せることになる．

## intentional vocabulary learning　意図的語彙学習

特定の言語項目を学習する意図を最初から持って取り組む意図的学習

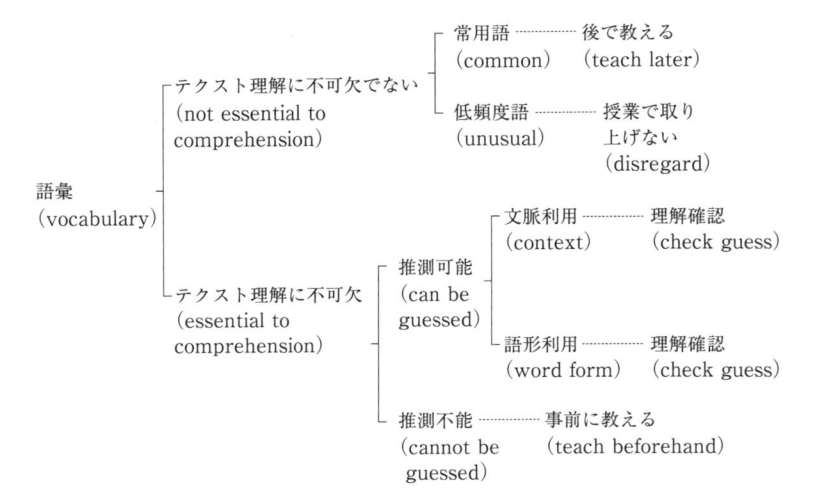

```
語彙
(vocabulary)
├─ テクスト理解に不可欠でない
│   (not essential to comprehension)
│   ├─ 常用語 ……… 後で教える
│   │   (common)    (teach later)
│   └─ 低頻度語 ……… 授業で取り上げない
│       (unusual)     (disregard)
└─ テクスト理解に不可欠
    (essential to comprehension)
    ├─ 推測可能
    │   (can be guessed)
    │   ├─ 文脈利用 ……… 理解確認
    │   │   (context)    (check guess)
    │   └─ 語形利用 ……… 理解確認
    │       (word form)   (check guess)
    └─ 推測不能 ……… 事前に教える
        (cannot be guessed)  (teach beforehand)
```

には，教師の直接的な指導が関わってくる．語彙指導はこのタイプの学習に特に適しており，語彙の導入（*introduction of vocabulary）と語彙の練習（*vocabulary practice）に分けられる．新出語はその重要度で受容語彙（*receptive vocabulary）にとどめるもの，発表語彙（productive vocabulary ⇨ VOCABULARY）まで習熟を要するもの，事前に教えるもの，学習者の推測に任せるものなど，その扱い方は異なってくる．どのような語をどのように扱うかを決めるのは教師である．前ページの基準はそのために活用できる．⇨ INCIDENTAL LEARNING; VOCABULARY.

**interaction**　相互交流／インタラクション

　学習者が互いに，あるいは教師や母語話者と交わす言葉によるコミュニケーションを指す．理解可能入力（*comprehensible input）が言語習得の必要かつ十分条件であるとする入力仮説（*Input Hypothesis）に代わり，インタラクションが言語習得に重要な役割を果たすとする考えが多くの習得理論で強調されようになった．インタラクションの中で相手との意味の交渉（*negotiation of meaning）が行なわれ，相手からより理解しやすい入力とさまざまなフィードバック（*feedback）を得ることが習得を促進するとする立場である．⇨ INTERACTION HYPOTHESIS.

　インタラクションはまた，言葉による相互作用の1タイプで相互交渉（*transaction）と対比される．あいさつ，おしゃべりなど日常会話の多くが含まれ，人間関係を良好に保つ機能を持つ．仲間同士が対面して行なわれる会話ではその場で思いついた（unplanned）ことを，その場に即して（contextualized），打ち解けた言葉遣いで話が進み，省略，反復，言い換えなどが頻繁に観察される．⇨ CALP; FEEDBACK; SPEAKING.

**interactional modification**　相互交流修正

　言葉による相互交流（*interaction）の過程で，参加者のコミュニケーションを効果的に，また的確に行なうためになされる発話の修正．特に，母語話者（native speaker = NS）と非母語話者（non-native speaker = NNS）の交流に顕著に認められる．具体的には，次のような方法がある（⇨ INTERACTION HYPOTHESIS）．

| 種類 | 例 |
| --- | --- |
| 反復<br>（repetition） | NS: I have been to Britain several times. <u>I went there last year. I went there three years ago, too. I have been there several times.</u> |

| | |
|---|---|
| 明確化要請<br>(clarification request) | NNS: Does Nancy is Japanese?<br>NS: <u>One more time please.</u><br>NNS: Does Nancy is, ah, does Nancy speak Japanese? |
| 理解チェック<br>(comprehension check) | NS: I went to the auditorium by myself. <u>Do you follow me?</u> |
| 確認チェック<br>(confirmation check) | NNS: I went to the library.<br>NS: Library?<br>NNS: Yes. |
| 言い直し<br>(recast) | NNS: What do the students like sports?<br>NS: <u>What sports do the students like?</u> |

(Larsen-Freeman & Long. 1991)

　表にあるような修正はNS―NSの会話でも観察されるが，NNS―NSの会話では頻繁に生じ，時には会話の大半が修正(*repair)で占められることもある．この中で，明確化要請はNNSの発話の内容をNSが理解できなかった際にNSSに対して再度発話を促すことで会話を継続する方法である．理解チェック(comprehension check)は，NSが自分の発話がNNSに理解されていることを確認するために行ない，確認チェック(confirmation check)はNSがNNSの発話内容を確認するための方法である．言い直し(*recast)はNNSの発話の内容をNSが受け入れながら，その形式上の不備を正しいモデルを提示することで暗黙のうちに指摘する．このように，言い直しはNNSに形式の訂正という否定のフィードバック(*negative feedback)を提供する．言い直しに接してNNSは自分の発話とモデルの相違に気づき，それは自己の発話を訂正する機会となる．どのような言い直しが第2言語習得(*second language acquisition)に有効かは今後の研究に待つところが多い．⇨ NEGOTIATION OF MEANING.

**Interaction Hypothesis**　相互交流仮説
　言語は周囲の人びととのさまざまなやりとりをとおして習得されるとする言語習得理論．普遍文法理論(⇨ UNIVERSAL GRAMMAR)や情報処理理論(⇨ INFORMATION PROCESSING MODEL)などの認知主義の言語習得理論で学習者が主体的に，また独立して言語習得に関わるとする立場とは対照的である．

入力仮説（\*Input Hypothesis）では理解可能入力（\*comprehensible input）を第2言語習得（\*second language acquisition）の最も重要な条件にした．相互交流仮説はこの点では入力仮説と一致するが，さらに一歩進めて，理解できる入力は相互交流（\*interaction）をとおしてより確実に提供されると主張する．学習者が自ら相互交流に積極的に参加して仲間と話すこと（\*output）で話し相手に自己の言語レベルを自ずと知らせることになる．この情報は相手の言語産出に影響をおよぼす．その結果，自分のレベルに合ったより適切な，理解できる入力に多く接する可能性が高まり，このことをとおして習得が促進される．Long は母語話者（native speaker = NS）同士の会話と母語話者対非母語話者（non-native speaker = NNS）の会話の間に著しい違いを認めた．彼は，NS — NNS の会話には話をスムーズに進めるために絶えず意味の交渉（\*negotiation of meaning）が行なわれ，相互交流にさまざまな修正が加えられる（⇨ INTERACTIONAL MODIFICATION）とする．その結果，NNS の発達レベルに適した言語入力が提供され，言語習得を促すのだとする考えを理論化した．この理論を相互交流仮説と呼ぶ．

相互交流仮説は，NS — NNS の言語交渉の観察から，両者の会話に問題が生じたとき，会話のやり取りにさまざまな修正（\*repair）が施され，理解に導かれる様子を明らかにした．Long によれば，自然な言語運用（\*performance）の場面で情報伝達を成功させようとして学習者と NS が行なう交渉が言語能力を向上させる要件である（Long. 1983）．Hatch はこの立場をさらに進めて，会話を続ける技術を身につけることによって，言語構造の能力が修得されるとも述べている（Hatch. 1983）．相互交流仮説は言語習得に際して学習者の内部で働く複雑な心理言語的なプロセスの理解が大切なことは認めながらも，言語使用のより大きな場面に研究の視点を広げて包括的な説明を提供している．　⇨ NEGATIVE EVIDENCE.

**interactive model to reading　リーディング相互作用モデル**

リーディング過程を文字情報を小さな単位から積み重ねて正確に，迅速に情報を処理しながら，同時に経験，背景的知識（⇨ SCHEMA），推測力などの高次の認知能力を駆使しながら効果的な情報処理を行なう過程と見なす理論．リーディングを \*bottom-up processing と \*top-down processing の相互作用の過程と捉える．次の図は，リーディングを認知行為と捉える立場から，テクストを読むという目を使った身体的な活動（physical act of reading a text）が，頭脳に蓄えられた言語形式と内容についての知識（knowledge of form; knowledge of substance）に基づいて行なわれ，また視覚的な身体活動の結果は同様に高次の知識の作用をへ

```
                    Cognitive Structure
                   ╱         │        ╲
        Knowledge of Form    │   Knowledge of Substance  ⎫ Brain
                   ╲         │        ╱
                    Expectations
                          │
            The Physical Act of Reading a Text          ⎫ Eye
        ┌─────────────────────────────────────┐
        │  Process:              Process:     │
        │  Identification        Interpretation│        ⎫ Eye / Brain
        │  Recognition        Prediction of Content │    ⎬ Coordination
        │  of Forms                           │        ⎭
        └─────────────────────────────────────┘
                    Comprehension
```

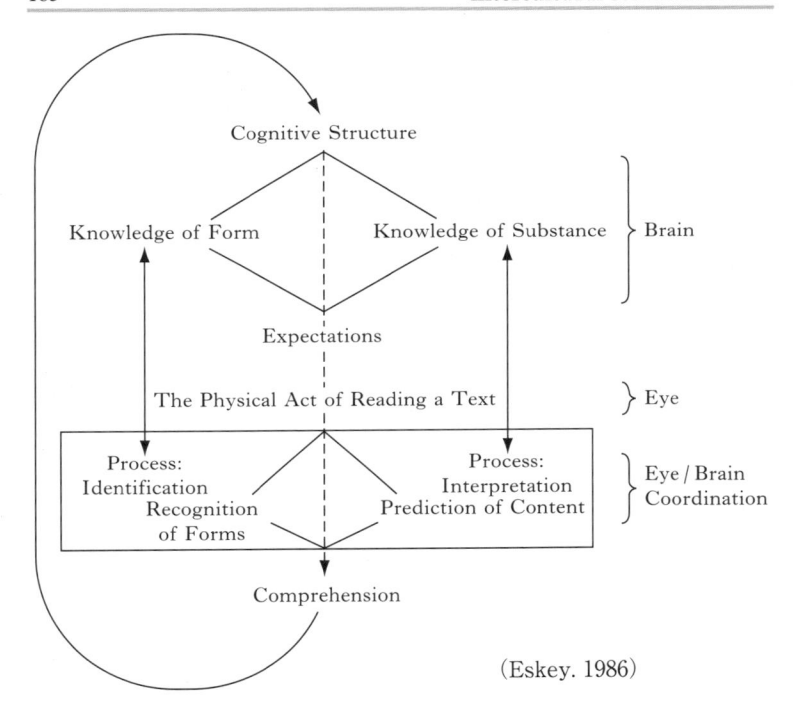

(Eskey. 1986)

て理解に導かれる相互作用的過程であることを示している. ⇨ READING.
**interactive whiteboard**　電子黒板　⇨ BLACKBOARD / WHITEBOARD.
**intercultural communication**　文化間コミュニケーション

　異なった文化（*culture）を背景に持つ人びとの間で生じるコミュニケーション．文化によってコミュニケーションの様式が異なるときには問題が生じる（⇨ CULTURE SHOCK）．文化的な差異が大きければそれだけコミュニケーションに障害が生じる傾向が強くなる．この差異の中には，文レベルからディスコース（*discourse）に至る言語的なものに加え，ジェスチャー（*gesture），表情，姿勢，視線や接近距離（⇨ PROXEMICS）などの非言語的な要素（⇨ NONVERBAL COMMUNICATION）も含まれる．文化間コミュニケーションの指導に当たり次の点を留意点として挙げることができる．① 人びとの行動は文化を反映していることを理解させる．② 人びとの話し方や行動は年齢，性別，社会階層，居住地などの社会的要因の影響を受けることを理解させる．③ 相手の文化の一般的な場面で見られる習慣的な行動に気づかせる．④ 語句の文化的な意味合いの理解を深

める．⑤ 対象文化についての知的好奇心を高め，その文化圏の人びとに対する共感を高める（Tomalin & Stempleski. 1993）．

**intercultural understanding　文化間理解**

　cross-cultural understanding とも言う．異文化理解と同義．他文化を理解し，自文化を相手に正しく伝え，相互理解を実現することを指す．文化間理解能力を高めることは言語の4技能の習得に劣らず重要である．文化間理解の指導は次のように多面的である．① 文化的情報を知識として教える：what に関わり，事実を理解しありのままに受け止めることはそれなりに意味がある．しかし，知識，情報を多く所有しても，文化間の相違を強く意識するだけで文化間理解が進むとは限らない．② 個々の事実，情報の基底にある価値観，世界観などを教える：why に関わり，なぜ ① の事実が存在するのかを理解することをめざす．③ 体験的学習を行なう：特定の事実についてビデオを見たり，*ALT と日本人教師のスキットを見るなどの活動に加え，ロール・プレイ（*role-play）を学習者にも演じさせることで体験的に理解を深めることができる（佐野他. 1995）．

**interdependence hypothesis　相互依存仮説**

　2言語使用教育（*bilingual education）で，一方の言語の教育がその言語の読み書きの能力を向上させるだけでなく，もう一方の言語の読み書きの能力の発達に深い関連のある概念的，言語的能力の向上を助けるとする考え．発音や言語運用などの表層面ははっきりと異なっているが，言語間には共通の概念的な能力が基底にある．この基底にある共通の能力が一方の言語から他方の言語に概念，識字能力，学習ストラテジーの転移（*transfer）を可能にする．Cummins により提唱された考え（Commins, 2009）．⇨ CALP; CROSSLINGUISTIC INFLUENCE.

**interface position　交流理論**

　規則の理解に基づき理論的に理解した知識である明示的知識（*explicit knowledge）は，適切な場面で練習（*practice）を重ねることで暗示的知識（*implicit knowledge）に転化し，無意識的で自動的な操作（*automatization）が可能になるとする言語習得理論．情報処理モデル（*information processing model）を始め，多くの習得理論によって採用されている．これに対して，明示的知識が暗示的知識に転化することを認めない理論（⇨ NONINTERFACE POSITION）があり，その代表例は入力仮説（*Input Hypothesis）である．⇨ SKILL ACQUISITION THEORY.

**interference　干渉**

　母語と第2言語の構造が異なる部分では，母語の習慣が第2言語に持

ち込まれる結果，第2言語習得に障害になる現象を指す．日本人が英語の /r/, /l/ の識別と産出に困難を感じるのは日本語でこの区別をしない日本語の習慣が *EFL 習得に干渉しているため．また，日本人学習者に関係詞節使用を避ける傾向が強いのは，主要語後行の構造を持つ日本語の習慣が主要語先行の構造を持つ英語の関係詞節の使用に干渉しているとする説もある．負の転移（negative transfer）とも言う．⇨ TRANFER; UNIVERSAL GRAMMAR; PRINCIPLES AND PARAMETERS.

**interlanguage　中間言語**

　　学習者が第2言語習得（*second language acquisition）の途中で示す独自の言語特徴の全体を指す．それは学習者の母語とも，また対象言語とも異なる独立した体系をなす．中間言語は第2言語（*second language）の発達につれて刻々と変化する可変的な特徴を有しているが，それぞれの段階ですべての学習者に類似した特徴が観察される．対象言語の標準型から逸脱していることから対象言語の不完全な形態と見なされることもあったが，母語の言語発達で幼児の言葉遣いを成人の言語の不完全な形態と見なすことが的はずれである（⇨ COMPARATIVE FALLACY）と同様に，中間言語はそれ自体が独自の体系を持っていると見なされるようになった．また，中間言語は母語や対象言語と類似した機能を有していると見なされる．中間言語は，第2言語習得の全段階を指すことも，発達の1段階の意味にも用いられることもあり，中間言語の発達過程とその要因を明らかにすることが第2言語習得研究の中心課題である．学習者特有の体系に着目して言語学習者言語（language learner's language）と，また対象言語に次第に接近する発達の様相に着目して近似言語（approximate language）と呼ばれることもある．⇨ DEVELOPMENTAL ERROR; ERROR ANALYSIS; INPUT HYPOTHESIS; INTRALINGUAL ERROR.

**interlanguage pragmatics　中間言語語用論**

　　第2言語習得（*second language acquisition）では，非母語話者の語用の理解と産出過程およびその習得過程を扱う領域．学習者の語用能力の発達の機制，順序，転移などを研究対象にする．

**interlingual error　言語間エラー**

　　対象言語と異なった母語の特徴を転移（*transfer）させた結果生じたと想定されるエラー．英語の発音に日本語のアクセント（*accent）が転用されるなど音声上のエラーが特に顕著である．⇨ ERROR ANALYSIS; INTRALINGUAL ERROR.

**internal consistency　内的一貫性**　⇨ RELIABILITY.

**International English Language Testing Systems**　= IELTS.

## internalization　内在化

　対象言語の特徴に気づき（*noticing），分析し，最終的には知識として記憶に統合する過程を指す．内在化の結果，学習者は語彙，文法，発音などの面でより精緻で進んだ言語使用者になる．

　社会文化理論（*Sociocultural Theory）では，他者制御（other-regulation）から自己制御（self-regulation）への移行を指す．より進んだ言語力を有する相手とのインタラクションの中で，ある表現に接したり訂正を受けたりする他者制御の段階から，その表現を模倣・練習をとおして他者の助けなしに表出する，すなわち自己制御に進展する．対象言語の形式と機能の制御を高め，自己の思考を操作するために用いること（Graaff & Housen. 2009; Ellis, R. 2008）．⇨ ZONE OF PROXIMAL DEVELOPMENT.

## International Phonetic Alphabet　国際音標文字／国際音声字母

　共通の原則にしたがってヒトのすべての言語音を表記するための記号．国際音声学会（International Phonetics Association）によって1888年に制定され，その後何度か改訂され，1996年の最新版がある．IPA はこの略語．わが国の英語辞書はほとんどすべて IPA で発音表記がなされている．次の表を参照．⇨ CONSONANT; PRONUNCIATION; VOWEL.

### 国際音声字母（1993年改訂，1996年最新版）

子音（肺気流）

| | 両唇音 | 唇歯音 | 歯音 | 歯茎音 | 後部歯茎音 | そり下音 | 硬口蓋音 | 軟口蓋音 | 口蓋垂音 | 咽喉音 | 声門音 |
|---|---|---|---|---|---|---|---|---|---|---|---|
| 破裂音 | p b | | | t d | | ʈ ɖ | c ɟ | k g | q ɢ | | ʔ |
| 鼻音 | m | ɱ | | n | | ɳ | ɲ | ŋ | N | | |
| 顫動音 | ʙ | | | r | | | | | R | | |
| 半顫動音もしくは弾音 | | | | ɾ | | ɽ | | | | | |
| 摩擦音 | ɸ β | f v | θ ð | s z | ʃ ʒ | ʂ ʐ | ç ʝ | x ɣ | χ ʁ | ħ ʕ | h ɦ |
| 側面摩擦音 | | | | ɬ ɮ | | | | | | | |
| 接近音 | | ʋ | | ɹ | | ɻ | j | ɰ | | | |
| 側面接近音 | | | | l | | ɭ | ʎ | L | | | |

（※記号が対になっている場合，右が有声子音を表す．不可能な調音と判断される枠に網掛けが入っている）

## internet　インターネット

　全世界のコンピュータをリンクして情報のやりとりが行なえる巨大な情報通信網．英語教育にとって，教師の授業準備や授業中の学習活動のいずれにも大きな可能性を有し，次のような活用が考えられる．① 情報収集・検索：新聞，ジャーナル，放送，各国の政府広報など，あらゆる情報が internet で収集，検索できる．しかも，使用言語の8割が英語である．「生きた，本物の（⇨ AUTHENTICITY）」英語に常時接することが可

能になる．また，教科書の題材を補充・拡大し，比較・対照するなど多角的，多面的なリーディングが実現する．さらに，特定の題材について，あらかじめ検索すべき項目を明確に提示することで，スキャニング(*scanning)のスキルが養成できる．語彙注，学習者向けの改訂版などの工夫が施されたものがあるので中級レベル以上の学習者のリーディング力向上には欠かせない．リスニングではBBC, CNNなどの放送番組，名作，スピーチ，映画，音楽など多様なレベルに応じた活動を設定できる(Sperling. 1998). ② 情報交換：コンピュータをとおして情報交換を英語で行なうことで，英語の使用場面が狭い教室から全世界に広がる．e-mailは最も一般的である．国内外の 'key pal' とメール交換，級友や教師との情報交換やquestion-answerなどを英語で行なうことで実際的な運用能力の進歩に資すことが期待される．メーリングリスト(mailing list)は登録したメンバーにメールを配信する．英語学習のみならず，音楽，ニュースなど特定の話題を扱うグループに登録することで，随時情報を得られる他に，自らも登録メンバー全員に常時発信できる．チャット(chat)はinternetをとおして相手とリアルタイムでおしゃべり(chat)することができる．交信はライティングで行なわれるものが多い．登録すれば誰でも参加できる．③ テレビ会議(videoconferencing)：遠隔の学校間でinternetをとおして動画と音声による対話を同時的に行なうシステム．英語による討論を国内外の他校の生徒と行なうことで英語のコミュニケーション能力(*communicative competence)の向上が期待できる．④ ウェブサイト(website)作成：情報発信の場として学校や学科のウェブページ(ホームページとも言う)を立ち上げることはごく普通のことである．英語教育ではライティング，スピーキングの情報発信型の学習を展開できる．

**inter-rater reliability** 評定者間信頼性 ⇨ RELIABILITY.

*interview* インタビュー／面接

　スピーキング活動(*speaking activity)の1つ．学習者はTVでインタビューの光景に毎日のように接している．教室外でインタビューを受ける経験を持つこともあるかもしれない．何よりも，手軽に実施できて，全員が英語を使う機会に恵まれる点で有効な活動である．質問の項目をあらかじめ設定した形式設定インタビュー(*structured interview)と類似している．しかし，ここではトピック(topic)は教師，あるいは学習者が決めるが，具体的な質問項目から実際のインタビュー，そのまとめまでできるだけ学習者が独力で行なうことで運用(*production)の趣旨を生かす活動になる．

準備段階としてpre-interviewの段階を設定して,トピックを提案し,話し合いをとおして学習者のスキーマ(*schema)を活性化し,質問を考えやすくすると同時に答えの準備も行なう.また,上級レベルではインタビューをより効果的に行なうため,次のようなストラテジーを教えることもできる(Klippel. 1984).① 確認要請(Did you mean that...? / Do you really think that...? / But you said earlier that...).② つなぎ語(Well, let me see...)(⇨ FILLER).③ 反論,割り込み(Hold on a minute... / Can I interrupt you here?).次に,質問項目を設定する個人作業の間,教師は適切な支援を行なう.その後,interviewの準備活動を行ない,制限時間も伝える.interviewの間,教師はその様子を観察してVTRで様子を録画する.interviewerには必ず回答のメモをとらせる.インタビュー後のpost-interviewの段階では,各interviewerはメモを整理して,レポートにまとめ,グループ,クラスで結果を発表する.VTRはpost-interviewで再生して全体で聴視する.それはまた評価の貴重な資料にもなる.

## intonation イントネーション

声の高低,すなわちピッチ(*pitch)の動きの型を指す.意味,文法の両面から見てまとまりのある単位を thought group あるいは tone unit と呼ぶ.この単位の中でピッチが上昇,下降などの動きを示す.この動き,すなわちイントネーションは,喜び,怒りなどの話し手のさまざまな心的態度,文の区切り,疑問文などの文法機能,新情報と旧情報の区別,強調などを示すのに重要な役割を果たす.

イントネーションの型には主要なものとして次の5つの型を挙げることができる(Roach. 2000).

(1) 下降調(fall)(↘):終了,完結(finality),確定(definiteness)を示す

e.g. That's ↘right.; Stop ↘talking.

(2) 上昇調(rise)(↗):一般疑問文,未完,継続,不確実性,列挙を示す

e.g. Are you feeling ↗better? / I phoned them right ↗away (and they agreed to come). / He usually arrives around noon, ↗doesn't he? / ↗Red, ↗yellow, ↗brown, or ↘blue?

(3) 下降上昇調(fall-rise)(↘↗):(条件付き賛成(limited agreement),疑義(doubt),要請(requesting)を示す

e.g. It's ↘↗possible. / Can I ↘↗buy it?

(4) 上昇下降調(rise-fall)(↗↘):驚き(surprise),強い感情表現

e.g. You were ／‾first.
(5) 平坦調 (level) (─)：日常的な手順 (routine)，退屈
　　e.g. T: Tom.　S: ─Yes. (出欠調査)

1つの tone unit にはピッチの変化を伴う，音声的に最も目立つ音節があり，これを核 (nucleus) と呼ぶ (上例の下線部)．核を含む語はそのユニットで最も重要な情報を含んでいる (⇨ STRESS)．核になるのは，通常 tone unit の最後にくる内容語 (*content word) である (⇨ RHYTHM)．

次の指導手順が想定できる．① 識別練習を十分に行なう．例えば，Yes, No を教師が上の5タイプのいずれかで発音して，そのどれであるかを識別させることからはじめ，次第に長い発話を用いるようにする．② モデル文を録音した対話を聞かせ，それぞれの発話のイントネーションを認知した後で反復練習を行なう．

自然なイントネーションの習得は実に困難な課題であるが，コミュニケーションを実現する上で重要であることも事実である．したがって，学習者のレベルに合わせた指導が望まれる．

**intralingual error　イントラリンガル・エラー／言語内エラー**

目標言語の誤った学習や一部だけの学習の結果生じるエラーを言う．母語の特徴とは無関係に，同じ対象言語を学ぶ学習者に共通して見られる目標言語体系から逸脱した言語行動．母語話者の言語習得過程で観察される特徴と類似している場合が多い．母語の影響を受けて生じる言語間エラー (*interlingual error) と対比される．⇨ DEVELOPMENTAL ERROR; ERROR ANALYSIS; INTERLANGUAGE.

**intra-rater reliability　評定者内信頼性** ⇨ RELIABILITY.
**intrinsic motivation　内発的動機づけ** ⇨ MOTIVATION.
**introduction of vocabulary　語彙導入**

語彙導入には視覚的方法と言語的方法がある．視覚的方法には次の手法が利用できる．① 実物：教室内の品物や携帯可能なもの．実物提示と同時に言葉による説明を付加する．② 掛図：体の部位，各種機械の各部の名称，家の間取り，町の様子など，まとまりの強い語群の導入に用いる．③ 地図：国，地域，地名，河川，山，言語名などの導入に用いる．④ 線画：短時間で容易に描けるもの (⇨ SKETCH)．⑤ 動作・ジェスチャー (*gesture)：動詞，形容詞などの多くが導入可能．⑥ 図表：位置関係，方向を示す前置詞など．次例参照．⑦ 写真：国・都市など地理的情報，人物，動物，植物などの具体物全般．同時に言葉による説明を付加する．次の例参照．

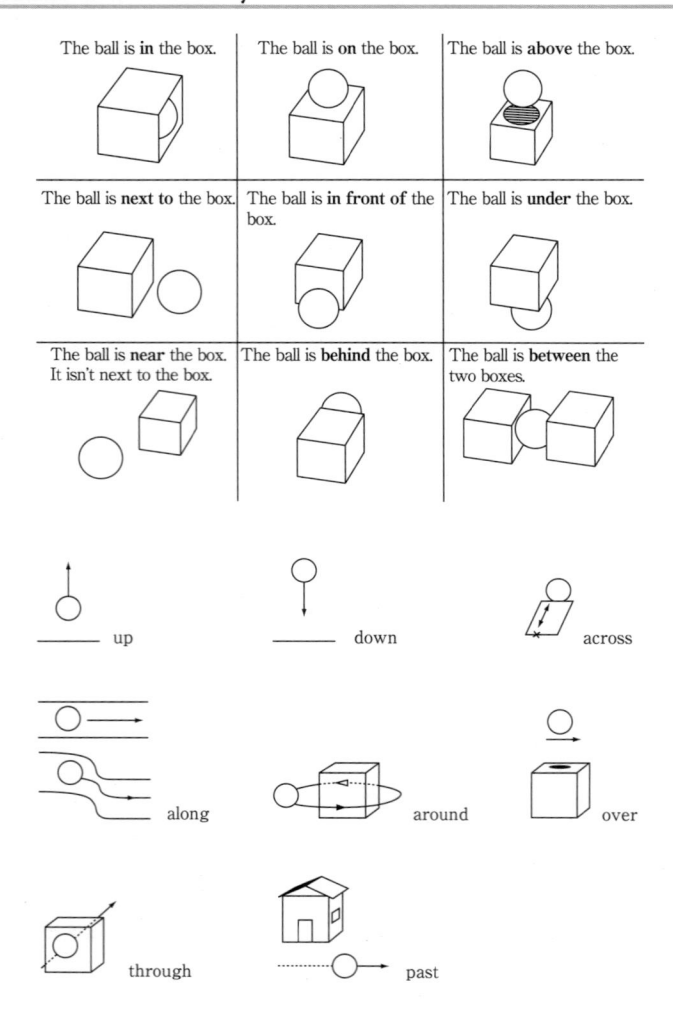

# introduction of vocabulary

| The ball is **in** the box. | The ball is **on** the box. | The ball is **above** the box. |
|---|---|---|
| The ball is **next to** the box. | The ball is **in front of** the box. | The ball is **under** the box. |
| The ball is **near** the box. It isn't next to the box. | The ball is **behind** the box. | The ball is **between** the two boxes. |

_____ up

_____ down

across

along

around

over

through

past

> T: (毛皮のコートの写真) What kind of coat is it?
> S: White.
> T: White yes, what kind of material?
> S: Cotton, cotton.
> T: Oh it's not cotton, is it?
> S: Wool.
> T: It's not really wool. Em...em...
> S: Material.
> T: Material yes. It's the kind of...
> S: Sof or soft...
> T: Animal. What...er animal skin, isn't it?
> S: Frer. Furr.
> T: *Fur*. Have you heard that before? I'll write it up on the board.
> S: (読む) *Fur* coat.

(Taylor. 1990)

言語的手法には次の種類がある．
① 同義語，反義語，コントラスト：allow — permit; beautiful — pretty; luxurious — gorgeous のような同義語の一方が既習の場合や possible — impossible; expensive — cheap; dead — alive などの反義語の一方が既習の場合も導入可能．interesting — boring などの対立関係にある語は，The movie was not interesting. It was boring などのように対比させて提示する．
② 例示：下位語を列挙して上位語の意味を理解させることができる．e.g. A table is furniture. A chair is furniture. A cupboard is furniture, too.
③ 定義，言い換え（definition, *paraphrase）：A lawn is an area of grass in the garden. のように定義したり，"Lapse" means a minor error. / A milliner is a hat maker. のようにやさしい英語に言い換える．
④ さまざまな関係：家族関係，度量衡，月，週，季節，序数，基数など．Your cousin is a child of your uncle or aunt. / Sunday comes between Saturday and Monday. / Summer is the season between spring and autumn. In the summer the weather is hot.
⑤ 語形成：既習の語根，接辞語などの組合せをとおした理解．unhappy = not happy. meaningless = having no meaning. など．
⑥ 文脈化：多義語の特定の語義や抽象語を理解するのに効果的．Japan has been at peace since the end of World War II.

⑦ 翻訳: 簡潔,明瞭に意味を伝えることができる.例文を提示して,語の使い方を示すとよい.

## introspection　内省

ある種の言語活動の直後あるいはその途中で被調査者に彼ら自身の思考過程を述べさせるために開発された研究手法.実験的手法でも自然観察的な手法でもないが,学習者の内面的な過程についての新しい情報を提供する点で他のテスト形式の調査に見られない長所を持つ.しかし,学習者の実際の学習方略(*learning strategy)を再現することを意図しているものの,学習者の思いこみによる偏りを防ぐ手だてはなく,資料としての妥当性(*validity),信頼性(*reliability)をどのように保証するかが課題として残る.口頭報告には学習行動についての一般的な特徴を述べる自己報告(self-report),特定の学習行動を子細に検討する自己観察(self-observation),そして思考表出法(*think-aloud technique)がある.その他に学習者の学習過程の内省を日記に記録したもの(*protocol)を分析する日記研究(*diary study)がある.

## introversion　内向性 ⇨ EXTROVERSION.

## IPA　= INTERNATIONAL PHONETIC ALPHABET.

## IRF　質問・応答・確認

initiate — response — follow up の略.Sinclair & Coulthard (1975) の教室内ディスコースの研究(⇨ DISCOURSE ANALYSIS)で明らかになった教室内の教師と学習者の最も典型的な相互交流(*interaction)の型.特に,教師主導型(teacher-fronted type)の授業で頻繁に観察される.次の例に見られるように,最初に教師(T)が質問や指示を発する(initiating).これに呼応して学習者(S)が応答する(responding).さらに教師がこの応答に評価やコメントを与えて確認(follow-up)している.

T: Ask Anan what his name is? (initiating)
S: What's your name? (responding)
T: Good. (follow-up)

IRF の交流型は,次の例にあるように外国語の授業でも頻繁に観察され,教師主導タイプの授業の典型と見なされることがある.

T: What do you do every morning? (initiating)
S: I clean my teeth. (responding)
T: You clean your teeth every morning. (follow-up)

## item analysis　項目分析

テスト項目がテストの目的に照らして有効であったか,また成績の上位者と下位者の差を明確に示したか否かを判定するために行なう分析を

言う．ある項目に対して成績上位者も下位者も同じ解答結果を示した場合，その項目の識別力（item discrimination）は低い．全受験者が正答を出せなかった項目は識別力ゼロである． ⇨ ITEM RESPONSE THEORY.

**item bank　項目バンク**

　テスト項目を整理して保存したデータバンク．試行を重ねて，特定レベルの受験者に対する困難度が正確に推定された項目から構成され，テスト問題作成の際に活用することができる．特に，IRT（⇨ ITEM RESPONSE THEORY）の実施には項目バンクの存在が前提とされる（McNamara. 2000）．

**item discrimination　項目弁別** ⇨ ITEM ANALYSIS.

**item learning　項目学習**

　言語構造をを分析することなく決まり文句（*formulaic sequence）として丸ごと身につける学習．言語学習の初期の段階では，Can I have a ～? を Please ～. と類似したコミュニケーション機能を持ったチャンク（⇨ CHUNKING）として理解し，また使用する項目学習の傾向が見られる（Ellis, R. 2008）． ⇨ SYSTEM LEARNING.

**Item Response Theory　項目反応理論**

　テストの項目分析（*item analysis）の新しい理論．IRT と略す．テスト項目の特徴，項目と受験者の能力の関係，テストの全体的な質に関して一般化を行なうためにテストデータの統計モデルを用いる測定理論．この理論は同等の困難度を有する複数のテストを作成するテスト等化（equating）という困難な課題を解決し，また時間の経過に沿って学習者の進歩を測定するために困難度を明確にした異なったテストの使用を可能にする．この理論を実施に移すためには，十分試行された膨大な項目バンク（*item bank）とそれを受験者に適切に提示するためのコンピュータ適応テスト（*computer adaptive test）が前提となる（McNamara. 2000）．
⇨ RASCH MODEL.

# J

**Japan Exchange and Teaching Program** = JET PROGRAM.
**JET program** JETプログラム

　Japan Exchange and Teaching Program（語学指導等を行なう外国青年招致事業）の略．JETプログラムはわが国の地域レベルでの国際交流の推進および外国語教育の充実を図るとともに，地域レベルでの国際交流を推進することを目的とする事業．2011度で25年目を迎える．参加者は，外国語指導助手（ALT），国際交流員（CIR），スポーツ国際交流員（SEA）の3つの職種のいずれかに従事する．参加者は創設以来増加し，2002年には6000人を超えたが，その後減少傾向にある．その原因としては，JETプログラム以外のALTの採用数の増加が考えられる．主な職務として，日本人外国語教員の補助，教材準備の補助，日本人外国語教員育成の補助の他に，課外活動への参加がある．

***jigsaw task*** ジグソー活動

　情報差（*information gap）の原則に基づいたコミュニケーション活動（*communication activity）の1つ．ジグソーパズルとよく似ているが，複数の参加者が持っている虫食い状態のさまざまな情報を，英語を用いて共有して完全な情報にまとめる活動である．情報は文字，絵などさまざまである．4コマ漫画の各コマをそれぞれの所有者が英語で説明して順序を整え，全体のまとまりをつける活動（ordering ⇨ TASK CLASSIFICATION），各参加者が分断された順序不同のストーリーの1つの断片を見て，その部分を暗記してから互いに紹介し，ストーリーを再現するstrip storyなどがある（Klippel. 1984）．結果にいたるまでの過程で意味の交渉（*negotiation of meaning）が行なわれ，その際に用いられる言語機能の活用が重要な言語学習の機会になる．

**joke** ジョーク

　言葉遊び（*language play）の1種．ジョークは説明されてから理解してもおもしろさは半減する．学習者に理解されやすいレベルのものを選

択すると同時に語句の説明は必要に応じて行ない，過剰な説明は避けながら理解を促すことが先決である．ジョークを楽しむ学習者は多いが，それもジョークの内容次第である．例をいくつか挙げる．

 He: My dog is lost.
 She: Why don't you put an ad in the paper?
 He: Silly, that won't do any good. My dog can't read.

What apples never grow in the apple tree?
Pine apples.

Why do white sheep eat much more than black sheep?
Because there are so many more white sheep.

# K

**keyword technique　キーワード法**

　未知語に母語の形と意味をしっかり結びつける語彙学習法．目標語の形（発音）と類似した母語とそのイメージを想起し，発音の似た母語をキーワードにして目標語と結びつけてその語の意味の想起を容易にする方法．次の4段階で示すことができる．"dictionary" を「字を引く書なり」と発音して，記憶の助けにするのは1例．

| 未知語 | ⇨ | 母語のキーワード | ⇨ | 未知語の意味とキーワードの意味を連結する心的イメージ | ⇨ | 未知語の意味 |

（Nation. 2001）

**kinesics　動作学** ⇨ BODY LANGUAGE.

**knock-knock　ノックノック**

　名前を用いた掛け合いの言葉遊び（⇨ LANGUAGE PLAY）．次の例にあるように，もとの発音をくずした形で応答する．最初の2文はつねに同じで 'Knock-know.' 'Who's there?' となる．

　　Knock-knock.　　　　　　（トントン）
　　　　Who's there?　　　　（どなたですか）
　　Ken.　　　　　　　　　　（ケンです）
　　　　Ken who?　　　　　　（どちらのケンですか）
　Ken you please open the door and let me in?（ドアを開けて中に入れてくれませんケン）
Ken で始まる上の文は 'Can you please open the door and let me in?' の意である（Medgyes. 2001）．Ken を発音の似た Can にかけた言葉遊び．

# L

**L1 acquisition** = FIRST LANGUAGE ACQUISITION.
**L2 acquisition** = SECOND LANGUAGE ACQUISITION.
**LAD** = LANGUAGE ACQUISITION DEVICE.

**language　言語**

　言語は1つの共同体におけるヒトのコミュニケーション体系として思想，意志などの情報の授受のために用いられる．それは，一義的には音声を素材にした記号体系として構造をなしている．限られた音（＝音素）の一定の配列で意味を持った単位（＝形態素）を構成し，形態素のまとまりが語，句，さらに文を生成する．言語はヒトに特有のコミュニケーションの方式であり，すべての健常者は自然な状況で言語を習得する能力を生得的に持っている．母語に加えて，第2言語（*second language）を用いる2言語使用者（*bilingual）は，単一言語使用者（monolingual）を数の上で凌駕している．しかし，この言語習得はヒトに限られた能力であって，他の動物は自然な環境ではこの能力を有していない．第2言語習得（*second language acquisition）では母語習得と同様の言語習得能力（⇨ UNIVERSAL GRAMMAR）が用いられるのか，それとも一般的な認知能力によるものであるかは未解決の問題である．

**language awareness　言語意識**

　言語に関する明示的な知識および言語学習，言語教授，言語使用における意識的な理解と感受性を言う（Association for Language Awareness（言語意識学会）の定義に依る）．言語指導の教室では，言語使用能力の向上を強調する動向に対し，その基盤となる言語そのものに対する意識的な理解を深めることの重要性を強調する理論と活動を指す．元来，英国における外国語を含む言語教育の非効率性を指摘し，改革を求める"草の根運動"に端を発するが，その後イギリスにとどまらず広くその重要性が認識されるようになった．言語意識は感情（affective），社会（social），権力（power），認知（cognitive），言語運用（performance）のさまざま

な領域で重要な役割を果たす．例えば，権力の領域では民衆の操作と弾圧の目的で言語が用いられる様子に焦点を当てることで言語に対する感受性と意識的な理解を深める，また運用の面では明示的指導（\*explicit instruction）が支持される．アメリカでは類似した概念として意識高揚（\*consciousness raising）が用いられることがある（Byram. 2004）．

**language acquisition device　言語習得装置**

　　ヒトに生得的に備わっていると見なされる言語習得能力で，Chomskyの生成文法理論（\*generative grammar）の重要な概念の1つ．LADと略す．現在では普遍文法（\*universal grammar）と言うことが多い．

**language distance　言語距離**

　　母語と対象言語の言語的，心理的距離．言語は互いに異なった程度で関連している．異なる語族に属する対象言語は同語族に属する対象言語に比して母語との距離は長いと考えられる．これは語彙，文法などの言語的な類似性を比較することで推測できる．言語類似性と言語距離は反比例する．英語とドイツ語の言語距離は日本語との言語距離よりも短い．距離の短い対象言語を学習する際には母語からの転移（\*transfer）が容易に行なわれ，学習が促進される．一方，言語距離には学習者が想定する心理的な距離も含まれる．学習者が置かれた社会的，心理的状況によって距離感が影響を受けることがある．こうした心理的距離は学習の進展に伴い変化し，実際の母語からの転移は学習者の想定する心理的距離に影響を受ける（Ellis, R. 2008）．

**Language Experience Approach　言語体験教授法**

　　学習者が自分の体験を口頭で述べるのを，教師あるいは他の上級学習者が文字に書きとめる．この資料がテクストとしてリーディング活動（\*reading activity）に発展する．学習者が最も精通している内容のテクストがリーディングの教材としていちばん身近で，したがっていちばん容易なものになると考えられる．言語体験教授法は，次のような段階を経て行なわれることがある（Ediger. 2001）．① 学習者，あるいはクラス全体がそれぞれの体験を話すのを教師が文字にそのまま転記する．その後，検討して誤りをみんなで訂正する．② 教師がこの話をクラスに読み上げる，あるいは教師の助けを得ながらクラスでこの話を読み上げる．読めるようになるまでグループ，個人とさまざまな形で何度も読み上げる．③ 特定の語彙の練習，文の整序作業のような発展活動を展開する．④ 他の学習者の話を読んでみる．⇨ CONSTRUCTIVISM.

**language laboratory**　= LL.

**language learner's language　学習者言語** ⇨ INTERLANGUAGE.

**language play　言葉遊び**

　言葉遊びは，子供の世界のみならず大人の会話の重要な一部となっている．文学作品はその1つの例として挙げることができるだろう．子供の言語習得の段階で言葉遊びは多用される．言葉遊びは実際的な問題解決には用いられず，タスク（\*task）を形成する要素でもない．したがって，コミュニケーション中心の授業（⇨ COMMUNICATIVE LANGUAGE TEACHING）では，軽視されたり無視されたりすることが多い．しかし，想像の世界に入り音声の響きを楽しみ，謎を解きジョークに敏速に反応して笑う行動は，いずれも知的な言語使用に属する活動である．言葉の多義性を認識し，そこから生じる思いがけないユーモアを理解し，自らも作り出す行為は創造的な言語使用の重要な一側面を構成する．何よりも言葉を操作する楽しさを味わうことで，英語学習の息抜きだけでなく強い動機づけ（\*motivation）になる（Cook, G. 1997）．

　英語教育で頻繁に利用される言葉遊びとして次のようなものがある．ジョーク（\*joke），語呂合わせ（\*pun），早口言葉（\*tongue twister），ノックノック（\*knock-knock），なぞなぞ（\*riddle），ことわざ（\*proverb），nursery rhyme，矛盾語法（\*oxymoron），つづり変え遊び（\*anagram），同音異義語（\*homophone），クロスワードパズル（\*cross-word puzzle），リメリック（\*limerick），回文（\*palindrome）．

**lateness　遅刻 CE**

| Why are you late,<br>Where have you been,<br>What have you been doing, | | Taro? |
|---|---|---|
| Don't | let it happen<br>be late | again. |
| Try to | be on time<br>come earlier | next time. |

**learnability　学習可能性**

　Pienemann の処理可能性理論（\*Processability Theory）で示された理論．言語情報の処理手続きにおいて特定のレベルにいる学習者はそれよりも1つ上のレベルの言語構造を提示（\*presentation）されることで，その構造の学習は促進される．しかし，それを超えたレベルに位置する構造を提示されても学習に困難を生じるという理論．教師は学習者の処理手続きレベルを見定めて，それに適した言語構造を提示することで指導

の効果を上げることができる．逆に，このレベルを無視した指導は学習の促進には役立たないことになる．⇨ TEACHABILITY HYPOTHESIS.

**learner autonomy　学習者自律性**

　　自らの学習を自分自身で掌握できる能力あるいは状態を指し，学習のすべての面に関して，次のような決定を学習者自身が行なえることを言う（Holec. 1981）．① 学習目的を決める．② 学習内容と進度を決める．③ 用いられる指導法と指導技術を選択する．④ 習得過程を点検する．⑤ 習得したことを評価する．自律性は絶対的な概念と言うよりも比較的な概念と捉えるのが適当である．完全に自立した学習者は教室，教師，教科書から離れて，1人で学習を実行できる人を指す．そうした学習者は理想像であり，現実にはありえないとも言える．学習者の状態によって自律性の程度に差が生じるのは当然である．

　　自律性の指導は次のような段階を追って行なわれる．① 理解段階（awareness）：使用中の教材のねらい，内容，学習方法を理解する．② 関与段階（involvement）：自らの学習に深く関わり，複数の目標，学習活動の中から最も適切なものを選択する．③ 介入段階（intervention）：与えられた課題（*task）を自らの必要に合わせて修正する．④ 創造段階（creation）：目標を自分で決め，学習課題を自ら設定する．⑤ 超越段階（transcendence）：学習したことを教室の外で発展させ，自らの意志で学習を続ける（Hedge. 2000; Benson & Voller. 1997）．教師はそれぞれの段階に適した指導を用意し，授業の一部に取り入れる．また，教科書の活動に組み込む場合も考えられる．わが国の教育界でしばしば取り上げられるトピックである「自ら学び，自ら考える力」と一脈通じるものがある．⇨ INDIVIDUALIZATION; SELF-ASSESSMENT.

**learner belief　学習者の信条**

　　学習者が英語，英語学習，英語指導に対して持っているさまざまな考え方を指し，学習態度や動機づけ（*motivation），また実際の学習方法や結果に影響をおよぼすと考えられる．信条は次のような体系を持つ．① 英語の本質についての信条：英語のどの面がむずかしいか，英語は重要かについての考え．② 英語話者に対する信条：英語話者に対してとる特定の見方や態度．③ 4技能についての信条：各技能の特質についての考え方．④ 指導についての信条：効果的な指導についての考え方．⑤ 言語学習についての信条：効果的な学習方法についての考え．⑥ 教室における適切な行動に対する信条：授業中に積極的に発言すべきか，仲間と協力して学習すべきかなどについての考え．⑦ 自分自身についての信条：言語学習者としての自分能力についての考え．⑧ 目標についての信

条：学習者が設定する学習目標.

　信条は社会的な環境,過去の学習体験,生活経験などの多様な要因で形成されるので容易に変化せず安定している.それは,また偏見や歪みを示すこともある.しかし,各学習者がどのような信条を持っているかを正確に理解することは効果的な指導の第一歩として重要である (Richards & Lockhart. 1994).

**learner-centeredness / student-centeredness　学習者中心**

　指導,学習の過程で学習者をその中心におき,彼らのニーズ (needs),能力,関心を考慮に入れて指導過程を編成することの重要性を強調する立場を指す.学習者中心の指導では何を,どのように,いつ教え,またどのように評価するかを決定する際に教師よりも学習者の立場が尊重される.学習者中心の概念は多様な解釈がなされていて,一定の定義はない.しかし,学習者中心の指導 (learner-centered instruction) には次のような特徴が含まれる (Nunan. 1999).① 学習者のニーズ (⇨ NEEDS ANALYSIS),学習スタイル (*learning style),学習目標 (⇨ AIM) を考慮に入れた指導法を用いる.② グループ活動 (*group work) に学習者の積極的な参加を促し,学習者の意志で活動をコントロールすることを認める.③ カリキュラム (*curriculum) 編成,目標設定に学習者の要望を反映させる.④ 学習者の創意,工夫を助長する指導法を用いる.⑤ 学習者の自信,達成感を高めることで学習者が自らの学習に責任を持ち,学習を継続する意志と能力を養う.コミュニカティブ・ランゲージ・ティーチング (*Communicative Language Teaching) で用いられるコミュニケーション活動 (*communication activity) には上記 ② の要素が盛り込まれている.

　学習者中心の指導は教師の責任を学習者に単に委譲することではない.学習者の主体性,自主性を尊重し,自らの学習を自らが計画し,適切な学習方略 (*learning strategy) を駆使して学習し,その成果を自ら評価できる自律した学習者 (⇨ LEARNER AUTONOMY) を育成しなければならない.この点で,学習者中心の指導法はそれと対立関係にある教師中心の指導法 (teacher-centered instruction) よりも重くかつ困難な責任と任務が教師に負わされることになる.⇨ INDIVIDUALIZATION.

**learner training　学習者訓練**

　自発的に学習に取り組むことでより効果的な学習成果が実現される.この考えに立って,学習者の意識を高め,具体的な学習方法の習得をめざして行なわれる体系的な試みを指し,学習指導の一環として行なわれることがある.多くの場合,次の3領域からなる (Ellis & Sinclair. 1989).

① 外国語学習過程に何が重要かについての理解を深める活動. ② 自らの学習により積極的に関わり, 責任を持つように学習者を励ます活動. ③ 外国語の学習方略（*learning strategy）を身につけ強化することを助ける活動. こうした訓練の結果, 学習者は教室での学習だけでなく, 自習室（*self-access）での学習, また家庭での自主活動をより効果的に行なうことができるようになることが期待される. 体系的に学習者訓練の活動を組み入れた教科書や学習者訓練を目的にした活動集も利用できる.
⇨ GOOD LANGUAGE LEARNER; LEARNER AUTONOMY.

## learning　学習

第2言語（*second language）の意識的な知識, 規則を知り, 理解し, 説明できる状態を指すと Krashen は定義し, 自然な言語使用場面で身につける *acquisition（習得）と峻別する（⇨ INPUT HYPOTHESIS）. このような2分法に対して一方で強い批判が浴びせられた. ⇨ INTERFACE POSITION; NON-INTERFACE POSITION.

## learning strategy　学習方略

効果的に学習を進めるために学習者が実際に取るさまざまな活動や行動を包括する概念で, 手段, 方策, 工夫, コツなどを含む. 英語を身につけるために基本文を何度も反復する（repetition）, 暗唱する（memorization）, 実際に使ってみる（application）などはいずれも学習方略の具体例である. 学習方略は次のように分類される（Dörnyei. 2005）① 認知方略（cognitive strategy）：学習教材・入力を操作し, あるいは変化させる具体的な学習活動（e.g. 反復, 要約, 推測, 分析, 類推）. ② メタ認知方略（metacognitive strategy）：自分の学習過程を分析, 監視, 評価, 計画, 整理することをめざすより高次な方略. ③ 社会的方略（social strategy）：外国語のコミュニケーションと練習の量を増加させるための対人的な行動の改善（e.g. 外国人と積極的に話す, 分からないことを教師や友人に尋ねる）. ④ 感情方略（affective strategy）：学習に積極的に参加する素地になる感情的な状況と経験の制御（e.g. 間違いをおそれない, 恥ずかしがらない）.

学習方略の多くは, 直感的に最初から身についているものよりも, 意識的に学習して習得するものの方が多い. 指導過程の一部に学習方略を明確な形で取り上げ, 訓練することを重視した指導法として strategy-based instruction がある（Brown. 2007）. 学習方略研究はすぐれた外国語学習者（*good language learner）の分析にヒントを得ており, 学習者訓練（*learner training）の重要な一部であり, また学習者の自律性（⇨ LEARNER AUTONOMY）を高める動きとも連動して重視されるように

なった (Brown. 2007; Oxford. 1990). ⇨ ACT* MODEL; CLASSROOM RESEARCH; COMMUNICATION STRATEGY.

**learning style**　学習スタイル

　個々の学習者の学習方法の好みを指す．学習スタイルは比較的安定していて活動が変化しても容易に変わらない特性を示す．学習場面に応じて適切な方法を選択する学習方略（*learning strategy）とはこの点で異なる．さまざまな状況に対処する方式には個人差があり，一般的には認知スタイル（cognitive style）と呼ばれる．学習面でのこうした個人差を特に学習スタイルと呼ぶ．学習スタイルは学習者の身体的，情動的，認知的特徴が融合して形成される．これまでに数多くの学習スタイルが提案されてきたが．英語学習に強い関連を持つ学習スタイルとして，次の事項が取り上げられることが多い．① 場面依存・場面独立（*field dependence / field independence），② 分析的・全体的（analytic / global），③ 知覚学習スタイル（*perceptual learning style），④ 直接的・熟慮的（intuitive-random / sensing-sequential），⑤ 思考型・感情型（thinking / feeling），⑥ 曖昧性許容度（*ambiguity tolerance）．学習スタイルはどちらの方向にどれだけという傾向性を示す指数である．また，同一の学習者でも課題（*task）に応じて異なったタイプが用いられることがある．

　学習者の年齢，性別，出身文化圏でも偏りが認められるとする研究があるものの，多人数クラスではさまざまな学習タイプの学習者が存在していると想定すべきである．したがって，個々の学習者の好みの学習スタイルに応じた指導をすることは実際には不可能である．しかし，教師が特定の学習スタイルにのみ適した指導を行なっていないか反省し，できるだけ多様な学習活動を展開することで多様な学習スタイルに対応した指導が実現できる．学習スタイルは価値観を含むものではない．このことを念頭において，それぞれの学習スタイルの学習者が英語学習で陥りやすい困難点を予測し，それに応じた適切な課題を用意することによって適正な学習スタイルの発達を促す配慮が教師には求められる．

**lemma**　レマ／見出し語

　語彙サイズ測定の基準の1つ．基本語，屈折語（複数形，3人称単数現在形，過去形，過去分詞形，ing 形，比較級，最上級，所有格），短縮語はまとめて1レマと数える．したがって，go, went, gone, goes, going は1レマと数える．普通，レマは同じ品詞に属する語を指す：take a <u>walk</u>, <u>walk</u> a dog の下線部は品詞が異なるので2つのレマと見なす．レマ設定の背景には語彙学習の負担に対する考慮がある．問題点としては不規則変化形の扱い（e.g. be 動詞）が挙げられる．　⇨ WORD FAMILY; TYPE; TOKEN;

VOCABULARY.
## lesson planning　指導案作成

　　授業計画はそれぞれの教師の経験やおかれた状況で変化する．しかし，文字に書き留めるか否かは問わず，計画をまったく持たずに授業に臨む教師は稀である．lesson plan には重要なことのみをメモした簡単な略案から，指導過程を詳細に記述した詳案までさまざまであるが，通常，次のような観点を念頭において計画する．① 背景的情報：日付，クラス名，学習者の特徴，関連する学習済みの事項，教科書とその該当箇所，lesson 全体の構成など．② 指導目標：本時の指導目標を文法・文型，語彙・連語，発音などの観点から整理する．その際，目標事項の言語形式，その意味・機能だけでなく，それを聞いて分かる，口で言えるなどのスキルも明記する（⇨ AIM）．③ 指導過程：学習活動，内容を時間配分，留意点，教具などと併せて時間経過順に記述する．必要に応じて代案，補充活動も記載すると慌てないですむ．どの程度詳しく記述するかは目的によって異なる．教育実習生や経験の浅い教師の場合は，できるだけ詳しく例文，教師の指示，説明，予想される学習者の反応と教師の対応をスクリプト方式で書くことが望ましい．この作業は教室場面を事前に頭の中に再現することを意味し，授業の予行演習ともなる．完成したら，再度点検することが重要である．指導過程は一般に \*warm-up, \*review, introduction of new material, \*consolidation などのセクションから構成される．introduction of new material には1時間で扱う新しい教材で，PPP（presentation-practice-production ⇨ ACTIVITY SEQUENCE）と呼ばれる活動や，新語や連語などの導入（\*introduction of vocabulary），その後に続くテクストのリーディング活動（\*reading activity）が含まれることが多い．④ 評価と反省：指導目標に照らして授業を振り返り，教師の働きかけ，学習者の反応などを評価し，次の授業の計画立案の参考にする．

　　次に一般的な lesson plan（teaching plan とも呼ぶ）の形式の1例を掲げる．なお，巻末の「指導案」参照．

Lesson plan

Instructor: _____

Date
Class _____, _____ School
Class description
学習者数（男女別），年齢，特徴
学習意欲・態度
学習経験

Textbook _____
                     Lesson __, Section ____ (p. ____)
Allotment
1st period    Section 1
2nd period    Section 2
3rd period    Section 3 (this period)
4th period    Section 4
5th period    Exercise
Aims of this period
① 文法・文型，語彙・連語，発音などに分けて記述する．

② 言語形式 (e.g. present perfect form), 機能 (e.g. これまでの経験を表す), スキル (e.g. 読んで理解できる，口頭で表現する) の3つの観点で記述する．

Procedure

| Section | Timing | Teacher | Student(s) | Interactions & Notes |
|---|---|---|---|---|
| Warm-up | 2 min. | ・Greeting<br>　Good morning, class.<br>・Roll call<br>・Chatting | Good morning, Ms. ___. | T ↔ C /<br>T ↔ S |
| Review | 5 min. | ・Jigsaw reading | | S ↔ S<br>Reading sheet |
| Presentation | 10 min. | ・Structure<br>　Present perfect | | T ↔ C<br>Pictures |
| Practice | 5 min. | ・Chart drill | | T ↔ C /<br>T ↔ S<br>Chart |

| Production | 10 min. | ・Communication activity | | S ↔ S Activity sheet |
| --- | --- | --- | --- | --- |
| Reading | 15 min. | ・Pre-reading<br>・During-reading<br>・Post-reading | | T ↔ C /<br>T ↔ S |
| Consolida-tion | 3 min. | ・Summary<br>・Homework | Copying key sentences | S |

**lexical approach　語彙中心教授法**

　　文法よりも成句や定式化した語彙（*vocabulary）のまとまりを指導の中心においた指導法．Lewis によって広く紹介された．メッセージの伝達と理解という流ちょうさ（*fluency）は文法規則の理解と操作によって達成されるのではなく，多量の重要な語句，成句，定式表現（*formulaic sequence），準定式表現を自由に活用することで実現されると主張される．そのための活動も多く提案されている．また，この立場に基盤をおいたコースブックも出版されている．語彙を犠牲にして統語（*syntax）規則の習得を強調する傾向に対するアンチテーゼとして注目すべき内容を含んでいるが，統語規則の学習に語彙指導が取って代われるか不明な点もある．⇨ LEXICAL SYLLABUS; USAGE-BASED GRAMMAR.

**lexical density　語彙密度** = TYPE-TOKEN RATIO.

**lexical syllabus　語彙シラバス**

　　学習すべき語彙（*vocabulary）を中心にして編成されたシラバス（*syllabus）．語は文法よりも意味をよく伝え，語のまとまり（*chunking）の定型表現の学習は文法的な分析力よりもコミュニケーション能力（*communicative competence）の強力な手だてになるとする立場で，語彙を重視したシラバス（Lewis. 1993）．⇨ LEXICAL APPROACH.

**Likert scale　リカート・スケール**

　　質問紙法の調査で用いられる手法．ある特徴を示す文を提示し，回答者に賛成―反対の程度を示すことを求め，選択肢の中から該当する項目に○を付すことで回答がなされる．回答は，大いに賛成は5，強く反対は0のように数値化され，集計される．例えば，動機づけを維持し，保持するストラテジーとして次のような記述文を提示し，回答を求める．

・学習タスクやその他の指導にできる限り変化を持たせる．
① 大いに賛成　② 賛成　③ どちらとも言えない　④ 反対　⑤ 強く反対
・ときには生徒の予想しないことをやってみる
① 大いに賛成　② 賛成　③ どちらとも言えない　④ 反対　⑤ 強く反対

4段階から7段階程度の選択肢が用意されることが多い（Dörnyei. 2001）．

**limerick**　リメリック

こっけいな5行詩で AABBA と押韻する．Edward Lear のリメリックの詩集でポピュラーになり，言葉遊び（⇨ LANGUAGE PLAY）の一種として親しまれ，イギリスではリメリックの競技会も催される．次の例を参照．

> There was a young man of Devizes,
> Whose ears were different sizes.
> The one that was small
> Was no use at all,
> But the other won several prizes.
>
> A right-handed fellow named Wright,
> In writing 'write' always wrote 'rite'
> Where he meant to write right.
> If he'd written 'write' right,
> Wright would not have wrought rot writing 'rite'.
>
> There was a young lady whose chin
> Resembled the point of a pin;
> So she had it made sharp,
> And purchased a harp,
> And played several tunes with her chin.

(Wright. 1986)

**linear syllabus**　直線型シラバス　⇨ STRUCTURAL SYLLABUS.

**lingua franca**　リンガ・フランカ

母語を異にする者同士がコミュニケーションの手段として用いる言語．元来，イタリア語に由来し，フランス語（French）を意味した．今日では英語が世界中で最も広範囲に用いられるリンガ・フランカと見なされているが，それは英語母語話者の数に依るものではなく，英語使用圏，とりわけアメリカ合衆国の政治的，軍事的，経済的な影響力によるもの

である．⇨ ENGLISH AS AN INTERNATIONAL LANGUAGE.

**linguistic imperialism　言語帝国主義**

　　植民地時代の宗主国が現地語を廃止して宗主国の言語使用を強制することにより，植民地支配をより強力にしたことと同様に，旧植民地の独立後も中心としての旧宗主国の言語使用を周辺としての旧植民地にさまざまな形で強要することをとおして文化的な支配を維持，強化しているとする考え．Phillipson が英語教育の普及に関して展開した主張．学術ジャーナルの多くが英語論文のみを掲載し，また多くの国際会議の使用言語も英語に限定される傾向は，中心国の英語母語話者の優位性をより強固なものにし，周辺の非母語話者が英語圏の中心国に支配され，不利益を被る結果を招来していると主張される．しかし，英語がイギリスやアメリカによって強制されるのではなく，英語教育では英語を国際語補助語として積極的に推進しているのが実状だとする指摘もある．もっとも，どの道，外国語教育において政治的な中立性を維持することは容易ではないことは認識する必要がある (Cook, V. 2008)．

**linguistic competence　言語能力**　⇨ COMPETENCE.

**linguistic relativity　言語的相対論**

　　言語と文化，思考の関係に関する1つの見解で，ヒトの思考様式はその言語によって規定されるとする立場．この理論では，異なった言語の話し手は，世界観も異なってくることになる．言語的決定論 (linguistic determinism)，あるいはこの説を提唱した2人の学者の名前を用いてサピア＝ウォーフ仮説 (Sapir-Whorf hypothesis) と呼ぶこともある．

**linking　連結**

　　音声学で用いられる概念で，語の最後の音と次に来る語の最初の音を連結する音変化を指す．英語に顕著に観察され，打ち解けた会話では特に頻繁に生じる．linking を理解し，慣れることで聞き取りが促進される．linking は次のような文脈で生じる．① 子音で終わる語の次に母音で始まる語が来ると，子音と母音が結合して音節を作る．an apple → /ə næpl/, find out → /fain dáut/．② 最初の語の語尾と次の語の語頭の音が同一のときには，1音を長く発音する．short_time [t:]．③ 閉鎖音の次に閉鎖音か破擦音が生じるときには，最初の閉鎖音は解放されない．pet cat [peťkæt]．語尾の r を発音しない地域では，次の語が母音で始まる場合には r が発音されることがある (e.g. here /hɪə/ → here and there /hɪərəndðeə/) ⇨ TASK-BASED LISTENING ACTIVITY.

**listening　リスニング**

　　リスニングは連続する音声入力を知覚し，その意味を理解するととも

に，自らの解釈を施す複雑な認知過程である．Brown によれば，この過程は次の8つの段階を含む (Brown. 2007)．なお，① と ⑧ がそれぞれ最初と最後の段階を示す以外は，順序は一定しない．① 生のスピーチを聴いて，そのイメージを短期記憶にとどめる．このイメージは連続する音声の構成要素（句，節，結束性標識 [⇨ COHESION]，イントネーション [*intonation]，強勢 [*stress] 型）から構成されている．この際，自分の言語知識を活用して，音声を意味のある単位として捉え，シラブルの境界を決定し，語を特定する．② スピーチのタイプを決定して，知覚したメッセージに特定の解釈を行なう．③ スピーチのタイプ，文脈，内容を考慮して話し手の目的を推測する．すなわち，メッセージの機能を推測する．④ 文脈とメッセージの内容に関連したスキーマ (*schema) を想起する．それまでの経験や知識を動員して，メッセージに適切な解釈を施す．⑤ 発話 (*utterance) に文字どおりの意味を与える．耳に入ってきた表面上の音のつながりに意味上の解釈を行なう．この文字どおりの意味と話し手が意図した意味は合致することが多い．しかし合致しない場合には，表面上の意味の下に入って正しい解釈を行なわなければならない．⑥ 発話に意図された意味を与える．⑦ 情報を短期記憶 (*short-term memory) と長期記憶 (*long-term memory) のいずれに保存すべきかを決める (⇨ MEMORY)．⑧ メッセージの原型を消去し，重要な情報を概念として保存する．

**listening activity　リスニング活動**

　リスニング活動は，pre-listening, during-listening, post-listening の3段階の指導段階をとって行なわれるのが一般的である (⇨ SEQUENCE OF LISTENING INSTRUCTION)．プリ・リスニング活動 (*pre-listening activity) では実際に聞くための準備を行ない，次のデュアリング・リスニング活動 (*during-listening activity) で聞きながらどんな活動を行なうかを明確にする．ポスト・リスニング活動 (*post-listening activity) ではデュアリング・リスニング活動の結果のフィードバック (*feedback) やリスニングの下位スキルの練習を行なう．⇨ ASSESSMENT OF LISTENING; LISTENING INSTRUCTION.

　リスニング技能 (*listening skills) を構成する下位スキル (⇨ MICRO-SKILL) に着目したリスニング活動として次のようなものがある．

1.　音の連続の短期記憶
　次例に示すような応答形で学習者が会話を教師あるいは仲間と交わす．

A: You ate lunch.　　　　　　B: Yes, I did.
　So you're full.　　　　　　　　Yes, I am.

**listening activity**

|   |   |
|---|---|
| You're not hungry. | No, I'm not. |
| You don't feel hungry. | No, I don't. |
| You're sleepy. | Yes, I am. / No, I'm not. |

また，英語を聞きながら聞き取れた語句を書きとめる活動もこの趣旨に添ったものである．

2. 示差的音の識別

次の文を聞いて every day か yesterday のいずれかを言わせる．

|   |   |
|---|---|
| T: I study English | S: every day. |
| I studied English | yesterday. |
| I play tennis | every day. |
| I played soccer | yesterday. |
| He plays the violin | every day. |
| He played the guitar | yesterday. |

また，次のような文を聞いて適切な絵を選択させることもできる．

T: Tom went to buy a desk. / Jane went to buy a disk.
　　I saw a ship. / I saw a sheep.

3. 音調，強勢，リズムの型の認知

文強勢のおかれた音節を認知し，適切に対応する活動で，次の例ではwhere, when のいずれかで答えさせる．

|   |   |
|---|---|
| T: Is your downtown office open on Saturday? | S: Where. |
| Are the banks open on Saturday? | When. |
| Are you going to the museum on Tuesday? | Where. |

4. 短縮形の認知

次の文を聞いて，与えられたスクリプトの空所に完全形（full form）で語句を記入する．

|   |   |
|---|---|
| T: He's gone to school. | Script: (　　　) gone to school. |
| The door's open. | The door (　　　) open. |
| He'd finished the job. | (　　　) finished the job. |
| He'd finish the job. | (　　　) finish the job. |

5. 語境界の同定

ディクテーション（*dictation）（ただし，極端にスピードを落とさないで行なうことが肝心）．

6. 単語の同定

次の "How many words did you hear?" のように，文中に含まれる語数を数えることで単語を認知する能力が養われる．

I am going to the library on Saturday.

Tom studied math at home yesterday.

また，いくつか単語を並べてその中から"仲間はずれ"(Odd one out) を見つけるのも単語認知に役立つ．次例参照．

apple, orange, banana, chair, pear.

7. 重要語の認知

英語を聞いて，トピックや命題を示す重要語を空所に記入する活動はその1例．

［リスニング］

Ms. May: Did you have a good time there?

Mr. Sato: Yes. In Turkey the people were kind and friendly to me. One day I met a young couple, and they invited me to their home. I won't forget the delicious dinner and the pleasant evening.

［ワークシート］

英語を聞いて，次のカッコ内に適当な語句を記入せよ．

Mr. Sato had a ( ) time. The people in Turkey were ( ). A young couple invited him to ( ). The food was ( ). It was a ( ) evening.

8. 語句の意味の推測

文脈から語句の意味を推測する活動はその1例．

次の会話を聞いて A〜C から選択せよ．

［会話］

A: You're going to come to the ball game on Saturday, aren't you, Kim?

B: I wish I could. But I've got friends here from out of town.

A: Why don't you bring them along?

B: Well, they're not really baseball fans. I think we'll just eat out somewhere.

［選択］

Kim will (A. go to a movie.  B. go to the baseball game.  C. meet some friends.)

9. 統語型の認知

複数の絵の中から，文に合ったものを選ばせる活動はその1例．

次の英文の内容に合った絵を選べ．（絵は省略）

1. The cat bit the dog.
2. The girl hit the boy.

3. The boy gave the girl a present.
10. ディスコース標識（*discourse marker）の認知
接続詞を含む文を聞いて，複数の絵の順序を英文に合った順序に並べる活動はその1例.

次の英文の内容に合うように絵を並べ替えよ．（絵は省略）
1. After I came home, I opened the box.
2. I came home before I opened the box.
11. 文構成要素の確定
文を聞いて，適当な絵を選択することで主語，直接目的語，間接目的語などの要素を理解する.

次の文に合う適当な絵を選べ.
Tom gave Jane a chocolate and Jane gave Tom a T-shirt.
（ここでは，次のような絵を用意する．① Tom が Jane にチョコレート，Jane が Tom に T シャツを渡している．② Tom が Jane に T シャツ，Jane が Tom にチョコレートを渡している．③ Tom が Jane に T シャツ，Jane が Tom に T シャツを渡している．④ Tom が Jane にチョコレート，Jane が Tom にチョコレートを渡している．）

**listening assessment**　⇨ ASSESSMENT OF LISTENING.
**listening instruction**　リスニング指導

リスニングは近年，4技能のなかでもとりわけ重視され，その指導法は脚光を浴びるようになった．それには次のような背景がある．① 聞く能力と話す能力は別個のものであり，話せることは聞いて理解できることにはならない．むしろ，聞くことのほうが話すことよりも困難なことがしばしば生じる．② 聞くことは4技能のなかでも最も頻繁に活用されるスキルである．コミュニケーションでは，書くことに約9％，読むことに16％，話すことに30％ が当てられるのに対し，リスニングは45％ を占めるとも言われている (Hedge, 2000). ③ 普通の速度の話を聞いて理解するためには，日本語を介在させずに直接英語で理解する必要がある．すなわち，リスニングは英語の語順に即して意味を解釈する活動であり，この経験をとおして英語の構文に対する理解が深まる．④ 言語習得では聞くことが話すことより重要である (⇨ INPUT HYPOTHESIS). ⑤ 話す活動では，特に初級者の場合には文法的な誤りを多く含み，スピード，リズムともに英語らしくない特徴を持つことが多い．したがって仲間の話す英語を聞くだけでは英語習得に必要な入力が質，量ともに不足する．教室内で学習者に英語を話させることは，話す能力の養成には重要であるがそれが聞くことの能力の養成に直結するものではない．

リスニング指導では次のような点に留意すべきである．① 理解できる英語を聞く機会をできるだけ多く用意する：場面に密着した内容の英語は分かりやすい．このためには，まず，教師が英語で授業を行なうことが最も効果的である．② スピーキングの前に十分聞かせて理解させる：特に新出教材の導入では聞いて内容と形式を理解させることを模倣，反復の前に行なう必要がある．リーディング，ライティングの活動の場合でも教師による指示，説明を英語で行なうことでまずリスニングの機会を増やす．③ 必要な情報を捉えることに注意を集中させる：すべて理解できることを期待してはならない．目的に応じて，必要な部分を理解できればよい．④ 全体的な理解と選択的なリスニングを組み合わせた活動を行なう．⑤ トピックについてのスキーマ (*schema) を動員して内容を予測したり，理解することを奨励する．⑥ 正確で，迅速な理解を狙ったボトム・アップ処理 (*bottom-up processing) 方式の活動を取り入れる：主要なリスニング・スキル (*listening skill) に習熟し，それを自動化することが重要である．⑦ 目的を明確にしてからリスニングに入る：目的を実現するためにリスニングを行なわせる． ⇨ ASSESSMENT OF LISTENING; DURING-LISTENING ACTIVITIES; LISTENING ACTIVITY; SEQUENCE OF LISTENING INSTRUCTION.

## listening skill　リスニング・スキル

リスニングの過程は音声入力を正確に処理するボトム・アップ過程 (⇨ BOTTOM-UP PROCESSING) とスキーマ (*schema) を活用して理解を進めるトップ・ダウン過程 (⇨ TOP-DOWN PROCESSING) の相互作用 (interaction) である．リスニング・スキルは数多くの下位スキル (micro-skills) から構成されている．下位スキルは多岐にわたるが，重要なものとして，次のものを挙げることができる (Richards. 1985)．① さまざまな長さの音声の連続を短期記憶 (*short-term memory) で保持する．② 示差的な音を識別する．③ 音調，強勢，リズムの型を認知する．④ 語の短縮形を認知する．⑤ 語の境界を同定する．⑥ 単語を同定する．⑦ トピックや命題を示す重要語を見つける．⑧ 文脈から単語の意味を推測する．⑨ 語の品詞を同定する．⑩ 基本的な統語型を認知する．⑪ ディスコース標識 (*discourse marker) を認知する．⑫ 文の主要な構成要素 (主語，述語動詞，目的語，補語など) を見つける．⑬ 発話 (*utterance) の機能を認知する．⑭ 述べられている出来事から結果を予測する．⑮ 主要部とその補部 (details) を認知する．⑯ 速度に応じて話を理解する．⑰ 目的に沿ってリスニング・ストラテジーを調節する．

リスニングの能力は目的を持ったリスニングを多く経験することで効

果的に養成される．しかし，限られた時間のなかで行なわれる外国語教育では，多く聞くことと同時に学習者の困難点を特定してその部分を効率よく克服する意図的な活動を設定する必要もある．その際に，上記の下位スキルのリストを活用することができる．⇨ INTERACTIVE MODEL; LISTENING ACTIVITY.

**literacy　識字能力／読み書き能力**

言語の読み書き能力．機能的識字能力（functional literacy）は日常生活を営むために必要とされる読み書き能力を指す．2言語の読み書き能力は biliteracy と呼ぶ．最近は computer literacy（コンピュータ操作能力）のように特定の専門領域における情報操作能力を指す場合にも用いられる．

**literature　文学**

コミュニケーション中心の英語教育（⇨ COMMUNICATIVE LANGUAGE TEACHING）では，いわゆる名作を丹念に読み進む活動は実際的なコミュニケーション活動（*communication activity）の前で影が薄くなった感がある．しかし，英語教育に対して文学の持つ意義を認める立場もある．文学は言語の豊かな資源であり，また英語を読む楽しさを学習者に提供する教育的な価値を持っている．文学作品は言語の表現と内容が密接に結びついている．したがって，この言語の 'how' と 'what' が不可分に結びついた文学作品を理解することで言語の形式と機能の関係をより深く理解し，言語表現の豊かさを認識し，そのことが言語学習を促進することにもつながる．明確なコミュニケーションの目的を実現するために言語形式の果たす重要な役割を再認識し，内容面，それも多くの場合，表面的で些末なことのみが強調される実際的なコミュニケーション活動に欠けがちな言語表現の理解と習得に文学の活用は有効に働く．また，多くの文学作品は人びとのさまざまな生き方，考え，新しいものの見方などを直接扱った内面的に深みのある特色を有することから，このような作品に含まれる内容を巡って活発な言語活動を展開できる力を持っている．このように，文学は4技能を統合的に用いるための基盤を提供する．文学は普遍的な人間性の追求とともにそれが生まれた地域の風土，習慣などの文化を色濃く反映している．したがって，文学作品は文化間理解（*intercultural understanding）を促進する大きな可能性を有している．

文学には小説，物語，詩，戯曲などが当然含まれるが，英語教育では従来の定義を拡大して韻，リズム，メタファーなどの特徴に着目して，本来，文学作品を意図していないジョーク（*joke）や語呂合わせ（*pun）などの言葉遊び（*language play），新聞の見出しや広告文（copy）なども

含めることもある．最近では名作の縮約，改作に加え，英語学習者を念頭において最初から書き下ろした作品も出版されるようになった．文学作品を扱う際の問題点として，分量，内容の困難性，学習者の意表をつく表現など，読解を困難にする要因がしばしば含まれている点を指摘できる．この点を克服するためには，学習者のレベルに合った作品，そして作品の抜粋，良質な縮約・要約版を用いるなどの配慮が求められる．また，過剰な解説は作品鑑賞の妨げになるが，内容理解を助ける指導は十分行なう必要もある．

一般的な指導展開として次の段階が設定できる．① 予備段階：内容理解に必要な語句，表現を教えるが，内容についての深入りは避ける．② 概要把握：全体をできるだけ多くカバーし，一気に作品のおもしろさを味わわせる．途中，必要に応じてヒントを与え，理解を助ける．③ 理解深化：再度作品を読み，不明な箇所，気に入った箇所，強く印象づけられた箇所を指摘したり，作品の一部分を他の語り手に語らせたり，出来事を時間軸に沿って並べ替えるなどの作業を行ない，作品のさらなる理解を深める．④ 分析と鑑賞：登場人物の対比，事件の発端と結末，特徴的な表現とその効果，ある登場人物であると仮定したとき自分がとったであろう行動，登場人物に宛てた書信などをとおして新たな角度から作品を吟味する．

活動はテクストの分析とテクストの内容を巡って行なわれる各種の言語活動に大別される．後者の活動にはコミュニカティブ・ランゲージ・ティーチング（*Communicative Language Teaching）で開発された次のようなコミュニケーション活動の手法が多用される．① インフォメーション・ギャップ（*information gap）．② オピニオン・ギャップ（*opinion gap）．③ 問題解決活動（*problem-solving activity）．④ ロール・プレイ（*role-play）．⑤ シミュレーション（*simulation）．このことは，文学がコミュニケーション能力（*communicative competence）の養成に貢献する部分の大きなことを示している（Mckay. 2001; Maley. 2001; Ur. 1996）．

**LL 語学演習室**

language laboratory の略．視聴覚機器やインターネット（*internet）接続のコンピュータを備え，学習者が個人ブースで学習し，また仲間と交信する機能も備えた学習室を言う．LL は 1960 年代の習慣形成理論（*habit formation theory）に基づいて構想され，そこで用いられる多くの教材や学習過程が，この理論を色濃く映し出していた．しかし，IT（information technology）の発達により音声モデルの反復練習の域を脱

し，個別学習，インターネット接続など多様な機能を備えたマルチメディア(\*multimedia)教室として発展してきた．近年はLLと呼ばずに，マルチメディア教室，あるいはCALL教室(⇨ CALL)と呼ぶ場合もある．

　LLはその機能によって次のように分類することが可能である．① 音声型LL教室：個人ブースのカセットレコーダでモデルを再生，自分の発話を録音，モデルと自分の発話を比較する．学習状況を教師がモニターする機能を持つものが多い．② 映像型LL教室：カセットレコーダとともにモニター・テレビがブースに設置され，音声，映像を同時に視聴できる．③ \*CALL教室．④ ビデオ・オン・デマンド機能型CALL教室：個々の学習者の要求に応じてCD-ROMなどの1つの教材の必要な部分を自分のコンピュータに取り込み，自由に学習を進める．⑤ インターネット接続型CALL教室：インターネットをとおして個々の学習者が必要な情報を英語で検索したり，交信したりできる．発信型の英語学習を装置の上で実現できる．しかし，実際の授業でどのように学習者を動かすかは個々の教師の力量次第である．

**local error**　局部的エラー

　文要素の単独の部分に関するエラー．コミュニケーションの障害となることは少ない．屈折語尾，冠詞，助動詞，数量詞などのエラーを含む．全体的エラー(\*global error)に対する．⇨ ERROR ANALYSIS; GLOBAL ERROR.

**logical problem of language acquisition**　言語習得の論理的問題　⇨ UNIVERSAL GRAMMAR.

**longitudinal study**　縦断的研究

　言語習得研究で用いられる研究方法．1人ないし少数の被調査者を対象に，長期間にわたって一定間隔で定期的に言語使用の実際を観察，記録したものを，あらかじめ定めた基準にしたがって分析する研究方法で，言語発達過程を解明することを目的とする．実証的で信頼のおけるデータが得られる反面，研究に要する時間，経費の点，また被調査者が限定されるため研究結果の一般性(generalizability)の維持にも問題を残す．母語習得の研究成果に影響を受け，第2言語習得(\*second language acquisition)でも縦断的研究はこれまで多く行なわれてきた．縦断的研究の困難点を克服するために横断的研究(\*cross-sectional study)が，特に第2言語習得研究では採用されることが多い．　⇨ DIARY STUDY; MLU; MORPHEME ORDER STUDY.

**long-term memory**　長期記憶

　情報を保持する期間が長い記憶．長期記憶は宣言的知識(\*declarative knowledge)を保持する宣言的記憶と手続き的知識(\*procedural knowledge）を保持する手続き記憶に分類される．前者はさらに個人的な出来事の記憶であるエピソード記憶（episodic memory）と知識や言葉の意味などの記憶である意味記憶（semantic memory）に細分される．保持できる情報量と時間はほとんど無制限．短期記憶（*short time memory）に対する概念． ⇨ MEMORY.

**LTM** ＝ LONG-TERM MEMORY.

# M

**MANOVA**　⇨ MULTIPLE ANALYSIS OF VARIANCE.
**markedness**　有標性

　　限られた範囲内である言語構造は他の構造と比較してより基本的，あるいは自然であるという一般的な概念．より規則的，一般的，予測可能なものと，より不規則的，特殊，予測困難なものを区別し，前者を無標（unmarked），後者を有標（marked）と考える．文法，語彙，意味などのさまざまな分野で広く用いられる．例えば，動詞の範疇では，規則動詞は無標，不規則動詞は有標となる．能動態は無標であるのに対し，受動態は有標の構造と見なされる．また，疑問文は有標であるが，対応する平叙文は無標である．語彙レベルでは，lion と lioness, goose と gander の対では前者が無標，後者が有標である．第2言語習得（*second language acquisition）では一般に無標の構造を対応する有標の構造よりも先に習得すると考えられる．しかし，習得順序は純粋に有標性の程度によるのか，それとも使用頻度の差を反映したものか見極める必要がある．

**Markedness Differential Hypothesis**　有標性差異仮説

　　無標（⇨ MARKEDNESS）の言語特徴は有標のものよりも母語習得ではより早い時期に，第2言語ではより容易に習得されると言われている．例えば，無標の音節構造である開音節（CV）は有標の閉音節（CVC）よりも早く習得される．同様に，第2言語学習者も，特に母語が CVC の構造を有しない場合には，CVC の習得は CV より困難である．有標性差異仮説は，有標性が転移（*transfer）にどのように影響するかを説明するために Eckman によって提唱され，母語（L1）の無標（unmarked）の特徴は対象言語に転移されやすいが，対象言語（L2）の有標の特徴は習得が困難であるとする仮説．

　　この仮説では，L2 学習の困難度を L1 と L2 の比較に基づいて次の図に示されたように予測する．

| L1の特徴 | L2の特徴 | 予測 |
|---|---|---|
| 有標 | 無標 | L2特徴の学習は容易 |
|  |  | L1特徴はL2に転移されない |
| 無標 | 有標 | L1特徴はL2に転移される |

(Saville-Troike. 2006)

　日本人の英語学習者にとって上記のCVC（有標）の子音群の習得が困難なのに対し，英語話者の日本語学習者にとって日本語のCV（無標）の習得は容易であることが上図で予測できる．対照分析仮説（*Contrastive Analysis Hypothesis）では，L1とL2の違いが両方向に負の転移（negative transfer）を生じさせると誤った予測をするのに対し，有標性差異仮説では方向性に関しても正確な予測を提示している．

**mean　平均値**

　総得点を人数で除した算術的平均．テストの中央値（central point）を示すのに最もよく用いられる数値の1つ．しかし，平均値は測定値が小さいときや得点分布の山が2つあるような場合には不適切である．⇨ NORMAL DISTRIBUTION.

**meaning-focused instruction　意味焦点化指導**

　コミュニケーション活動の中で対象となる文法項目を含んだ理解可能入力（*comprehensible input）に大量に接しさせることで帰納的に言語構造の習得を図る指導法の総称．全身反応教授法（*Total Physical Response），コミュニカティブ・ランゲージ・ティーチング（*Communicative Language Teaching），タスク中心教授法（*Task-Based Instruction），内容中心教授法（*content-based instruction），内容言語統合型教授法（*CLIL）などが含まれる．meaning-based instructionとも言う．⇨ FORM-FOCUSED INSTRUCTION; FOCUS ON FORM.

**meaningful drill　有意味ドリル**

　意味を考えずにモデルをそのまま繰り返すだけの練習は機械的ドリル（*mechanical drill）と呼ぶ．この場合，意味が理解されなくともドリルが行なえる．そのために形だけの練習になりがちである．次は，その1例である．

　T: Let's play soccer.
　C: Let's play soccer.
　T: Let's go swimming.
　C: Let's go swimming.

これに対して，次の例は意味を理解しないとドリルにうまく参加でき

ないタイプである．これを meaningful drill と呼ぶ．

 T: Say true sentences about yourself. Let's play baseball.
 SA: Yes. Let's play baseball.
 T: Let's go swimming.
 SB: No. Let's play tennis.

次の a, b は類似しているが，a が mechanical drill であるのに対し，b は meaningful drill に分類される．

 a. T: Jane likes cats but she doesn't like dogs.
   C: Jane likes cats but she doesn't like dogs.
   T: rock/pop
   C: Jane likes rock but she doesn't like pop.
 b. T: Say true sentences about yourself:
     I like cats. Or I don't like cats.
   SA: I like cats.
   T: How about coffee?
   SB: I don't like coffee.
   T: How about rock?
   SC: I don't like rock.

mechanical drill を meaningful drill にするためには次の3とおりの方法がある (Doff. 1988)．① 学習者に自分自身のことについて本当のことを言わせる．② 特定の表現が用いられやすい場面を設定するが，どの表現を用いるかは学習者の判断にゆだねる．③ 学習者に自分で言いたいことを付け加えさせる．⇨ CONVERSION.

**mean length of utterance** = MLU.

**measurement error** 測定誤差

測定には誤差はつきものである．そのため，受験者の真の能力，学力がテスト結果に反映されないことがある．誤差が生じる要因は多様であるが，偶然誤差（random error）と系統的誤差（systematic error）に大きく二分される．前者は予測できない事態によって生じる誤差で，受験者の不注意や動機づけの差などから生じる誤差，放送の音量が小さいなどテスト実施に関わる問題，採点者の集計ミスや採点基準の揺れなどさまざまな要因によって引き起こされる．後者は測定の偏り（bias）を意味し，リーディング・テストで特定の受験者集団の文化的背景がその理解を困難にするような内容で構成されているような場合に生じる．error of measurement ともいう．測定誤差を低くすることでテストの信頼性が向上する．テスト結果に基づいた評定は測定誤差を考慮して行なわれなけ

ればならない．

**mechanical drill　機械的ドリル**　意味を考慮せずに言語形式の練習に集中したドリル．⇨ MEANINGFUL DRILL.

**median　中央値**

得点を上から下に順に並べたとき，その中央に位置する得点を言う．29名の受験者がいた場合，15番目の人の得点が中央値．偶数の場合には中央にある2つの点数の平均をとる．⇨ MEAN; NORMAL DISTRIBUTION.

**memory　記憶**

情報を短期間，あるいは長期間保持する心的能力，あるいはそのプロセス．記憶は短期記憶（*short-term memory）と長期記憶（*long-term memory）に分けられる．聴覚，視覚などの感覚器官を経由して情報が短期記憶で分析，解釈されて短期貯蔵庫に貯蔵される．短期記憶で一度に処理される情報量は限られ，記憶期間も短い．したがって，短期記憶で処理された情報は整理された形で長期記憶に送られ，ここで大量かつ長期間にわたり保持され，必要に応じて検索される．

短期記憶は今ではワーキング・メモリー（*working memory）と呼ばれ，さまざまな認知活動に際し積極的な役割が与えられている．言語処理のような複雑な認知課題を遂行するために，必要な情報を一時的に貯蔵し，操作し，取捨し，統合する．Baddeley によれば，ワーキング・メモリーは音韻ループ（phonological loop）と視空間的記銘メモ（visuospatial sketchpad）の2つの情報貯蔵システムを持つ．前者は言語的な情報処理を担当し，後者は非言語的な情報を処理する．さらにこの2つのシステムを制御する中央実行系（central executive）があって，課題を効率的に処理するための実行機関となる．長期記憶は，情報を長期間にわたり，無尽蔵に貯蔵できる．その方式は短期記憶とは異なり，意味の単位で行なわれる．

***memos*　メモ**

ライティング活動（*writing activity）の1つ．買い物リスト，予定表など自分自身のために行なうライティングと他人に伝えるためのメモなどに分類される．

1）リスト（listing）

買い物リスト，予定表，住所録などの自分のためにさまざまな一覧表を書きとめる．

2）ノート（note-taking）

読み物や講演などのメモを取ることは大切なスキルであるが，高度な活動でもある．したがって，次のように具体例を使ってその方法を教え

ることが有効である.

> 次のテクストのノートを検討せよ.
> John Smith, who was born on December 6, 1972, is a secondary school teacher. His wife's name is Joyce. They have two children: one son and one daughter.
> [ノート]
> J. Smith born 72/teacher/married, with 2 children

　テクストの要点を項目別にまとめてあらかじめ示し，指定された箇所に要点を書き出す作業は note-taking の有効な導入活動になる．旅行ガイドやパンフレットを見て，必要な情報をすばやく書き出す作業はコミュニケーション活動(*communication activity)としてもすぐれている．さらに，グループになって，それぞれのメンバーが異なったパンフレットから必要な項目を抜き出し，どこに行くかを決めるなどのタスク(*task)にも使える．
3) 要約(*summarizing)
4) 日記(diary, journal)
　日記，日誌，予定表など，日常的に英語で書きとめることでライティングを習慣化することをねらう．モデルを示すことが重要である．
⇨ WRITING.

**mental lexicon　心的語彙項目**
　頭脳に記憶(*memory)として貯蔵されている語や語に関する情報．母語の心的語彙項目には，意味と統語に関するレマ(*lemma)と呼ばれる情報，および語形態と音韻・書記に関する lexeme と呼ばれる情報が含まれている．各語彙項目でこのような多くの種類の情報が統合され，自動的にすべての情報が利用できるようにネットワークを構成している．第2言語(*second language)では心的語彙項目は母語の場合と2つの点で異なる．1つは，第2言語の入力が質，量ともに不十分なため必要な情報を内在化できない状態にある．第2点は，第2言語の特定の語彙項目と関連する母語の語彙の概念・意味体系がすでに定着している．この体系が活用されるため，第2言語では母語と異なり，文脈に依存して新たに意味を形成する過程が省かれる．教室内の学習では，lexeme に注意が向けられ，母語の既存の意味が第2言語のレマ(*lemma)の一部になる．

**meta-analysis　メタ分析／メタアナリシス**

あるトピックについて公刊された多数の研究結果を検討・統合する体系的な研究手法．多くの研究を統合することで，個々の研究ではデータが少ないため有意な分析結果が得られなかった事象から，統計的に精度の高い結果を得ることができる．メタ分析は次のような手順を取る．① 文献調査を実施して，報告された関連のある研究サンプルを広範囲に特定する．② 一定の明確に定義された研究基準を満たしていないか，あるいは必要な一定の技術的な詳細を含まない研究はすべて除外する．③ 個々の研究の効果サイズの指標を同定する．④ 対象となった研究の効果サイズの平均を算出する．従来から行なわれてきた先行研究の調査が個々の研究者の主観的な判断で行なわれてきた定性的な分析であるのに対し，メタ分析は統計的な手法を用いた定量的な分析である．(Dörnyei. 2007)

**metacognitive strategy　メタ認知的方略**

自己の学習を計画し，実際の学習状況を監視し，また特定の学習方法がどの程度成功を収めたかを評価する心的な活動を指す．⇨ LEARNING STRATEGY.

**metalanguage　メタ言語**

言語に関する言語．言語を分析，記述するために用いる言語のこと．語法，文法（\*grammar），エラー処理（\*error treatment）などに用いられる言語はすべてメタ言語である．例えば，"A cabbie is a person who drives a taxi." のような定義文や，「主語が3人称単数で動詞が現在形の時は動詞の語尾に s をつける」のような文法規則はメタ言語の例である．

**metalinguistic knowledge　メタ言語知識**

言語の構造，機能に関する，言葉で説明できる知識で，説明のために文法用語などの知識が用いられることもある．言語事象を分析的に把握する明示的知識（\*explicit knowledge）の一部を構成する．He plays tennis on Sundays. の下線部を「主語が3人称単数現在時制であれば述語動詞に屈折語尾の -s を付ける」のように文法用語を用いて説明できる知識．

**methods comparison studies　メソッド比較研究**

主として1960年代に主流であった教室研究（\*classroom research）で，異なった教授法，教授テクニックなどを比較して，その効果を測定する目的で行なわれた比較研究．Scherer と Wertheimer の研究（1964）では，オーディオリンガル教授法（\*Audiolingual Method）と文法・訳読式教授法（\*Grammar-Translation Method）を典型的な実験計画法に沿って比較した．2集団に分けられた参加者は，それぞれの教授法で一定期間指導を受けた後に，同一のテストを受け，その結果が比較された．この研究

は比較された教授法の効果差を認めることはできず，それぞれの教授法で強調された技能が比較的すぐれた結果を示すのみとなった．その後，教室内の実際の授業を直接詳細に観察する手法を用いることにより，実際の授業では異なった理念に基づいた2つの教授法が入り交じった形で実施された実態が明らかにされ，メソッド比較研究の問題点が明らかになった (Nunan. 2005).

## methodology　指導理論

指導法 (\*methods) の比較や評価，言語スキルの特徴とその指導理論，指導案の作成方法 (⇨ LESSON PLANNING)，シラバス (\*syllabus) 編成の理論，指導の評価などを包括する概念．研究の方法論の意味で用いられることもある．

## methods　指導法

英語教育ではいわゆる教授法を指す．教授法は指導方法の総括的な体系で，言語はどのような特徴を持っているか，学習者はどのように第2言語 (\*second language) を習得するか，何をめざして指導するか，用いられるシラバス (\*syllabus) はどんな種類であるか，などの要因によっていずれの教授法を採用するかが決定される．教授法は，英語教育のおかれた社会的文脈，英語教育の目的，対象とする学習者集団の特徴などの主要因に加え，指導する教師の英語力や指導力量などにより大きく変化する．例えば，文法・訳読式教授法 (\*Grammar-Translation Method) は現在では英語教育界のみならず社会的にも強い批判を浴びている指導法であるが，語学習得を知的鍛錬の機会と捉え，演繹的な文法指導を好み，大量の語彙を暗記して難解な古典作品を読み解くことで英語力を磨いた文明開化期の少数のエリートを対象にした教授法としては有効であった．このように，教授法の評価は時代，目的など外的な要因によって決定される．

1つの教授法のみに沿った授業を行なっている教師は少数といってよい．ほとんどの教師は，折衷案的指導法 (\*eclecticism) に依っている．英語教育の原則に立ち，対象とする学習者を見つめてさまざまな教授法のすぐれた点を折衷的に採用する "principled eclecticism" が望ましい．しかし，折衷案はさまざまな教授法の特徴を十分理解することが前提となる．実は，教師が各々おかれた指導場面に即して，各教授法の長所を矛盾することなく取り入れて自己の教授法の整合性を実現することは決して容易なことでない．⇨ METHODOLOGY; POST-METHOD PEDAGOGY.

## micro-skill　マイクロスキル／下位スキル

1つのスキルは数多くの小さなスキルから構成されていることが多い．

このようなスキルを構成する小さなスキルをマイクロスキルと呼ぶ．スキル全体の一部を構成することから下位スキル（subskill）と呼ぶこともある．たとえば，リーディングのスキルには特定の情報を素早く読みとるスキャニング（*scanning），全体の概略を理解するスキミング（*skimming）などがあり，どちらもリーディングのスキルの一部を構成する下位スキルである．マイクロスキルはいずれも全体のスキルの運用を可能にするために必要な下位スキルであることから，可能化スキル（*enabling skill）と呼ばれることもある． ⇨ LISTENING SKILL; READING SKILL; SPEAKING; WRITING.

### microteaching　マイクロティーチング

　教員養成の中で指導技術向上のために用いられる手法．授業を小さい単位に分割して，それぞれの単位を指導単位に設定する．指導者の説明，ビデオによる実演の観察，討論などをとおして指導手順，指導技術，手法の理解を深めた後，研修生による指導案の作成，検討，修正を経て，実際に授業を行なう．他の研修生を学習者に見立てて行なう模擬授業が多いが，実際の教室で行なう場合もある．この授業はビデオに記録し，その録画に基づいて後に全体で詳細に分析して，問題点を指摘し，改善の方法を探り，修正を施して再度授業を行ない，その結果を前の授業と比較・分析して指導技術の向上を確認する．この授業から再授業までのサイクルは実施困難なことがある．その場合には異なった教材を用いて類似した再授業を行なう．指導者の集中的な指導を必要とする手法であるので，多人数の研修生に対して同時に実施することは困難であるが，状況に応じて柔軟に対処することでマイクロティーチングの趣旨を取り入れた研修は可能である．

### mimicry-memorization (mim-mem)　模倣暗唱活動（ミム・メム）

　スピーキングのドリル（*drill）の基礎的な活動．mim-mem は英語学習には必要な活動であるが，機械的で単調で退屈になりがちである．したがって，短時間に手際よく行なうようにする．クラス一斉の反復に加え，変化を持たせて，次のような指示を口頭あるいは身振りで与える．Repeat. / Say altogether. / This side. / This row, please. / This half / That half. / Boys. / Girls. / Yamada, please. / Say it again to your partner. 場面を設定して，それにふさわしいイントネーション（*intonation）で反復させると機械的な練習が生き生きとした表現活動になる．次のような指示を参照．Say the sentence at the normal volume / loud / in a whisper / slowly / quickly / happily / angrily / sadly / shout out loud. ⇨ AUDIO-LINGUAL METHOD; SPEAKING ACTIVITY.

## Minimalist Program　極小主義プログラム

　原理とパラメター（*principles and parameters）の基本枠に基づいた1990年代以降の生成文法理論の枠組み．言語機能をヒトの演算システムが音と意味を関連させるのに本質的に必要な最小限にまで単純化させる．その結果，言語学習は語彙の特性を学習することに帰せられる．第2言語習得にこの枠組みがどのような意味を持つかは今後の検討を待たなければならない（Cook, V. 2008）．

## minimal pair　最小対

　1箇所のみが異なる対になっている語句，文など．例えば，seat — sheet / sit — seat / yeast — east / math — mass のような語や，She was folding the clothes. — She was holding the clothes. / Collect the papers. — Correct the papers. のような文をなす場合もある．英語の音体系の中で日本語にはない音素対立（contrast）をなす対を取り上げて，最小対の形で音の弁別，模倣，産出の活動を展開することができる．

　最小対を用いた識別訓練は日常の言語活動では生じないような人為的な環境で行なわれる練習である．最小対では識別が困難な対立であっても，文脈の中でいずれか一方の意味に解釈することが妥当な場合がある．そのため，最小対を用いた発音練習の有効性に疑問を挟む者もいる．しかし，正確な音声識別の能力自体が軽視されてよいわけでは決してない．対象とする学習者のニーズと学習目的に応じてどの程度この種の練習に時間を割くか決定することが重要になる．　⇨ PRONUNCIATION ACTIVITY; CONSONANT; VOWEL.

## Minimal Terminal Unit　= T-UNIT.

## miscue analysis　読み違い分析

　学習者がテクストを朗読する際に犯す読み違いの箇所を取り上げ，読解の過程を反映する資料として用いて，分析する研究方法．読み違いには次のような行動が観察される．① 語句の省略．② 反復・再読．③ 自己訂正．④ 語の置き換え（substitution）．語の置き換えはさらに原文と同じ文法範疇内の置き換えか否か，原文の意味を留める置き換えか否か，原文と綴りが類似しているか否か，原文と類似した音声か否かなどの観点から分析される．このような分析から，読み手がテクストを解読する際に用いる方略を理解し，読み手が拠り所とする情報源を理解することができる．　⇨ ASSESSMENT OF READING; READING; READING ACTIVITY.

## mixed syllabus　混合シラバス　⇨ INTEGRATIVE SYLLABUS.

## MLU　発話平均値

　MLU は mean length of utterance の略．言語習得研究で用いられる

尺度で，形態素（*morpheme）の数で発話（*utterance）の長さを測定して得た数値．時間の経過に伴って子供の発話の長さが増加する変化を示すために用いられる．1語文，2語文などはそれぞれ1つの発話中に用いられた語の数を言い，言語発達の指標に用いられる．これに対してMLUは分析の単位を形態素にしたもの．アメリカの心理学者Roger Brownが幼児の言語発達の縦断的研究（*longitudinal study）に用い，その後多くの研究者によって使われた．

**mode　最頻値**

テストで測定値の度数（頻度）が最も多い得点を言う．⇨ NORMAL DISTRIBUTION.

**Modern Language Aptitude Test　現代語適性テスト**

Carroll & Saponにより5000名の参加者を得て1959年に開発された現代語適性テスト．所要時間は60〜70分で，次の5部から構成されている．① Number learning: 未知の言語の数字を聞いて学習し，次に15個の数字を英語に訳す．② Phonetic script: 発音記号を目で追いながら短い無意味語が発音されるのを聞き，次に1語ずつ聞いて該当する記号を選ぶ．30問．③ Spelling clues: 通常の綴りではなく，音声表記綴りの語と意味が類似した語を選択する．50問．例: ernst: A. shelter, B. sincere, C. slanted, D. free, E. impatient. ④ Words in sentences: 文中の1語（句）に下線を引いた問題文を提示し，次に5カ所に下線を引いた別の文を提示し，問題文の下線部と同じ働きをする語を選ぶ．54問．例: Mary is cutting the APPLE. My brother John is beating his dog with a big stick.
　　　　　　　　　　　　　A　　　　　B　　　　　　C　D　　　　　E
⑤ Paired associates: 24のクルド語と英語の対を4分で暗記し，次にクルド語に対応する英語を5語の中から選択する．

以上の5部のテストは，音声記号化能力，文法感覚，暗記学習能力，帰納的言語学習能力を測定する．MLATと略記することがある（Dörnyei. 2009）．⇨ APTITUDE TEST; THE PIMSLEUR LANGUAGE APTITUDE BATTERY.

**modified input　修正インプット／入力**

主として第2言語習得（*second language acquisition）で母語話者や教師などが学習者の理解を助けるために，学習者に向けた自己の言葉遣いを修正することを指す．学習者の理解を促し，そのことが彼らの言語発達に貢献すると主張されることがある．母語習得で親や周囲の成人が幼児に対して話しかける際に用いる子供に向けられた言葉（*child-directed speech）に類似した特徴が見られる．教室内で教師が学習者に対して学習中の対象言語で話しかける際には修正インプットが多く観察される．

この修正インプットを特に教師言葉(*teacher talk)と呼ぶ. ⇨ BABY TALK, FOREIGNER TALK.

**modified interaction** = INTERACTIONAL MODIFICATION.

**modified output** 修正アウトプット／修正出力

　学習者が自己の発話を他者とのインタラクション(*interaction)などをとおして言い換えること. 修正出力を実際に産出することは,学習者の言語能力を拡張し,その時点における中間言語(*interlanguage)を検討し,また産出を自動化(*automatization)することになり,言語発達を促進すると考えられる. ⇨ INTERACTION HYPOTHESIS; RECAST.

**module** モジュール

　モジュールはそれぞれが独自の構成を持って,それ自体で完結しているような個々の機構を指す. 元来,工学や建築学で用いられた概念. コンピュータなどの工業製品を構成する規格化された部品が原義. 言語習得理論では,ヒトの認知作用を全体としてのまとまりと捉えるのではなく,いくつものモジュールで構成されていると考える立場がある. 言語能力は1つのモジュールを構成し,空間知覚能力,数理論理能力などもそれぞれモジュールを構成する. 言語能力というモジュールはさらに文法,語彙,意味などのモジュールから構成されている. 言語習得は言語モジュールの支配下にあり,一般的な認知能力とは関係なく実現する. Chomsky の生成文法(*generative grammar)はモジュール理論によっている(今井.1986).

**Monitor Hypothesis** モニター仮説

　Krashen によって提唱された入力仮説(*Input Hypothesis)の一部を構成する仮説. 学習(*learning)によって得た知識は実際の言語使用の過程を監視(monitor)し,発話(*utterance)の前に表現を整えたり(editing),発話の結果を訂正したりする機能を持つ. 実際の言語使用の原動力になるのは習得(*acquisition)の結果である.

**morpheme** 形態素

　ある言語中の最小の意味の単位. さらに分解すれば意味が失われるか,異なった意味になる. 形態素はそれ自体で語となることがある. boy, toy, man などはその例. 2つ以上の形態素が組み合わさって語を形成する場合もある. kindness, meaningful, uneatable はその例. kindness を構成する kind と ness の形態素では,kind を自由形態素(free morpheme),ness を拘束形態素(bound morpheme)と2つを区別する. uneatable は un-eat-able のように3つの形態素から構成されている語である. ⇨ MLU.

**morpheme order study** 形態素順序研究

3単現 s, 複数名詞語尾などの文法形態素の習得順序 (developmental sequence) に関する研究. 1970年代初頭, 英語圏の子供が文法形態素を決まった順序で習得することが Brown により明らかにされた. この研究の影響を受けて, 第2言語習得 (*second language acquisition) での順序を調査する研究が盛んに行なわれるようになり, 多くの研究で母語としての英語の習得順序と高い相関を示す結果が報告された. これは, 学習者の母語, 年齢, 学習環境を問わず一様に強い類似性を示すものであった. 形態素順序研究は第2言語習得にも"自然な言語習得段階"(⇨ INPUT HYPOTHESIS) が存在することを示唆し, 対照分析仮説 (*contrastive analysis hypothesis) に対する反証ともなった. しかし, なぜこの順序が生じるのか説明されていない. また, Brown は縦断的研究 (*longitudinal study) からこの順序を得たのに対し, 第2言語習得では横断的研究 (*cross-sectional study) から得た結果であり, 両者を同一と見なせるか否かなどの未解決の問題を抱えている (Cook, V. 1991).

**morphology** 形態論

語の構造を研究する文法の1領域. 名詞の複数形, 過去, 過去分詞などの動詞変化などの文法的屈折と receive-reception-receptive のような語形成過程を扱う2分野に分かれる.

**motivation** 動機づけ

英語学習の成功を左右する最も大きな要因は動機づけであるとしばしば指摘される. 動機づけはヒトがなぜある行動を行なおうとするのか, そしてそのことにどれくらい熱心に, またどれくらい長い期間取り組むか明らかにする. ヒトの行動を引き起こす原因, 起因を明らかにすることは困難な作業であり, これまで数多くの動機づけ理論が提唱されてきたが多様な動機の相互関係を説明できる包括的な理論は提唱されていない. 動機づけを道具的 (instrumental) と統合的 (integrative) に二分する研究はよく知られている (Gardner & Lambert. 1972). 最近では, この二分法は動機づけよりは志向, 態度を示す概念であるとして, オリエンテーション (*orientation) と呼んでいる.

強制されてやらされるよりも自分自身の意志でやることが強い動機づけを産み出すとする自己決定理論 (self-determination theory) は英語教育の世界ではよく知られた理論である. この理論によれば, 英語学習のきっかけになる動機づけは, 内発的動機づけ (intrinsic motivation) と外発的動機づけ (extrinsic motivation) に二分される. 前者は学習そのものに意義・楽しさを見つけて行なう学習を指し, 後者は外部からの報酬を得るため, 逆に罰を避けるために行なう学習の基盤になる動機づけであ

る．学習を長期的に持続させるには内発的動機づけが有効である．罰則を与えて学習を強要することは内発的動機づけに害を与える．しかし，ほめられる，高得点を得るという外発的動機づけによる学習で成果を収めることで外発的動機づけが内発的動機づけに転化する場合もある．

一般的に長期間の学習が要求される英語学習に対応する動機づけ理論にプロセスモデルがある．Dörnyeiによって提案されたこのモデルは時間の経過による動機づけの変化を4段階に分けて明らかにし，それぞれのステージに最も適した動機づけ理論を組み合わせた次のような動機づけの指導を提案している．

Stage 1 モティベーションの条件整備：教師の適切な行動により学習者との良好な関係を作る．教室内に楽しい，支持的な雰囲気を醸成する．適切な集団基準を持った，まとまりのある学習者集団を形成する．

Stage 2 学習開始時のモティベーションの喚起：学習者の英語に関する価値観を高め，肯定的な態度を養う．目的を明確にして，それに向かって努力しようとする目的志向性を高める．カリキュラムを学習者にとって有意義なものにする（⇨ SELF-DETERMINATION THEORY）．英語学習に過大な期待を持たないよう現実的な信念を育む．

Stage 3 モティベーションの維持：「最接近目標」（proximal goal）を設定すると同時に学習体験の質を向上させる．また，自信を持たせることで学習に積極的に自主的に取り組む自律性（⇨ LEARNER AUTONOMY）を高める．

Stage 4 学習体験の総括として肯定的な自己評価（*self-assessment）の推進：学習結果を能力よりも努力に帰属させる立場（⇨ ATTRIBUTION THEORY）を盛り上げる．進歩や結果の情報をフィードバック（*feedback）として与える．また，学習の進歩を点検し，成功をほめて満足感を高め，適切な報酬を与える（Dörnyei. 2001）．

**multi-competence** マルチ・コンピタンス

同一の心（mind）に複数の言語の知識が存在する状態．Cookによれば，この状態は次のようなさまざまな特徴を呈する．まず，複数言語使用者の母語は単一言語使用者の母語と異なってくる，また複数言語使用者は認知的により柔軟性に富んでくる．外国語学習者は母語能力に対象言語能力を付加するのではなく，独自の特徴をおびる．したがって，外国語教育は，母語話者レベルへの到達を目標とすべきでなく，複数言語使用者独自の目標レベル（⇨ CAN-DO STATEMENTS）を設定すべきである．また，外国語学習は言語意識（*language awareness）を高め，他文化に対するより好ましい態度を育成に貢献する．外国語学習は新しい言語能力

の獲得に留まらず，学習者の全体的な成長に影響をおよぼす（Cook, V. 2008）．

### **Multidimensional Model**　多次元モデル

　第2言語習得（*second language acquisition）理論の1つで，言語習得を発達次元（development）と変異次元（variation）の2つの次元から説明する．前者は，言語処理方法がマスターされるにつれて順を追って習得される特徴であり，すべての学習者に普遍的に観察される発達順序である．後者は，個々の学習者の第2言語（*second language）に対する社会的，感情的態度次第でいつでも習得できる言語特徴である．Pienemannによって提唱されたこの理論は，その後処理可能性理論（*Processability Theory）に発展した．

### **multimedia**　マルチメディア

　文字と画像と音声をデジタル化し，コンピュータで統合的に扱えるようにし，送り手（sender）と受け手（receiver）の間で双方向的に情報の授受ができる機器，システムを言う．CD-ROM, *DVD, *internet はその代表的なもの．英語教育に対し，マルチメディアのもたらす効果はきわめて大きい．CD-ROM や DVD は文字，音声，画像を自由に組み合わせて個々の学習者の要求に対応して提示し，反復，速度調整も意のままである．また学習者の反応に対して適切なフィードバック（*feedback）を提供する機能を持っている．*internet をとおして世界中のほとんどあらゆる種類の情報をたちどころに獲得できると同時に世界中の人とリアルタイムでコミュニケーションを行なうことができるとも言える．学習者のニーズに合わせて，適切な情報を学習者自身が選択して接し，処理する機会が教室外で，いつでも提供されることになる．このことは学習者のみでなく，教師の教材研究，指導計画にも変革をもたらす．e-mailを使った国際交流がすでに全国各地で行なわれている．これは，教室の中から教室の外に英語使用の場面が広がることを意味し，この広がりは量的にも質的にも英語教育に変革をもたらす可能性を持っている．

### **multiple analysis of variance**　多変量分散分析

　分散分析（⇨ ANALYSIS OF VARIANCE）の1種．MANOVA と略す．従属変数が複数ある場合に用いる．異なった3クラスの男女各60人からなる120人の受験者が語彙，リーディング，リスニング，ライティングのサブ・テスト（sub-test）から構成されたテストを受けるとする．MANOVAを用いることでそれぞれのサブ・テストの得点が受験者の性，所属クラスの独立変数（*independent variable）の影響を受けたかどうかを1回の計算で決定することができる．

## multiple-choice test  多肢選択テスト

与えられた複数の選択肢 (selected response item) の中から正しい項目を選ぶテスト形式．評定に評定者の主観的判断が入ることがないので客観テスト (*objective test) に属する．1例を挙げる：Jane ____ to London yesterday. の文の空所に次の5個の選択肢の中から正しいもの (key) を選ぶ (a. go, b. goes, c. went, d. gone, e. going)．key 以外は錯乱肢 (*distractor) である．なお，適切な選択肢の作成は決して容易ではない．

## Multiple Intelligences Theory  多重知能理論

Gardner の提唱する新しい知能理論を外国語教育に適用した教授法．ヒトの知能を言語的能力と論理数理的能力から構成されるとする従来の理論に異議を唱え，次のような多くの要素から構成され，そのいずれが他と比較して優勢かは個人によって異なるとする学説である．その要素は以下のとおり．① 論理・数理的 (logical/mathematical)：数を効果的に用い，抽象的な型を理解し，推理にすぐれた能力．② 視覚・空間的 (visual/spatial)：方向感覚，心象形成能力，形，大きさ，色彩に関する能力．③ 身体的・運動感覚的 (bodily/kinesthetic)：体の動きを操作，調節する能力．④ 音楽的・律動的 (musical/rhythmic)：音調型を認知する能力，リズム・ピッチ・メロディーに関する能力．⑤ 対人的 (interpersonal)：他人の感情を理解し，協調する能力．⑥ 個人内 (intrapersonal)：自己を理解し，自己訓練を行なう能力．⑦ 言語的 (verbal/linguistic)：言語を効果的，創造的に使う能力．

個々の学習者がどの知能にすぐれているかを見極め，それに適合した指導を行なうことで効果的な言語習得をめざす．例えば，次のような指導が考えられる (Tanner. 2001)．① 論理・数理的：論理的な提示 (*presentation) と分類・範疇化作業，パズル・クイズなどの活動．② 視覚・空間的：映像を用いた提示と映像化作業，チャート・グラフの活用．③ 身体的・運動感覚的：全身反応教授法 (*Total Physical Response) の手法を多用し，手作業，ロール・プレイ (*role-play)，劇 (*drama) などの活動．④ 音楽的・律動的：チャンツ，音楽，詩などの朗読などの音感覚，リズム感覚を重視した活動．⑤ 対人的：ペア・グループ作業．⑥ 個人内：個別学習 (⇨ INDIVIDUALIZATION)．⑦ 言語的：文字化作業，討論・ディベート (*debate)．

多重知能理論で特別に開発された指導技術はないので，英語教育で用いられてきた活動の中からそれぞれの知能に適合したものを選択し，また改良して用いることになる．個々の学習者の特性に応じた活動を準備することは多人数クラスでは実際的ではない．むしろ，学習活動を検討

し特定の知能のみに有効なものが支配的でないか検討してバランスをとることが実際的である．しかも，1授業単位内ですべての知能に対応する多様な活動を盛り込むことは困難なことが多く，数時間単位で多くのタイプの活動を用意する方向が現実的であろう．

　教育界全般に言えることであるが，知能指数を基準にして，できる子，できない子を峻別する傾向が依然として強い．これに対して，それぞれの学習者が独自の知能を有していて，各知能が同等に評価されるとする多重知能理論の研究が深まり，その妥当性が確立されるならば，個々の学習者に即した指導を求める研究が活発になることであろう．⇨ HUMANISTIC APPROACH; INTELLIGENCE.

**multi strand syllabus　多構成シラバス** ⇨ INTEGRATIVE SYLLABUS.

**music　音楽**

　音楽は感情に直接訴え，教室の雰囲気を変え，学習者に休息感，安心感を与えることができるので授業に好影響をおよぼすことが多い．ライティングや練習問題などの特定の活動の間，バックグラウンド・ミュージックとして適当な音楽を用いることで快適な学習環境を整えて学習者の集中力を高める効果がある．BGM の終了が活動の終了の合図となる．

　サジェストピディア（*Suggestopedia）は，音楽を授業の重要な要素と捉えていることで知られている．教師がダイアローグを読み上げ，学習者が朗読を聞き意味を確かめる活動では，モーツァルトの「バイオリン協奏曲イ長調」が，またテキストを見ないで教師の朗読を聞く活動ではヘンデルの「水上の音楽」（*Water Music*）といったように特定のタイプの音楽があらかじめ設定されている．

　英語の歌を好む学習者は多い．英語の歌を用いる利点として次の点を挙げることができる．① 学習者の動機づけ（*motivation）を高める．② 英語の音声，リズムに慣れる．③ リラックスした気持ちで英語に接する．④ 文化的な背景を提供する．⑤ 語彙，文法などを学習する機会になる．

　また，歌の選択に当たり次の点に配慮する．① 学習者のレベルに合った，適切な語彙，文法が用いられた歌詞．② 平易な内容の歌詞．③ 学習者の好みを調査し，可能な場合には学習者が選んだものを用いるなど，学習者の興味に合致したものを選択する．英語の歌は，目的に応じて毎時間の授業の冒頭，中間，終結のいずれの段階でも用いることができる．また，Christmas song のように特定の時期にのみ取り上げて指導する場合もある．

　次のような活動が広く行なわれている．① 歌を聴く．② 歌詞を書き

取る．③ 歌詞の空所に語を記入する．④ 歌詞の整序活動．⑤ クローズ・テスト (*cloze test)．⑥ 訳と解釈．⑦ gap-filling (⇨ ASSESSMENT OF VOCABULARY)．⑧ クラスで歌う．⑨ 替え歌．

　指導に当たり，最初から無理に歌うことを強要せずに十分聞かせることが肝要．慣れてくると自然に歌うようになる．また，できるだけ学習者の参加を促し，歌の得意な生徒や楽器の演奏ができる生徒に補助してもらうことも重要である．

# N

**Natural Approach, The**　ナチュラル・アプローチ

　文構造の理解よりも内容の把握が言語能力の獲得には重要だとする入力仮説（*Input Hypothesis）を英語指導に適用した教授法．Terrell によって唱道され，Krashen の理論的な支援を受けて拡充された．（Krashen & Terrell. 1983）この教授法は次のような特徴を持つ．① 理解可能入力（comprehensible input）の提供を最優先させる．このため，興味深い内容のリスニングとリーディングの活動を豊富に授業に取り入れる．② 絵や文脈を活用し，反復，言い換えなどの聞き取りを助ける指導で学習者の不安（*anxiety）を取り除く．必要に応じて日本語を用いて理解を助ける．③ 学習者の発話（*utterance）の文法面の訂正は行なわない．また，文法指導を授業中には行なわないが，学習者が教室外で自発的に文法学習を行なうことは是認する．④ 学習者は教師の英語を聞いてその内容を理解することに専念する．教師は長い正確な反応を求めず，うなずいたり，短く応答しさえすればよく，日本語の応答も許容する．

　ナチュラル・アプローチでは理解できる入力に十分接しさえすれば，言語習得は効果的に実現すると主張する．しかし，このことは必ずしもすべての学習者について言えることではない．コミュニケーションの場面で，他者と意味のある言語交渉（⇨ NEGOTIATION OF MEANING）を取り入れた活動を補充しなければならない場面は多く存在する．このような批判はあるものの，入力を十分提供し，学習者の不安を取り除くことを重視した点は大切な視点であるとして評価されることが多い．⇨ INTERACTION HYPOTHESIS; STRUCTURE-CENTERED APPROACH; TPRS.

**natural method**　ナチュラル・メソッド

　子供が母語を自然な言語習得の環境で身につける方法が外国語習得においても最も自然な（natural）方法であるとする外国語教授法．対象言語の母語話者との会話を随時行なうことで話し言葉を自然に習得することをめざす．natural approach, conversation method, *direct method な

どのさまざまな名称で呼ばれてきた．ヨーロッパにおけるナチュラル・メソッドの歴史は古く，1800年以前から富裕層の間で母語話者の家庭教師を雇い入れ，子供の外国語指導に当たらせた．その後，多人数学習者を対象にしたクラスも開講された．最初に話し言葉を教える，新しい語を外界の対象物に直接関連させる，十分な練習を課す，学習者の注意を引きつけ興味を持続させるために教師は最大限努力する，の4項目がその特色として指摘されることがある．ナチュラル・メソッドの考えは，その後，直接教授法 (*Direct Method) に継承，発展していくことになる (Howatt. 2005)．

**natural order hypothesis　自然順序仮説**　⇨ INPUT HYPOTHESIS.

**needs analysis　ニーズ分析**

　学習者が将来何のために英語を必要とするかというニーズ (needs) を調査，分析することで彼らの要望に合った教材，活動を選定し，重要度に応じて配列する手順を指す．分析は，面接 (*interview)，質問紙法 (*questionnaire) などから得られた資料に基づいて，英語を使用する場面 (誰とどこで)，目的 (どんな目的で)，媒体 (スピーキング，ライティングなどのどのスキルを用いるか)，習熟度 (どの程度正確に，流ちょうに) などの観点で行なわれる．分析から得られた資料は，文法，語彙，言語機能，言語スキル，学習活動の決定と配列のための予備的資料として活用される．ニーズ分析は，*ESP のコースではきわめて重要な意味を持つのに対し，*EGP では学習者自身が将来のニーズを予測できないことが多く，そのため精緻な分析結果を求めることはむずかしい．しかし，学習者集団の英語学習に対する要望を正確に把握し，それに応える指導をめざすことはいずれの場合も同様に重視されるべきであり，この点でニーズ分析は意義のある作業である．

**needs hierarchy　欲求階層**

　Maslow によれば，欲求 (needs) は次のような階層をなしている．上位の欲求が自然に生まれるには下位の欲求が実現されなければならない．ヒトは下位の欲求が充足されたとき，上位の欲求の実現に向けて動機づけられる．最も基本的な生理的欲求が基盤になり，その上に安全への欲求，所属と愛情への欲求，尊敬への欲求が重なり，いちばん上に来るのが自己の可能性を実現しようとする自己実現への欲求である．これを第2言語習得 (*second language acquisition) にあてはめると，教室内では物理的な快適さを確保するとともに，楽しんで参加できる学習活動を用意することで生理的欲求を満たす．安全への欲求は不安を解消することから始まる．むずかしい・分からない・できない状態を，理解しやす

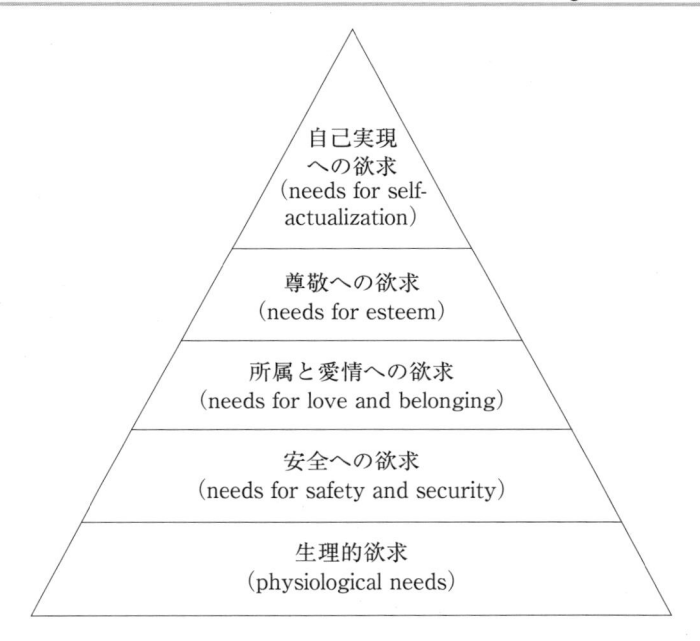

```
            自己実現
            への欲求
         (needs for self-
          actualization)

        尊敬への欲求
       (needs for esteem)

      所属と愛情への欲求
   (needs for love and belonging)

       安全への欲求
  (needs for safety and security)

         生理的欲求
     (physiological needs)
```

い・分かる・できる状態へと学習活動を改善し,教師と他の学習者に対していだく不安(\*anxiety)を解消して安心して学習に専念できる状態を作り出すことが重要になる.所属と愛情への欲求はクラスの一員であると仲間,教師から認知され,仲良く過ごす経験を必要とする.尊敬への欲求は仲間の賞賛を勝ち取り,すぐれた人物であること示そうとする願望であり,学習者のこのような欲求に対応する学習活動や評価のあり方を教師は真剣に考えなければならない.最上位の自己実現への欲求は,自分の気持ちを英語で表現し,また英語をとおして相手の意図を理解し,相互の理解を深めるために創造的な言語交渉を行なうことを含む.それぞれの生徒がどのレベルの欲求の実現を望んでいるかを把握し,それを満たす手だてを授業の中で講じることは授業運営の基盤になる. ⇨ MOTIVATION.

**negative evidence　否定証拠**

　第2言語習得(\*second language acquisition)で対象言語では許容されない言語構造について学習者に提供される情報.対象言語に接することで学習者が得る入力やモデルである肯定証拠(positive evidence)に対比する.母語習得では否定証拠の有効性が認められないのに対し,第2言

語習得，特に相互交流仮説（*interaction hypothesis）では肯定証拠のみでは不十分で，否定証拠の必要性が強調される．否定証拠には文法の授業で文法規則の解説を学習者がエラーを犯す前に先を見越して与える先制否定証拠（preemptive negative evidence）と学習者が実際に犯したエラーに対して行なわれる反応否定証拠（reactive negative evidence）がある．後者は否定的フィードバック（*negative feedback）とも呼ばれ，対象言語と学習者の発話の相違点を明確に示す．

**negative feedback　否定的フィードバック**

第2言語習得（*second language acquisition）で学習者がなした対象言語からの逸脱した反応に対して，その誤りに注意を喚起するフィードバック（*feedback）．否定的フィードバックは学習者に対して対象言語の特定の言語構造を顕著にするのに役立ち，再構成（reformulation），反復（repetition），入力修正（input modification），言い直し（*recast）などが含まれる．否定的フィードバックは明白なエラー訂正である明示的否定フィードバック（*explicit negative feedback）と学習者の発話（*utterance）に問題があることを示す暗示的否定フィードバック（implicit negative feedback）に分類される．いずれも誤りを直接指摘することで与えられる直接的証拠（direct evidence）であり，教室内言語学習の場面で頻繁に観察される．これに対し，相互交流修正の中で行なわれる言い直し（*recast）のような否定的証拠は間接的証拠（negative evidence）と呼ばれる．間接的否定は自然な言語習得場面で特徴的に見られるものの，近年コミュニケーション場面で言語形式に注意を喚起することを重視するフォーカス・オン・フォーム（*focus on form）でその重要性が強調されている．しかし，間接的証拠が学習者の言語習得に役立つためには，学習者が教師や相手による修正を否定的証拠として受け止め，自己の発話の誤りに気づくことが前提となるが，実際には，否定的証拠が学習者からそれとして受け止められないで終わることが多い．⇨ INTERACTIONAL MODIFICATION; NEGATIVE EVIDENCE.

**negative transfer　負の転移**

母語と対象言語の特徴が異なる部分では母語の特徴が持ち込まれて，そのためその部分の習得に困難を生じること．結果として，対象言語の規則に反したエラーあるいは使用を避ける回避（*avoidance）の現象が生じる．干渉（*interference）と同義．正の転移（*positive transfer）と対比．⇨ TRANFER; CONTRASTIVE ANALYSIS HYPOTHESIS.

**negotiated syllabus　協議によるシラバス**

特定の目的のための英語教育（*English for specific purposes）におい

て，受講者の個々のニーズに応えるためにコースの冒頭はもちろん，途中でも随時彼らの要望を受け止めながら専門的な指導技術を有する教員と受講者の協議のもとで実施される語学コース．プロセス・シラバス（*process syllabus）と同義に用いられることがある．

**negotiation of meaning 意味の交渉**

　言葉による相互交流（*interaction）を円滑に行なうための方策．会話の当事者の話を聞き手が理解できない，または誤解するなどの障害が生じたとき，それを取り除くために聞き手が話し手に意図を問いただす，再度説明を求める，より多くの情報を求める，反復を求めるなどの修正（*repair）を要請する．これに対応して，話し手は自分の発話（*utterance）を修正して会話の目的の実現をめざす．このような過程を意味の交渉と呼ぶ．意味の交渉の中で生じる言語的な修正，反復などが言語習得を促進すると主張されることが多い．⇨ COMMUNICATION ACTIVITY; INTERACTION HYPOTHESIS; INTERACTIONAL MODIFICATION; JIGSAW TASK.

**Neurolinguistic Programming　神経言語プログラミング** ⇨ NLP.

**neurolinguistics　神経言語学**

　言語学習，言語運用における脳の果たす機能を究明する領域．PET（positron emission tomography 陽電子放射断層法）やFMRI（functional magnetic resonance imaging 機能的磁気共鳴画像）などの医療機器の発達により第2言語習得研究でも神経言語学的研究が行なわれるようになった．脳内における母語（L1）と対象言語（L2）の比較研究では，L2習得はL1とほぼ同じ神経領域で行なわれる，またL2習得の年齢と熟達度レベルで活性化される領域が影響を受けるなどが報告されている．英語教育に対する適用はこれからの研究に待つところが多い（Beretta. 2009）．

**NLP**

　John GrinderとRichard Bandlerによって1970年代にアメリカで開発された心理療法で，効果的なコミュニケーション，個人としての成長と変化，学習を支援する手法と方略を指す．Neuroinguistic Programming（神経言語プログラミング）の略．NLPはカウンセリングに留まらずさまざまな分野に適用されるようになり，外国語教育では人間主義的アプローチ（*humanistic approach）に関心のある教師によって取り入れられるようになった．ここで用いられているneurolinguisticは，神経言語学（*neurolinguistics）の理論とは無縁であり，neuroは五感（視覚，聴覚，触覚，嗅覚，味覚），linguisticはコミュニケーション理論，programmingは思考と行動の観察できる型を指す．NLPは指導法（*methods）ではない．コミュニケーション心理学の原則を信じて教えることでより良い結果が

得られるとする信念に基づいており，教授法の基盤となる独自のアプローチ(*approach)は持たない．コミュニカティブ・ランゲージ・ティーチング(*Communicative Language Teaching)や人間主義的アプローチで用いられている指導技術(*technique)を改めて正当化した活動が用いられている(Richards & Rodgers. 2001)．

**no access**　非利用仮説 ⇨ UNIVERSAL GRAMMAR.

**non-interface position**　非交流理論

英語の文法を言葉で説明できるといった理論的な理解を示す明示的知識(*explicit knowledge)と英語が話せるという状態を示す暗示的知識(*implicit knowledge)を明確に区別して，2つの知識の間の転移を認めない言語習得理論．Krashenの入力仮説(*Input Hypothesis)はその代表的な理論として知られている．⇨ INTERFACE POSITION.

**non-parametric test**　ノンパラメトリック検定 ⇨ PARAMETRIC TEST.

**nonverbal communication**　非言語的コミュニケーション

身振り言語(*body language)や接近距離(⇨ PROXEMICS)，時間の概念を含むあらゆる形態の，言葉に依らない相互交流(*interaction)を指す総称．明確な意味を伝えるために用いられ，同じ文化圏の集団の中で仲間から理解される行動や信号である．パラ言語(*paralanguage)，身振り言語，近接空間論(*proxemics)に細分される．

**normal distribution**　正規分布

統計的な分析を行なう際に最も基本になる理論的な概念で，例えば，身体的な特徴(身長などの)やさまざまな事象(年間雨量など)は平均値(*mean)を中心にして最も多く集まり，中心から左右対称に徐々に減少する分布をなすというどこでも見られる状況に基づいている．この分布は釣り鐘の形をして(bell-shaped)いる．この形を正規分布曲線(normal distribution curve)と呼ぶ．

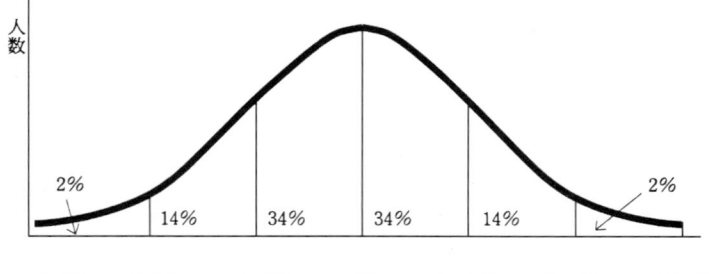

人数

| 2% | 14% | 34% | 34% | 14% | 2% |

$-3\ SD$　$-2\ SD$　$-1\ SD$　$\bar{X}$　$+1\ SD$　$+2\ SD$　$+3\ SD$

正規分布では分布の中心に平均値，中央値(*median)，最頻値(*mode)のいずれもが生じる．上の正規分布曲線が示しているように，平均から左右いずれにも1標準偏差(1 SD ⇨ STANDARD DEVIATION)の範囲にそれぞれ全体の約34%，2標準偏差の範囲に約48%が収まる．平均点が50点で1標準偏差が5点のテスト結果では，45～55点の範囲に68%の受験者が，また40～60点の範囲には96%の受験者が収まることになる．

**norm-referenced test　集団基準準拠テスト**

　所属する集団の中でどの位置にいるかを測定するテスト．100人中の30番のように，他の学習者に比べて得点が相対的に評定される．入学試験のように多数の受験者の中から一定数を選抜するために用いられることが多い．このためには，テストの結果が正規分布(*normal distribution)に近づくように問題を作成するのが望ましい．得点上位者を選抜できればテストの目的は達成されたことになる．しかし，このテストは，例えば500人中の120番の受験生が所持している英語力を明らかにすることはできない．学校の定期テストで用いられる到達度テスト(*achievement test)は，学習の定着度を測定することが目的であるから，すべての学習者が満点を取ることが理想的である．この観点からすれば，集団基準準拠テストは到達度テストには不適切である．個々の学習者が学習目標にどの程度近づいたかを見極めることがより重要であるので，そのためには目標基準準拠テスト(*criterion-referenced test)が適している．⇨ TESTING; ABSOLUTE TEST.

**noticing　気づき**

　Schmidt (1990)によって指摘され，その後種々の第2言語習得(*second language acquisition)理論のなかで重要な要素と見なされるようになった概念．入力中の言語の特定の特徴に注意して理解していく意識的な過程で，気づいた特徴を言葉で報告することができる状態(⇨ NOTICING HYPOTHESIS)．

　noticingを生じさせる条件として次の特徴を挙げることができる(Ellis, R. 2008)．① 課題要請(task demand)：特定の言語特徴に注意を向けなければ解決できないような課題(*task)を設定する．② 頻度(frequency)：入力の中で特定の言語特徴に頻繁に接する．③ 特異な特徴(unusual feature)：ある特徴が学習者の期待した形に沿わないために学習者を驚かす．④ 顕著性(salience)：音韻特徴や文中の位置などで他の特徴よりも目立つ．⑤ 相互交流修正(*interactional modification)：コミュニケーションの障害を取り除くための試みのなかで特定の特徴に学習者の注意が向けられる．⑥ 既有の言語知識(existing linguistic knowledge)：学

習者の母語にある特徴によって，ある言語特徴に注意を向ける．

**Noticing Hypothesis　気づき理論**

　　Schmidt (1990) によって提唱された言語習得理論．言語を習得するには，学習者は入力中の言語形態（とそれが表す意味）に意識的に注意してそれに気づくこと（⇨ NOTICING）がまず必要である．入力 (*input) が摂取 (*intake) されるには学習者が入力の特徴と自己の通常の産出形を比較してそのギャップに気づかなければならない (noticing the gap)．文法学習や練習，あるいはコミュニケーション活動 (*communication activity) のなかで特定の言語特徴に頻繁に気づく経験を重ねることで意識化が進む (⇨ CONSCIOUSNESS RAISING)．こうしたことが頻繁に生じると，学習者のその時点での中間言語体系 (⇨ INTERLANGUAGE) が修正され，体系の再構成 (*restructuring) が行なわれる．Noticing Hypothesis は，習得過程は無意識的であるとする Krashen の入力仮説 (*input hypothesis) と対比される．⇨ FOCUS ON FORM.

**notion　概念** ⇨ NOTIONAL-FUNCTIONAL SYLLABUS.

**notional-functional syllabus　概念・機能中心シラバス**

　　学習者が英語を何のために使うか，またその際にどんな内容を伝えようとするかという言語使用の目的と内容を予想し，指導の中心事項として配列するシラバス (*syllabus)．機能 (*function) とは，「何のためにそう言うか」(for what I say so) という言葉を用いる際の目的を意味する．例えば，That's John's car. という発話は，John の車に間違って乗ろうとした仲間に "That's not yours; that's John's car." と事実の確認および警告 (warning) をするために，または，主賓である John の車が到着したのを見て，ドアを開けてほしいと依頼 (request) するため，など場面によって異なった目的を持つ．あらゆる発話 (*utterance) はそれが発せられた場面で特有の機能を持っている．形式が同じ発話でも，使用場面が異なれば，さまざまな異なった機能をおびて来るのは当然である．機能を中心にしたシラバスは学習者の言語使用の目的に合致した項目を精選することができ，コミュニケーション能力 (*communicative competence) の養成に効果を上げることが期待される．

　　発話は機能の他に，伝えるべき意味，すなわち概念 (notion) を持っている．時間，空間，数量，期間などは概念の例である．概念は，文法形式として示されるような一般概念と一般に意味を表す特定概念に分けられる．前者は，存在，空間，時間，数量，性質，心的過程，関係，ダイクシス (deixis) に関する概念に細分される．後者には，個人的な特徴，家と家庭，日常生活などの内容が含まれる．

概念・機能中心のシラバスは，学習者が将来英語を用いて伝えることが必要になると想定される概念・機能を選択し，配列する．そして，それらを表現するための具体的な表現（exponent）を決定する．例えば，機能（依頼 request）＋概念（買い物 shopping）→ 具体的な表現（Will you go shopping? / I wonder if you'll go shopping. / Do you mind going shopping?, etc.）のようにである．このシラバスでは，具体的な表現は多数設定できるが，それらをすべて同時には提示(*presentation)しない．最も基本的で単純な表現を第1段階として提示し，何段階かに分けて，より精緻でていねいな，かつ特殊な表現形式を順次提示することで，効率的に基本的なコミュニケーション能力の獲得を可能にする．このようなタイプのシラバスを螺旋状(*spiral)シラバスと呼び，各指導項目を直線的に配列する直線型（linear）シラバスと区別する．例を挙げると，紹介（introduction）という機能では，次のようなサイクルが設定可能である．

第1サイクル This is…;
第2サイクル May I introduce…?;
第3サイクル I'd like you to meet…;
第4サイクル Allow me to introduce you…

概念・機能中心のシラバスは，文法的に正しい文を作り出すだけでなく，相互の意図を的確に伝え理解し合う能力の養成を外国語教育の目標とする時代の要請を反映する一方，言語の機能面を探ることによって言葉の特質を究明しようとする機能的言語学の影響を受けている．しかし，このシラバスに対し，次のような問題点が指摘されている．① 意味中心にまとめられた教材には，いくつもの文法項目が整理されないまま混在し，学習の妨げになる．② 概念と機能は言語構造とは異なり，規則に見られる体系に乏しく，生成力もなく学習の発展が期待できない．③ 学習者はいずれにせよ，英語の構造を理解し操作できるようになる必要がある．そのためには，特に初心者を対象にした指導において構造シラバス(*structural syllabus)を活用することが必要である．それに対して中級レベル以上の学習者には概念・機能中心のシラバスが有効に作用するであろう．④ 中・高校生などの *EGP の学習者は将来のニーズを分析すること（⇨ NEEDS ANALYSIS）が困難な場合が多い．

ヨーロッパで最初に開発され，その後コミュニカティブ・ランゲージ・ティーチング(*Communicative Language Teaching) の普及に伴い，世界各地で広く採用されている *Threshold Level と *Waystage はこのシラバスの代表的な出版物である．

## notional syllabus　概念シラバス

　学習者が必要とする意味や概念を中心にして編成されたシラバス（*syllabus）．⇨ NOTIONAL-FUNCTIONAL SYLLABUS.

## Noun Phrase Accessibility Hypothesis　= ACCESSIBILITY HYPOTHESIS.

## null hypothesis　帰無仮説

　検証しようとする仮説とは反対の仮説をいう．実験の結果，帰無仮説が棄却されたとき，対立する仮説（実験仮説）が支持されたと考える．例えば，「1組の成績が2組の成績よりすぐれている」という実験仮説を立てて実験を行なうとき，この仮説を証明することは「1組と2組の成績は等しい」という帰無仮説を証明することよりも困難である．このため，帰無仮説が棄却された場合に，実験仮説を採択する．⇨ STATISTICAL SIGNIFICANCE.

# O

**objective** 目的 ⇨ AIM.

**objective test** 客観テスト

　客観的に設定された評定基準に則って評点が行なわれるテストで，評定者の主観的判断によらないテスト．評定者一貫性（rater consistency）の観点から信頼性（*reliability）は高まる．しかし，間接テスト（*indirect test）が多くなり，また断片的な知識の測定になりやすく（⇨ DISCRETE-POINT TEST），テストを実施しやすい項目のみをテスト問題にする傾向が生まれるなどの弱点を有する．多肢選択法（*multiple-choice test），真偽法（*true-false item），クローズ・テスト（*cloze test）などがその代表例．

**observation criterion** 観察基準

　指導上の一助にし，また評価の資料にするために言語運用（*performance）や学習状況を頻繁に観察することが求められる．観察基準は公正な観察を行なうための道具である．次のスピーキング評価基準はその1例．

---

スピーキング評価基準

Fluency　/5

5　課題をうまく行ない，すらすらと話した．
4　課題をかなりうまく行ない，少し口ごもることがあった．
3　どうにか課題を行なったが，話の間にポーズがかなりあった．
2　課題をうまく行なえなかった．頻繁に口ごもった．
1　応答がまったくできなかった．

Accuracy　/5

5　これまで学習した構文を正しく用い，発音は正確．
4　少し間違いがあるが，これまで学習した構文を使い，発音はかなり明瞭．

> 3 これまで学習した構文のいくつかを使い，間違いはあるがかなり意味は通る．発音は理解できる．
> 2 限られた構文と語彙のみを用い，間違いが多い．発音は貧弱．
> 1 ほとんど理解不可能．

**odd-even method**　偶数・奇数等分法 ⇨ RELIABILITY.
**OHP / OHC**

　　OHP は overhead projector，OHC は overhead camera の略．OHP は次のような利点を持つ．① トランスペアランシー（TP）が容易に製作でき，用途も広い．② 持ち運びが容易で，誰でも使える．③ 文法問題，テクスト，絵，図表，生徒の作文など多様な教材を提示できる．OHC（教材提示装置とも言う）は，実物をそのまま提示することができる，TP を作成する必要がなくいっそう便利．次のような利用法がある．① TP の特性を生かし，異なったイメージを重ね合わせて，ストーリーを発展させたり，予測させたりする．② イメージの一部を隠しておいて，推測させたり，予測させたりする．ギャップを埋めながら読む音読練習にも利用できる．③ イメージの焦点を合わせないでぼかした映像を最初に示し，次第に焦点を合わせることで，I don't know. / I'm not sure, but it might.... / I think it may.... / I'm sure it is.... など文脈に合った表現を用いることができる．⇨ BLACKBOAD / WHITEBOAD.

**one-to-one principle**　1 対 1 の原理

　　第 2 言語習得（*second language acquisition）の，特に初期の段階で，学習者が 1 つの意味を 1 つのはっきりした表面上の言語形式に対応させて習得を進める傾向を指す．母語習得の原理として提案された Slobin の操作原理（*operating principles）を中間言語（*interlanguage）に適用した考えで，Anderson によって提示された．

**one-way**　（情報の流れが）一方通行 ⇨ TASK CLASSIFICATION.
**one-way ANOVA**　一元配置法 ⇨ ANALYSIS OF VARIANCE.
***open sentence practice***　オープン・センテンス・プラクティス

　　スピーキング活動（*speaking activity）の 1 つ．基本文の空所に語句を自由に入れて自分に，あるいは状況に合った文を作り，それを用いて意味のある情報交換を行なう活動である．次のような段階を設定することで多面的な活動が展開できる．

　Step 1:　場面設定
　　　T: I have been to America before.

I have been to Britain, too.
I haven't been to France.
I hope to visit France someday.
I also hope to visit Portugal because I'm interested in its history.
I haven't been to Sendai.
I hope to visit Sendai.
Mention three places you hope to visit someday.

Step 2: フレームの提示

T: You can use this sentence pattern. Fill in the blank with places you hope to visit.

I hope / want to visit ＿＿＿＿＿＿.（板書）

Step 3: 例の提示

T: I hope to visit Portugal.

Step 4: 個人作業（この間，教師は机間巡視，生徒の質問に答える）

T: Please write 3 sentences.

Step 5: ペア活動

T: Now I'd like you to talk with your friends using the sentences you wrote. It goes like this.（生徒の1人を選び，次のようにやり方を実演した後，ペア活動）

T: I hope to visit France someday.

S<sub>A</sub>: Really? You hope to visit France.

T: Yes, I hope to visit France someday. How about you?

S<sub>A</sub>: I hope to visit Okinawa.

T: I see. You want to visit Okinawa. それでは，ペアでやってみよう．

Step 6: クラス発表

T: What is a place you want to visit someday? Any volunteer?

S<sub>B</sub>: I want to visit Sapporo.

T: I see.

S<sub>C</sub>: I hope to visit Australia.

T: Really. Do you want to see koalas?

S<sub>C</sub>: Yes, I do.

Step 7: Questions and Answers（上の発表に基づいた Q-A）

T: I'll ask you questions. Let's see how well you remember what your friends said. Who wants to visit Sapporo?

S<sub>D</sub>: S<sub>B</sub> does.

T: Is that right, SB? ...
Step 8: Writing (印象に残った文をノートに書かせる)

## operant conditioning　オペラント条件付け

行動主義(*behaviorism)による学習理論で,アメリカの心理学者 Skinner によって提唱された.ヒトは周囲に対してさまざまな働きかけ(operant)を絶えず行なっている.その結果として偶然によい成果が生じたとき,その働きかけを再度試み,次第にそれが習慣として定着する.言葉の習得も同じように説明される.赤ん坊がたまたま milk に似た音声を発して,その結果「ミルク」を与えられると,同様な場面で milk という音声をより確実に発するようになり,milk と「ミルク」の間に結びつきが生まれる.すなわち言葉が習得されると考える.

## operating definition　操作的定義

複雑で抽象的な概念を観察し,測定可能な言葉で定義すること.Krashen の入力仮説(*input hypothesis)で *learning と *acquisition の操作的定義が与えられていないために,彼の仮説の妥当性が疑問視されることがある.このことは,研究における操作的定義の重要性を示すものとなっている.

## operating principles　操作原理

母語習得のために幼児が入力を操作する際に用いる普遍的な方略.言語形式の中には子供に理解されやすく顕著なものがあるという事実に基づいて Slobin によって提唱された諸言語に共通する習得の操作原理で,認知的な特徴を持ち,子供が周囲の環境を知覚し,理解し,体系化する方式を記述している.初期の原理として,① 語尾に注意せよ,② 語の間の関係を記号化する言語的な要素がある,③ 例外を排除せよ,④ 基底にある意味的な関係は明示的に明確に標識を付けなければならない,⑤ 文法標識の使用は意味的に理解できなければならない,の5つが提起されている.第2言語習得の操作原理は Anderson によって,1つの意味に1つの形式が対応するという1対1の原理(*one-to-one principle)などが提唱されている.

## OPI

Oral Proficiency Interview Test (口頭熟達度面接テスト)の略 ⇨ ACTFL PROFICIENCY GUIDELINES.

## *opinion gap*　オピニオン・ギャップ

スピーキング活動(*speaking activity)の1つ.opinion-gap activity とも呼ぶ.特定の場面で個人的な好み,感情,態度を表明し,交換し合うコミュニケーション活動(*communication activity).話の結論を論じ

たり，社会問題を題材にすることもある．自分の意見を正当化するために事実に関する情報を用いたり議論を展開する過程を含むことがある．それぞれの主張の正否を決定することが目的ではないし，異なった学習者が同じ意見を表明する必要もない．情報差（*information gap）が明確な1つの目的を実現するために行なわれるのとは対照的である．

## Oral Method　口頭教授法

わが国では，主として音声による教材の導入と練習により英語の聞く，話す技能を習慣化することをめざした指導法を指す．直接教授法（*Direct Method）の延長上にあり，20世紀前半の最も偉大な教授理論家であり実践者であったPalmerによって体系化されたもので，それまでの外国語教育の改革運動（*Reform Movement）の長所を集大成し，さらに彼自身の独自の言語観と豊富な英語指導の経験に基づいて構成された教授法である．これは，バランスのとれた総合的な教授理論として，その後の教授理論，教材開発，指導技術などのあらゆる側面に大きな影響をおよぼすことになった．

Palmerは1922年に英語教育刷新の任を得て文部省顧問として来日し，1936年に帰国するまで14年間，わが国の英語教育改善に尽くした（伊村．1997）．彼は言語学習における知的な理解と習慣化の重要性を指摘し，組織的な指導原理と指導法を開発し，その普及にあたった．

口頭教授法の特徴として，当時としては最新の言語習得理論に基づいていた点を挙げることができる．Palmerが応用言語学の創始者と評価されるのも一理ある（Howatt. 2005）．言語は話し言葉が第一義（primary）であり，その習得は次の5段階を経て実現されるとPalmerは説明している．① Auditory observation: 英語を耳で注意して正確に聞き取ること．② Oral imitation: モデルを正確に模倣すること．③ Catenizing: 口慣らし．④ Semanticizing: 音声のまとまりを理解すること．⑤ Composition by analogy: 類推による新しい表現の表出．

この教授法では，多くの指導技術が独自に開発され，その指導技術を駆使した学習活動が体系的に示された．教師が命令し，生徒がそれに応じて動作する命令練習（imperative drill），主要な文型をQuestion & Answerをとおして練習し，習熟することをめざした定型会話（conventional conversation），動作を連動させて基本的な動詞型の修得をめざす動作連鎖（action chain）などはよく知られた指導技術であった．

口頭教授法は口頭能力の養成を主眼にしていたため，結果としてリーディング，ライティングの指導が不足しがちであった．また，授業が英語を用いて進められることが多く，時として教師の説明が正確に理解さ

れずに終わった．また，生徒は教師の指示にしたがって発言をすることを求められ，自発的な発言の機会は少なかった．何よりも，この教授法は当時の平均的な英語教員の英語運用能力では実施が困難な部分が多く，それがこの教授法の普及の障害になった． ⇨ DIRECT METHOD; GRAMMAR-TRANSLATION METHOD; STRUCTURE-CENTERED APPROACH.

**Oral Proficiency Interview Test**　口頭熟達度面接テスト　⇨ ACTFL PROFICIENCY GUIDELINES.

**Oral-Situational Approach**　口頭場面中心教授理論

　　言語の使用される場面を想定して，その中で用いられる言語表現を整理してまとめ教材化し，聞き話す活動を中心に外国語を実際に用いる活動を取り入れた指導理論．主としてイギリスで開発され，実践された．Situational Method とも呼ぶ． ⇨ SITUATIONAL SYLLABUS.

**order of acquisition**　⇨ ACQUISITION ORDER.

**orientation**　志向／オリエンテーション

　　学習に対する志向，何のために学ぶかという態度を示す概念．Gardnerらは道具的オリエンテーション（instrumental orientation）と統合的オリエンテーション（integrative orientation）に二分する（Gardner & MacIntyre. 1991）．道具的オリエンテーションは英語学習に対して入試，就職などの実際的な目的を持って臨む姿勢を示し，一方，統合的オリエンテーションは英語文化圏の成員となったり，彼らをよく理解できるようになりたいとする願望を持って学習に向かう．多くの場合，身近で現実的な目的が実現されればそれ以上学習を続ける必要はなくなるので，統合的オリエンテーションに比べて道具的オリエンテーションは学習を持続させる力に欠ける．Gardner と Lambert のカナダでの研究の結果もこのことを立証した．しかし，その後，彼らがアメリカ，フィリピンなどで行なった調査では，成績上位者が道具的オリエンテーションを強く示していることが判明した．さらに，インドで行なわれた別の調査やわが国で実施された調査でも，これと類似した結果が報告された．このことは，英語を外国語として学習し，しかもその運用能力が学校，社会などの進路の選択に強い影響力を持っている地域では（⇨ EFL），道具的オリエンテーションが学習成績と高い相関を示していることを物語っている．

　　オリエンテーションは，このように，社会的要因と深い関連を持っている．オリエンテーションはまた，学習経過に伴って変化することもある．テストで良い成績をとるために勉強するのは道具的オリエンテーションである．その結果，期待どおりの成績を収めた場合，さらによい成績

を取りたいとする願望に導かれて学習に励む．この場合も道具的オリエンテーションが強い．こうした学習の積み重ねで英語そのものに興味を持ち，英語圏の文化に興味をいだくようになることがある．この段階では統合的オリエンテーションが支配的になる．学習者のオリエンテーションはこのように可変的な特徴を有することを教師は理解する必要がある．⇨ MOTIVATION.

**Outer Circle** 外円 ⇨ WORLD ENGLISHES.

**output** アウトプット／出力

　学習者が対象言語を口頭あるいは文字で表出すること，またその結果を言う．教室における機械的なドリルから実際の言語使用場面の自然な会話まで，さまざまな場面における学習者の発話が含まれる．学習者が発話を産出する機会を多く得ることで，言語運用能力が促進される．この点で，アウトプットは学習者の言語使用の流ちょうさ（*fluency）に不可欠である．しかし，言語習得におけるアウトプットの役割については，議論が分かれる．⇨ INPUT; UPTAKE; COMPREHENSIBLE OUTPUT HYPOTHESIS; INPUT HYPOTHESIS.

**output hypothesis** 出力仮説

　第2言語習得（*second language acquisition）理論の1つ．*comprehensible output hypothesis とも言う．言語習得には聞き手に理解可能な言語を表出する経験が必要条件であるとする理論．

**overgeneralization** 過剰一般化

　言語規則や項目を対象言語で適用される範囲を超えて用いること．規則動詞に屈折辞 -ed を付けて過去形を作る規則を不規則動詞にまで過剰に適用して *comed, *goed, *falled のような形を用いるのはその例．⇨ U-SHAPED LEARNING; ERROR ANALYSIS.

**overhead projector / overhead camera** ⇨ OHP / OHC.

**oxymoron** 矛盾語法

　言葉遊び（*language play）の1つ．両立しない言葉を組み合わせて修辞的な効果を上げようとする語法．例えば，all alone, almost perfect, current history, exact estimate, fast food（fast には断食の意味もある），homework, income tax, living dead, mobile house, new classic, recorded live（実況録音），tight slacks, working holiday, young adult, など．

　日常，当然のこととして使っている句を個々の語に分析して見ると矛盾する語が連結していることに気づき（⇨ NOTICING），言葉に対する意識を高めるきっかけとなる．

# P

**pair work　ペア活動**

　2人一組になって行なう活動で，どのスキルの練習にも，またどの段階の活動にも用いられる．グループ活動（\*group work）と同様に，次のような利点を持つ．① 個々の学習者の活動量が飛躍的に増加する．② 学習者の判断で行なえる活動が多くなり，自律性（\*learner autonomy）が涵養される．③ 問題を抱える特定のペアに集中して指導できる．④ ペアで相談することで有益な情報が交換でき，自信につながる．⑤ ペア編成は容易に行なえる．逆に次のような問題点も内包する．① 教室が騒がしくなり，教師の目が行き届かなくなる．② 活動と関係のない話を日本語で行なうペアが出てくる．③ ペア活動を好まない学習者がいる（⇨ STUDENT BELIEF）．④ ペアの人間関係に問題が生じることがある．ペア活動は日常的な活動であるだけにペア編成に際して，慎重な姿勢が教師に求められる．

**palindrome　回文**

　言葉遊び（\*language play）の1つ．日本語の「たけやぶやけた」のように，前から読んでも後から読んでも同じ文を指す．Pop, dad, mum, wow, Bob, did, Madam などの単語も palindrome の一種．Madam, I'm Adam. / Was it a cat I saw? / Pull up if I pull up. などはよく知られている．

**paradigm　語形変化表**

　語形変化を受ける語の一連の変化形とこの変化形をまとめた語形変化表を指す．英語では名詞の格変化は単純化されているが，代名詞には I, my, me, mine のような格変化が存在する．また，不規則変化動詞も go, went, gone のような変化を示す．これらはいずれも日本人初級学習者にとって学習上の問題になることが多い．代名詞は変化表をそのままの形で暗唱しても文脈の中でそれらを用いることができるとは限らない．また，不規則動詞活用形を暗唱することについても同じことが言える．さらに，動詞の場合には，アルファベット順に配列された活用リストを順

に暗唱することは，いくつかの活用型に分類して暗唱することに比べて，さらに非効率的である．

**paradigmatic relation　系列的関係**

　同じ文脈の特定の箇所で入れ替え可能な言語単位と他の言語単位の関係を言う．例えば，＿＿＿ cake の下線部には the, a, some などの語が代入可能である．このような一連の語は系列的関係にある．また，音韻の場合も /＿in/ の文脈で下線部に代入可能な /p/, /b/, /s/, /t/ などの音素も系列的関係をなす．系列的関係はタテの関係を示す概念であり，主語と動詞，S＋V＋O などの統語関係を示すヨコの関係を統合的関係(*syntagmatic relation) と呼ぶ．

**paragraph　パラグラフ**

　1つの出来事，描写，考えなどのトピックとその内容に関する複数の文から構成されるライティングの単位．パラグラフの最初に字下げ(indention) を置いて，前のパラグラフとの境界を示す．日本語の段落に比較すると，英語のパラグラフはトピックのまとまりが緊密である．パラグラフによって読み手はテクストを咀嚼しやすいまとまりとして捉えることができ，必要な場合にはその内容を振り返る余裕を与える働きをパラグラフは果たす．また，書き手はテクスト全体の構想に基づいてその発展をパラグラフごとに導入，展開，結論の段階を追って整理し，さらに各パラグラフの内部の構成を整えることで分かりやすいライティングを実現できる．通常，各パラグラフには1つのトピックが扱われる．このトピックを記述する中核となる文をトピック・センテンス(topic sentence) と呼び，多くの場合，パラグラフの冒頭に置かれる．トピックをさらに敷衍して，理由，例などを追加的に述べる文を支持文(supporting sentences) と呼ぶ．パラグラフの展開法には，出来事をその生じた順に記述する方法，情景などを一定の順に並べる方法，原因と結果の関係で説明する方法などがある．　⇨ WRITING.

**paralanguage　パラ言語**

　言語行動に伴い，副次的にその機能を補足する非言語的な行動を指し，発話に際しての声の質，テンポ，大小，高低，リズムなどを指すこともある．日本語と英語のパラ言語が異なった意味を持つ場合に，コミュニケーションの障害になることがある．英語のピッチ(*pitch) の高低や，音の強弱は日本語に比べて顕著である．この英語の特徴を無視すると，相手にとって単調で分かりにくい発話になる．　⇨ NONVERBAL COMMUNICATION.

**Parallel Distributed Processing Model　並列分散処理モデル**　⇨ CONNECTIONISM.

***parallel writing*** 平行ライティング ⇨ CONTROLLED WRITING.

**parameter** パラメター

　Chomsky の普遍文法 (*universal grammar) 理論で用いられる用語で，言語の普遍的特徴の中で個別言語によって一定の範囲内で変動する特徴を言う．1例として代名詞主語省略パラメター (pro-drop parameter) は英語では It is raining. の it に見られるようにマイナス (−) の値をとるが，日本語では代名詞は省略されるのでプラス (+) の値をとる．⇨ PRINCIPLES AND PARAMETERS.

**parametric test** パラメトリック検定

　母集団が正規分布 (*normal distribution) をなしていることを前提としている検定で，t 検定 (*t-test)，分散分析 (*analysis of variance)，相関係数 (*correlation coefficient) などがある．ノンパラメトリック検定 (non-parametric test) は，母集団が正規分布をなしていることを前提としないで行なう検定である．χ (カイ) 二乗検定 (*chi-square test)，スピアマン順位相関 ($\rho$ / rho) (Spearman's rank-order correlation) などがある (清川, 1990).

**paraphrase** 言い換え／パラフレーズ

　さまざまな意味で用いられるが，教授場面では新しい語彙や文法項目などの言語事項を提示するための手法の1つ．新出項目を既習の表現を用いて言い換えることで，その意味と形態の理解を促す．新語の導入に当たり fund を money you save for a particular purpose のように言い換えることでその意味を理解させる．文型，文法事項でも言い換えによる導入は利用範囲が広い．言い換えは，結果的に既習語句を自然に多用することで学習者が英語に触れる機会を多く提供することにつながり，英語学習の促進に好影響をおよぼすと考えられる．⇨ INTRODUCTION OF VOCABULARY; PRESENTATION.

　言い換えはテストの1形式として，またリスニング，リーディング指導の内容理解の確認のために用いられることがある．また，言い換えはコミュニケーション方略 (*communication strategy) の1つとして多用される．外国語学習者にとって表現したい概念を表す言語形式を持ち合わせない状況に出会うことはごく普通である．このような場面で，言い換えで自分の意図を相手に伝え，コミュニケーションを持続させる方略として有効である．

**parsing** 文解析

　言語理解に際して，連続するそれぞれの語に品詞などの構造を付す過程．文法・訳読式教授法 (*grammar-translation method) ではごく普通

の学習活動の1つであったが，日常的な言語活動のリスニング，リーディングでどのように文解析が行なわれるのか未解決の問題が多い．

**partial access**　部分的利用仮説　⇨ UNIVERSAL GRAMMAR.

**Participatory Approach**　社会参加方式

　ブラジルの教育者として著名であった Paolo Freire が唱道，実践したことから "Freirian approach" としても知られている．元来，成人の識字教育としての起源を持つ．教育や知識の価値は人びとが自己をよりよく認識し，彼らを抑圧する社会的な状況から自らを解放することを助けることにあるとする理念に基づく．学習者の経験から引き出されたテーマ，語彙を用い，教師は学習を助け促進する役割を明確に担う．また，学習者が直面するさまざまな問題状況を設定して，その解決を巡って学習を展開する．⇨ CONSTRUCTIVISM; CRITICAL PEDAGOGY.

**part skill**　部分スキル　= MICRO-SKILL.

**PDP**　= PARALLEL DISTRIBUTED PROCESSING MODEL ⇨ CONNECTIONISM.

**Pearson's product-moment correlation coefficient**　ピアソンの積率相関係数

　2つの変数間の関係を明らかにするための統計的な算定手法の1つ．リーディングとライティングのテストの点数のように両変数が連続する尺度であるときに，両者の間の（反）比例の程度を示すために用いられる，最も一般的な相関係数．係数（$r$で表す）が0.6であれば（$r=0.6$），相関は高いと言える．⇨ CORRELATION COEFFICIENT; SPEARMAN'S RANK-ORDER CORRELATION COEFFICIENT.

**pedagogical grammar**　教授文法

　特定の言語の学習者にとって教授上ふさわしい方法でその言語の文法（\*grammar）を提示（\*presentation）することをめざす．1つの理論にしたがうことを原則にはしない．指導，学習，教材作成，シラバス（\*syllabus）編成に役立つ情報を提供するのが教授文法ねらいである．

**peer assessment**　学習者間評価

　学習者同士の相互評価．自己評価（\*self-assessment）と並んで，次のような利点が挙げられる．① 迅速性：その場で評価できる．② 学習者の直接的な関わり：自分たちの学習を直接評価することで学習に積極的に参加する．③ 学習者自律性（\*learner autonomy）の育成：自分の学習に対する責任感が強まる．④ 動機づけ（\*motivation）：学習に直接関与することで動機づけが高くなる．学習者間評価が公正に行なわれ，学習効果を高めるには，評価の観点，留意事項，具体的な方法などを提示するなどの適切な学習者訓練（\*learner training）を施す必要がある．具体

的には，次のような活動を4技能について実施することができる．① スピーキング：チェックリストの準備と活用，全体的評価，確認チェック (⇨ INTERACTIONAL MODIFICATION) の実施．② リスニング：TV やラジオ放送を聞いて理解度を相手と話し合う，理解できないときには相手に尋ねる．③ ライティング：仲間とライティングの推敲 (editing) を行なう，仲間の校正 (proof reading) を受ける．④ リーディング：読んだ内容について仲間と質問し合う，単語クイズをお互いに行なう．

**peer review　　学習者間批評** ⇨ PROCESS APPROACH TO WRITING.

**perceptual learning style　　知覚学習スタイル**

　学習スタイル (\*learning style) の1つの範疇．学習に際して取られる知覚上の特徴で学習者は次のタイプに分類することができる．① auditory learner (聴覚型学習者)：説明や情報を聞くことで効果的に学習する．② visual learner (視覚型学習者)：文字や表などを読む・見ることで学習する．③ tactile learner (触覚型学習者)：文字を書くなど，手で触れることで学習する．④ kinesthetic learner (全身運動型学習者)：体全体で直接経験することで学習する．他の学習スタイルと同様に知覚学習スタイルは傾向性を示す概念．

**performance　　言語運用**

　具体的な場面における実際の言語使用を指す．言語能力 (\*competence) と対比される．言語運用は言語能力を基盤とするが，その他のさまざまな要因によって左右される．文法的に正確 (grammatical) であるばかりか，その場にふさわしい (appropriate) 形式と内容を備えていなければならない．文の文法上の的確性に関する言語的能力 (linguistic competence) では言語運用を説明するには不十分であるとして，より多くの能力を取り入れたコミュニケーション能力 (\*communicative competence) が提案されることになる．

**performance test　　パフォーマンス・テスト**

　実際の言語使用の活動の中でどの程度課題 (\*task) を達成したかに基づいて学習程度を推定するテスト方式．例えば，受験者と実際に英語で会話をすることでスピーキング能力を測定したり，特定のトピックについて英語でライティングを行ない，その結果でライティング能力を測定するテスト法などを指す．多肢選択形式 (⇨ MULTIPLE-CHOICE TEST) のような従来型のテストよりも言語運用 (\*performance) を測定するのにすぐれている (Richards & Schmidt. 2001)．直接テスト (\*direct test) とも呼ぶ．教室内で実際に行なっているロール・プレイ (\*role-play)，情報差解消活動 (information gap-filling activity) (⇨ INFORMATION GAP)，会話な

どをテストでも再現することになるので，performance test は学習者の日常の学習活動に参加する意欲を高めるよい波及効果（*washback）を持つ．⇨ COMMUNICATIVE LANGUAGE TEACHING.

**peripheral grammar**　周辺文法　⇨ CORE GRAMMAR.

**personality**　性格

　個人の特性を示す性格は外国語学習に大きな影響をおよぼすと考えられ，性格の要素の検討は第2言語習得理論の重要な1分野になっている．性格は自律性（⇨ LEARNER AUTONOMY），学習方略（*learning strategy），学習スタイル（*learning style），動機づけ（*motivation）と深い関連を持つ．学習者の性格特徴のうちで外国語学習と深い関係のあるものとして Brown は，自尊感情（*self-esteem），抑制（*inhibition），果敢性（*risk-taking），不安（*anxiety），感情移入（*empathy），外向性（*extroversion）を取り上げている（Brown. 2000）．しかし，このような特性の多くは定義に明確さが欠けることもあり，他の特性との関連，学習との確固とした関連が立証されたものは少なく，重要性は指摘されるものの，その真の意義は今後の研究に待つところが多い（Brown. 2007）．

*personalized drill*　個別化ドリル

　各学習者の状況に合った内容の文を用いたスピーキングのドリル（*drill）．次の例は泳ぎが得意でない学習者にとって状況に合わない文を言わされているので personalized drill ではない．

T: I am fond of swimming. Repeat, class.

C: I am fond of swimming.

同じ文でも次のようにすることで personalized drill になる．

T: Listen and repeat if a sentence is true to you. 'I am fond of swimming.'

SS: I am fond of swimming.

T: I am fond of listening to music.

SS: I am fond of listening to music.

　この際，自分に合った文を聞いた学習者は手を挙げて反復させるとしっかり聞き取るようになる．モデル文を各学習者の状況に合致させて暗唱させると，自己表現の練習にもなる．⇨ SPEAKING ACTIVITY.

**personal writing**　私的文書

　友人や家族など親しい仲間同士で交わされるライティング．表現，書式，内容などの点で公的文書（*public writing）に比べてより自由である．次のようなタイプを挙げることができる（⇨ WRITING）．

① 私信（personal letter）

友人や家族など親しい関係の人に休暇中あるいは旅先で気楽に英語で手紙を書ける程度のライティングのスキルは是非養成したい．教室内で級友に短い手紙を書いて返事をもらう活動はその出発点になる．自由にトピックを選ばせることもできるが，誘導ライティング（guided writing ⇨ CONTROLLED WRITING）や平行ライティング（parallel writing ⇨ CONTROLLED WRITING）の手法を用いると短時間にできる．

準備段階として，適当なモデル文を示し，書式を教える．近況報告，招待状，通知などの手紙を相手を想定して書かせる．学習者のレベルに応じて，誘導ライティング，平行ライティングあるいは自由形式のライティングなど適切な活動を選択する．以下は教室内での短い手紙のやりとりの例．

---

Dear Masako,
You have a very nice sweater. I like that. Where did you buy it?
　　　　Yours,
　　　　　Yumi

---

Dear Yumi,
Thank you for your letter. I bought it at White Lily. It was 3000 yen. They have various sizes and colors.
　　　　Yours,
　　　　　Masako

---

② 絵はがき：簡単に書けるので休暇中に仲間はもちろん，教師宛にも書くように指示するのもよい．この場合も，いくつかのモデル文を示しておく．

③ thank you letter：礼状を書くことはライティングのなかでも大切なスキルである．モデル文を多く用意しておくのがよい．

## phatic communion　交感的言語使用

心の交流が行なわれる言語使用を指す．あいさつがその代表例であるが，天候や健康状態などを話題にするやりとりに見られるように日常会話の話題の多くはこの機能を強くおびている．⇨ INTERACTION.

## phoneme　音素

意味の差を作り出す最小の音の単位．英語では，pig, big の最初の音声単位 /p/ と /b/ が異なることで2つの異なった語が成立するため，この /p/, /b/ はそれぞれ音素である．2番目の要素 /ɪ/ を /e/ と置き換え

ると，peg, beg となって pig, big と異なった語になるので，それぞれが音素である．音素の数は限られていて，英語では40を僅かに超える数である．⇨ PRONUNCIATION; SPEECH SOUND; MINIMAL PAIR.

**phonemic transcription / notation　音素表記**

　1つの言語内で意味の差をもたらすような限られた数の音，すなわち音素（*phoneme）を表示する記号（phonetic symbol）を用いた表記．table は /teibl/ のように / / で囲んで示す．実際に発音される音声は，語頭の t は呼気を伴った音 [tʰ] で，語尾の l は後舌部を盛り上げて調音する'暗い l' [ɫ] であるが，簡略化して表記する．簡略表記（broad transcription）とも言う．⇨ INTERNATIONAL PHONETIC ALPHABET; PRONUNCIATION; PHONETIC TRANSCRIPTION.

**phonetics　音声学**

　言語音を研究する学問．言語音をどのように発音するかという調音，どのように聞き取るかという知覚，音声の物理的特徴などを対象にする．それぞれ，調音音声学（articulatory phonetics），聴覚音声学（auditory phonetics），音響音声学（acoustic phonetics）と呼ばれる．

**phonetic transcription / notation　音声表記**

　言語の音声を示す記号体系．わが国では国際音標文字（*International Phonetic Alphabet）を用いて表示することが多い．音素表記（*phonemic transcription）が言語の音素を区別するために用いられるのに対し，音声表記ではさらに発音の細かな差まで示す精密表記（narrow transcription）が用いられることがある．bed は語頭の有声破裂音の出だしは無声音でその後有声化される [b̥b] で，母音は有声音が後続するため長音化した [eˑ]，語尾の子音の後半は無声化した [dd̥] となり，[b̥beˑdd̥] と表記される．音声表記は [ ] で囲んで表示する．

**phonics　フォニックス**

　音と文字の対応関係を示す概念．アルファベットの文字とそれが持つ発音（音価）を対応させることを強調する初心者に対するリーディング指導法（phonic method）を指すことが多い．まず個々の文字，文字列を正しく音声化すれば，次にその音を組み合わせて語や句，文にまとめて読むことができるようになり，新しい語を正しく発音することができれば自力で読むことができるようになると考える．さまざまな方法が提唱されているが，次のような文字（またその組み合わせ）と子音と母音を取り上げて体系的に指導する．

子音（C）

　・単独で1つの音を持つもの: b, d, f, j, l, m, n, p, r, s, t, v, z

- 2つ以上の音を持つもの: c, g, h, w, y
- 2文字の組み合わせ (blend)
    lと: bl, cl, fl, gl, pl, sl
    rと: br, cr, dr, fr, gr, pr, tr
    sと: sc, sk, sm, sn, sp, st, sw
- 3文字の組み合わせ
    scr, spr, str, squ
- 新しい音を作り出す組み合わせ (2字1音)
    ch, sh, th, wh, gh, -nk, -ng

母音 (V)
- 長母音 CV: be
    CVe: ate, like, rose
    CVVC: tail, boat
- 短母音 VC または CVC: it, hot
- r-支配母音 Vr または CVr: art, car, her
- 2字1音／二重母音 VV: saw, book, boil, out

　フォニックスは，元来子供が母語としての英語のリーディングを習得するのを助ける目的で開発された方法である．そこでは，子供は英語の音体系，語彙 (*vocabulary) をすでに所持していることが前提となっている．しかし，*EFL ではこのような前提は普通想定できない．また，文字を音声化するスキルはリーディング・スキルのごく一部を構成するにすぎない．フォニックスの実践に当たっては，以上の点を考慮する必要がある (Ediger. 2001).

**phonology　音韻論**

　ある1言語における音の体系と型 (pattern) を明らかにする研究領域．ある1言語における弁別的な音 (=音素) を決定し，これらの音素と他の音素との並び方と共起する際に生じる変化を律する規則を確立する．英語にはいくつの音素 (*phoneme) があり，それがどのように配列されているかなどが研究対象になる．母音 (*vowel)，子音 (*consonant) の文節音を扱う領域を文節音韻論 (segmental phonology) と呼び，強勢 (*stress)，ピッチ (*pitch)，イントネーション (*intonation)，リズム (*rhythm) などの1つの文節を超えた特徴を扱う領域を超文節音韻論 (suprasegmental phonology) と呼ぶ．言語音の物理的な特徴を扱う音声学 (*phonetics) とは区別される．⇨ PRONUNCIATION; PRONUNCIATION ACTIVITY; CONSONANT; VOWEL.

**phrasal verb　句動詞**

　動詞と副詞が結びついて turn down (=refuse) のように1つの意味を

作る多数語で構成される動詞 (multi-word verb). 句動詞は drop off (= sleep), call for (= require) のように構成要素の結合によって新たな意味をおびる熟語 (idiom) の特徴を持ち, 自動詞, 他動詞のいずれにも用いられる (e.g. The alarm went off (= rang) at 7 o'clock (自動詞), We put off (= postponed) the meeting for a few days. (他動詞)). 句動詞は目的語を副詞の前あるいは後のいずれの位置にも置くことができる (e.g. He switched off the light. / He switched the light off.). ただし, 目的語が代名詞の場合には副詞は必ず目的語のうしろに来る (e.g. He switched it off.). また, wake her UP. のように副詞に強勢を置く. 多数語で構成される動詞でも動詞+前置詞の場合には, 構成要素の集合の意味を持ち, 前置詞が目的語の前に置かれる, 強勢は動詞本体に置かれるなどの点で句動詞とは異なる.

**phrase** 句

複数の語で構成され, 1つの品詞に相当する働きを持つ語群で, 中に主語, 述語動詞を含まないもの. 主語と述語動詞を含む節 (*clause) とは異なる. 句は主要語と意味を詳しく述べる付随部から構成され, 次のような種類がある (斜字体で示す):

名詞句—*The tall boy* (主語) is *Mrs. Brown's son*. (補語) / We like *eating ice cream* (目的語) in a hot season.

動詞句—The ship *may have been sunk*.

形容詞句—The weather was *too hot*. / It made me *really nervous*.

副詞句—It all happened *rather suddenly*. / *Strangely enough*, I didn't notice it.

前置詞句—We saw a girl *with a small dog*. / I felt very sorry *for her*.

**phrase card** フレーズ・カード

リーディング練習用のカード. フラッシュカード (*flashcard) とよく似ているが, 句, 文単位でカードが用意される. 特に, 初心者のリーディング指導に用いられる. カードに示された英語を読んで, 動作を行なう. 例えば, 次のようなカードを用意してA群とB群をさまざまに組み合わせて提示し, 学習者はその指示にしたがう.

| A 群 | B 群 |
|---|---|
| Put a book | in the desk. |
| Put a pencil | on the desk. |
| Put an eraser | on your head. |

動作だけでなく，絵を選ぶ，絵を描く，地図上の経路をたどるなどの反応を引き出すことができる．また，カードの代わりに *OHP（overhead projector）を使うことも可能である．⇨ READING ACTIVITY.

**pidgin　ピジン**

　2つの言語集団が共通の言語を持たないで互いにコミュニケーションを行なおうとする際の，さまざまな問題の解決策として用いられる音声によるコミュニケーション手段．いずれかの集団の母語特徴を反映したり，両集団の母語の特徴を取り入れた混交語になることが多い．極端に単純化された文法構造と語彙で基本的なレベルの交信が行なわれる．当然，ピジンを母語とする者はいない．両集団の接触や交渉が進行するとピジンも複雑，精緻になる．ピジンを話す両親から産まれた子供が習得する言語はクレオール（Creole）と呼ばれる．ピジンの発達段階（pidginization）の研究が進んだ結果，その特徴が第2言語習得（*second language acquisition）の過程に共通して観察される部分が多いことが指摘されるようになった．第2言語習得がピジンの発達と類似した過程をたどるとする理論をピジン化仮説（pidginization hypothesis）と呼ぶ．

**Pimsleur Language Aptitude Battery, The　ピムスラー言語適性テスト**

　1966年に発表された外国語適性テスト．所要時間はおおよそ60分で次の6部から構成されている：① Grade point average：最近の英語，歴史，数学および科学の成績の平均．② Interest in foreign language learning：興味の度合いを5段階で自己評価．③ Vocabulary：英語の形容詞の類義語を4択で選択．24問．④ Language analysis：人工語の語彙リストと英語の同等語句を提示され，次に与えられた意味の文を4文から1文選択．⑤ Sound discrimination：類似した音を持った外国語3語の文字を学習し，次に30文を聞き，各文にどの音が含まれているか答える．⑥ Sound-symbol association：2〜3音節の無意味語を聞き，対応する綴りを4択で選択．

　このテストでは，外国語学習適性が言語的知能，動機づけ（*motivation），言語能力の3要素で構成されると想定している．PLABと略記することが多い（Dörnyei. 2005）．⇨ APTITUDE TEST; MODERN LANGUAGE APTITUDE TEST.

**pitch　ピッチ／高低**

　音の高さを指す．音の高さは基本周波数（fundamental frequency）に対応する．基本周波数が少なければ低く，多ければ高く聞こえる．

**placement test　クラス分けテスト**

　適切なクラスに学習者を配置するための資料とするテスト．能力にば

らつきのある大きな集団をコースの達成目標に応じてあらかじめ区分けすることで,効率的な指導が期待できる.しかし,コースの目的に合ったテストを実施することが大切である.そのために用いられるテストを言う. ⇨ TESTING.

**plateau effect　高原現象**

　学習の成果が,従前どおりの努力,学習量にもかかわらず,停滞する状態.英語学習の初期の段階では右肩上がりの上達が自覚できたのに,ある程度の学力レベルに達するとそれ以降は進歩が見られず水平レベルが続くことを言う.特に中級レベルの学習者に多く見られる.より進んだ学習目標の設定とその実現のための具体的な手順を,教師の指導のもとで学習者が認めることで学習者の動機づけを高めることが求められる.より高度な課題に挑戦させ,成就感を得させることも重要になる.発音,文法,リスニングなど特定の領域での高原現象は,個人差はあるものの一般的な現象である.それぞれの領域に合った学習ストラテジー(*learning strategy)を示すなど学習者訓練(*learner training)を施し,学習者自律性(*learner autonomy)を高めることも必要になる. ⇨ FOSSILIZATION.

**pluriculturalism　複文化主義**

　ヨーロッパ共通参照枠(*CEFR)で提唱されている個人が所持する複数の文化能力を指す概念.個人が複数の異文化を理解することをとおして,欧州の融和と平和を構築することをめざす.複数の文化が混在する社会を指す multiculturalism と対比される.

**plurilingualism　複言語主義**

　ヨーロッパ共通参照枠(*CEFR)で用いられている用語.1人の人間が母語に限定されることなく,必要に応じて複数言語をさまざまな熟達レベルで使用して,多文化地域におけるコミュニケーションを行ない,直面する課題を解決する能力あるいは状態を指す.複数言語の運用能力を個々の成員が獲得することで,言語意識(*language awareness)が高まり,言語の多様性に対する価値を認め,他文化に対する寛容性が高まる.複言語主義はヨーロッパ共同体の推進に深く関わっている概念で,1つの共同体に複数の公用語が存在する多言語主義(multilingualism)とは異なる. ⇨ MULTI-COMPETENCE.

**podcast　ポッドキャスト**

　学習者の所有する個人の MP3 player に自由にダウンロードできるファイル.すでに広く普及している iPod などの機器で英語学習に関する膨大なファイルが利用でき,自由な時間に好みの内容の英語に接することが可能になる.各種検索エンジンで容易にアクセスできるので,教師によ

る適切な手引きがあれば，学習者の英語学習に対する動機づけを高める1つの手段になる．⇨ INTERNET.

## poetry　詩

相互交渉（*transaction）コミュニケーション力の養成を強調する英語教育では英語の詩の指導は軽視されがちである．しかし，詩は読む人の感性を刺激し，新たな角度で事物を観察し，新しい音声のまとまりを知覚し，新たな視点で考える機会を提供することで，言葉の学習に新鮮な喜びと驚きをもたらし，記憶に残る学習となる．また，道具としての言葉の学習とは異なった，言葉の働き，リズムと音のもたらす楽しさを意識することで言語感覚を磨く場となる．しかし，多くの教師にとって，また学習者にとっても，英語の詩の鑑賞と創作はともに難解であるとして敬遠されがちである．詩を取り入れる際には，したがって，学習者のレベルに合った平易で親しみやすい，興味深いメタファーが使われたものを選択することが大切になる．どのように選択した詩を取り扱うかが次の課題となる．以下，読む活動，書く活動の例をいくつか挙げる．

読む活動：① 詩を提示する前に，直喩（simile）や隠喩（metaphor）の部分を空白にした文を教師が読み上げ，どんな語句が入るか自由に話し合った後で実際に用いられた語句を示す，② 詩を改行せずに日常の記述文の形にしたものを示し，その後原文を示して比較する中で，詩の形式と意味を考えさせる，③ タイトルを伏して話し合わせた後に示す，④ 詩の語り手，場面，機能を特定する，④ 詩人の詩に託した想いを話し合う，⑤ リズムに注意を払いながら朗読し，できれば暗唱する．

書く活動：① 詩の一部を空所にしたものを示し，自由に記入した後で原文と比較する，② 行あるいは部分をバラバラにしたものを与えて，原文に復元させる，③ ヒントを与えて自由に書かせるなど，大樹，山などの自然，歴史的建造物などの絵を示し，それがこれまでの長い間に何を目にし（I have seen ～），聞き（I have heard ～），何を知った（I have known ～），今どんな気持ちか（I am / feel ～）を書く（Harmer. 2007）．
⇨ LANGUAGE PLAY; LITERATURE.

## portfolio　ポートフォリオ

portfolio の原義は書類入れあるいは書類入れに入っている書類．転じて学習者の学習成果を整理した記録の意に用いる．テストなどの従来の評価方法に代わるアセスメント（alternative assessments ⇨ ASSESSMENT）の1つ．個々の学習者が一定の方式で学習全般にわたって成果をファイルに整理して保存する．この学習成果を随時点検することで自己評価（*self-assessment）を適切に行なうことができる．また，教師にとって，

各学習者のポートフォリオを閲覧することで学習の進歩を確認し，テストでは得られない情報に基づいてより公正な評価を行なうことができる．

ポートフォリオは3つのタイプに分類できる．① ショーケース型：学習者が自分で最もよくできたと思うエッセイ，タスク(*task)などを保存．学習者自身のために行なわれ，他の学習者との比較は行なわれない．② 記録型：体系的に継続して進歩の様子を記録した書類をファイルに収めたもので，観察，チェック・リスト，感想，インタビュー，テスト結果などが含まれる．何を含めるかは教師と学習者の話し合いで決める．③ 評価型：学習成果の客観的な証拠となるもので，内容と評価基準は外部的な要件によって決まってくる．保護者宛の通信簿，指導要録の学習の記録などに評価の結果は記載されることにもなる．学習の記録と評価の手段としてポートフォリオを用いることは教師，生徒の双方にとってよい効果をもたらす．それは，評価を授業に密接に関連づけ，また学習者の動機づけ(*motivation)ともなる．ポートフォリオはまた，学習者が学習の目標とその実現に向けて取った学習方略(*learning strategy)を省察する機会となり，そのことが学習者の自立(⇨ LEARNER AUTONOMY)を促す．さらに，保護者に対して学習成果を具体的に示すことができる．このような利点がある一方で，ポートフォリオに含めるべき書類の選別，評価基準，多くの学習者から提出されるポートフォリオの点検に要する時間など，解決すべき問題は多くある．

*European Language Portfolio My Language Portfolio* (CILT. 2001) はEUで提唱され，イギリスの子供用に編集された外国語学習ポートフォリオである．その目的は，この冊子の冒頭に次にように明記されていて，ポートフォリオの本来の目的とそこにファイルされる書類が明確になっている．

---

This portfolio is for you
- to show what you already know and what you can do in languages.
- to help you see that you are making progress.
- to keep a record of your work in languages.
- to put some examples of work you've done in languages (these could be pictures, written work, speaking recorded on audio or video tape, homework).
- to show your new teachers when you move class or school.

---

(Chapell & Brindley. 2010)

ポートフォリオは，また教師評価の資料としても用いられる．教育職員免許など履歴書に記載される事項に加え，ビデオによる授業記録，指導案，学習者の学習成績なども含まれる（Shrum & Glisan. 2000）．

**positive evidence　肯定証拠**

学習者がコミュニケーションの場面で接する文法的な入力で，対象言語の母語話者あるいは教師などから聞かれる発話，また読み物などの書かれた資料から得られる言語の実例を指す．母語習得は肯定的証拠のみで実現されるのに対し，第2言語習得では肯定的証拠に加え否定的証拠（\*negative evidence）が必要になることが多い．⇨ UNIVERSAL GRAMMAR; NEGATIVE EVIDENCE.

**positive transfer　正の転移**

母語と対象言語の間に共通の特徴があるとき，母語の特徴が対象言語の対応する特徴の習得を促進する．アルファベットなどの書記法が共通する2つの言語間において，母語のリーディング能力が第2言語のリーディングに肯定的に転移し促進することが認められている．これに対して，日本語のように漢字，仮名の書記法を持った言語を母語とする学習者のリーディング能力が外国語としての英語リーディングに転移しないのは書記法の違いによると考えられる（Koda. 2009）．⇨ TRANSFER; NEGATIVE TRANSFER.

**post-listening activity　ポスト・リスニング活動**

ポスト・リスニング活動は，次の3種類に分けることができる．① タスク（\*task）の結果の確認：タスクが適切に処理されて，望ましい結果が得られたかどうかを確認する．成功しなかった場合には，その原因を探り適切な指導を施して，結果が得られるようにする．例えば，リスニングを再度行なう，タスク処理のために重要な部分に焦点を当てて再度聞かせる，教師がスピードを落として読む，省略・縮約形を指摘する，文字を示して理解を深めるなどの手だてを必要に応じて用いる．② 言語理解と分析：イントネーション（\*intonation）型，強勢（\*stress）型，示差的音（\*phoneme）の識別など，英語の音声特徴について理解を深める活動やリスニング・ストラテジーの活用，テクスト分析などをとおしてリスニング・スキルの向上を図る（⇨ TASK-BASED LISTENING ACTIVITY）．また，I'm sorry I'm late.; I'm afraid I lost my key. などの下線部に見られるような，ある機能（\*function）を表す重要な表現が用いられている場合には，それに着目して練習と活用の場を設定する．③ 発展的な活動：他のスキルと組み合わせて，リスニングの結果をさらに発展させる活動を展開する．それはリスニングの内容と深く関連したものになる．電話の

用件を聞き取る内容であればロール・プレイ（*role-play）で実際に演じる活動が設定できる．異なった内容をいくつも用意することで，多様なロール・プレイを設定できる．デュアリング・リスニング活動（*during-listening activity）がインタビュー（*interview）の場面であれば，ポスト・リスニングではグループに分かれて，それぞれ interviewee を1人決めて，interviewers が交代で質問して，その結果をまとめて書き，さらにクラスで発表するなどのプロジェクト（⇨ PROJECT-BASED LEARNING）に仕立てることもできる．⇨ LISTENING ACTIVITY.

**postmethod pedagogy　ポストメソッド教授学**

数多くの教授法（*methods）が提唱されてきたにもかかわらず，最善の教授法は存在しないと言われる．それは，教授法の理論的な枠組みそのものに欠陥があるからだ．理論に基づいた折衷案（principled eclecticism）は現実的には実現不可能である．したがって，従来の教授法の枠を超えた理論構築，すなわちポストメソッド教授学が必要であるとする立場．Kumaravadivelu によって提案された外国語教授学で，授業実践者の個人的な実践理論を重視し，教師の自律性を尊重し，原則に基づいた実用主義を基本に据える．教授理論は個々の教師が教えている特定の状況に対応した文脈対応型で，個々の教師の実践に裏打ちされた理論であり，かつアイデンティティ形成と社会変革の探求の触媒とならなければならない．以上の理念を実践に移すために次の具体的な方略が想定される．① 学習の機会を最大にする，② 知覚上の不一致を最小限にする，③ 交渉によるインタラクションを促進する，④ 学習者自律性を高める，⑤ 言語意識を高める，⑥ 直感的な発見学習を進める，⑥ 言語入力を文脈化する，⑦ 言語技能を統合する，⑧ 社会的妥当性を確保する，⑨ 文化的意識を高める（Kumaravadivelu. 2003）．

**post-reading activity　ポスト・リーディング活動**

ポスト・リーディング活動は多様なものがあるが，次の6種類はその代表的なものである．

1. テクスト理解を確認する活動

内容理解を確認することによって，理解が確実になり，また深まる．このためにはしばしば内容確認質問（⇨ COMPREHENSION QUESTION）が用いられる．テクストの概略，要点，詳細などの理解を確かめる他，推測，評価，比較なども行なわせることができる．question を短く，単純にして，数多く用意し，多方面から理解を確かめながら，助け，深めることがポイントである．教師の質問とそれに対する学習者の解答の標準タイプに加え，次のような種類がある．① right / wrong statement: 教師が

述べる文をテクストの内容に照らしてその正誤を判断する．② consequence / reason：教師が話すことを聞いてその結果を述べたり，その理由を述べたりする．③ correction：教師の言う文の誤りを訂正する．④ expansion：教師の説明を聞いて理由，時間，場所などの情報を加えて拡大する．

2. 読んだ内容を整理し，理解を深める活動

1.の活動に引き続き要約文作りを行なう．これは，本文の内容理解を整理して要点を書き留め，将来それを活用するという目的も持った重要な活動である（⇨ SUMMARIZING）．旅程を地図上にたどったり，出来事を時間軸に並べるなどの活動も有効な場合がある．

3. 読んだ内容を活用する活動

読後感を話し合うなどの活動を短時間でも取り入れることで，単に「英語を日本語に置き換える」作業から脱皮する．テクストの登場人物をロール・プレイ（*role-play）で演じる，対話文の場面を再現するなどの活動は学習者のレベルや関心に応じて容易に編成可能である．

4. 音読（*reading aloud）

音読を post-reading におく理由は，意味のよく分からないテクストを正確に音読させることはできないことによる．音読は，文字と音の連合を強め，リズムや発音の練習にもなるので，特に初心者のクラスでは多用され，それなりの意義は認められる．特に，リーディング・カード（*reading card）の活用やリード・アンド・ルックアップ（*read-and-look up）の活動は音読の反復に有効である．しかし，音読を意味のある，目的を持った活動にすることが求められる．以下，そのための方策を挙げる．① ペア・リーディング：ペアの一方に空所のあるテクストを与え，もう一方には完全なテクストを与え，後者がテクストを音読するのを聞いて，前者が空所を埋めていく．ペアのそれぞれに異なった箇所を空欄にしたテクストを渡して行なう jigsaw reading（⇨ JIGSAW TASK）も同趣旨の活動である．いずれも情報差（*information gap）を組み入れた音読である．② 確認読み：ペアの一方が読むのを，他方が教科書を閉じて聞く．センテンスの意味が分かったら，I see. Really. Is that so? などと相づち（*back channeling）を打ち，はっきりしない部分では Pardon?, Read that part again, please. などと再度読んでもらう．③ コーラル・リーディング：コーラル・リーディングでは，範読の後をつけて読む斉読，長い文を短く切って読むセンス・グループ読み，文尾から次第に前の方に進む逆方向積み重ね方式（*backward buildup）などの他に，本文を OHP を用いてスクリーンに投影し，一部分を紙片などで覆い，見えない部分

を作り出したものを用いる masked reading がある．これは文脈や記憶を手がかりに，隠された部分を音声に再生しながら読む活動を指し，適度な挑戦意欲をそそり，学習者の多くは活発に学習に参加するようになる．次第に，マスキングを多くすることで，意味のある音読が反復して行なえる．
5. 文章構成を把握する活動 ⇨ READING ACTIVITY.
6. テクスト中の重要語彙，表現などの言語理解を深める活動 ⇨ VOCABULARY ACTIVITY.

**post-test　事後テスト**

　一定期間指導を行なった後で実施するテスト．指導開始前に行なわれる事前テスト（pre-test）の結果と比較して，指導の成果，達成された学習量を測定する．実験の前後に行なう事前，事後のテスト結果の比較で実験が学習におよぼす影響を探る研究方法を pre-test post-test design と呼ぶ（Davies, Brown, Elder, Hill, Lumley & McNamara. 1999）．

**power test　力量テスト**

　受験者の能力レベルを測定するための検査．すべての受験者が全問を解答するのに十分な時間を与える一方で，難易度の異なる問題を用意することで，どの程度の問題まで解答できたかを判定し，受験者の能力を測定する．可読性（*readability）に差のある複数の文書を与え，どの文書まで読みとりができたかを検知することでリーディング能力レベルを測定するテストはその1例．運用速度を測定する速度テスト（*speed test）と対比される．

**PPP**　= presentation-practice-production ⇨ ACTIVITY SEQUENCE.

**practicality　実用性**

　テストの具備すべき3つの条件の1つ．他の2つは妥当性（*validity）と信頼性（*reliability）．妥当性がいかに高く，また信頼のおけるテストであっても，実施に際し困難を伴うテストは実用性が低い．経費，時間，場所，設備などが要因になる．スピーキング・テストの必要性が指摘されながらも普及していないのは実用性の条件を満たすことが困難なことにもよる．usability（有用性）とも言う．

**practice　練習**

　言語知識や技能を向上させる目的で組織的，意図的に行なわれる対象言語を用いた活動（DeKeyser. 2007）．言語項目の最初の提示と自動的な運用のギャップを埋めるための働きをする．練習はその内容によっていくつかのタイプに分類される．統制練習（controlled practice）は特定の言語項目に集中，あるいは特定の活動に限定されるのに対し，自由練習

(free practice) は学習者の自由な言語使用を認め創意を重視する．機械的練習 (mechanical practice) は言語形式の反復等を重視し正確さ (*accuracy) を高めるのに対し，有意味練習 (meaningful practice) は練習中の項目の意味を考慮せずには行なえない練習を指す．さらに，受容練習 (receptive practice) は言語項目の理解を深めることを意図するのに対し，産出練習 (productive practice) は音声あるいは文字で当該項目を表出することで言語使用の熟達をねらう．狭義には，言語習得の1段階でドリル (*drill) と運用 (*production) の中間に位置する．この段階では，コミュニケーションの目的で英語を用いるが，活動に必要な表現はあらかじめ練習を積んで正確に操作できる特定の言語項目に限定されることが多い．⇨ ACTIVITY SEQUENCE; SPEAKING ACTIVITY.

## practice teaching　教育実習

教員を志望する学生が在学中に教育現場で教育活動を経験することを指す．practicum, teaching practice とも呼ぶ．免許取得に際して義務づけられている．大学で学んだ理論，専門的知識を背景に，実際に学校などで教育活動を経験することをとおして，教員としての能力，資質を高めるのがねらいである．全般的な目的は次のように要約できる．① 教育活動の実態に触れ，教育の在り方についての認識を深めることで学校全体の教育活動を理解する．この中には，教育課程の編成と運営，教育課程の各領域（教科，道徳，特別活動）の指導法の理解と実践が含まれる．② 教科指導を実践する．教師の働きかけに対して学習者がどのように思考し，行動するかを把握し，効果的な学習指導技術を習得する．③ 教員としての職務や勤務の基本的な事項を理解する．④ 教師の適性を理解し，自分の長所と短所に気づき，資質向上のための努力目標を知る．

英語科では，上述の一般目標に基づいて特に次の目的の実現をめざす．① 英語科の目標を踏まえて，指導計画を立案する．② 目標となる言語材料，言語活動を盛り込んだ1時間の授業を計画する．③ 指導案を参考にして授業を実施する．④ 授業の結果を客観的に分析して，授業の目標がどの程度達成されたかを理解し，その結果を次の授業に活かす．⑤ 指導教員や他の実習生の授業を観察し，その特徴を理解して，すぐれた点を自分の授業に取り入れる．教育実習は，その中に事前事後指導，観察・参加を含む．近年，教育実習の重要性についての認識が深まり，以前に比べて実習期間が大幅に拡大された．しかし，効果的な実習を行なうために必要な指導教員と実習生の関係，大学と実習校の協力，提携関係，実習校の確保と実習指導教員の研修など解決すべき課題は多い．

## pragmatic competence　語用能力

聞き手・話し手としての言語使用者が意思疎通を図るために活用する知識で，発話行為をやり遂げるための知識を含む．社会語用論知識（sociopragmatic knowledge）と語用言語学的知識（pragmalinguistic knowledge）に大別される．前者は，適切さ，状況的要因の意味，社会慣習の知識を含む言語使用に関する社会的規則を包含する．後者は発話意図を実現するために必要な言語的手段を含み，一般的な目標言語能力に強く依存している．この2つの側面は互いに関連し合って用いられる．
⇨ PRAGMATICS.

**pragmatics instruction　語用指導**

　コミュニケーションを図るには発話の言語的な意味の理解に加え，言語的意味の場面に即した解釈，すなわち語用能力が要求される．語用指導が必要なゆえんである．語用論は異なった言語に共通する領域がある一方で，大きく異なる部分も存在する．文化間におけるこの異同を明らかにし，英語によるコミュニケーションに重大な支障をもたらす部分を摘出し，シラバスにまとめて計画的に指導することが重要になる．英語教科書に語用論の情報がどの程度適切に盛り込まれているかを明らかにする教材分析も求められる．また，英語の語用能力の目標を設定することも重要な課題になる．英語母語話者にかぎりなく近づくことが学習者にとって必ずしも適切な目標とはならない．　⇨ PRAGMATICS; COMMUNICATIVE COMPETENCE.

**pragmatics　語用論**

　コミュニケーションの中で言語がどのように用いられるかを視野に入れ，特にさまざまな文脈の中で実際に使われる発話を支配する規則や原理を扱う研究領域．文の表面的な意味から文脈を手がかりにして推論を行なって適切な解釈に至る過程を扱う．例えば，There's a car coming. は，文脈を離れた例文としては「自動車が来る」の「発話の意味」を持つ．しかし，実際の言語使用の場面で，道路を横断しようとしている通行人に対する警告の機能（*function）を持つことがある．また，来賓の到着を待っていたホストの安堵の感情を伝える機能を持つ場合もある．このように，同一の表現が異なった文脈で異なった意味に解釈される仕組みを解明する過程も語用論の分野に含まれる．　⇨ SPEECH ACT.

**praising　ほめる CE**

> (Very) good. / (Quite) right. // Great. / Excellent. / Wonderful. / Marvelous. / Perfect.//Wow! / I like that. / That's it. / Yes, you've got it.

> A good job. / Well done. / Good for you. / That's exactly the point. / I couldn't have given a better answer myself.

## pre-listening activity　プリ・リスニング活動

　プリ・リスニングは，リスニングの指導過程（*sequence of listening instruction）の第1段階であり，以下に挙げるねらいがある．① 扱われているトピックを知ることでスキーマ（*schema）の活性化を図る．② 語句や文型・文法などの言語形式で未習のもの，聞き取りに際して障害になるおそれのあるものをあらかじめ説明しておく．③ タスク（*task）を示すことでリスニングに対する具体的な取り組みが学習者に理解される：❶ タイトルから内容を予測する．ペアやグループ，あるいはクラスでの自由な話し合いをとおして，内容についての関心を高める．❷ 挿し絵や写真などから内容を予測する．場面，登場人物とその関係なども話し合いのポイントにする．❸ リスニングの障害となるような表現を教える．なお，未習の語句，構文，文法，文脈で意味が推測できるものやリスニングのタスクとの関連の薄いものは取り上げず，ポスト・リスニングで扱う．❹ リスニングの目的を明確にする．デュアリンク・リスニング活動（*during-listening activity）を説明して，すべての学習者が取り組めるようにする．⇨ LISTENING, LISTENING INSTRUCTION, SEQUENCE OF LISTENING INSTRUCTION.

## pre-reading activity　プリ・リーディング活動

　プリ・リーディングは，リーディングの指導段階（*sequence of reading instruction）の第1段階で，次のタイプに分類できる．

1. 内容に関する一般的な話し合い

　中国残留孤児の日本での肉親との再会を扱ったテクストでは次のような例が挙げられる．こうした話し合いをとおして，テクストの内容について生徒の興味と関心を高め，同時に内容をある程度予測させることになる．

> T: Look at the map on page 19. You see Manchuria on the map. In 1944, in what part of China was Manchuria located?
> S: It was located in the northwest of China.
> T: Do you know anything about the problem we are still having between China and Japan?
> S: Yes. The problem is "Chugoku Zanryu Koji." We hear of them on the TV news or in the newspaper. I feel sorry for them.

> T: So do I. There are still many war orphans. They have been experiencing great difficulties since they were very young. In this lesson we see a family who suffered hardship caused by the war. (*Genius English Readers* Book1 指導ノート)

2. テクストのレイアウト検討

テクストのタイトル，サブタイトル，写真，挿し絵，チャート，グラフなどを見てどんな内容であるかを話し合う．

3. semantic map

テクストの中心的なトピックを黒板の中央に板書し，それについて連想する語句を自由に述べ合って，教師がそれを整理して板書する．例えば，Olympic Games がトピックであれば，次ページに示すような板書ができることもある．

4. 新語の導入 ⇨ INTRODUCTION OF VOCABULARY.

5. 目的設定活動

テクストの内容把握に重要な箇所に注意を向け，その解決を求める活動である．デュアリング・リーディング活動（*during-reading activity）と直結している．道しるべ質問（*signpost question）として設定することが手っ取り早いが，図表の完成などの形式も可能である．テクストのねらいに即した形式を用いることが肝心である．signpost question は，概要，要点を求めるもの，内容推測，文間の関係把握を要求するものなどがある．⇨ READING ACTIVITY; READING INSTRUCTION.

**prescriptive grammar　規範文法** ⇨ GRAMMAR.

**presentation　提示**

文法，文型，語彙などの新しい学習事項を導入し，学習者の注意を引きつけ理解を図る指導過程を指す．その方法は教師，学習者，指導項目によってさまざまであるが，次のような手順が頻繁に用いられる．① 新項目が用いられる場面の設定：絵，対話文，テクスト，録音テープ，ビデオ，学習者とのおしゃべり，演示（demonstration）などをとおして，自然な使用場面（*contextualization）を作り出す．② 新項目を含む基本文の提示：学習者に働きかけて新項目を誘発（elicitation）する．その後，必要に応じて教師が適切なモデル文を音声や文字で示す（modeling）．③ モデル文の反復：モデル文を教師やテープの後について何度も繰り返す（repetition）．④ 新項目の説明：新項目の構造，意味，機能を説明（*explanation）して，理解を深める．⑤ 理解の確認：新項目が適切に理解で

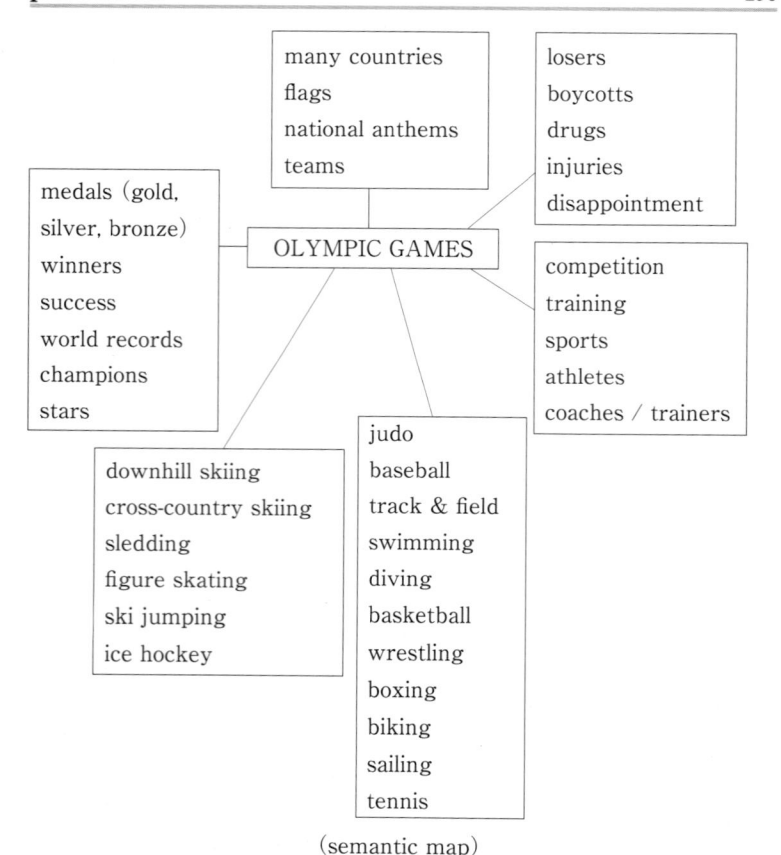

**presentation** 256

```
                    ┌─────────────────┐  ┌─────────────────┐
                    │ many countries  │  │ losers          │
                    │ flags           │  │ boycotts        │
                    │ national anthems│  │ drugs           │
                    │ teams           │  │ injuries        │
┌──────────────┐    └─────────────────┘  │ disappointment  │
│ medals (gold,│            │             └─────────────────┘
│ silver, bronze)            │                    │
│ winners      │──── OLYMPIC GAMES ────┐
│ success      │                       │  ┌─────────────────┐
│ world records│                       │  │ competition     │
│ champions    │                       └──│ training        │
│ stars        │                          │ sports          │
└──────────────┘                          │ athletes        │
              ┌──────────────────────┐    │ coaches/trainers│
              │                      │    └─────────────────┘
┌──────────────────────┐  ┌──────────────┐
│ downhill skiing      │  │ judo         │
│ cross-country skiing │  │ baseball     │
│ sledding             │  │ track & field│
│ figure skating       │  │ swimming     │
│ ski jumping          │  │ diving       │
│ ice hockey           │  │ basketball   │
└──────────────────────┘  │ wrestling    │
                          │ boxing       │
                          │ biking       │
                          │ sailing      │
                          │ tennis       │
                          └──────────────┘
```

(semantic map)

きたかを概念質問(*concept question)をとおして確認する．また，異なった場面を与えて，新項目を適切に使えるか見極める．

上の①〜④をまとめて teaching，⑤を testing と見なせば，上の手順は teach-test と概括できる．①，②を重視することで，自然な言語使用状況の中で新項目に何度も触れさせることができる．このような過程を経ることで，学習者が自ら新項目の形と意味を理解し，習得することができる．このタイプの学習は帰納的学習(*inductive learning)，あるいは発見学習(*discovery learning)と呼ばれる．英語学習に対する動機づけ(*motivation)を高め，既習事項を含む大量の英語入力に接することを可能にする利点がある．これとは対照的に，④，②，③の順序を踏む

場合もある．これは，規則を理解した後に，それを適用して文を作る学習タイプで，演繹的学習(*deductive learning)に属する．簡潔に，明確に言語規則を教えることができ，準備もそれほど必要としない簡便性を有している．しかし，それは帰納的学習の長所を持ち合わせないことが多い．①～④ の各ステップの組み合わせは他にも可能であり，多くのバラエティーが考えられる．それぞれの特徴を活かした活用が重視される．

次に具体例を挙げる．

①・② 場面設定と提示：提示に際して特に工夫が要求される箇所である．ここでしばしば使用される手法を以下に例示する．

・視覚的方法：学習者，教師を含む教室内のさまざまな事物，絵などを用いる．

　新項目：too 形容詞＋to＋不定詞

　T：（大きな教卓を持ち上げようとして）Can I lift this table?
　S：No.
　T：Why not?
　S：Because it is heavy.
　T：Yes. It is too heavy to lift. The table is too heavy. It's too heavy to lift.
　T：（黒板にごく小さく文字を書いて）Can you read this word?
　S：No.
　T：No, you can't. Why not?
　S：Because it is too small.
　T：Great! It's too small to read. Now repeat, everybody.
　S：It's too small to read.

・場面設定：教室外の場面を設定する．

新項目：have＋目的語＋過去分詞

　T：When your hair grows long, what do you do? Well, some people cut it by themselves. But I don't cut my hair. Actually I can't cut my hair by myself. So I go to the barber's. I have my hair cut there. I have my hair cut once a month. Do you have your hair cut?
　S：Yes. or No.
　T：（No と答えた学習者に）Do you cut your hair?
　S：Yes, I do. I use a mirror.
　T：Really.
　S：No, I don't.

T: I see. You have your hair cut.
S: Yes.

・パラフレーズ（*paraphrase）：既習の文を言い換える．

新項目：現在完了（継続）

T: Most of you started learning English when you entered this school. You started learning English two years ago. You still learn it now. So you have studied English for two years.

③ 反復：モデル文の反復は，正確とスピードをめざす．長い文や複雑な文は逆方向積み重ね方式（*backward buildup）の手法を用いる．また，指差し（*finger pointing）で構造の理解を助け，時には板書の文を消しながら何度も反復を行なうことで注意を引きつける．

④ 説明（*explanation）

⑤ 理解の確認：次の活動に移行する前の重要な段階である．異なった場面の中で新項目が使えるか試す活動は上の新項目では次のように行なう．

新項目：too 形容詞+to+不定詞

T:（子供用のTシャツを見せて）Can I wear this T-shirt?
S: No.
T: Why not?
S: Because it's too small.
T: Yes.（Tシャツを着るしぐさをして）...
S: to wear.
T: Good. Say the whole sentence, please.
S: It's too small to wear.

新項目：have+目的語+過去分詞

T: Suppose your TV set is broken. You try to turn on your TV but no picture appears on the screen. You turn it off and then turn it on. But still nothing happens. What will you do? Can you repair the TV set?
S: No.
T: You don't repair your TV. You...
S: I have the TV repaired.
T: Very good.

**pre-test 事前テスト** ⇨ POST-TEST.

**priming プライミング**

先に提示された刺激がそれに後続する刺激の処理におよぼす影響を意味し，心理言語学（*psycholinguistics）の実験で頻繁に用いられる概念，

手法. ある刺激に直面すると，その刺激を明確に記憶したり理解していなくても，その後の行動や反応はその痕跡が脳内に残っていることを示す. 例えば, black という語を聞いたあとでは，聞かなかった場合よりも素早くリストの中から white という語を知覚する. これは，最初の刺激 (black) が脳内の色彩に関する意味領域を活性化させることで, white を知覚する無意識的準備を促すからと考えられる. 最初の刺激を prime, 次の刺激を target と呼ぶ.

**principles and parameters　原理とパラメター**

ヒトのこころに生得的に備わっているとされる（⇨ INNATISM) 言語機能である普遍文法（*universal grammar）の構成要素. 原理（principle）はあらゆる言語に共通する制約（constraint）で，次の構造依存性（structural dependency）はその1例.

英語の疑問文は次のように語順を変えることで作られる.

1. Your cat is friendly.
2. Is your cat friendly?

語順変更は語の順番に依るのではなく，構造に依っている. 上の文では，前から数えて3つ目の語が前に出ている. しかし，次の文例3は，前から数えて3つ目の語が前に出た結果，非文 (4) が生じている.

3. The cat who is friendly is ginger.
4. *Who the cat is friendly is ginger?

また，文例5は, be動詞を文頭に置いてあるのに非文である.

5. *Is the cat who friendly is ginger?
6. Is the cat who is friendly ginger?

文例6が正しいのは，主語を構成する名詞句中のbe動詞ではなく，主節のbe動詞が文頭に移動したことに依る. このように疑問文の生成は文の構造に言及することで説明される. 上例のように言語の構成が文構造に依存することを構造依存性（structure dependency）と呼ぶ. それはヒトの言語に共通の原理（principle）である.

パラメター（*parameter）は，厳密に決められた範囲内で言語によって異なる制約である. 次の主要語パラメター（head parameter）はその1例.

どの言語も語が集まって以下のように，名詞句，動詞句，前置詞句などの句を構成する. 句は主要語（head）と補部（complement）からなる.

1. 名詞句（noun phrase）: the girl with blue trousers（head — girl; complement — with blue trousers）
2. 動詞句（verb phrase）: hit the girl（head — hit; complement —

the girl)

3. 前置詞句 (prepositional phrase)：in the room (head — in; complement — the room)

上の英文の head と complement の位置は head が句の左方, すなわち, 前方に位置し, complement は右方, すなわち, 後方に位置している. このような位置関係を主要語先行 (head-initial) と呼ぶ. 日本語では, この位置関係が逆転し, 次のように主語部後行 (head-final) となる.

4. 名詞句：aoi zubonwo tsuketa shoujo (head — shoujo; complement — aoi zubon-o tsuketa)

5. 動詞句：shoujo-wo tataita (head — tataita; complement — shoujo-wo)

6. 前置詞句：heya-de (head — de; complement — heya)

このように主要語とその補部の位置関係を示す主要語パラメターは, 英語と日本語で異なった値をとる. ⇨ UNIVERSAL GRAMMAR.

**private speech　独り言／外言**

相手ではなく, 発話者自身に向けられた発話. L2 学習では沈黙期 (*silent period) (⇨ TOTAL PHYSICAL RESPONSE) にある学習者が 1 人で会話をすることがある. これは, その後の社会的な発話の準備段階と考えられる. コミュニケーションのための話ではないため, 通常の表現形式を踏襲しないことが多い. L2 学習者の場合には, まず, 母語を用いることがある. また, 特定の言語形式を習得している場合でも, 逸脱した形式を使うことがある. 独り言は次の 3 つのタイプに分類される：① 代理応答 (vicarious response)—他の生徒あるいはクラス全体に向けられた質問に小声で答えたり, 他の生徒の発話を完結させたり, 誤りを補正する, ② 反復 (repetition)—語句や文の全体あるいは部分を反復する, ③ 操作 (manipulation)—文構造, 語句, 音声を操作する. このような独り言はいずれも言語習得を促進する機能を持つとする研究がある (Ohta. 2001b). ⇨ INNER SPEECH.

**proactive inhibition　順向抑制**

先に学習したことが後続する学習の妨げとなることを指す. 母語と対象言語が異なる部分はすでに学習した母語の言語習慣が構造の異なる対象言語の対応する部分の学習を阻害する. 干渉 (*interference), 否定的転移 (*negative transfer) と同義.

言語間の違いが対象言語の学習にマイナスの影響をおよぼす現象に加え, 個々の学習項目の影響を指す場合もある. Be 動詞の疑問文を最初に学習すると, 一般動詞の疑問文で *Are you play tennis? のようなエ

ラー文を生じさせることがあるのはその1例.また,*I wonder where did they go.のように間接疑問文に直接疑問文の語順を用いる誤りは,先行する直接疑問文の学習がその後の間接疑問文の学習を妨げる順向抑制が作用していると考えられる.順向抑制とは逆の方向で,あとで学習したことがすでに以前に学習したことに干渉することを逆向抑制(retoroactive inhibition)と呼ぶ. ⇨ ACQUISITION ORDER; MORPHEME ORDER STUDY; PROCESSABILITY THEORY.

## *problem-solving activity*　問題解決活動

スピーキング活動(*speaking activity)の1つ.英語を用いてさまざまなタイプの問題の解決を求める活動である.解決の方法が1つの場合と複数の解決方法が可能なタイプに分かれる.また活動は,普通ペアや小グループ単位で行なわれる.扱われる内容は「無人島に漂着して生き延びるために必要な品物を,その数を限定して決定する」のような空想上のものから,「部屋の見取り図と家具の切り抜きを与え,その配置をペアで協議して成案を得る」といったような日常的な話題におよぶ.問題解決活動で用いられる言語は活動の内容に左右されるが,「提案する(make suggestions),理由を述べる(give reasons),相手の提案や理由を受け入れる,修正する,拒否する(accept, modify, reject suggestions and reasons)」などの機能(*function)を伝える表現が多用されることが多い.クイズ,謎解き,ゲームなど多様な活動がこの範疇に入る.問題解決の過程でできるだけ多く英語を用いる活動がスピーキング活動としてすぐれている点である.2語を与えて,その間を関連づける話を作る"finding connections"はlinking activityと称される問題解決活動の1つである.例えば,教師がhorse, bookの2語を提示して次の見本を示す.The horse belongs to a man who likes reading and riding. When he goes for a ride on his horse, he often takes a book with him to read. その後,学習者が自分で話を作り,ペアあるいはグループで発表する.2枚のよく似た絵の類似箇所,相違箇所を見つける活動もlinking activityである. ⇨ COMMUNICATIVE LANGUAGE TEACHING.

## **procedural knowledge**　手続き的知識

「〜のやり方を知っている」(knowledge how)というタイプの知識.普通,手続き的知識はそのやり方を逐一言葉で説明できない暗黙の知識(*implicit knowledge)であり,自動化(automatic)されて無意識のうちに実行できる状態にある.宣言的知識(*declarative knowledge)と対比される.手続き的知識は「聞く」,「話す」といった言語技能のような認知的過程を説明するために用いられる.第2言語習得(*second language acquisition）では，手続き的知識は学習者が目標言語を学習したり使用したりするために用いるさまざまな心的過程（mental process）の意味で用いられることもあり，その場合には学習方略（*learning strategy）やコミュニケーション方略（*communication strategy）を包含する．⇨ AUTOMATIZATION; SKILL ACQUISITION THEORY.

**procedural syllabus　手続き中心のシラバス**

　学習目標に至るまでの間に教室で展開される活動を中心に構成されたシラバス．教師の指示にしたがって地図を描く，計画に基づいて時刻表の中から適切な列車を選ぶ，類似点や相違点を見つけるために与えられた図を比較する，などの課題（*task）が指導の単位になり，この課題を中心に指導項目が配列される．言葉を学ぶ現実的な目的を課題として明示するため言語項目それ自体の学習を前面に出す構造シラバス（*structural syllabus）や機能・概念を中心におく概念・機能中心のシラバス（*notional-functional syllabus）よりも効果的であると主張される．この背景には，言語運用（*performance）に必要な言語能力（*competence）は無意識の内に内在化されるだけでなく，そのような形で内在化された規則は意識的に学習された言語についての知識よりはるかに重要である，とする理念がある．インドのバンガローアで行なわれたこの理論に基づく実証的な実験（⇨ COMMUNICATIONAL TEACHING PROJECT）とその基盤にある手続き中心のシラバスはタスク中心のシラバスの先駆けとなった．⇨ SYLLABUS.

**Processability Theory　処理可能性理論**

　処理可能性理論は，1970年代から研究されてきた多次元モデル（*Multidimensional Model）をPienemannがさらに発展させた第2言語習得理論である（⇨ LEARNABILITY HYPOTHESIS）．学習者の言語情報を処理する方法は彼らの発達段階で異なっており，学習者の位置するレベルの処理手続きで処理可能な構造は習得できるが，それを超える複雑な構造は習得が困難であるとする理論である．処理方式は次の表にあるように6レベルに分けることができる（各レベルは最初の数字で示す）．このレベルは階層をなす．したがって，レベル2の学習者はレベル1および2の処理方法を用いることができるが，レベル3の処理手続きをとるまでに至っていないことを示す．この理論の中心概念は「ある位置から別の位置に要素を移動させることで文が形成されることがある」というものである．移動を伴わない情報処理は最も単純であり，移動が語中で行なわれるほうが，語を超えて句中に至る場合よりも単純である．この移動のタイプが言語学習順序の重要な要素になる．この理論では，第2言語習得はそ

| Processing procedure<br>（処理手続き） | L2 process<br>（学習プロセス） | morphology<br>syntax |
|---|---|---|
| 6 subordinate clause procedure. | 主節と従属節の区別<br>(eg. Jane asked if he would go.) | 間接疑問文の倒置取り消し |
| 5 S-procedure | 句間の文法情報交換<br>(eg. Why did he sell the car?) | 2 番目の Do, Aux<br>SV agreement<br>（＝3 単現 s） |
| 4 S-procedure | 句間の文法情報交換 | Yes/No 疑問倒置，疑似倒置 |
| 3 phrasal procedure | 句中の文法情報交換 | 名詞句複数語尾，<br>(eg. this book *vs* these books)<br>助動詞・動詞一致 |
| 2 category procedure | 語形態（eg. 複数語尾，所有格の s） | canonical order<br>（ヒトの認識過程の反映）(SVO) |
| 1 word/lemma | 語の意味のみに着目．語形は一定． | 単一構成要素 |

(Pienemann. 1998)

の発達段階においてより複雑なレベルの移動を処理できるようになることと捉える．この発達段階を無視して教えることはできない．学習者が学習可能な（learnable）項目は学習者の発達段階に合致した項目に限られ，それは教えることができる（teachable）し，またそうすることで学習は促進される．しかし，自然な発達段階の順序を超えて教えられた項目は，学習者の言語体系に繰り込まれることはない．

処理可能生理論は，自然な環境での第 2 言語（ドイツ語）習得過程を観察することで得られた文法項目の習得順序に基づいており，上の表にある形に発達段階としてまとめられ，さまざまな言語の発達段階の指標として利用されている．

**process approach to writing　過程重視のライティング指導**

ライティングの過程を重視して，そのすべての段階で学習者が仲間や教師と相談しながら随時計画を修正し，改善を加えてテクストを完成さ

せる指導法．各段階でより良い手だてを求め，次第にライティングの技術を向上させることをねらう．過程重視の指導は次のような段階を踏む．① 計画 (planning) 段階：与えられたトピックについて連想する語やアイディアをどんどん書き留めて次第に内容をふくらませる．この際に，仲間やクラスで話し合い，ライティングに含める内容の関連図である mind map を作ることでさらに内容が充実したものになる．この map の項目を並べかえ，整理してライティングの内容を決める．この際にも仲間や教師との話し合い (conferencing) が有効に働く．② 下書き (drafting) 段階：教師や仲間との話し合いがもたれ (peer review)，何度も下書きが修正される．③ 完成 (production) 段階：1回目の下書きが一応完成した段階で教師が目をとおし，内容，形式についてコメントを与え，書き手はそれに基づいて再度手直し (reformulation) をして，完成させる．④ 展示段階：完成した作品は，教師はもちろん，多くの仲間から読んでもらい，また，感想を求める．このように，過程重視の指導は学習者中心の英語教育（⇨ LEARNER-CENTEREDNESS）を反映している．

　過程重視の指導は，ライティング指導の改善に大きな弾みとなった．しかし，いくつかの点で批判されることもあった．まず，教師にとって指導に非常に多くの時間を必要とする．それは，書き手にも言えることである．1つの課題をまとめ上げるのに時間がかかりすぎて，学習意欲がそがれることがある．さらに，実生活で英語のライティングを行なう場面を必ずしも反映していない．ライティングは読み手を想定してなされる．読み手はライティングの結果を問題にするのであり，結果に至る段階にまで注意を払うことは普通ない．こうした批判に答えることが過程重視の指導には求められる．⇨ PRODUCT APPROACH TO WRITING; SEQUENCE OF WRITING INSTRUCTION; WRITING.

**process syllabus**　プロセス・シラバス

　学習者の学習経験や学習過程を中心に編成されたシラバス．コースの初めあるいは途中，また各授業の冒頭で教師と学習者との間で協議の上，活動が決定される．プロセス・シラバスは教える側が教わる側の要望に沿った学習活動を展開する必要を強調する学習者中心の指導法 (*learner-centeredness) の理論を具体化したシラバスである．コースの途中で随時，学習者と学習内容や方法について協議しながらシラバスが発展する点に着目して協議によるシラバス (*negotiated syllabus) と呼ばれることもある．⇨ SYLLABUS.

**Processing Instruction**　処理教授理論

　Van Patten によって提唱された文法指導．学習者の自然な入力データ

の処理方式として，① 内容語を最初に処理する，② 語彙的な記号を文法的記号に優先して処理する，③ 文の最初の名詞を主語と解釈する，を挙げることができる．言語の形式と意味の対応に学習者の注意を喚起し，理解を促す指導でこの自然な方式に影響を与え，入力 (*input) をインテイク (*intake) に転換することがより容易になる．従来の出力重視の教授よりも効果的であると主張される．⇨ INPUT PROCESSING THEORY.

**pro-drop parameter　代名詞主語省略パラメター**

null-subject parameter（空主語パラメター）ともいう．イタリア語，スペイン語，日本語のように平叙文で代名詞主語を省略する言語と英語やフランス語のように省略しない言語がある．これは，代名詞省略パラメターの設定が異なっているためだと，原理・パラメター理論（⇨ PRINCIPLES AND PARAMETERS）では考える．前者のグループに属する言語は代名詞主語省略パラメターがプラス（+）に設定されているのに対し，後者はこのパラメターがマイナス（−）に設定された代名詞非省略パラメターを持った言語である．⇨ PARAMETER.

**product approach to writing　結果重視のライティング指導**

伝統的なライティングの指導法．文の転換，文章構成また作文技法の原則を規則として示し，模範文をクラスで解説や分析をとおして検討してから作文課題を課す．教師は提出された作文を読み，コメントを与え，また添削をして評価する．このように，学習者がライティングに取り組んだ結果を重視する指導を指す．文レベルの指導とテクストレベルの指導に分類される．過程重視のライティング指導 (*process approach to writing) と比対される．⇨ SEQUENCE OF WRITING INSTRUCTION; WRITING.

**production　運用**

言語習得の1段階でドリル (*drill)，練習 (*practice) の次に位置する．現実的な課題 (*task) を解決するために英語を実際に用いる活動．practice のように活動で用いる言語項目が限定されることはない．重要なのは，コミュニケーションを実現することにある．⇨ ACTIVITY SEQUENCE; SPEAKING ACTIVITY.

**productive vocabulary　発表語彙**　⇨ VOCABULARY.

**proficiency scale　熟達度尺度**

学習者の言語使用熟達度を測定するための基準．どのような課題 (*task) に対処できるか，またその際に用いられる言語形式に関する精通度 (mastery) の観点から，最も低いレベルからネイティブスピーカーと同等までいくつかのレベル (level) あるいは域 (band) に区分する．各レベルはリーディング，ライティング，リスニング，スピーキングなどの

スキルに細分される．ヨーロッパ共通参照枠（*CEFR）の共通参照レベル（*Common Reference Level）は最も注目を集めている尺度である．アメリカでは *ACTFL Proficiency Guidelines（American Council on the Teaching of Foreign Language. 1986）がよく知られている．Canadian Language Benchmarks 2000（Centre for Canadian Language Benchmarks. 2000）はカナダで開発された熟達度尺度である． ⇨ RATING SCALE.

**proficiency test　熟達度テスト**

　受験者の過去の学習経験と関係なく，現在の英語力を測定するテスト．到達度テスト（*achievement test）と対比される．さまざまな資格試験，入社試験などに用いられるときには high-stakes test（⇨ STAKES）となる．*TOEFL, *TOEIC, *IELTS は国際的に通用する到達度テストである．わが国では実用英語検定試験（*STEP）が最も大規模な到達度テストとして知られている．これらはいずれも標準テスト（*standardized test）である．

**programmed instruction　プログラム学習**

　教材を細かなステップに分割して，各ステップで提示される課題（*task）を学習者が解く．その結果は，直ちに学習者に知らされ，正解であれば次のステップに進む．誤りであれば再度同じ箇所を学習し，その結果により次のステップに進む学習方式．このためには，学習者の学習開始時の行動を把握するとともに，明確な行動目標を設定する必要がある．すべての学習者が同じステップで学習し，個人差は学習の速度のみとする方式を直線型プログラム（linear program）と呼ぶ．これに加え，学習者の個人差を学習方式にまで認めて，特定の学習者が特に困難を訴える箇所は何度も反復練習を行なうなどの方法を組み込んだ枝分かれ方式（branching program）もある．プログラム学習は，行動主義（*behaviorism）に基づく習慣形成理論（*habit formation theory）の学習理論に立脚していた．また，個別学習が主要な学習タイプであった．このため，創造的な言語使用とコミュニケーション活動重視の指導法（⇨ COMMUNICATIVE LANGUAGE TEACHING）のもとで最近では多く用いられることはない．しかし，特定の文法項目などで集中的な個別学習を行なう際には今でもその有効性は失われていない．programmed learning とも称される．

**progress test　プログレス・テスト／進度テスト**

　到達目標に向かって学習者がどの程度進歩しているかを測定するテスト．授業や単元の終わりに実施されることが多い．到達度テスト（*achievement test）に比べて，短い学習期間に区切り，学習状況を詳細に点検するために頻繁に実施し，その結果は指導の改善や学習者に対するフィードバックに用いられる． ⇨ TEST.

**project-based learning　プロジェクト方式学習法**

　学習者が集団で討議して，企画を立て，それを実現するために計画を練り，実行に移し，さらにその結果を報告，検討することをとおして英語を実際に用いながらその習得を図る学習方法．プロジェクトは次の3段階を経て行なわれる．① 教室での計画作成：学習者は教師とともにプロジェクトの内容，目的，活動，および必要な言語表現などを話し合う．② プロジェクトの実践：教室の外に出て，面接，録音，資料収集などの計画したプロジェクトを実践する．③ 作業の反省と点検：プロジェクトの間，あるいはその後で，教師を交えて結果を報告し，成果を点検する．

　一般に *ESL の環境で行なわれることが多いが，外国人と接触する機会が多い地域では特定のトピックについてインタビュー（*interview）を容易に行なえるので，*EFL の環境でも十分実践可能である．また，インターネット（*internet）を活用することでプロジェクトの実践の可能性は高まってきている（Fried-Booth. 1986）．⇨ CONSTRUCTIVISM; WEBQUEST.

**Projection Hypothesis　投影仮説**

　有標（⇨ MARKEDNESS）の言語項目を習得することで関連した無標の言語項目が自動的に習得されるとする説．関係詞の習得には階層性が認められるとする関係節化の可能性の階層（*accessibility hierarchy）が第2言語学習にも認められ，階層の上位の関係詞を最初に教えることで，下位の関係詞は明確な指導を経ることなしに習得されることが実験結果として報告されている．これは，有標性のより高い項目は関連するより低い項目の存在を学習者が予想し，投影する（project）と考えることで説明される．投影仮説は関連する一連の研究を踏まえて Ellis（Ellis, R. 2008）によって提唱された名称．

**prompt　プロンプト**

　フィードバック（*feedback）の1つのタイプで，明確化要請（*clarification request），学習者の誤りを含む発話（*utterance）の反復，メタ言語的なコメントを含む．いずれも正しいモデルを与えずに，学習者に自ら発話を修正し改善するように刺激する特徴を有する．プロンプトは学習者に対し長期記憶から目標言語形を検索することを促し，そのことで知識表示を高め，中間言語体系の再構成を促進することでアップテイク（*uptake）の生起率を高め，言語発達に資するとする研究がある（Mitchell. 2009）．⇨ RECAST; INTERACTION MODIFICATION.

**pronunciation　発音**

　コミュニケーション能力（*communicative competence）重視の英語教育では，発音指導は重要な意味を持つ．まず，母語話者の標準的な発音

型が一般学習者にとって理想的な習得目標とは必ずしもならない．自分の意図を相手が問題なく理解できれば，日本語訛り (*accent) を留めていても全く問題にならない．理解可能性 (intelligibility) に支障をもたらさないレベルが発音指導の目標と考えることができる．もちろん，発音に特に興味を持ち，また母語話者と接触を持つ者で，より高度の発音スキルを習得しようとする学習者の場合には，その要求に応える必要が生じることもある．発音指導の順序として，従来，単音→シラブル→句→ディスコースのようにボトム・アップ方式 (⇨ BOTTOM-UP PROCESSING) が一般的であったが，実際の話の中で必要に応じて指導するトップ・ダウン方式 (⇨ TOP-DOWN PROCESSING) が広く行なわれるようになってきた．ボトム・アップ方式の指導は，大学の音声学の専門授業などを別にすれば，授業の一部を割いて行なうのが一般的である．短時間であっても継続して指導することで，学習者の意識を高めることができる．そのためには発音のシラバス (*syllabus) を準備するとよい．

発音指導の領域には，母音 (*vowel)，子音 (*consonant) などの単音 (speech sound)，強勢 (*stress)，リズム (*rhythm)，連結 (*linking)，同化 (*assimilation)，脱落 (*elision)，イントネーション (*intonation) がある．

発音指導は *EFL の立場と国際語としての英語 (*English as an international language = EIL) の立場からでは目標が異なることは冒頭で述べたとおりである．しかし，それは単に母語話者の発音にどの程度近づくかという量的な違いだけにとどまらない．EIL で目標とする発音は質的にも異なってくることがある．例えば，助動詞や代名詞などの弱形 (*reduced form) を認知し，発音できることは EFL では通常，重要な指導目標として設定される．しかし，非母語話者同士の会話では，かえってコミュニケーションの支障になることさえある．これまでの発音指導はほとんどの場合 EFL の視点でなされてきた．これを EIL の観点から見直すことも必要になる．⇨ EIL PRONUNCIATION TARGETS.

**pronunciation instruction　発音指導**

単音指導は以下のように計画と指導の各段階に分けて手順を設定する．計画段階：① 教える音声の特徴を聴覚，調音の両面から把握する．② 日本語との関連で学習者にどの程度困難な項目であるか見極める．③ 取り上げる音声がコミュニケーションの観点からどの程度重要かを検討する．④ 指導項目と順序を決める．

指導活動
1. 説明と分析：取り上げる音声の特徴を調音器官の図や口頭で解説し，

理解を深める.
2. 識別訓練: 最小対ドリル (minimal pair drill) (⇨ MINIMAL PAIR) を使って, 次のように音声識別が正確に行なえるようにする. まず, A の語群を発音し, /r/ の特徴を聞き取り, 次に B の語群を取り上げ /l/ の特徴を聞き取る. 次に, A, B をペアで発音して違いを認知する. さらに, A, B をランダムに発音していずれであるか判断させる.

| A | B |
|---|---|
| right | light |
| wrong | long |
| road | load |
| red | led |
| arrive | alive |
| correct | collect |

最小対ドリル minimal pair drill は次のような文でも行なえる.
(1) Is that Eileen / Irene?
(2) The teacher collected / corrected the homework.
3. 聞き取り・模倣練習 (Listen and imitate): モデル文を聞いて模倣する活動. 特定の音声を集中的に発音練習する.
4. 文脈化最小対ドリル (contextualized minimal pair): 教師が次の文中の a. あるいは b. を選んで読み上げ, 学習者は対応する a. あるいは b. を選択する.
 T: He (a. studies / b. studied) after dinner
 S: a. every day / b. yesterday.
 T: a. He wants to buy my boat. / b. He wants to buy my vote.
 S: a. Will you sell it? / b. That's against the law!
5. 早口言葉練習: 早口言葉を用いた練習. ⇨ TONGUE TWISTER.
6. 音読・暗唱 (reading aloud / recitation): 強勢 (*stress), リズム (*rhythm), イントネーション (*intonation) に注意を集中した朗読・暗唱.
7. コミュニケーション活動: ロール・プレイ (*role-play), インタビュー (*interview), ドラマ (*drama) などの場面で特定の音声に特に注意するように指示を行なう.
8. 録音 (recordings of learner's production): スピーチ (*speech), 会話, ロール・プレイ (*role-play) などを録音した資料を用いた指導.

**protocol** プロトコル
　作業，実験，調査などの実際の様子を記録した資料を指す．学習者の学習過程についての自己報告，内省記録などを指す場合もある．⇨ INTROSPECTION.

**prototype** プロトタイプ
　ある範疇に属する典型的，代表的な例を言う．例えば，多くの人にとってスズメは羽を持ち，空を飛び，巣作りをするなどの点で鳥の仲間で最も鳥らしい例である．したがって，スズメやハトは鳥の範疇のプロトタイプと言える．これに対して，ペンギンやダチョウは同じ鳥の仲間であっても鳥らしいとは感じられないので鳥のプロトタイプとは考えられない．プロトタイプ理論では，ヒトは典型的な例を参照することで概念を定義すると考える．Rosch は，われわれの心 (mind) の中にあるのは意味のさまざまな成分よりも意味の典型であり，話し手の心の中にはある概念の中心的な形態が存在する，と言う．子供は apple のような基本語 (basic word) を最初に習得し，fruit のような上位語やゴールデン・デリシャス (Golden Delicious) のような下位語の習得は遅れる．そして，それは基本語がプロトタイプを反映していることに依ると言われる．第 2 言語習得でも学習者は table のような基本語，次に furniture のような上位語，最後に coffee table のようなより特定的な語を学習することが報告されている．プロトタイプ理論は，語彙指導のとりわけ初期段階で，重要な意味を持っている (Cook, V. 2008).

**proverb** ことわざ
　ことわざや警句は，短い表現の中にウィット，ユーモアそして人生訓などが巧みに織り込まれている．また，文化的な背景を色濃く反映しているものもある．このことから，ことわざは英語教育に有効に活用できる．ことわざはその意味を理解することから始まる．その後，次のような発展的な活動が考えられる (奥津．2000)．① イソップや Thurber などの寓話，あるいは逸話などを読み，そこに含まれる教訓を表すことわざを選ばせる．② 英語のことわざに相当する日本語のことわざを言わせたり，選択したりする．③ 表現上類似した日英のことわざの相違点を調べる．④ ことわざの背景を調べる．⇨ LANGUAGE PLAY.

**proxemics** 近接空間論
　ヒトに必要な空間の度合い，または空間が社会的相互作用におよぼす影響を分析・究明する研究領域を指す．ある特定の文化圏の人びとが異なった社会状況の下で保つ接近距離はほとんど一定していて個人差がない．しかし，異なった文化間では，類似した状況でも接近距離が大きく

異なることがある．エレベーターなどの混雑した場所では避けられないが，十分な空間が確保できる場所であれば，北米では友達は 1.2 m の距離内に保っていることができる．しかし，友人以外の人と一緒になるときには 1.2～2.7 m の距離を保つ必要がある．文化が異なれば北米の基準は大きすぎ，あるいは小さすぎると判断される場合がある．状況に応じて適切な距離を保つ無意識的な習慣に注意を喚起し，他文化との違いを理解させることは効果的な文化間コミュニケーション（*intercultural communication）の養成にとって重要な意味を持っている（Brosnahan. 1990）．⇨ NONVERBAL COMMUNICATION.

**psycholinguistics　心理言語学**

　言語の習得と使用を支える認知過程を研究対象とする学問領域．正常な環境における言語運用（*performance）と，脳損傷などによる言語障害のもとでの言語運用のいずれも研究の対象とする．元来，心理言語学は子供の母語習得，成人の言語理解と産出の研究をその研究領域としてきた．しかし，その後，複数言語の習得過程および使用過程にも研究領域を拡大している．第 2 言語（*second language）の分野では次のような課題を巡って研究が行なわれている（de Bot & Kroll. 2010）．
・第 2 言語習得（*second language acquisition）は母語習得と異なるか．
・第 2 言語使用の際に母語はどの程度介在するか．
・複数言語話者はそれらの言語をどのように分離しているか．
・ある時点で習得された複数言語は時間の経過に伴いどのように失われ，または維持されるか．

**public writing　公的文書**

　公的な機関宛に行なうライティングあるいは将来の必要性を予想して模擬的に行なわれる類似したライティング活動（*writing activity）．次のような種類が挙げられる．
① 各種書式記入：入会手続，申し込み，願書などの記入は，正確に明瞭になされなければならない．実用的な価値が高いので，ライティングの活動として重要である．記入上の注意事項，条件などを理解した上で記入することが求められるので，書類全体のリーディングを行なった上でライティングに移行する．語学学校の案内書とその申込書などは容易に入手でき，生徒が興味を示す本物のライティング活動（⇨ AUTHENTICITY）となる．
② 履歴書（CV）
③ 報告書（report）：修学旅行の思い出や各種学校行事の報告を英語で書く．分担を決めて担当部分を個人，グループで書き，最後にまとめて全

員が読み合う段階をとり入れたライティング後の活動を大切にしたい．
④ 説明文 (description)：学校案内を英語で作成することは困難な作業ではない．地域社会のさまざまな建造物，観光案内，名所などの説明を英語で作成することは，学習した英語が実際に役立つことを実際に認識するよい機会である．また，社会科，美術，音楽などの教科との連携することで作業が容易に進むことも多い．英語学習を有力な一部とする総合的な学習活動となる（⇨ INTEGRATED STUDY）．
⑤ 指示文 (instruction)：各種機械器具の使用説明書，道案内，料理のレシピなどの作業手順を文字で説明することはかなり実用的なスキルである．しかし，明瞭で的確な表現が求められるので，その指導は順を追ってなされる必要がある．例えばある絵と組み合わせて必要な表現を教えておくと容易になる．また，ペアやグループで結果を比較し，コメントを出しながらよりよいものにする過程を組み込むこともよい．

　レシピを英語で書く作業は，日本文化の紹介に関連して実用価値の高い活動である．一般的な日本料理のレシピに混じって郷土料理を ALT に紹介するプロジェクトは単にライティングだけの活動にとどまらず，総合的活動 (*integrated study) に発展する可能性を持っている．日本の伝統的な遊びの紹介についても同じことが言える．
⑥ 手紙 (*letter writing)：新聞や雑誌の読者欄に投書するライティング活動である．実際の投書にいたらないまでも，模擬活動も十分学習者の興味を引く．第1段階として，適当な人生相談の記事をクリップしてコピーを用意してクラスで読み，グループで話し合う．次に，どんな悩みがあるかグループで話し合い，トピックを絞り込み，個人作業で手紙を書く．その後，持ち寄った手紙を検討してグループ共通の手紙を完成させる．他のグループと手紙を交換し，相手の手紙の答えを考え，個人で返事を書く．この手紙をさらにグループで検討して，共通の返事を書き上げて結果を相手に送る．最終的は，クラスで発表したり，掲示して全員で読めるようにする．投書の機会はインターネット (*internet) 上でも数多く提供されている．

　また，問い合わせ，注文書，抗議文の他に正式な招待状などはライティングの活動にふさわしい題材である．
⑦ 日誌 (journal)：英文日誌を学習者と教師の間で交換する活動は広く行なわれ，ライティングの領域にとどまらず，学習スキル，学習方略 (*learning strategy)，学習上の問題などを知り，またよりよい方向へ導く手立てとして用いられている．　⇨ PERSONAL WRITING; WRITING.

**pun**　語呂合わせ／パン

語呂合わせは英語のユーモアの代表的なものである．次の例は同音異義語を用いた語呂合わせである．'What do you call this?' 'That's bean soup, sir.' 'I don't care about what it's been, what is it now?' パンは広義には，なぞなぞ(*riddle)や各種のパズルなどの言葉遊び(*language play)を包含する．

**punctuation　句読点**

書き言葉の語，句，文の間につけて文法構造や書き手の意図をより明確に伝える補助手段．ピリオド(period)，コンマ(comma)，疑問符(question mark)，感嘆符(exclamatory mark)，引用符号(quotation mark)，コロン(colon)，セミコロン(semicolon)などが学習の重点項目として教えられることが多い．しかし，学習者の質問に応じてダッシュ(dash)，ハイフン(hyphen)など，他の符号に言及する必要が生じることもある．

ピリオド(period)(.)：イギリスではfull-stopと言う．平叙文の最後につけ，さらに文が後続する場合には2つの文の区切りを明示する．I looked out of the window. It was raining again. ピリオドは省略の記号にも用いられる．Mr. / Mrs. / Gen. / T. S. Eliot. なお，イギリスではピリオドを省略する傾向がアメリカよりも強い．

疑問符(question mark)(?)：疑問文の最後につける．間接疑問にはつけない．Why did you go there?; She didn't do that, did she?; I asked her what time it was.

感嘆符(exclamatory mark)(!)：感嘆文の最後につける．What a slow train this is! 略式では，感情を強調するために，感嘆符を用いることがある．You must come on time!

コンマ(comma)(,)：文中の語句，節の間につけて意味を明確にする．コンマの用法は以下のように多岐にわたり，複雑である．① リスト中の項目の間：They went to Britain, France, Italy, Germany and Holland. ② 3語以上形容詞が続く：The young man was tall, dark (,) and handsome. ③ 呼びかけ(vocative)：Thank you, Tom. ④ 従属節の間：If you are ever in our city, come and see me. ⑤ 等位節が長いとき：Tim decided to take the home-made pie, and Jane ordered Angus steak with mashed potatoes. Cf. Tim had pie and Jane had chicken. ⑥ 直接話法の伝達部と披伝達部の間："I've already done homework, Mom," said Jane.

アポストロフィ(apostrophe)(')：① 名詞とその所有格sの間：the boy's mother ② 文字，数字の省略：cannot → can't; 1998 → '98 ③ 特殊な複数形：all A's; It was in the early 1980's.

コロン（colon）(:)：① リストの前に：The important points are as follows: (1) ..., (2) ..., (3) .... ② 説明の前に：Father may have to go to hospital: he's got liver trouble.

セミコロン（semicolon）(;)：正式な形式で用いられることが多い．意味上密接に関連している2文を分ける：Some people work best in the mornings; others do better in the evenings.

ダッシュ（dash）(—)：略式でよく用いられる．コロン，セミコロン，かっこと同じように用いられる．また，主要部を補足する語群や節の前後におかれることがあるが，この部分は省略可能なことがある．We had a great time in Italy — the kids really enjoyed it.; I think Ian was right — in theory and practice.

かっこ（parentheses）( )：イギリスでは bracket と言う．主要部を補足したり説明したりするが，省略することも可能な語．語群，節の前後に置く．A goat gives three to six pints (1.7 to 3.4 liters) of milk a day.

引用符号（quotation mark）(" " ' ')：直接話法の被伝達部の前後に用いる．アメリカでは double quotation (" ") が，またイギリスでは single quotation (' ') がより一般的である．主語と動詞からなる伝達部が前に来る場合にはコンマを引用符の前におく．Jane said, "I'm thirsty." 逆に，うしろに来る場合には，非伝達部が平叙文のときには引用符の前にコンマをおく．"It's good to see you," said Jane. 疑問文，感嘆文のときには疑問符，感嘆符号をおく．"When can I call you?" Jane asked.; "It's awful!" shouted Jane.

引用符の中にさらに別の引用が行なわれるときには，最初の引用符と異なる符号を用いる．⇨ WRITING ACTIVITY.

**pushed output　強制アウトプット／強制出力**

メッセージを正確に伝達するように促されることで学習者が産出する発話（*utterance）．努力して発話する場面におかれることで学習者はすでに表出した発話を修正し，あるいは新しい発話を行なうことで自己の言語能力の発展を図ることが可能になる．学習者はインタラクションの中で相手からの明確化要請（clarification request）や確認チェック（confirmation check）（⇨ INTERACTIONAL MODIFICATION）に対応することで発話を修正し，より精緻で正確な表現を試行することで言語習得が促進される．ライティングではディクトグロス（*dictogloss）を用いた強制アウトプットの実験が知られている（Swain. 1998）．⇨ COMPPREHENSIBLE OUTPUT HYPOTHESIS.

# Q

**qualitative research　定性的研究**

　　定性的研究には一定の研究手順はなく，研究領域，研究者によって研究方法は大きく異なる．定性的研究の多くは白紙の状態で調査が始まる．調査の過程で現れてくる新事実に随時即応するように研究が柔軟に行なわれ，研究課題も最初から確立されているのではなく，研究の進展に伴って変化し，より鮮明になってくることが多い．定性的研究は多様なデータを用いて行なわれる．データには面接記録，フィールド・ノート，日記，日誌記事，文書，写真やビデオなどの映像などが含まれ，その処理に際し，ほとんどのデータが文字化して記述される．記述は観察された現象を詳細にまた正確に映し出したものでなければならない．研究は自然な状態で展開する事象を綿密に長期間にわたって観察した資料に基づいて行なわれる．置かれた状況にいる調査参加者の個人的な考えを理解することが定性的研究の基盤となるため，参加者の視点から事象を観察することが求められる．定性的研究は多大な労力を要するために，サンプルの量は限られてくる．また，研究結果は研究者の主観的な解釈による部分が多くなる．未開拓の領域の研究手法として，また長期間にわたり参加者の視点で研究に従事することで複雑な事象を正確に把握する上ですぐれた研究方法となっている．他方，結果の一般化の可能性が低くなり，また研究方法に厳密さを欠くと批判されることがある（Dörnyei. 2007）．⇨ QUANTATIVE RESEARCH; TRIANGULATION.

**quantitative research　定量的研究**

　　自然科学の研究手法を用いたいわゆる"科学的研究手法"を指し，次の3段階を研究過程に取り入れる．① 現象を観察し問題を同定する，② 最初の仮説を設定する，③ 実証的なデータを集め，標準化された手続きを用いて分析する．この仮説が検証され，さらに追試（*replication）によって正当性が立証された段階で，仮説は科学的な法則として認められる．このような科学的な手法は客観的な方法で問題を探求することで研究者

の偏見を最小限に抑え,正確で高い信頼性を持った研究成果をこれまで生み出してきた.社会科学でもこの手法は取り入れられ,最近は応用言語学の分野でも公刊される論文の多数が定量的研究手法に基づいていることが指摘されている.定量的研究の特徴は,数字を用い,実際の研究開始以前に研究手順を綿密に検討し,統計的な手法を用いて標準化された手順でデータを分析し,一般性の高い結論を得ることをめざす.他方,定量的研究は大量の数的なデータを平均化することで個々の人間の個人差,多様性の考察が軽視される危険性を指摘する批判がある(Dörnyei. 2007). ⇨ QUALITATIVE RESEARCH.

**questioning techniques　発問法**

　教師の発問は学習者から口頭の反応を引き出すための発話を指し,教室運営に加え,学習者からさまざまな事実,考え,意見を引き出す,理解や技能を試す,活発な学習参加を促す,特定の事項に学習者の注意を引く,既習の内容を復習・練習する,学習者の考えを深化・発展させるなどさまざまな機能を持つ.特に,教室内の典型的な教師と生徒のインタラクションである *IRF では,発問は生徒から望ましい応答を引き出す上で決定的な意味を持つ.一般的にすぐれた発問は,その趣旨が明確で,英語学習を進展させ,生徒の興味を呼び起こし,多くの生徒が解答できる特徴を持つ.さらに,生徒の応答を大切にして受け止め,適切に処理することで生徒が安心して応答できるものでなければならない.

　発問は形式の面で,Yes-No question (e.g. Did you get up early this morning?), Either-or question (e.g. Was it cheap or expensive?), Wh-question (e.g. What did he get from his mother?; Where did he meet his friend?; Why did he go to the river?; etc.) に分類でき,通常この順序でより困難になる.内容面では,既習内容の単純な想起を求める想起 (recall),内容理解を確認する理解 (comprehension),既習の知識を適用して新たな課題の解決を求める適用 (application),課題を分析し原因を突き止め結論を導き出すことを要求する分析 (analysis),個人的な意見,評価を求める評価 (evaluation) などに分類される.想起,理解を求める発問は正答の範囲が限られてくるため'閉ざされた質問' (closed question),適用,分析,評価は幅広い解答が予想できることから'開放質問' (open question) と分類されることもある.また,閉ざされた発問の多くは解答があらかじめ教師に予測できる表示質問 (*display question) であり,通常の指示的質問 (*referential question) と区別される.

　教師により発問は限られたタイプに偏る傾向が強い.これを防ぎ効果的な発問を実践するためには,授業観察をとおした省察的指導法 (*reflective teaching) などの教室研究 (*classroom research) を行なうことが求められる．発問法には質問の種類に加え，できるだけ多くの学習者に適切に発問するための発問の配分 (distribution)，発問の順序 (sequence)，速度 (pace)，間合い (pausing)，解答ヒント (⇨ PROMPT) も含まれる．

教師の発問技術の向上のみならず，学習者の発問を促すことも重要．一般的に一斉授業での発問を躊躇する学習者は多い．発問しやすい教室作りを進めるとともに，グループ活動 (*group work)，ペア活動 (*pair work)，バズセッション (*buzz group) を取り入れた授業設計が効果を上げることが多い．⇨ COMPREHENSION QUESTION.

**questionnaire　質問紙調査法**

アンケート調査を指し，情報収集の最も一般的な手法．容易に作成でき，用途が広い上に大量の情報を処理可能な形で迅速に収集できる利点を持つ．収集する内容は，回答者の年齢，英語学習年数などのさまざまな事実 (fact)，学習方法や学習習慣などの行動 (behavior) から意見，信念，関心などの態度 (attitude) におよぶ．選択肢の中から該当する項目を選ばせる多肢選択方式は定量的分析 (*quantitative research) の資料として利用価値が高いため広く用いられる．多肢選択法による回答法としてリカート・スケール (*Likert scale)，意味微分法 (*semantic differential scale) の他に yes か no のいずれかを選ぶ 2 項選択，多項目から選ぶ多項選択，順序を付ける順序尺度 (rank order scale) などが用いられる．

自由に意見を述べる自由記入方式は得られるデータが表面的なものが多いため，一般的には避けられる傾向が強く，代わりに直接面接法 (*interview) がこの目的のために用いられることが多い．しかし，自由記入方式は多肢選択法では得られない生々しい実例やあらかじめ想定できなかった問題点が提起されるような利点も持つ．自由記入方式は，次のように指針を示すなど内容を焦点化することで予期した回答が得られることが多い．① 多肢選択の 'その他' の後に '具体的に' 記入欄を設定する，② 文章の一部を空所にして記入する．

なお，アンケート調査は回答者 1 人ひとりの取り組みが要求されるため，用語，表現，文章などが明確で理解しやすいもので，30 分以内で回答可能な分量に留めるべきである (Dörnyei. 2007)．

# R

### *ranking exercise*　ランク付け活動

　スピーキング活動（\*speaking activity）の1つで，いくつもの項目を重要度の観点からランク付けする活動．次の例は自分にとっていちばん当てはまる項目に5，次に当てはまるものに4のように順序をつける．そして，その理由をまとめて，ペアで結果を話し合う．何人かの仲間と比較して，自分といちばん近い人を探す．

---

1. Which would you least like to do tonight?
  □ go to the cinema and see a western
  □ listen to a Haydon symphony
  □ play Monopoly with friends
  □ mend clothes
  □ go to bed at 8 p.m.
2. In which way do you learn best?
  □ by reading things out loud
  □ by having the radio on while you work
  □ by repetition
  □ by discussing things with someone else
  □ by making a lot of note
3. Which would you most like to have?
  □ one or two very close friends
  □ a large number of acquaintances
  □ five or six good friends
  □ just one friend
  □ both good friends and many acquaintances

---

(Klippel. 1984)

**rapport** /ræˈpɔː(r)/　ラポール

　元来，カウンセラーとクライアントの間に共感や相互理解が存在する状態を指す．教育では通常，教師と生徒の間の良好な人間関係の意味で用いられる．英語教育に即して言えば，教師の専門家としてのすぐれた英語力，英語指導力が学習者の信頼を高める上で不可欠であり，ラポール形成の素地になる．この基盤に立って，学習者を理解し，彼らの声に耳を傾け，彼らを尊重し，さらにすべての学習者に公平な態度をとることが求められる．ラポールは学習者の英語学習の動機づけを高める上で重要な働きをする（Dörnyei. 2004）．

**Rasch model**　ラッシュモデル

　1パラメターの項目反応モデル（*Item Response Theory）を指し，オランダの数学者 George Rasch に因む．テスト項目に対する受験者の反応データを用いて，言語能力という1側面を推定する測定理論．

**rater consistency**　評定者一貫性　⇨ RELIABILITY.

**rating scale**　評定尺度

　学習者の言語運用能力を測定したり，学習状況を把握するために用いる判定用の尺度（⇨ OBSERVATION CRITERION）．評定尺度は教師が教室内で個人用に用いる簡単なものの他に，各種の標準的な大規模な尺度がある．⇨ PROFICIENCY SCALE.

**readability**　可読性

　特定のテクストの読みやすさを示す指標．テクストのどの特徴が読みやすさに関与するのかを明らかにすることで，特に教育面で学習者のレベルに合ったテクストを準備することが可能になる．これまで可読性指標の公式は数多く提案されてきた．使用頻度リスト（word frequency list）を用いてテクスト中の語を分析する方法，さらに簡便な方法として語の長さ（word length）を測定する方法などがある．1948年に提案され，現在でも用いられている公式として次の Flesch の公式がある．$RE = 206.835 - (0.846 \times NSYLL) - (1.015 \times W/S)$．RE は Reading-ease を指し，NSYLL は100語当たりの平均シラブル数，W/S は1文当たりの平均語数とする．さらに簡便な手法は，テクスト中の文の平均的な語数を見る方法である．クローズ・テスト（*cloze test）は，元来可読性を測定する尺度として開発された．44% の正解率が読みやすさの最低ライン，また独力で読めるテクストは 57% の正解率を要すると言われている（Alderson. 2001）．

***read and look up***　リード・アンド・ルックアップ

　音読活動（⇨ POST-READING ACTIVITY）の1つで，通常，次の段階を経

る．① テクストを見ながら教師や録音テープの音読を聞く．学習者が自力で黙読（read silently）してもよい．いずれの場合も sense group 単位で行なう．② テクストから目を離して相手を見る．③ テクストの内容をそのまま聞き手に伝える．学習者のレベルで sense group の分量は柔軟に扱う．古くから行なわれている音読活動であるが，意味の理解を伴っている点がこの活動の長所である．テクストを正確に音声で再生できることをねらうが，内容の修正が行なわれたとしても，読み手は内容に注意を払ったことの現われであるから，とがめる必要はない．

## readiness　レディネス

学習者がある課題に効果的に取り組むための心身の準備ができている状態．また，ある言語項目やスキルなどの学習に成功するために必要な成熟，経験を指す．授業の最初にウォーム・アップ（*warm-up）の活動を用意して英語学習への構えを作る，また学年・学期の始めにそれまでの復習（*review）をすることで新たな出発の準備をするなどは，前者の意味でのレディネス形成をめざしている．学習のレディネスに関しては Pienemann の処理可能性理論（*Processability Theory）がその 1 例である．レベル 1 の学習者はレベル 2 の言語項目を学習することはできるが，3 以上のレベルの項目を学習するのは困難だ，とされる．しかし，レディネスは用意された教授方法によっても影響を受けることも忘れてはならない．⇨ LEARNABILITY; TEACHABILITY HYPOTHESIS.

## reading　リーディング

文字テクストの内容を理解する活動．リーディングは，文字や語句などを書かれた順序に正しく認知し，その意味を把握し，語句の意味をつなぎ合わせて文の意味を把握する過程とする考えがある．これを bottom-up 方式（⇨ BOTTOM-UP PROCESSING）と呼ぶ．ここでは，リーディングは文字を 1 字ずつ正確に音声化し，音声をまとめて意味として捉え，それを結び合わせて全体の内容を把握する機械的な過程と見なされている．これに対して，テクストの内容について予測を立て，自分の先行知識（⇨ SCHEMA）を活用してテクストの中の必要な部分に焦点を当てて内容を一応理解し，さらに読み進みながら先ほどの自分の理解を新しい情報に基づいて確認したり取り消したり，あるいは修正を加えたりしていく過程と見なす立場がある．これを top-down 方式（⇨ TOP-DOWN PROCESSING）と呼ぶ．しかし，実際のリーディングは読み手の先行知識と文字入力の知覚の両方が動員される過程，すなわち top-down 方式と bottom-up 方式が同時に用いられ，場面に応じて両方の処理方法が相互に関連し合いながらリーディングが進んでいくと考える立場がある．この過程を

interactive（相互作用的）と呼ぶ（⇨ INTERACTIVE MODEL TO READING）．リーディングの指導では学習者の発達段階を考慮する必要がある．効果的な interactive reading を最終的な目標にしながらも，学習者の学習レベルに合わせて bottom-up 方式と top-down 方式をバランスよく組み合わせていくことが望ましい（⇨ READING INSTRUCTION）．

リーディングは，ジャンル（*genre）や目的に応じていくつかのタイプに分類できる（⇨ READING TYPE）．それぞれのタイプに合ったリーディングの方略をとることによって効果的なリーディングが行なわれる．そのためには，多様なテクストに豊富に接して，それぞれのタイプに適したリーディング方略を自然に習得できるようにすることが指導のポイントになる．すなわち，多読（*extensive reading）を奨励することである．同時に，総合的なリーディング能力を分析して摘出された構成スキル（*enabling skills）を養成することで効率的なリーディング指導を実施することも重要である（⇨ READING SKILLS）．

効率的なリーディングは，一定量のテクストをかなりのスピードで的確に解釈する能力が要求される．しかし，リーディングの効果的な指導は，学習者の現在のリーディング能力を的確に把握することから始まる．そのためには，適切なリーディング力測定が重要である（⇨ ASSESSMENT OF READING）．

実際の指導に当たっては，リーディングの後に理解確認の質問（*comprehension question）を行なう従来の指導手順に対して，最近はリーディング前の活動（⇨ PRE-READING ACTIVITY），実際のリーディング（⇨ DURING-READING ACTIVITY），まとめの活動（⇨ POST-READING ACTIVITY）の指導手順を採用する傾向が強くなってきている（⇨ SEQUENCE OF READING INSTRUCTION）．

**reading activity** リーディング活動

リーディングではそれぞれのスキル（⇨ READING SKILLS）に適した課題（*task）を設定することで効果的に活動が展開できる．活動の具体例を次に挙げる．スキルと対応させて活動の趣旨を理解されたい．

① 文字の識別
1. 教師はアルファベットの文字を読み上げ，生徒は机上に文字カードから正しい文字を選んで発音する．
2. 次のような文字列を与えて，教師の読み上げる文字をできるだけ速く選ぶ．

# reading activity

```
k j s f z f k h f s j z f z s z j z k f k j s k a j s f z f k j f s j z f k j
s f z f k j f s j z f z s z s j z k f k j s k j s f z f k j f s j z k s j k f
k z j x s f z s j k s j s j z j k s
```

| m | | m | n | h | m | n | m | n | h |
|---|---|---|---|---|---|---|---|---|---|
| b | | d | c | b | a | p | b | d | e |
| a | | a | c | o | p | q | g | d | e |
| t | | j | h | f | l | t | f | r | y |
| l | | i | r | l | t | r | f | j | h | l |
| w | | v | w | y | w | v | y | r | u |

3. 次の左の文字と同じものを右欄から次々に選ぶ．

② 語の識別と認知

語の形と意味を正確に，素早く，自動的に識別，認知，理解する能力はリーディングの重要な基礎になる．

1. 左の語と同じ語を右の語群から選ぶ．（時間制限練習）

| | |
|---|---|
| automated | automatic automating automated automation automatic autonomous |
| revolutionise | revolutionized revolutionise revolutionary revolutionizes revolutionised |
| assembled | assemble assembled assembly assembled assemble assembled |
| emphasis | emphasize emphatic emphasis emphasize empathize |
| experimental | experimentally experiment experimental experimented experimental |
| constructed | construction constructive constructed construction construct |
| electronics | electrics electric electronic electricity electronics |
| audible | audibly audible auditory audit audition audial |
| modules | modular modality module modules module modular |

| | |
|---|---|
| televise | telephone television telecom televise televised |

2. 左の語と関係のない語を右の語群から選ぶ．(時間制限練習)(次例は教科書のある課の一部の範囲に限って作られている)

| | |
|---|---|
| school | friend desk library lesson tea |
| move | plane bus train sky ship |
| food | fish glass pumpkin eat bread |
| face | circle nose eyes ears mouth |
| park | bird children walk window flower |
| letter | write envelope post stamp season |
| weather | cloudy rainy candy fine snowy |
| family | brother aunt eraser daughter uncle |
| drink | apple juice thirsty water milk |
| music | piano fruit sing guitar recorder |
| eat | dinner egg breakfast star rice |
| summer | sea world holiday swim hot |

③ 語句，文の読みとり

1. 語句の読みとり 左の句と同じものを右欄から選ぶ．(時間制限練習)

| | |
|---|---|
| in the day | in a day  in the date  on the day on a day  in the day  in the days |
| up the road | up the route  up the stream down the road  up the rose  up the road |
| all night long | all long night  all night long  all day long all year long  all the night |
| since last week | since last year  since last week since last month  before last month |
| can't play golf | can't play tennis  can play golf can't pray twice  can't play golf |

2. 文の読みとり

次例のように，テクスト原文の1行を phrase 単位に分けて提示し，各行をまとめて一気に読む (phrase reading)．学習者のレベルに応じて行

の長さを調節して提示することが重要である．*OHP を用いて提示するとよい．

> [テクスト原文]
> I opened the door quickly. There was no sound. I sat down and played for about an hour. It was wonderful sitting there in the warm darkness making music.
>
> [Phrase reading]
>> I opened the door quickly.
>> There was no sound.
>> I sat down
>> and played for about an hour.
>> It was wonderful sitting there
>> in the warm darkness
>> making music.

　3．フォローアップ・リーディング (follow-up reading)

　モデル・リーディングを聞きながら，テクストを目で追って意味をとる follow-up reading はリズムに乗って読み，後戻り (backward reading) を防いで望ましいリーディングの習慣を養成する．初心者の段階で有効である．なお，リーディングの速度はスピーキングの速度よりもはるかに速いのが普通である．

④　概要把握

　概要を把握する活動はスキミング (*skimming) 力養成をめざして行なわれ，短時間に概要を捉えることがねらいとなる．したがって，制限時間を設定してから活動に入る．また，解答確認の段階で誤答も取り上げ，訂正を行ないながら正しい解釈を得るためのプロセスを示す．

　1．タイトル選択

　複数のタイトルの候補からテクストに最もふさわしいものを選ばせる．時間制限することが重要である．ただし，この活動はリーディングにまだ自信の持てない初級レベルの学習者には不適切である．中級レベル以上の学習者にはリーディング技術の向上に効果的である．次例のような短めの新聞記事が利用できることが多い．

次の記事の見出しとして次の中から最もふさわしいものを選べ.
ALTERNATIVE ROADS
ROAD DELAYS
CHRISTMAS SHOPPING

Delays will occur in Cambridge Road, Edinburgh, tomorrow (Tuesday) and Wednesday due to road works.

　A sewer will be laid from Brock Barracks to Little John's Lane but work will be completed before the rush hour and twoway traffic will resume.

　Overall the road works will continue until Christmas but traffic will not be affected after this week. No rush-hour motorists are advised to seek an alternative route.

2. パラグラフ要旨マッチング (matching)

テクストのパラグラフ単位の要旨を素早く把握する活動. 時間制限を設定する. 次例のように各パラグラフの要旨を順不同に与えておく. パラグラフ数よりも多くの要旨を用意するとさらに活動は高度になる.

次の A～D の文がテクストのどの段落の要旨を述べているかを考えて, 各段落の最初に A～D の記号を記入せよ.
A. The tune being made popular
B. The origin of Good morning to you
C. One of the most popular songs
D. The copyright of the tune

This simple four-line ditty was written as a classroom greeting in 1893 by two sisters. Mildred Hill, a teacher at the Louisville, Kentucky Experimental Kindergarten, and Dr. Patty Hill, the principal of the same school, together wrote the song for their 5 year-old pupils. The melody of the song was composed by Mildred, who was born in Louisville, Kentucky, USA on June 27th, 1859. The song was first published in 1893, with the lyrics written by her sister, as *Good morning to All*.

　Mildred was an expert on spiritual songs and played the organ in her local church, while Patty, who later became a professor at

Columbia University, specialized in Kindergarten Education. Although the song was published in 1893, it wasn't copyrighted until 1935. The copyright was taken out under a different name and it wasn't renewed until 1963.
（以下，さらにパラグラフが2つ続くが，ここでは省略）

3. 結論把握
テクストの結論を複数の候補から選択する活動．次に例を挙げる．

> テクストの結論を a～e のうちから1つ選べ．
> The concert a) was a great success. b) was a complete failure. c) created a great sensation. d) attracted a large audience. e) received a standing ovation.
> （テクストは前記2の原文参照）

⑤ 要点把握
1. 道しるべ質問（*signpost question）の提示
テクスト・リーディング直前に要点理解を求める質問を提示する．signpost question は要点理解を導く道しるべ（signpost）としての質問である．質問の数を少なくして，リーディングの焦点化を図ること，時間を制限して要点の把握のみに専念させること，さらに解答確認と解答の根拠を明らかにする指導を行なうことが肝要である．signpost question はまた内容理解を助ける質問である．次例の質問の処理が終了した段階で，さらに要点を理解する別の質問を用意することで，異なった角度からテクストを何度も読み，内容を深く理解できるようになる．その上，リーディング速度も自然に向上することが期待される．最終的に質問を何段階に区分するかは，本文の内容と教師の指導意図による．

> 本文を読んで次の質問に対する答えを見つけよ．
> No. 1　What is the title of the song?
> No. 2　What is the value of the song?
> （この質問は，④ 概要把握の2の活動で用いられた原文と関連している．）

2. 内容理解
テクスト内容をトピックに対応させることでより詳細な理解を促す．次例参照．

> テクストには南極 **Antarctica** について次のような観点が述べてある．テクストの記述の順序にこの観点を並べ替えよ．
>
> natural resources  size  animal life
> temperature  appearance
>
> Antarctica is the continent surrounding the South Pole. It has an area of over 15 million square kilometres, about the size of USA and Mexico together. With an average temperature at the South Pole of $-50°$C, it is the coldest continent; it is so cold that a thick sheet of ice always lies over the land. Pack ice surrounds the shore of the Antarctica and the cliffs of ice form the coast; the mountain ranges which lie along the shore and inland are always covered in snow. In fact, Antarctica contains 90% of all the snow and ice in the world.
>
> However, Antarctica is not just a large, cold desert. It is rich in mineral deposits. Coal and minerals such as copper, iron, uranium, gold and platinum have been found there. Many oil companies have carried out surveys in the area for oil but it is not clear whether they have found any there, or if they have, whether it could be successfully exploited in the conditions in and around that continent. Cold as it is, Antarctica is also rich in animal life but because of the temperature, the animals and birds found there are aquatic e.g. seals and penguins. The sea is also particularly rich in krill, which are small, shrimp-like creatures that whales, seals and penguins feed on.

3. 非言語的手法

本文の要点を表，絵，フローチャートなどにまとめる．表は数カ所を空欄にしておき，リーディングに基づいて記入させる．すべての箇所を一度に記入するのでなく，数回に分けて行なうことがポイントである．絵を用いる際は，空所部分を設定しておき，本文に即してスケッチさせる．絵の巧拙は問わない．また，順不同に並べた複数の絵をテクストの内容を反映した順序に変えることもできる．フローチャートの一部を空所にして同様の活動を行なってもよい．この際，テクストの種類，内容に即した活動を選ぶことが重要である．

次ページの例 (A FOOD CHAIN) はテクストの内容を表す図表の空所に適語を記入することでその要点を把握する活動である (Williams, E. 1984).

⑥ 内容推測

通常のリーディングでは，多少なりとも内容推測が要求されることが多い．文字に表されない内容を推測し筆者の意図を理解したり解釈するプロセスである．したがって，内容推測活動はリーディング指導（*reading instruction）の重要な側面になる．次例（We are the World）は，question and answer 形式による活動である．前出 ⑤ の 道しるべ質問（*signpost question）や図表記入など他の多くの形式を用いることができる．

---

次のテクストを読んで下の図の空欄に適語を記入せよ．

### A Food Chain

Food chains in the sea can be very complex. Plants so small that they cannot be seen by the naked eye grow in the sunlit surface water. These plants are eaten by tiny animals called copepods. Copepods are eaten by herrings, and the herrings are eaten by larger fish such as tuna. All these produce waste products. The waste products and the remains of dead plants and animals are used as mineral food by the surface plants. The chain of life never ends; man harvests some parts of the chain by fishing.

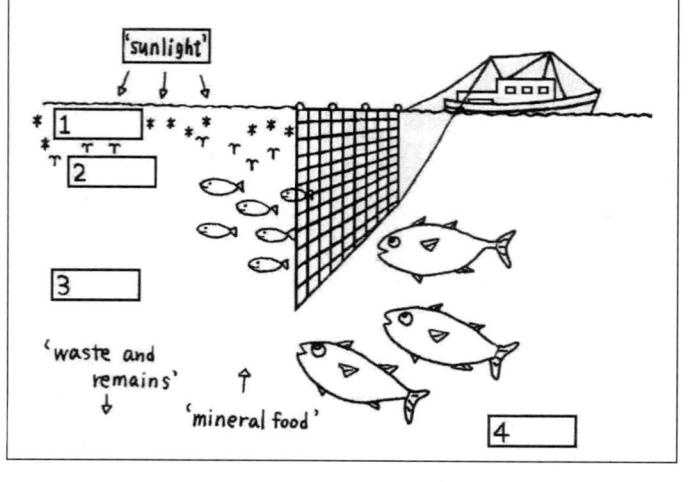

（イラスト：ムロイコウ）

**We are the World**

On that day, forty-five great American musicians got together at a studio in Hollywood. They were all there to help the hungry people of Africa.

The forty-five stars started singing "We are the World" at 10 p.m. They sang all night long. They finished recording at 8 a.m. the next morning.

"There are forty-five people here. They all have the same ideas and feelings," said Quincy. "Look at those people. Their energy is bigger than anything else."

"I'm so sad to watch the hungry people of Africa," said Harry Belafonte. "And my sadness is greater because many people of the world don't know about Africa."

上のテクストについての True or False Questions に答えなさい.
1. The American musicians sang the song to get money for themselves.
2. The recording took a long time but nobody gave it up.
3. All the musicians wanted to help poor people.
4. Belafonte wanted the people of the world to know more about Africa.

⑦ 文間関係 (intersentential relation) 理解
 1. 結束性 (*cohesion) の理解
テクストの読みとりは単文レベルの理解では不十分である. 文と文の形式上の関連に注意を払い, その手がかりを用いて意味のまとまりをつける理解が必要になる. この能力を養う活動として1例を挙げる.

It was late in the afternoon when I got home after a long day at school. I rushed over to the pile of mail and started to look through it. There it was — a plain white envelope addressed to me. In the corner was a college's emblem and return address.
5 Now was the moment of truth: did all the work and heartache of applying to college pay off, or was it all a waste of time?

> Applying to colleges is common ritual in the life of high school seniors. For many students, this is one of the most stressful times of their lives. A college education is very expensive, but it is very
> 10 important to have in order to compete in the working world. Students compete against each other for admission to the various colleges and universities across the US. Most schools have more applications than places to offer, making competition intense.
> 1. What does "it" refer to? (*l.* 3)
> 2. What does the second "it" on the same line refer to? (*l.* 3)
> 3. What does "the moment of truth" mean in this context? (*l.* 5)
> 4. What does "it" refer to? (*l.* 6)
> 5. What does "this" refer to? (*l.* 8)
> 6. What does "it" refer to? (*l.* 9)
> 7. What makes competition intense? (*l.* 13)
>
> (*Genius English Reading*)

2. 文機能把握

テクスト中の複数の文と文の意味の一貫性（\*coherence）を理解し，文章全体のまとまりを把握する活動．本文中の接続詞や接続副詞などの接続語は文と文の関係を明示し，接続語に導かれる文の機能（\*function）を理解する標識（⇨ DISCOURSE MARKER）となる．次例は上記 1. の結束性の理解で用いられたテクストによる．ここでは，選択肢を与えてあるが，ディスコース標識（\*discourse marker）のリストを配布しておくことで，随時リーディング中にこうした活動を設定することができる．

> 下の語群から適当な語を選び，（　）内に入れなさい．（前ページテクスト参照）
> 1. ... of their lives. (　) a college education is very expensive (However,; True,; Because; Therefore,)　(*l.* 9)
> 2. ... universities across the US. (　) most schools have more applications than places to offer, making competition intense. (For; For example,; However,; Therefore,) (*l.* 13)

⑧ 文単位の解釈

文の意味を理解させるためには，簡単な英語にパラフレーズ（\*paraphrase）したり，場面を説明して理解を図ったり，絵を用いたり

する他に，日本語を使うと効果的なことがある．その場合でも，必要な箇所を意味の単位ごとに英語の語順に即して意味をとる sense group reading を心がける（⇨ TRANSLATION）．［次例は前出 ⑥ のテクストに基づく］

> T:（OHP で該当部分のみを投影して）On that day, いつ？
> S: その日．
> T: forty-five great American musicians だれ？
> S: アメリカの音楽家．
> T: 大勢でしたね．
> S: 45 人．
> T: got together どうしたの？
> S: 集まった
> T: in a studio in Hollywood. どこに？
> S: ハリウッドのスタジオ．
> T: to help the hungry people of Africa. なんのために？
> S: アフリカの貧しい人を助ける．
> T: They started singing "We are the World". どうやって助けるの？
> S: We are the World を歌った．……

⑨　文章構成の把握

文章全体の構成を理解することで論旨の展開，論点の解明を図る活動．図，構成図，フローチャートなどにまとめる学習活動（graphic organizer）がある．次のテクストを例にとれば，下のような表完成の活動が考えられる．

> Thirty years ago, a Japanese cultural anthropologist named Jiro Kawakita visited Sikha Valley. At that time, life for the villagers was even tougher than it is now. The area lacked electricity and running water. Fuel, fodder and fertilizer were all provided by the forests.
>
> During his seven-month stay there, Kawakita observed that trees were being cut down faster than they could grow back. This shortfall in the immediate area forced the villagers to go farther and farther away in search of firewood. It took the whole morning to cut the wood, and bringing it back home — each individual carrying

about 50 kg on his back — took even longer.

In the past, branches were carefully selected for firewood and fodder, allowing the trees to grow back new branches. And only a small amount of fallen leaves were gathered to let the soil in the forest remain rich. But as the climb was so long, people started to take everything in sight. Too much cutting of trees and too much gathering of fallen leaves led to extreme deforestation around the villages.

Kawakita was shocked by what he saw — help was urgently needed in the form of basic technology.

"It took a long time," recalls Kawakita, "but we were finally able to survey the area in 1970 and start the Eco-Ropeline project in 1974."（原文テクストは以下省略）

次の表は上の内容を整理したものである．空所に語句や文を記入して表を完成させよ．（　）には1語，＿＿には句，節，文などを記入せよ．

Problem (30 years ago): life was tougher for the villagers

---

Examples:
1. There was no (　) or ＿＿＿＿＿＿＿＿＿＿．
2. There were few (　) around the villages because
　(1) villagers depended on the forests for all ＿＿＿＿＿＿＿＿＿＿
＿＿＿＿＿＿．
　(2) (　) were cut down (　) than they could grow back.
→ Help in the form of ＿＿＿＿＿＿＿＿＿＿ was needed.

---

▼

Solutions:

---

1. ＿＿＿＿＿＿＿＿ was started in (　).
Purpose: to shorten the time to ＿＿＿＿＿＿＿＿＿＿
Device: (　)-meter-long (　) & (　) with (　)
Effect: villagers have more (　) for ＿＿＿＿＿＿＿＿＿＿
2. A (　) (　) facility was (　).
Purpose: to provide water for (　) people

> Device: ( ) meters of _____
> Effect: _____
> 3. A _____ was built.
> Purpose: _____
> Effect: ( ) can _____

［解答］
Problem
Examples:
1. (electricity), running water
2. (forests)
    (1) fuel, fodder and fertilizer
    (2) (trees) (faster) basic technology
Solutions:
1. The Eco-Ropeline project (1974)
   Purpose: carry down the wood
   Device: (1,900) (wire) (pulleys) (hooks)
   Effect: (time) working in the fields
2. (drinking) (water) (built)
   Purpose: 6,000
   Device: (25,000) plastic piping
   Effect: villagers don't have to draw water from streams faraway
3. hydropower turbine
   Purpose: to supply electricity
   Effect: (schoolchildren) study at night
                              (*Genius English Reading*)

**reading aloud　音読** ⇨ POST-READING ACTIVITY.
**reading card　リーディング・カード**

　音読 (read aloud) を促進する手法の1つ．教科書を何度も読む活動は，文字と音声の結合に熟達し，より正確かつ敏速なリーディング力を養成するという利点がある．しかし一方で，機械的な反復作業になる危険性がある．次のリーディング・カードは意味を考えながら行なう音読練習に活用できる．

> **First trial**
>
> | We meet on Thurs | after school and ha | ifferent groups. The |
> | biggest one is the s | mp collectors; then t | coin collectors; |
>
> **Second trial**
>
> | We meet on | after school a | different groups. |
> | biggest one i | mp collectors; t | coin collectors; |

はがきサイズの厚めの紙を切り抜いて作る．回を重ねるにつれて空所の穴を小さく，かつまばらになるようにする．教科書を数回読んでから，リーディング・カードに挑戦させる．1回目はカードの First trial の部分を教科書の行に当て，次第に下にずらして読む．回を経るにつれて見える部分が少なくなり，見えない部分は文脈と記憶に頼ることになる．自分のペースに合わせた取り組みが可能になるので，特に家庭学習（⇨ HOMEWORK）に適している．⇨ POST-READING ACTIVITY.

### reading instruction　リーディング指導

リーディング指導は多面的で多くの要素から構成されている．一般的な指導上の留意点として，次の点を指摘できる．① できるだけ多く読む機会を与える．リーディング力はリーディングをとおして養われる．そのためには，教室では目的のある多様な活動をとおして，自然な形でテクストに何度も触れさせる．また，教室外では多読(*extensive reading)を奨励する．② 読む目的を示す（⇨ READING TYPE）．読む目的はテクスト内容に関する質問（⇨ SIGNPOST QUESTION）として読む前に提示することで最も簡便に示すことができる．その際，1回に与える質問の数を少数にして，異なった質問を何段階かに分けて提示する（⇨ PRE-READING ACTIVITY）．表の空欄に記入するような課題(*task)を与える場合にも1回に記入する部分を限定する．こうすることで読む機会は一挙に増加する．③ あらかじめ時間を設定してから読ませる．スピーディなリーディングを心がける．1分間に250〜300語を読めるスピードをめざす．④ 未習語句は文脈から意味を類推することを奨励する（⇨ GUESSING VOCABULARY MEANING）．⑤ 解答を確認する作業をとおして，テクストの内容と言語についての理解を深める．⑥ 異なった課題を複数用意して，各課題ごとにテクスト全体に素早く目をとおして課題解決を試みる．何度もテ

クストに接して，次第に内容理解が深まり，同時に読むことに習熟するようになる．⇨ SEQUENCE OF READING INSTRUCTION.

**reading assessment**　⇨ ASSESSMENT OF READING.

**Reading Method　読書中心教授法**

　音声よりも文字，特に読む能力を初期の段階から重点的に教える教授法．文字言語の重視という観点から文法・訳読式教授法（\*grammar-translation method）の延長線上にあると言える．英語で書かれたものを読むことによって新しい知識を吸収し，それを自国の発展のために活用することが英語教育の目的となっている時代・地域では，英語を読めるということは重要な教育目標になる．手元に本や雑誌などがあれば，またインターネット（\*internet）をとおしてなど，いつでもリーディングは行なえるので，いったん習得すれば，リーディングは実用的かつ永続性を有する能力になる．したがって，英語の学習期間が限られている学習者にはまず読むことを重視する指導法が有効である．以上が読書中心教授法の理論的な基盤である．

　読書中心教授法は，次のような特徴を持つ．① 読解力養成に必要な文法のみが教えられる．② 語彙は初めの段階では統制される．このため，各種基本語彙リストが開発された．Michel West の *General Service List of English Words* はその先駆けとして知られている．③ 文法，語彙の両面で学習者のレベルに合った級別リーダー（graded readers）が多数用意され，直読直解の読書力養成が重視される．

　読書中心教授法は戦前のアメリカの多くの地域で採用されたが，その後衰退した．この教授法は次の問題点を有している．① 短期間で永続性のある英語能力を実現しようとした点で，文法・訳読式教授法の欠点を克服するねらいがあった．しかし，その成果は必ずしも顕著なものではなかった．級別リーダーを読めることが本物の（authentic）英語を読めることを意味するわけではない（Rivers. 1981）．② 基本語彙の考え方自体にも問題がある．すべての人に共通の基本語彙は機能語（\*function word）などの少数に限られ，それ以外はそれぞれの立場で異なってくるからである（Howatt. 2004）．しかし，特定の目的のために文献などを多量に読むことが必要な学習者の場合には読書中心教授法の理念は有効であり，ESP（\*English for Specific Purposes）の中に発展的な形で受け継がれている面もある．

**reading skills　リーディング・スキル**

　Mumby は，reading skills を次のように分類している（Mumby. 1978）．

> Recognizing the script of a language
> Deducing the meaning and use of unfamiliar lexical items
> Understanding explicitly stated information
> Understanding information when not explicitly stated
> Understanding conceptual meaning
> Understanding the communicative value of sentences
> Understanding the relations within the sentence
> Understanding the relations between parts of text through lexical cohesion devices
> Interpreting text by going outside it
> Recognizing indicators in discourse
> Identifying the main point of information in discourse
> Distinguishing the main idea from supporting detail
> Extracting salient points to summarise (the text, an idea)
> Selective extraction of relevant points from a text
> Basic reference skills
> Skimming
> Scanning to locate specifically required information
> Transcoding information to diagrammatic display

以上のリストは学習活動への活用の観点から次のように整理することができる.
1. アルファベットの文字を識別する
2. 文字のまとまりを語として認知し,音声と意味を関連させる
3. 句,節,文の意味を理解する
4. 文章の概要・要点を把握する
5. 特定の情報を見つける
6. 内容を推測し,意図を理解する
7. 細部を正確に理解する
8. 文章全体の中で文と文の関係を理解する
9. 文章の構成を理解する

リーディングの授業では,このようなスキルの習得をめざす具体的な活動を用意することになる. ⇨ READING ACTIVITY.

**reading type　リーディング・タイプ**

テクストは読者の目的に対応してさまざまな読まれ方をする. 次のよ

うなタイプがある．① スキミング (*skimming)：テクストの概略を短時間に知る目的で行なわれるリーディング．例えば，本の目次にざっと目をとおしてその内容を予測したり，新聞の記事を読む前に見出しに目をとおしたりするために行なう．② スキャニング (*scanning)：テクストの内容から特定の情報を素早く見つけ出すために行なわれるリーディング．例えば，新聞の野球の記事で，どのチームがどんな得点で勝ったなどの特定の情報を拾い上げるために行なう．③ 精読 (intensive reading)：テクストの内容を子細に検討して，要点のみならず，それを支える細部にも目を配りながら読み進む精読と呼ばれるタイプ．例えば，テストに備えて教科書を読む際にはこのタイプが典型的に用いられる．この中には，筆者の論点を検討し，自分の考えと対比して批判を加えるような「批判読み」(critical reading) も加えることができる．

　読み手は，目的に応じてさまざまな読み方を使い分ける．テクストが異なる場合だけでなく，同一テクスト内でも，最初は概略を把握するために skimming，次に必要な情報を選び出すために scanning，さらに重要な箇所を細かく検討する intensive reading を行なうように，異なった読み方を随所に取り入れることはきわめて一般的な方略である．

　教室では，とかく intensive reading の指導に偏りがちである．その結果，語彙や構文に不明な点があると文脈から意味を推測しながら読み進める本来のリーディングの習慣が定着しないことになる．scanning, skimming の活動をバランスよく取り入れ，スピードを伴ったリーディングを行なえるようにすることが求められる (⇨ READING INSTRUCTION)．目的を持った読みを展開するには，何らかの課題 (*task) を生徒が読む前に与えるとよい．課題を準備する最も簡単な方法は，通常は読後に与えられる *comprehension question を読む前に与えることである．

## recast　言い直し

　教師や母語話者が学習者の話の内容を受け入れながら，その言語形式を訂正すること指す．recast は次の4つの特徴を持つ．① 誤りを含む発話の訂正 (reformulation)．② 発話の拡大 (expansion)．③ 発話の中心的な意味の保持 (semantic contiguity)．④ 発話の直後の位置 (position)．次の例を参照．

Student: This is Taro book.
Teacher: Oh. That is Taro's book.

　recast は学習者の注意を言語形式に向けさせること (⇨ FOCUS ON FORM) で言語習得を促進すると主張される一方で，その効果に疑問を提起する立場もある．なお，recast は元来，母語習得研究で子供と保護者

の相互交流（*interaction）研究で用いられた概念．⇨ CONVERSATION ANALYSIS; ELICITATION; ERROR TREATMENT; NEGATIVE FEEDBACK.

**receptive vocabulary　理解語彙**

　　意味が理解でき，聞いて分かる程度に習熟しているが，話したり，書いたりするレベルに達していない語彙．一般に，受容語彙量は発表語彙（productive vocabulary）より多いが，その差は学習者の英語力のレベルが高くなるにつれて大きくなると言われている．recognition vocabulary あるいは passive vocabulary と呼ばれることもある．⇨ VOCABULARY.

**reduced form　弱形**

　　weak form とも言う．機能語（*function word）には強形（strong form: 引用形 [citation form] とも言う）と弱形の異なった音形を持つものが多い．口頭表現では対照（contrast）や強調（emphasis）の目的で強形を用いる以外は弱形が多く用いられる．弱形に慣れることは特に聞き取りに際して大きな意味を持つ．弱形の指導では，強形と弱形を示して，音形の違いについて理解を図るとともに，文脈の中で聞き取り活動を行なって，習熟を促す．

**redundancy　剰余性**

　　言語的意味を理解する上で必要とされる以上の言語情報．言語形式で伝えられる情報が発話の他の部分でも重複して表現されている場合を指す．Tom drinks too much. の文を例に取れば，主語 Tom は私でもあなたでもない 1 人の人物を指し，3 人称単数の概念が内包されている．このことから drinks の 3 人称単数 s はすでに示されている情報が反復されていることになる．この動詞の語尾 -s は英語の文法で必要とされるが，コミュニケーションを図る上で価値を持たない剰余的な（redundant）部分になる．Last night Mary watched TV. における watched の過去時制を示す語尾 -ed は，文頭の副詞句 last night に過去の出来事であることが明示されていることから，同様に剰余的な性質をおびる．剰余性は人の言語には等しく観察される特徴であり，そのことによって不必要な誤解を防ぎ，コミュニケーションを円滑に進める上で重要な機能を持っていると考えられる．第 2 言語習得（*second language acquisition）では，名詞の複数語尾や動詞の人称，時制の語尾などの剰余性の強い言語形式は，実質的な内容を伴った形式に比べて習得が遅れることが指摘されている．⇨ INPUT PROCESSING.

**referential question　指示的質問**

　　日常生活でなされる普通のタイプの質問．問いを発する者にとって未知の情報を得たいとき，その情報を求めて他者に対して向けられる質問．

教師と学習者の伝統的な役割が支配的な教室では，教師が学習者に自分の知らないことについて解答を求めてなされる指示的質問よりも，すでに答えを教師自身が知っていて，学習者の学習状況をチェックするために行なわれる表示質問（*display question）が多く観察される．指示的質問が多い場面は，それだけ自然なコミュニケーションが活発になされていることを示すとも言える．答えの可能性は開かれているので，指示的質問を開放質問（open question）と呼ぶことがある．⇨ COMPREHENSION QUESTION; INFORMATION GAP.

**reflective teaching　省察的指導法**

授業実践の反省に基づく新たな実践をとおした授業研究および教員研修の方法．教師は授業活動を振り返り，批判的に反省を行なうことで教えることの意味をより深く理解し，教師としての成長を図り，授業を改善することができるとする考え方に基づいている．reflective teaching で取り上げられるトピックは個々の教師のおかれた状況によって変化するが，次のように分類することもある．① 教室内のコミュニケーション形態（communication patterns in the classroom）．② 教師の意志決定（teacher decision making）．③ 学習者による知識の応用方法（ways in which learners apply knowledge）．④ 教室の人間関係（the affective climate of the classroom）．⑤ 指導環境（instructional environment）．⑥ 専門的職業人としての成長と発達についての教師の自己評価（teacher's self-assessment of growth and development as a professional）．以上のトピックはさらに具体的なトピックから構成される．

授業実践に関する主な情報収集方法には次の手法がある．① 学習者のフィードバック（*feedback）：アンケート，感想メモ．② 同僚教師のフィードバック：同僚の授業観察に基づく感想，調査メモ（fieldnote），授業観察（classroom observation）．③ 教師自身の情報：授業後調査メモ（retrospective fieldnote），授業記録日誌，録音テープ，ビデオテープ，転写分析（transcript analysis）．（Murphy, J. 2001）⇨ ACTION RESEARCH; TEACHER RESEARCH.

**Reform Movement　言語教育改革運動**

19世紀の終わりに，それまで主流をなしていた文法・訳読式教授法（*grammar-translation method）の欠陥を指摘し，外国語教育の改革を提唱した動き．Henry Sweet, Wilhem Viëtor, Paul Passy, Otto Jespersen など国際音声学協会の設立に参画した音声学者や言語学者が外国語教授の改革に率先して取り組み，提言を行なった．また，この運動に賛同する教師も多く，話し言葉を重視し，音声学の知見を言語教授に適用しよ

うとした (Howatt. 1984). ⇨ NATURAL METHOD; ORAL METHOD.

## register　言語使用域

職業，人間関係，伝達方法などの状況に応じて使い分けられる言語の変種で，語彙・文法・発音からディスコースの領域までおよぶ．"業界用語"，"隠語" などは語彙レベルの使用域に言及するもの．基本的，中性的な言語運用力の養成を目的にする一般目的のための英語教育 (*EGP) では使用域が取り上げられることは稀であるが，特定の目的のための英語教育 (*English for specific purposes)，とりわけ学術的な目的のための英語教育 (*EAP) のプログラムでは，それぞれの専門分野で特有な使用域を有するため，それに対応した英語使用能力の養成が要求される．例えば，学術的な論述では次の (b) よりも (a) に見られるように，機能語に比して内容語の割合が大きい，高語彙密度 (*lexical density) の表現が使われることが多い:

(a) Investment in a rail facility implies a long-term commitment.
(b) If you invest in a rail facility, this implies that you are going to be committed for a long time.

また，節の1つの要素として複雑ないくつもの現象をまとめるために動詞よりも名詞として活動，事象を提示する名詞句表現が多用される．さらに，1人称代名詞を避けて受動態を使用する ('the solution was heated')，形式主語の 'it' を用いる ('it was impossible to interview the subjects by phone') などの非人称構文を特徴的に使用する．こうした使用域の特徴に学習者の注意を喚起する指導は，特に大学英語教育では重要な意味をおびてくる (Hyland. 2006).

## regression analysis　回帰分析

ある変数で他の変数を予測する分析方法．例えば，ある生徒が英語の期末試験を欠席したとき，他の多くの生徒の中間試験（独立変数：*independent variable）と期末試験の相関関係をもとに予測の公式を作り，この式に欠席者の中間試験（独立変数：dependent variable）の得点を代入することで期末試験（従属変数）の得点を得ることができる（清川. 1990).

## relative evaluation　相対評価

同一の学習集団にいる他の学習者との比較で成績を評価すること．40人中の4番目，あるいは5段階の3，のような評定の仕方．集団基準テスト (*norm-referenced test) とも言う．絶対評価 (*absolute evaluation) に対する．⇨ CRITERION-REFERENCED TEST; TESTING.

## relevance theory　関連性理論

Griceの語用論（⇨ CO-OPERATIVE PRINCIPLE）を発展的に継承した発話解釈の理論．コミュニケーションに関わる推論の過程を関連性の原理で記述し説明する．発話から得られる利益（benefit）とそのために費やす労力（cost）の兼ね合いを関連性と呼ぶ．少ない労力で大きな利益が得られれば関連性は高くなる．発話は，最適の関連性を求めて解釈されるとされる．Sperber & Wilsonによって提唱された認知的語用論（Spencer-Oatey & Zegarac. 2010）．⇨ PRAGMATICS.

**reliability　信頼性**

テストの具備すべき3つの条件の1つ．他の2つは実用性（*practicality）と妥当性（*validity）．同一のテストを同じ受験者に複数回実施した場合に（その間に学習効果がなかったと仮定して）その得点が一貫している程度．英作文の解答を同一の採点者が時間をおいて再度採点した場合，最初の得点と異なるようなときには，その問題の信頼性は低いと見なされる．信頼性の低いテストは測定の用をなさない．ちょうど同じ重量の物体を載せても，そのつど表示される目盛りが異なる秤が秤としての用をなさないのと同じである．信頼性はいくつかの観点で検討することができる．① テスト─再テスト法（test-retest method）：同じテストを2度実施して，その間の相関で信頼性を求める．相関が0.8～0.9であれば信頼性は高いと言われる．② 内的一貫性（internal consistency）：いちばん単純な方法として折半法（split-half method）がある．例えばテスト問題の偶数番と奇数番の得点（odd-even method）の相関が高ければ，テストが同じ能力を測定していると想定される．③ 評定者一貫性（rater consistency）：同一の評定者が複数回採点して得られる得点の間に相関が高ければ評定者内信頼性（intra-rater reliability）が高いという．また，エッセイの採点を複数の評定者が行なう場合，その結果に相関が高ければ評定者間信頼性（inter-rater reliability）が高いことになる．評定者一貫性を高めるには，評定の観点を明確にし，評定者の評定技術の向上を図る必要がある（Davies, Brown, Elder, Hill, Lumley & McNamara. 1999）．

**repair　修正**

会話の中で，発話の誤りを訂正すること．発話者自身が行なう自己訂正（self-repair）と他人が行なう他者訂正（other repair）に分類される．前者は文法的説明を含むメタ言語的フィードバック（metalinguistic feedback），誘発（*elicitation），反復（repetition），明確化要請（*clarification request），後者は誤りを明確に示す明示的訂正（explicit correction）と言い直し（*recast）に細分される．⇨ INTERACTION HYPOTHESIS; RECAST.

**replication　追試**

すでに発表されている研究を同様の手法あるいは環境のもとで再度実施すること．追試により最初の研究とその結果の正当性や信頼性を検証することができる．新たな被調査者を対象として追試を行ない，その結果が最初の研究結果と類似したものであれば，最初の研究結果の一般性が客観的に確立されたことになる．最初の研究をできるだけ忠実に再現する追試 (virtual replication) とその主要な論点を組み入れた追試 (conceptual replication) に分けることができる (Gass & Mackey. 2007)．

**restructuring　再構成化**

学習者が新しい事項を学習した結果，それまでの学習者の言語体系 (⇨ INTERLANGUAGE) に質的変化が生じることを言う．知識の量的な拡大や技能の自動化などと異なり，再構成化は新知識の摂取 (*intake) によってそれまでの知識構造との間に断続を伴う．動詞の過去形を1つずつ学習して用いていた状態から，過去時制の概念を獲得することで学習者の言語体系が再構成されるのはその1例である．⇨ INFORMATION PROCESSING MODEL; U-SHAPED LEARNING.

**review　復習**

英語学習に復習は欠かせない．授業の最初に行なう，前時と本時を結び付け，両者の橋渡しをする復習はもとより，学習者が自主的に行なう学習の多くが復習である (⇨ LEARNING STRATEGY)．授業の復習は2つのタイプに分類できる．1つは学習したことを思い出し (recall)，本時の学習をスムーズに行なう補強的 (remedial) タイプであり，他は拡大的 (expansive) タイプである．これは，前時に行なった基礎練習を発展させて実際的な言語運用 (*performance) の場面で活用する発展的活動を指す．いずれを選ぶかは前時との関連，学習者の学習状況などによる．

復習はまた，前時1時間の内容に絞って行なわれる短期的 (short range) なものと，数時間分，あるいは単元の総合復習などの長期的 (long range) なものに分けることもできる．既習事項を絶えず用いるという意味での復習は外国語習得と直接関連する重要な役割を持つ．教材配列が直線的に構成されている教科書では学習者が反復して触れることができるように，復習を意図的に盛り込んでいく必要がある．長期的な復習によって，実際の授業の中で，"螺旋状" の教材配列 (⇨ SPIRAL SYLLABUS) が実現できる．復習には次のような活動が用いられることが多い．

① listening
・前時の教材の聴取：必要な場合には教科書を参照させる．
・間違い探し：教師が教科書の語句を入れ替えて読み，学習者はその部分を見つけて挙手，あるいは手や机を打つなどする．

・物語の初めからテープを聴取：ストーリーの展開を聞いて理解する．
② reading
　・テクスト音読（⇨ POST-READING ACTIVITY）：モデル文反復に続き，最後は独力で行なう．
　・リード・アンド・ルックアップ（*read and look up）：教科書をしっかり見ながらモデル文を聞き，次に目を離して復唱する．復唱の長さを学習者のレベルに合わせる．
　・pair reading（⇨ POST-READING ACTIVITY）
　・シャドウイング（*shadowing）
　・内容確認の Q & A（⇨ COMPREHENSION QUESTION）：ストーリー性の強い教材に適す．
　・不要部分の削除．以下の例を参照．

---

Bob Marley の伝記を読んでみよう．次の13行中，6行に不要な語が各1語入っている．その語を見つけ，右の欄に書き出せ．最初の2行はすでに解答済み．

Robert Nasta Marley was born in Saint Ann, Jamaica on Febru- ____
ary the 6th, 1945. His mother was an 18-year-old black girl named  the
Cedella Booker while his father was a 50-year-old white army ____
captain who named Norval Marley. Although he provided finan- ____
cial support for them, Norval rarely saw his family much. In 1958 ____
Cedella and young Robert moved to the capital, Kingston, and ____
settled in a shanty town which called Trenchtown. Young Robert, ____
now calling himself Bob, has formed a group called the Wailers ____
with his two friends, Bunny Livinston and Peter Tosh. The group ____
recorded in a style that called ska, a mix between New Orleans ____
R&B and Jamaican mento. Soon the bouncy beat of ska gave ____
way to rock-steady, a slower and more than sensual rhythm. ____
This rhythm developed into a beat known as reggae. ____

---

③ speaking
　・基本文の反復，暗唱（⇨ SPEAKING ACTIVITY）
　・基本練習（⇨ SPEAKING ACTIVITY）
　・発展練習（⇨ SPEAKING ACTIVITY）
④ writing
　・基本文の和文英訳

・混在文の分離，整理．（下の例を参照）

> 2つの異なった文章が混在している．分離，整理して清書せよ．
> The beaver is an animal which lives in North Europe and North America. In April, 1600, a large black ship came to Kyushu. There were only twenty-four men on the ship. When it is a baby, it is very small and weighs about one pound. Most of them were very sick and tired. It grows up very fast. Some weeks later, six men died. A grown-up beaver living in America weighs between thirty and seventy pounds. Only five or six men were able to walk.

・ディクテーション（*dictation）

## review 復習 CE

| Right. Well. | We did Section 3, Lesson 5 last time, didn't we? | |
|---|---|---|
| | Do you remember<br>Who can remember | what we did last lesson? |

| Let's | review it,<br>revise it,<br>go over it once more,<br>do it again quickly,<br>have another practice, | shall we? |

## rhythm　リズム

　音声英語には特有のリズムがあり，強強勢シラブルと弱強勢シラブルが交互に生じる．強強勢シラブルの間に弱強勢シラブルがいくつ来ても，その数に関係なく強強勢シラブルはほぼ一定の間隔で発音される傾向がある．このようなリズムを強勢拍リズム（stress-timed rhythm）と呼ぶ．これに対して，日本語では音節はその強弱に関係なく一定の間隔で生じる，すなわち音節拍リズム（syllable-timed rhythm）を示し，英語と著しい対照をなす．

　指導には次のような例を使い，手拍子を打ってリズムを取り強強勢の音節が等間隔に生じるように教師が読むのを聞かせる．その後，慣れてきたら生徒にも文を読ませる．

```
         •              •        •
      CATS            EAT     FISH.
   The CATS           EAT     the FISH.
   The CATS will      EAT     the FISH.
   The CATS have been EATing the FISH.
   The CATS could have been EATing the FISH.
```

文強勢 (sentence stress) は通常，内容語 (*content word) に生じ，機能語 (*function word) には生じない．英語のリズムは強強勢が連続することを嫌う．強強勢の次には弱強勢が生じる強弱の規則性が大きな特徴になっている．したがって，このリズムを維持するために，語が単独で発音された場合に生じる語強勢の位置がその後に来る語強勢の位置との関係で移動することがある (⇨ STRESS)．以下に例を挙げる．

   com′pact (形容詞)　　　′compact disk (本来第2音節にある強勢が直後に強勢が連続するのを避け，第1音節に移動)
   Japan′ese (形容詞)　　　′Japanese boy (本来第3音節にある強勢が直後に強勢 (boy) が連続するのを避け，第1音節に移動)

**rheme　題述**

主題 (*theme) について述べる部分．⇨ THEME.

**riddle　なぞなぞ**

典型的な言葉遊び (*language play)．学習者のレベルに合わせ，適当なものを選び，必要な場合にはヒントも用意する．以下，いくつか例を挙げる．

   What has legs, but cannot walk? (A table.)
   What has teeth but cannot bite? (A comb.)
   What has hands and face, but doesn't wash its face? (A clock.)
   What part of London is in France? (Letter n.)
   What goes up and never comes down? (Your age.)

**risk-taking　果敢性**

学習に関連する性格特性の1つ．間違いをおそれずに推測する (guessing)，発言する (speaking up) ような積極的な姿勢は外国語習得には重要である．果敢性は自尊感情 (*self-esteem) と強く関連する．それは，すぐれた外国語学習者 (*good language learner) の特徴の1つに数えられる．もちろん，それは手当たり次第に推測すること (wild guessing) を意味するのではなく，すぐれた学習者はよく考えて，根拠に基づいた推測のできる人を指す．しかし，教室では多くの場合，教師は学習者に推測をさらに多く行ない，「危険をおかす」ことを勧める指導を大切にすべ

きであるとする主張がなされることが多い（Brown. 2007）. ⇨ INHIBITION; PERSONALITY.

### *role-play* ロール・プレイ

指定された場面と役割の中で自由に自分の個性を発揮して行なうスピーキング活動（*speaking activity）. 与えられた対話（*dialog）を演じる単純なものから，role-card の指示を解釈して場面にふさわしい英語を工夫して演じる高度なロール・プレイまで，その種類は多様である. 次の例は role-card で場面，役割を指定してある. ペアで A, B になり，それぞれのカードの指示にしたがって役割を演じる.

> ROLE-CARD A: You are a customer in a cake shop. You want a birthday cake for a friend. He or she is very fond of chocolate.
> ROLE-CARD B: You are a shop assistant in a cake shop. You have many kinds of cake, but not chocolate cake.

(Ur. 1995)

ロール・プレイは教室内で日常のさまざまな場面を再現でき，その中で将来出会うような言語体験に数多く接するという利点を持っている. しかし，学習者の中には，大勢の仲間の前で演じることに違和感を持つ者もいることに注意したい. ペアで練習を行なって自信をつけてから全体の前で演じるなど，教師の側の配慮が望まれる. また，学習者が習熟している言語表現を用い，教師が最初に演じてみせることが動機づけ（*motivation）を高める上で有効である.

# S

**Sapir-Whorf hypothesis** サピア゠ウォーフ仮説 ⇨ LINGUISTIC RELATIVITY.
**scaffolding** 足場掛け
　言語習得に際して学習者が教師や自分より進んだ仲間の学習者などのエキスパート言語習熟者から得る援助．学習者の言語体系の発達を建築になぞらえて，学習者に提供される一時的な支援を意味する．社会文化理論（*Sociocultural Theory）では，学習者の現在の言語レベルをより進んだレベルに引き上げる言語的な仲介（symbolic mediation）として，エキスパートによって提供される'手引き'（=足場掛け）が不可欠だとして強調される．足場掛けによって，学習者が単独では達成できない学習が実現される．足場掛けには，学習課題に対する学習者の興味を高める，課題を単純化する，目標追求を続ける，現在のレベルと目標レベルの差を明示する，問題解決に際しての挫折感を抑える，到達目標行動を示す等の機能がある．足場掛けは学習者の学習への積極的な参加をもってのみ機能し，受動的な学習者に生じるものではない．⇨ ZONE OF PROXIMAL DISTANCE.
**scanning** スキャニング
　リーディング・タイプ（*reading type）の1つ．テクスト中にある特定の情報を求めて素早く読む方法．⇨ SKIMMING.
**schema** スキーマ
　知識や情報など，現在に至るまでの経験から形成された個人の心的枠組み（mental framework）で，新しい状況で情報や知識を理解する際の基盤として用いられる．schemaの複数形はschemataあるいはschemas．過去の経験によって作られた心的枠組みが新しい経験を理解する助けになる，あるいはそれを律する，とする理論をスキーマ理論（schema theory）と呼び，英語教育ではリスニング，リーディングにおける情報処理過程を解釈する重要な概念となっている．
　スキーマには内容スキーマ（content schema）と形式・修辞スキーマ

(formal/rhetorical schema) がある．内容スキーマはさまざまな話題に関する知識の集合で，リスニングあるいはリーディングの話題に関する内容スキーマが備わっている場合には聴解・読解は容易になる．形式・修辞スキーマは言語形式に関する知識の集合で，新聞記事や論文など異なったジャンル (*genre) のディスコース (*discourse) の構成に関する情報を含む．スキーマは背景的知識と見なされ，リーディングでは，テクストの内容，構造の型に関する知識を含む．スキーマに導かれてリーディング，リスニングでの理解が進むとする立場はトップ・ダウン処理 (*top-down processing) と呼ばれ，文字，音声などの入力に基づいた理解方式であるボトム・アップ処理 (*bottom-up processing) と対比される． ⇨ SCRIPT.

**script** スクリプト

よく知られた状況を規定する，あらかじめ決められた，ステレオタイプ的な一連の行動．例えば，歯医者で治療を受けるまでの手順，レストランで食事を終えるまでの一連の行動などは，われわれの頭脳に一般化された形で記憶されている．こうした手順，行動配列などの知識をスクリプトと呼ぶ．1つの言語社会では，人びとのスクリプトには共有される部分が多くある．このため，スクリプトに存在しない，あるいはスクリプトと反する部分を述べることでコミュニケーションが適性に行なわれることが多い．英語学習では，このスクリプトが不足する部分では事前にそれを補うなどの援助を与えることが必要になる．リーディングやリスニングにプリ・リーディング (*pre-reading activity)，プリ・リスニング (*pre-listening activity) といった準備活動が重視されるのはこのためである． ⇨ SCHEMA.

**SD** = STANDARD DEVIATION.

**second language** 第2言語

広義には母語習得後に身につけた言語を指すが，ある社会で多数の人びとによって日常生活，職場，学校などで広く使用されている母語以外の言語の意で用いられることが多い．例えば，フィリピン，ナイジェリアなどで使用される英語は第2言語であるとされる．これに対し，日本における英語は外国語 (foreign language)． ⇨ EFL; ESL; FOREIGN LANGUAGE.

**second language acquisition** 第2言語習得

SLA は略称．子供，成人を問わず，すでに少なくとも1言語を習得した人がそれ以外の言語の知識や運用を習得する過程を指す．狭義には日本人がアメリカで英語を習得するような状況を指し，外国語学習 (foreign language learning) (FLL と略すことがある) と区別する．しかし，一般

的には，わが国における英語学習のように教室内で一定のカリキュラム（*curriculum）にしたがい，教師のもとで英語を学習する formal instruction を包含した広い意味で用いられる．習得過程は，外国語（*foreign language），第2言語とも，その差異よりも共通性が大きな特徴と考えられる．したがって，両者を区別することは稀である．

　また，SLA は学習者が母語以外の言語体系を教室を含むさまざまな環境のなかで習得する過程を研究する学問領域の意味で用いられる．学習者が新しい言語の体系を内在化する過程と理解および産出に際し，この言語体系を用いる過程を明らかにすることが SLA の基本的な課題である．言語学，心理学，社会学，教育学，医学など幅広い学問領域の知見を取り入れた形で発展してきた SLA は，多くの異なった理論を有している．SLA は，英語教授の具体的な手法を直接の研究対象として取り上げない．しかし，医学の進歩が医療活動に欠かせないと同様に SLA から得られる洞察は英語教育の実践に大きな示唆を提供する．

**segment　文節音**

　話し言葉を構成する母音（*vowel）と子音（*consonant）を指し，音節（*syllable）を形成する．超文節音（*suprasegmental）に対する．

**segmentation　セグメンテーション／分節化**

　連続する音声を有意味な言語的単位に区切ること．ボトム・アップ処理（*bottom-up processing）の重要な1段階．リスニングでは，多くの場合，語の境界が休止によって示されることがない．このため，音の流れを区切る分節化が要求され，この作業は特に初級学習者には困難を伴う．セグメンテーションの能力は音韻，音節，語形態，語彙等の情報を蓄積し分類する機会をとおして養成される．語のセグメンテーション指導として Hulstijin は次の6段階方式を提案している．① 文字を見ないで音声のみを聞く，② 理解レベルを確認する，③ 必要なだけ繰り返して聞く，④ 文字で確認する，⑤ 理解できなかった部分を認識する，⑥ 文字を見ずに理解できるまで何度も聞く（Hulstijin. 2003）．⇨ LISTENING.

**self-access　自習／自習室**

　教室外で学習者が自ら計画を立てて，学習を行なう自学自習，またそれをより効果的に行なうための施設，設備を指す．学習者は，自己の判断で，時間や場所を選んで，自分にとって必要な教材を用いて，それぞれの学習スタイル（*learning style）に適した方式で学習することが可能になり，個別化（*individualization）が促進される．また，自らの決定に基づく学習であるから，自己の学習により大きな責任を負うことになる．このように self-access は学習者の自主性を尊重し，彼らの自律性（*learner autonomy)を高めるねらいがある．self-accessを押し進める中心に位置するのが自習センターである．このセンターには学習者が求める学習資料が利用可能な状態に整理されている．多くの場合，リスニング設備，ビデオ装置，コンピュータ，*DVD，カセットテープ，CD，ビデオテープ，コンピュータソフトなどに加え，各種印刷教材，参考書，辞書などが含まれる．さらに，グループ学習のための部屋が設置され，相談業務に携わる係員が常駐していることもある．self-accessは学習者の自律性と学習の個別化と密接に関連しているが，この方式を成功させるためには十分な学習者訓練（*learner training）が要求される．また，担任の教師と学習者の連絡が重要な要因になる．

**self-assessment　自己評価**

　学習成果を学習者自らが評価し，その点検に基づいて次の学習計画を立て，達成に向けて学習すること．自己評価は，自発的で，自律的な学習者（⇨ LEARNER AUTONOMY）の育成に不可欠である．学校の英語教育にあっても自己学習能力の養成の観点から重要な意味を持つ．ただし，自己評価能力は最初から学習者に備わっているものではなく，教師の適切な指導のもとで効果的に習得されると考えられる．また，自己評価を適切に行なうための学習者にとって使いやすい明確な評定尺度（*rating scale）が必要になる．自己評価は長期的評価と短期的評価に分類できる．前者は学年，学期の最初と最後に行なう．学習の取り組みを振り返り，自己評価し，また新しい学年，学期の目安を立てることで自らの学習に対する自覚を新たにする．次の学習自己評価はそのための１例である．

---

学習自己評価
氏名 _____

1. 英語学習は
　むずかしかった ____ ____ ____ ____ ____ やさしかった

2. 次の項目でいちばんやさしいもの（1）から，最もむずかしいもの（7）に順に番号を記入しなさい．

| | | |
|---|---|---|
| speaking | ____ | ____ / 10 |
| listening | ____ | ____ / 10 |
| writing | ____ | ____ / 10 |
| reading | ____ | ____ / 10 |
| grammar | ____ | ____ / 10 |

| vocabulary | \_\_\_\_ | \_\_\_\_ / 10 |
| pronunciation | \_\_\_\_ | \_\_\_\_ / 10 |

3. 上の各項目について10点満点で何点をつけるか．下線上に記入しなさい．

(米山．2002)

短期的評価は，活動，授業，課，ユニットなどの単位で学習を振り返ることで行なう自己評価である．次の例は，教科書のあるユニットを終了した段階での自己評価である．

---

1. Write down five new words you learned in this unit.

_____ _____ _____ _____ _____

2. Write down three new sentences or questions you learned.

_____

_____

3. Review the language skills you practiced in this unit. Check your answers.

CAN YOU

Talk about occupations?  ☐ yes  ☐ a little  ☐ not yet

Give an example:

Talk about likes and dislikes?  ☐ yes  ☐ a little  ☐ not yet

Give an example:

4. What areas need more practice? How can you get more practice?

_____

_____

5. Vocabulary check. Check the words you know.

(語彙リスト省略)

---

(Nunan. 1995)

授業に密着した自己評価に加え，学習者が英語熟達度を自己評価する尺度も開発されている．EU の提唱で作成された *European Language Portfolio* は包括的なポートフォリオ（\*portfolio）である．この基本的な概念を適用して作成されたイギリスの子供たちのための外国語学習ポートフォリオ（My Language Portfolio）は，学習者がそれまでのすべての学習成果を自らの目的のために記録できる魅力的な冊子である．このポートフォリオの listening の部分には次のような項目が設定され，該当箇所に印を付ける仕組みになっている．

| | |
|---|---|
| いくつかの単語と文に気づいて，その意味が理解できる | |
| 先生の短い説明と録音テープの内容を理解できる | |
| 歌や詩をいくつか理解できる | |
| 教室では，時々繰り返してもらうこともあるが，もっと長い質問や説明を理解できる | |
| 話や会話を理解できる | |
| もっと速い速度で，先生が話したりテープに録音された，もっと長い話を理解できる | |
| いろいろなことを1度では理解できないが，だいたいの意味と細かな点も理解できる | |
| 過去，現在，未来のことについての話を理解できる．しかし，繰り返して聞かなければならないこともある． | |
| おなじみの話題について普通の速度で話されるのを理解できる | |
| その他 | |

(CILT. 2000)

　各項目が全国統一カリキュラム（National Curriculum）のどのレベルに該当するか教師用指導書には明記されているので，熟達度尺度（\*proficiency scale）としても活用できるような工夫が施されている．⇨ PEER ASSESSMENT.

## self-determination theory　自己決定理論
　Deci & Ryan によって提案された動機づけの有力な理論の1つで，自

己決定性と内発的動機づけの関連性を強調する．他者の願望にしたがって無理矢理行動させられるのではなく，選ぶ自由（＝自律性）を持つことが動機づけの必須条件であり，あることが達成できること（＝有能性）を示し，周囲の人との友好的な関係（＝関連性）を維持することで学習に対する内発的動機づけ（intrinsic motivation）が高められると考える．Noels 等は外国語学習に対する動機づけを次のように分類する．① 学習に対する意義を認めない非動機づけ（*amotivation），② 外的な理由で強制されると意識する外的調整（external regulation），③ 自ら受け入れた基準で学習する取り入れ的調整（introjected regulation），⑤ 必要性を認めて学習する同一視的調整（identified regulation），⑥ 学習そのものに対する興味，達成感，喜びに支えられる内発的動機づけ（intrinsic motivation）（Noels, Pelletier, Clément, Vallerntd. 2000）．学習者が内発的動機づけの状態に近づき，また支えられるためには，学習者が学習の内容，方法に深く関与し，学習に楽しみを見いだすことが必要であり，そのためには教師の適切な教育的指導が重要になる（Dörnyei. 2001）．⇨ MOTIVATION.

**self-efficacy　自己効力感**

ある決まった課題を実行できる能力があると信じ，期待すること．特定の領域で自己効力感が強ければ自信を持って取り組むが，逆に弱ければ自己に対する脅威だと知覚して避ける．人は自己効力感に基づいて取り組む活動を選択し，努力を持続あるいは中止する．類似した課題に対する過去の成功経験，教師などの他者による指導，課題に対する不安の軽減などによって自己効力感は高められる（Dörnyei. 2001）．⇨ ATTRIBUTION THEORY; MOTIVATION.

**self-esteem　自尊感情**

学習に関連する性格特性の1つ．自尊感情は個人が自分自身に対して感じ，また絶えず行なっている評価を指し，自分が有能である（capable），有為である（significant），うまく事を運ぶことができる（successful），価値がある（worthy）などの程度を示す．自尊感情は3つのレベルで論じられてきた．① 全体的（global）自尊感情：成人が自己に対して持つ恒常的な，変化することの少ない自己判断．② 場面的（situational/specific）自尊感情：特定の場面における自分に対する評価．③ 課題的（task）自尊感情：特定の活動に関しての自己評価．いずれのレベルにおいても，自尊感情と外国語習得の間に相関を指摘する研究結果がこれまで報告されている．他人との言語コミュニケーションの中で自分を肯定的に捉え，表現する能力は特に口頭によるコミュニケーション能力（*communicative competence）と高い相関を示す（Brown. 2000）．⇨ AF-

FECT; PERSONALITY.

**self-evaluation** = SELF-ASSESSMENT.

**self-regulation** 自己調整／自己制御

　自己の学習活動にどの程度積極的に参加しているかの度合いを示す概念で，自己の学習を監視し，用いる学習方略に変更を加える能力を指す．学習者が学習成果を高めるために用いることができる認知的，メタ認知的，動機づけ的，行動的なプロセスを含む多面的な概念．自己調整によって，望ましい結果を実現するために行動や目標を調整することができるようになる（Dörnyei. 2005）．⇨ LEARNER AUTONOMY.

**semantic differential scale** 意味微分法

　複数の因子から構成された特定の概念の意味を分析して数量化する測定法．対立する意味の形容詞を両極端におき，その間を7〜9の段階に分け，該当する部位に印を付けることで概念がもたらす印象を評定する．SD scale と略す場合もある．次は，英語授業に関する意味分析法の1例．⇨ LIKERT SCALE; QUESTIONNAIRE.

| 英語授業は： | | | | | | |
|---|---|---|---|---|---|---|
| 楽しい | ___ | ___ | ___ | ___ | ___ | 退屈だ |
| やさしい | ___ | ___ | ___ | ___ | ___ | むずかしい |
| 役に立つ | ___ | ___ | ___ | ___ | ___ | 無駄だ |
| 重要だ | ___ | ___ | ___ | ___ | ___ | 意味ない |

**semantic map** 意味地図

　語を意味や形態の上で関連した他の語と結びつけた体系図．新語の提示，練習のための方法で，既習語と関連づけることで記憶に定着しやすくなる．mind map とも呼ぶ．⇨ PRE-READING ACTIVITY; VOCABULARY ACTIVITY.

**semantics** 意味論

　言語学で言語の意味を研究対象にする分野．他の分野に音韻論（\*phonology），文法（\*grammar）がある．

**sentence** 文

　文法（\*grammar）が扱う最も大きな単位．多くの場合，主語と述語からなり，意味のまとまりを表す．書き言葉では大文字で始まり，ピリオド，疑問符，感嘆符で終わるが，話し言葉では定義は定まっていない．⇨ UTTERANCE.

**sentence pattern** 文型

　文の構造を主語，述語，目的語，補語，修飾語などの要素に分け，い

ずれの要素がどのように配列されるかの観点で分類したもの．述語動詞がどのような要素を意味構造上必要とするかで分類される．最も一般的なものとして，次の5文型が挙げられる．

　第1文型 S+V（V=完全自動詞）　God exists.
　第2文型 S+V+C（V=不完全自動詞）　It is good news.
　第3文型 S+V+O（V=完全他動詞）　I like music.
　第4文型 S+V+O+O（V=授与動詞）　She teaches us English.
　第5文型 S+V+O+C（V=不完全他動詞）　It makes her sad.

Quirk *et al.* (1985)は次の7文型を提唱し，広く受け入れられようになった．

| Types | Subject | Verb | Object(s) | Complement | Adverbial |
|---|---|---|---|---|---|
| SV | Someone | laughed | | | |
| SVO | My mother | enjoys | parties | | |
| SVC | The country | became | | independent | |
| SVA | I | have been | | | in the park |
| SVOO | Mary | gave | the visitor a glass of milk | | |
| SVOC | They | consider | this book | expensive | |
| SVOA | You | must put | all the toys | | upstairs |

　文型は文の仕組みを理解し，一般化する上で便利な概念である．しかし，それは文を理解するための手段であることを忘れてはならない．文型の暗唱を強要することは本末転倒．

### sentence stress　文強勢

　語強勢（word stress）と区別して，文中で特定の部分を他よりも強く，はっきりと発音することを指す．一般に，文中で内容語（\*content word）が強強勢をおび，機能語（\*function word）は弱強勢をおびる．また，文脈の中で他と対比（contrast）される部分や聞き手にとって新情報と見なされる部分など，焦点化される部分に強強勢が置かれる．⇨ STRESS; RHYTHM.

### sequence of listening instruction　リスニングの指導順序

　教科書の対話録音教材などのまとまったリスニング活動では指導過程をプリ・リスニング（⇨ PRE-LISTENING ACTIVITY），デュアリング・リスニング（⇨ DURING-LISTENING ACTIVITY），ポスト・リスニング（⇨ POST-LISTENING ACTIVITY）の3段階に分けて行なう．それぞれ，導入，展開，発展・整理と押さえてもよい．リスニングはできるだけ聞くことに専念

させる必要があることは明白である．しかし，学習者の個人差に配慮して，耳で聞くだけでは理解できない，あるいは安心できないときは，必要に応じて教科書を見てもよいことにする．また，会話のように本来音声で行なわれる内容の録音教材と，説明文のように目で読むことが意図されている教材では扱いが異なる点にも注意する必要がある．前者ではリスニング活動が主になり，書かれたテクストは補助的に用いられるのに対し，後者ではリーディングが主活動であり，リスニングはポスト・リーディング（⇨ POST-READING ACTIVITY）の一部を構成するにすぎない．

以上の点を踏まえて，リスニングの指導では，次のような一般的な過程をとることができる．① プリ・リスニング：学習者とトピックについて話し合い，内容を予想したり関心を高める．また，主要な語句，表現などは必要に応じて教えておき，予測される障害は取り除く．さらに，次の段階で説明するように，聞く目的をはっきりさせる．② デュアリング・リスニング：聞く前に課題（*task）を提示し，聞く目的を明確にする．課題は内容の概略把握，特定の情報収集，細かな部分の理解などがあり，教材の種類によって適切な課題を設定する（⇨ TASK-BASED LISTENING ACTIVITY）．課題は細分して提示する．最初は概略，次第に細部の理解を要求する課題へと移行すると活動が容易になる．課題には，通常の質問に対する答えを要求する情報探索的なものの他に，聞いたことを表にまとめたり，絵を並べ替えたりする情報転移（*information transfer）がある．前者では質問を事前に与え，答えを聞き取るように指示する．後者では，地図，平面図，図表，グラフ，時刻表などに記入あるいは選択させる．作業の確認は必ず行ない，該当部分の前後にポーズをおく，同じ部分を再度聞かせる，必要に応じて文字を示すなど，理解の手がかりを与える．このような確認をとおして，どの生徒も一定の基準に達し，次の課題に臨めるようにする．③ ポスト・リスニング：確認のための理解確認の質問（*comprehension question），内容の要約などの他に，特定の言語項目の理解やリスニングの下位スキル（*micro-skill）の向上をめざす．

## sequence of reading instruction　リーディングの指導段階

通常のリーディング指導は，リーディングの準備として行なわれるプリ・リーディング（⇨ PRE-READING ACTIVITY），本来の活動であるデュアリング・リーディング（⇨ DURING-READING ACTIVITY），整理，活用の段階であるポスト・リーディング（⇨ POST-READING ACTIVITY）の3つの段階に分けて行なわれる．各段階の要点は次の通り．

(1) プリ・リーディング

リーディングに入る前に何らかの準備が行なわれる．この準備段階に

は3つのねらいがある．① テクストに対する関心を高める：内容に関する一般的な話をとおして，学習者の興味と関心を高め，内容を予測させること．② 未習語句や表現の理解：本文の理解の障害にならないようにすること（⇨ INTRODUCTION OF VOCABULARY）．すべての語句の意味を事前に教える必要はない．未知語推測の能力向上を妨げてはならない．本文理解の障害にならない未知語は取り上げない（⇨ GUESSING VOCABULARY MEANING; INTENTIONAL VOCABULARY LEARNING）．③ 本文を読む目的を明確にする：上記 ① の本文の内容に関する話し合いをとおして明らかになった疑問点や不明な点，いくつかの可能性のうちのいずれが述べられているかなどを課題（*task）として与える．多くの場合，道しるべ質問（*signpost question）が用いられる．

(2) デュアリング・リーディング

実際にテクストを読んで理解する段階を指す．テクストを読んで理解するという一般的な活動が行なわれる一方で，プリ・リーディングで提示された signpost question などの課題の解決をめざして行なわれることもある．後者のほうが効果を上げることが多い．この際，1回に与える課題の量を少なくすること，結果確認の段階を設けて，テクストに言及しながら必要に応じて該当部分の正確な理解を促すことが重要である．

(3) ポスト・リーディング

本文を読んだ後で行なわれる確認，発展，整理の段階を指す．概略，次の6つの目的を持っている．① テクスト理解を確認する．② 読んだ内容を整理し，理解を深める．③ 読んだ内容について評価，討議を行ない，テクストを活用する．④ テクストを音読して理解を深める．⑤ 文章構成を把握する．⑥ テクスト中の重要語彙，表現などの言語理解を深める．

**sequence of speaking instruction　スピーキング指導の順序**

スピーキング指導は次の3つの考え方に大別される．構造中心主義（structuralism ⇨ STRUCTURE-CENTERED APPROACH），コミュニケーション中心主義（communicative approach ⇨ COMMUNICATION-ORIENTED APPROACH），構造的機能主義（structural functionalism）．以下，各立場の概要を述べる．

(1) 構造中心主義

伝統的な指導手順でオーディオリンガル教授法（*Audiolingual Method）の理念に基づく．スピーキングは日本語とは異なった英語の音声体系を習慣化することが基本となる．そのためには，基本的な構造を正しいモデルにしたがって模倣・反復して自動的に正しく表出できるように訓練する．創造的発話を早期に奨励することは誤りであるとされる．下の図

を参照．(skill-getting は，さまざまな言語項目を操作するスキル獲得段階，skill-using は skill-getting で獲得した skill の活用段階を示す．)

```
      I                          II
┌─────────────┐           ┌─────────────┐
│ skill-getting│    →     │ skill-using │
└─────────────┘           └─────────────┘
```

この理論では言語スキルの習慣化を最も重視する．練習(*practice)をとおして英語の仕組みに習熟し，その後に実際の言語運用(*performance)を体験する順序は常識的な考えと言える．上の図の I では正確さ(*accuracy)に焦点が当てられ，II では流ちょうさ(*fluency)の向上が目標になる．しかし，極端な構造中心主義は次の欠点を有する．① 練習は形式に重点をおくため，意味が軽視される．②機械的な練習に終始するため退屈な授業になる．③ 運用のための時間が短くなり，そのため学習者は英語を実際の場面で使う経験をほとんど与えられない．

(2)　コミュニケーション中心主義

上記 (1) の構造中心主義とは順序が逆になる．下の図を参照．

```
      I                    II                      III
┌─communicate as far  →  present language  →  drill if necessary─┐
  as possible with        items shown to be
  all available           necessary for
  resources               effective communication
```

(Brumfit. 1979)

最初の段階では，実際的な課題(*task)解決のために自己の英語能力をすべて使って仲間とコミュニケーションを図る．この際に行なわれるさまざまな意味の交渉(*negotiation of meaning)が言語習得を促す．この間，教師は必要に応じて支援する．また，学習者の活動を観察して，重大な誤りや説明を要する表現形式などを選び，II の段階で提示する．最後の段階で必要であれば，さらに練習(⇨ DRILL)を行なう．この方式は母語習得の順序を反映しており，すでに英語の構造を一通り学習した者がさらに学習を進める際に効果的とされる．しかし，コミュニケーション中心主義は初心者，初級者の多人数クラスでの実施は容易でない．ただ，タスク中心教授法(*Task-Based Instruction)では基本的にはコミュニケーション中心主義の考えを取り入れた指導手順が採用されている．同様にコミュニケーション中心主義の立場に立つものの，skill-getting か

ら skill-using への順序を色濃く反映した次の手順も提案され，広く受け入れられている．

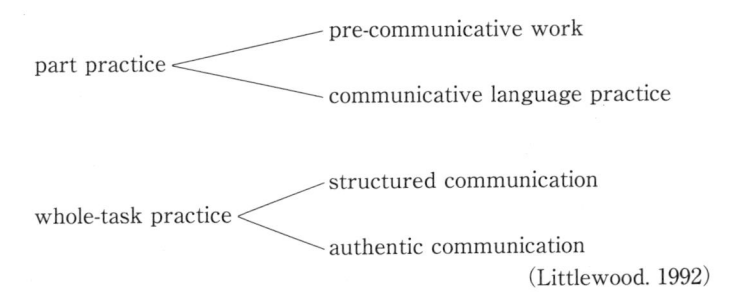

```
                          ┌── pre-communicative work
        part practice ────┤
                          └── communicative language practice


                          ┌── structured communication
    whole-task practice ──┤
                          └── authentic communication
```
(Littlewood. 1992)

　pre-communicative work では実際にコミュニケーションを行なわず，特定の言語項目を練習する．コミュニケーションの一部になる要素の練習である．次の communicative language practice は最初の段階と同じ言語項目が用いられるが，説明を聞いて絵に表すような新しい情報のコミュニケーションが図られる．用いられる言語が制限され，予測できる点で部分練習（part practice）と言える．structured communication は単純化され，制限されたコミュニケーション活動であるが，多様な言語表現が要求される点で全課題（whole-task practice）に分類される．最後の authentic communication はさまざまな表現を駆使して実際のコミュニケーションを図る全体（whole task）の活動である．

（3）構造的機能主義

　英語の基本的な構造を系統的に，しかもできるだけ現実的な言語運用を再現した状況で教える方式．skill-getting を最初の段階で設定して，その中に skill-using を組み込む．

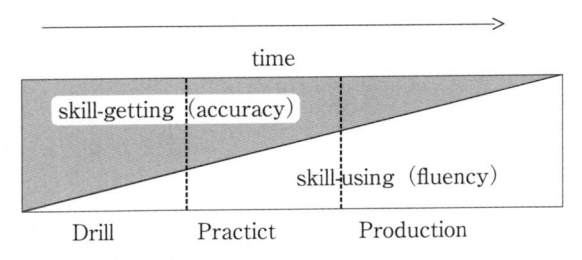

```
        ─────────────────────────────────→
                         time
     ┌─────────────┬─────────────┬─────────────┐
     │ skill-getting (accuracy)  │             │
     │             │             │             │
     │             │     skill-using (fluency) │
     │             │             │             │
     └─────────────┴─────────────┴─────────────┘
        Drill        Practict       Production
```

　上の図が示すように，accuracy を重視する活動の中にも fluency の活動を取り入れるようにする．skill-getting と skill-using は対立する概念

ではなく，共存概念となる．accuracy と fluency の比率が学習活動の種類を分け，それはまた，実生活の言語運用を反映している．

Drill では正確な形式操作重視の特徴の中に，意味の要素を取り入れた有意味ドリル（*meaningful drill）を設定する．Practice では，実際の言語運用に近い場面で特定の言語項目を集中的に使用する．Production は現実的な課題を解決することを最優先し，その際に行なわれる言語交渉（*negotiation of meaning）をとおして英語のコミュニケーション能力（*communicative competence）の養成を図る．初期の段階から文脈の中で練習を重ね，正確で流ちょうな言語運用の経験を実現する．

以上の3つのいずれの立場をとるにせよ，それぞれの長所とともにその限界を十分理解し，学習者のレベルを勘案する必要がある．⇨ SPEAKING ACTIVITY.

## sequence of writing instruction　ライティング指導の順序

ライティング指導のタイプによって指導手順は非常に異なってくるので，次のそれぞれの指導手順を参照のこと（「ジャンル方式のライティング指導」（*genre-based approach to writing），「過程重視のライティング指導」（*process approach to writing），「結果重視のライティング指導」（*product approach to writing））．

ここでは，エッセイ・ライティングを含む free writing の指導手順について記述する．一般的に次の段階が設定される．

① トピックの焦点化：書く題材を見つけることにライティングの時間の多くを割くことを苦痛に感じる学習者が多い．トピックをあらかじめ指定するか，また学習者との話し合いでトピックを決定するなどして，ライティングのために多くの時間をとる．

② 内容確定：トピックについてどのような内容を盛り込むかは個人によって異なるものの，できるだけ多くの内容を多角的に考えることがライティングのポイントになる．このために，クラスで集団討議（*brainstorming）する，個人作業で項目を列挙する，クラスやグループでトピックを中心においた意味地図（*semantic map）を作るなどの活動をとおしてライティングの内容をふくらませる．

③ ライティング：個人作業で実際のライティングを行なう．下書き（drafting）段階で自由に教師に援助を求める．

④ 完成：各自のライティングを提出して，互いに閲覧する．それぞれの作品に感想を自由に書きとめる．教師は，すべての作品と学習者の感想に目をとおして適切なコメントを与える．

## setting homework　宿題 CE

| For homework<br>At home<br>Before next lesson | (I want<br>you to) | do<br>complete<br>write<br>read<br>learn<br>practice<br>memorize | Exercise C.<br>the dialog on page 34.<br>Section 1. |
|---|---|---|---|

**shadowing　シャドウイング／シャドーイング**

　英語を聞きながら，それにわずかに遅れて，聞いたことをそのまま反復する活動．リスニング力養成に役立つとされ，元来同時通訳の訓練に用いられた．ポーズを人為的に入れることなく自然に聞こえてくる連続する音声を聞き取り，聞き取った通りに反復する作業を同時的に行なうのが特徴．次のように段階を追って指導するのがコツである．① 日本語で教師が30秒ほど続けて話し，シャドウイングを体験させる．② ペアになって生徒同士で行なう．③ 英語で行なう．その後，ペアで意味を確認してから全体に発表させる．④ 教科書の既習箇所を用いてペアで一方が読み上げるのを他方がシャドウイングする（三浦・弘山・中嶋，2002）．以下に一般的な留意点を挙げる．① 録音テープを用いる場合には，最初は聞き取れた語句などの断片的な部分のみの反復で良しとして，テープを止めないで最後まで行なう．何度も聞いて次第に反復が正確に，スムーズに行なえるようにする．② スクリプトを見ながらテープと同時に音読し，最後はテープだけを聞いて反復できるようにする．

**sheltered model　隔離プログラム**

　内容中心教授法（*Content-Based Instruction）の1タイプ．外国人学生を自国の学生から隔離して，彼らの語学レベルに合わせて専門科目の講師が英語で講義を行なう．この専門授業が*ESLコースの代替え科目となり，単独のESL訓練コースは提供されない．ESLの教師は授業開始の15分程度を割いて重要表現を解説し，質問の仕方などを教える他はESLの指導は行なわない．ある研究で，隔離プログラム受講生の成績が伝統的なESLコース受講生と比較分析された．その結果，英語熟達度に差は認められず，隔離によらない正規の専門授業を受講したESL学生と当該科目の成績は比肩した．加えて，隔離プログラムの学生は外国語に対してより強い自信を示した．このことから隔離プログラムの効率性が評価されることになった．

## short-term memory　短期記憶

情報を短期間保持するタイプの記憶．感覚記憶の中で選択された一部の情報が短期貯蔵庫（short-term storage）に貯蔵される．短期記憶として保持される情報は，容量（7±2チャンク）（⇨ CHUNKING）と時間（15〜30秒内）の両面で限られている．電話を掛ける際に電話番号を記憶しても，すぐに忘れてしまうのは短期記憶の例．⇨ LONG-TERM MEMORY; MEMORY.

## signpost question　道しるべ質問

リーディング活動（*reading activity）の1つ．テクストの要点を理解するための道しるべとなる質問を指す．リーディング活動の前（⇨ PRE-READING ACTIVITY）に提示する．⇨ SEQUENCE OF READING INSTRUCTION.

## silent period　沈黙期

自然な第2言語習得（*second language acquisition）の初期段階で生じ，多くの学習者がかなりの期間にわたり発話を行なわずに沈黙を続ける状態．沈黙期は個人差，年齢差が顕著である．他者との言葉によるコミュニケーションは行なわれないが，独り言（*private speech）がなされることもあり，この時期に他者の発話を聞くことで言語学習が進行しているとする主張もなされている．教室内学習では，多くの教授法で初期段階からモデルの模倣暗唱活動（*mimicry-memorization）形式の学習活動が展開されるため，沈黙期は観察されない．ただし，全身反応教授法（*Total Physical Response）では沈黙期を重視した指導が展開される．また，習得理論の入力仮説（*Input Hypothesis）では，理解可能入力（*comprehensible input）の重要性が強調されることから言語習得に際し沈黙期に意義を認めていると考えられる．

## Silent Way, The　サイレント・ウェイ

サイレント・ウェイでは，説明，誤りの訂正（⇨ ERROR TREATMENT）などを含む教師の発言を極度に抑える（ゆえに，silent）教授法．学習者の問題解決能力を十分活用し，学習者間の協力的な態度を醸成しながら発見的な学習（⇨ DISCOVERY LEARNING）を促す．教師の任務は学習者が自分の力で学習を進めるのを助けることにある．したがって，教師は，学習者が絶対必要とするとき以外は助けを与えず，彼らが“内的基準”（"inner criteria"）を自らの力で作ることを手助けする役割に徹する．誤りも即座に訂正せず，学習者が自らそれに気づき試行錯誤をとおして正しい形を学習するのを忍耐強く見守る．Gattegnoの提唱による教授法．

サイレント・ウェイで用いられる特別な教具にキズネール棒（*Cuisinere rod）がある．長さが異なる，さまざまな色の棒で語形や統語など

の言語体系を教える．また，理解を助け記憶を助けるために，発音，語彙などを示すチャート（chart），ウォール・ピクチャー（wall picture）なども独自のものが開発されている．この教授法で十分教えることのできる特殊な技術を身につけるためには教師は特別な研修を要する．⇨ HUMANISTIC APPROACH.

**SILL** = STRATEGY INVENTORY FOR LANGUAGE LEARNING.

**simplification** 単純化

　対象言語の一部を省くなどの，メッセージを伝えるために学習者が用いる方策．第2言語習得の初期段階，特に自然な言語習得場面で，当該の統語，語形態などの言語項目の学習が不十分である場合に多く生じる．しかし，複雑な統語や語形態の習得が進んだ段階でも，意味伝達に注意を集中することが必要とされる場面などでごく自然に生じる（Lourdes Ortega. 2009）．⇨ PIDGIN; ERROR ANALYSIS.

**simulation** シミュレーション

　実際の場面を再現して，参加者が与えられた役割を演じ，同時にディスカッション（*discussion）をとおしてグループで何らかの意志決定を行なう言語活動．ロール・プレイ（*role play）に類似しているが，より複雑で，時間的にも長く，かつ明確な課題（*task）の解決に向かって討論を重ね，各自が与えられた役割を忠実に演じることが要求される．普通，あらかじめ用意された資料を分析し，いくつかの可能性について検討し，最終的に結論に達する，という過程を組み込む．例えば，荒れた学校に警察を導入すべきかについて賛成する生徒群，反対の生徒群，教師群，保護者群，教育委員会群にクラスを分け，それぞれの群にはあらかじめ主張をまとめた資料を配付して検討させる．その後，全体で討論に入り，割り当てられて役割を演じながら話し合いで結論を導き出す．学校統合，公民館の建設，運動広場の設営など意見が割れてクラスを2分するような話題を設定することが肝心．

**situational syllabus** 場面シラバス

　言語使用の実際の場面を取り上げて配列したシラバス．"at the post office"，"at the bank"，"shopping"など言語使用の場面や場所が指導の主題になる．場面の選択と配列は学習者のニーズによって決定される（⇨ NEEDS ANALYSIS）．将来の英語使用場面を想定して，そこで展開される活動がシラバスの主要な構成要素になる．言語はそれが用いられる場面によってその意味，働きが生じ，文の意味も文脈によって規定されるとする言語機能を重視する言語観を反映している．

　具体的な言語使用場面が指導の単位になるので，学習者はこのような

場面の中で用いられる表現を学ぶことによって，将来類似した場面で学習経験を転移し，容易に適応することが期待できる．また，学習に対する動機づけ（*motivation）を高めることにもつながる．特に，将来の英語使用の目的が明確で限定されている場合（⇨ ESP）には場面シラバスは有効である．しかし，次のような問題点も指摘される．① 1つの指導単位として設定した場面で用いられる言語要素は多面的であり，また多数に上ることが多く，さまざまな文型，文法事項，語彙項目を一括して提示することになる．そのため，学習項目が大きくなり扱いにくくなる．② 定型表現の反復と暗唱に終始する，その場限りの学習になりがちである．

　場面シラバスは，特定の場面で用いられる表現は予測できる，すなわち場面という刺激に対する反応という行動主義的な言語観（⇨ BEHAVIORISM）に通じる部分を持つ．そこでは言語の創造性（*creativity）は重視されない．そのため，場面と密接な関係を持ちながらメッセージを自由に表現できるというヒトの言語能力を養成するものとはなっていない．このような能力を厳密に場面中心のシラバスでは養成することはできない．旅行のガイドブックのように明確な目的を持ち，特定の領域に限定された能力の獲得のためのコースには適しているが，学校での英語教育のような *EGP のコース編成には不適切なことが多い．⇨ ORAL-SITUATIONAL APPROACH; SYLLABUS.

## sketch　素描

　授業中に黒板に素早く線画を描くことで語彙（*vocabulary）の意味を明確に伝え，またストーリーの場面を設定できる．さらに，言語活動に指示を与え，発音練習にも有効に働く．以上の効用に加え，教師のわずかな努力が教室に笑いを誘い，潤いを与えることになる．絵は単純で，短時間に描き終えることが最重要である．複雑で時間を要する絵はあらかじめ用意するのが賢明である．絵はステレオタイプのものがよい．次に線画を描く際のいくつかのポイントを示す．

1. 次の3人の人物は，背の高さを違えるだけで小さな子供，大きな子供，大人であることが判明する．頭は同じ大きさでよい．

2. 性別は次のように表す．女性にスカートを三角で加える．

3. 動きは線を変えて表す．

4. 顔はマルで表す．感情は目，口，眉毛の形と位置で表す．肩の形に注意する．

5. 動物は三角タイプとソーセージタイプに大別される．

6. 建物，品物などは四角と丸の基本を組み合わせて表す．

## skill acquisition theory　技能習得理論

　言語学習は他の多くの技能習得と同じで，統制的処理（\*controlled processing）がなされる宣言的知識（\*declarative knowledge）の初期段階からよりスムーズな手続き的知識（\*procedural knowledge）へ移行し，最後に自動化される最終段階（autonomous stage）へ進む過程であるとする理論．技能は練習（\*practice）によって学習される．しかし，練習は技能に直結したものでなければならない．例えば，リーディング技能の向上には文字入力を処理する練習が必要であるが，ライティング技能は文字出力の練習が要求される．ある技能の手続き的知識が他の技能の習得に直結することはない．また，練習は言語形式（form）の文脈を離れた機械的なものではなく，意味と形式が結びついたコミュニケーション

の中で行なうことで言語技能習得に有効に機能する．言語学習には言語知識を自動化するための技能習得が重要であることは明白であるが，技能習得理論では第2言語の習得順序（*acquisition order, acquisition sequence）は説明されない（Ellis, R. 2008）． ⇨ AUTOMATIZATION; ACT* MODEL; INFORMATION PROCESSING THEORY; CONNECTIONISM.

**skimming　スキミング**

リーディング・タイプ（*reading type）の1つ．文章の大意，概略を知るために素早く全体に目を通すリーディング． ⇨ SCANNING.

**SLA**　= SECOND LANGUAGE ACQUISITION.

**SLEP　スレップ**

Secondary Level English Proficiency Test の略．非英語母語話者の中・高校生を対照にした英語熟達度判定テスト．英語圏の学校などで，受講生のクラス編成の他に，ESL教室での指導が必要か，普通学級の授業についていけるかなどを判定するために用いられるテスト．中・高校のみならず短期大学の入学の判定資料としても用いられ，英語聴解力および読解力を測定することでコミュニケーション能力のレベルを測定する．テスト時間は90分，採点は各実施機関で行なわれる．

**socio-affective strategy　社会情意的方略**　⇨ LEARNING STRATEGY.

**Sociocultural Theory　社会文化理論**

ロシアの心理学者であったVygotskyの提唱になる，学習を社会文化的な過程と捉える学習理論．最近再度脚光を浴び，第2言語習得研究にも適用されるようになった．学習の最初の段階は社会的な（social）特徴を持ち，援助などを含む他者との交流によって可能になる．次の段階は個人的な（individual）特徴を持ち，新しい概念や技能を自らの能力の一部として取り入れる（appropriate）という主張．

言語習得はすべて次の段階を経て実現する：成人の母語話者は言葉を自動的に操作する，すなわち言語の自己調節を行なっているが，子供や非母語話者は，最初の段階では親や周囲の人，教師，または仲間などの助けを得ながら意志疎通を図る．そして，次第に言葉を自分の意識の中に取り入れる．最終段階で，第2言語の自己調節が実現する．

ヒトは自身を対象物の世界や心的行為の世界に結びつける媒介（mediation）が必要であり，言葉はその最も有効な道具である．言語習得では，学習者の注意を言語の重要な特徴に引きつける支援的な対話が大切である．このような対話を「足場掛け」（*scaffolding）と呼ぶ．知識や技能などの学習領域は，自力で学習できる部分，他者から援助を得て学習できる部分，学習不能の部分，に分けることができる．学習者が独力で

は行なえないが，相手から助けとして適切な"足場掛け"を用意されれば達成できる知識や技能の領域がある．これは学習が最も生産的に行なわれる領域であり，それを最近接発達領域（*Zone of Proximal Development [ZPD]）と呼び，社会文化的理論の重要な概念になっている．ZPDの中で特定の言語活動を行なう際に，教師がどのような適切な「足場掛け」を設定することで，どのように学習が進むかを明らかにしようとする研究が活発に行なわれている．

社会文化理論に基づく第2言語習得理論は，一般学習理論の枠組みで言語習得を解明しようとしている点で，普遍文法（*universal grammar）で提唱されるモジュール（*module）理論とは対照をなす．しかし，これまでの研究は領域が限定され，また研究成果も他のアプローチから得られた量に比べると多くない．第2言語習得理論としての有効性は今後の研究成果に待つところが多い．⇨ CONSTRUCTIVISM.

**sociolinguistic competence　社会言語学的能力**

コミュニケーション能力を構成する能力の1つ．社会的，文化的に言語使用者に要求される知識で，適切な場面で発話行為（*speech act）を行なうための規則，基準を知っていること．場面にふさわしい適切な言葉を使う能力を言う．⇨ COMMUNICATIVE COMPETENCE.

**sociolinguistics　社会言語学**

言語と社会の関係，特に言語が社会構造の中で機能する過程と言語が社会構造を作り出す過程を研究対象とする学問領域．ある1つの言語をすべてのヒトが同じように話すのではない，また，聞き手を考慮して自分の話を変える，さらに言語によって地域社会の成員と非成員を区別する．こうした事象を解明することに社会言語学の研究が向けられてきた．人種，民族意識，階級，ジェンダー，年齢，職業，地理などとの関連で言語使用を解明することをめざす．⇨ APPLIED LINGUISTICS; PSYCHOLINGUISTICS.

**speaking　スピーキング**

スピーキングは，音声をとおして自分の意図を相手に伝達する行為を指す．加えて，例えば He speaks English. という文で，その人が英語の運用能力を所持していることを意味することからも，スピーキングは単に話す能力を指すだけでなくすべての言語スキルを包括する意味でも用いられる．英語教育でも，スピーキング能力の養成は同様に重視されている．スピーキングは次の5段階の過程を経て実現される．① 言いたいことをまとめる概念形成（conceptualization）．② 概念を言葉に直す言語化（formulation）．③ 言葉を一時的に蓄える緩衝記憶（buffer）．④ 音声として表出する音声化（articulation）．⑤ 自分の音声をモニターする

フィードバック（self-monitoring）．言語化の段階では学習者の語彙（*vocabulary），文法（*grammar），音韻（*phonology）の英語能力が用いられ，また，場面の脈絡で適切な表現を選択する社会言語学的能力（*competence），談話的能力（*discourse competence），さらにスキーマ（*schema）も関わってくる．この5段階は実際には非常に速い速度で実行される．特に音声化は完全な自動化のレベルに到達することが要求される．さらに話し手の注意容量（attention span）は限られているため，正確さ（*accuracy）と流ちょうさ（*fluency）の兼ね合いをどのようにつけてコミュニケーションを行なうか，また両者の発達をどのように図るかが指導に際して配慮すべき点となる．スピーキングは，それが行なわれる目的，場面，参加者などによって異なった特徴を示し，相互交流（*interaction）と相互交渉（*transaction）に大別される．学習者のレベル，目的に即してさまざまな場面を設定し，その中で適切な表現を用いた活動を体験することをとおしてスピーキングの能力は培われる．

スピーキングは多くの場面で実際に話す経験を多く積むことで習得される．しかし，それは他の言語スキルと同様に，次のような多くの下位スキル（*micro-skill）が複雑に関連して構成されている（Brown. 2007）．

1. 英語の音素（*phoneme），異音（*allophone）を他と区別して発音する．
2. 英語の強勢（*stress）型，リズム（*rhythm），イントネーション（*intonation）型を産出する．
3. メッセージを伝えるために十分な数の単語を用いる．
4. 英語の文法に則した品詞，統語，文型を用いる．
5. 適切な句，節，文の形でスピーチを産出する．
6. ディスコース（*discourse）の中で結束構造（*cohesion）を作る装置を用いる．
7. ディスコースの中に一貫性（*coherence）を実現する．
8. 適切な速度でメッセージを伝える．
9. スピーキングのストラテジーを用いる．
10. パラ言語（*paralanguage）的特徴を用いる．
11. 自分の発話をモニターして，メッセージを明瞭に伝えるようにさまざまなストラテジーを用いる．
12. コミュニケーションの目的を実現する．

スピーキング指導の留意点は以下の通り．① できるだけ早い段階からコミュニケーションを図るために英語を用いる活動を行なう：授業中に学習者が自分のメッセージを英語をとおして作り，相手に伝える経験を

多く提供する．流ちょうさ（*fluency）とともに正確に英語を操作する能力（*accuracy）を育成する．正確性（*accuracy）は発音，語彙，語形，統語，ディスコース構成などの観点で正確に，スピーディに音声言語を操作できることを指すだけでなく，より複雑で精緻な表現を用いる能力も意味する．② コミュニケーション方略（*communication strategy）を用いる：コミュニケーションを円滑に行なうためのストラテジーに気づかせ，それを組み込んだ活動を用意する．③ 適切な援助を与える：口頭発表を必要に応じて援助し，適切なフィードバック（*feedback）を与えて，学習者に自信を持たせる．

スピーキング指導の手順にはいくつもの異なった見解がある（⇨ SEQUENCE OF SPEAKING INSTRUCTION）が，それは，究極的には accuracy と fluency をどのようにバランスをとるかに行き着く．スピーキング活動は多様な fluency activity が次々と提案される一方で，accuracy activity が極度に軽視されたり，改良を加えられないままで形式のみの練習に終始しがちである（⇨ SPEAKING ACTIVITY）．コミュニケーション能力（*communicative competence）養成の一環としてスピーキング能力が重視されているものの，その測定，評価は他のスキルに比べて実施困難であるがゆえに定期試験で頻繁に実施されないのが実状である．⇨ ASSESSMENT OF SPEAKING.

### speaking activity　スピーキング活動

スピーキング活動は accuracy-based（⇨ ACCURACY），fluency-based（⇨ FLUENCY），その中間の３つのタイプに分類できる．それぞれ，ドリル（*drill），練習（*practice），運用（*production）と呼ぶ．特徴，実施上の留意点は次のとおり．

① ドリル（*drill）：特定の文法要素，言語項目などの言語形式を集中的に練習して正確に，スピーディに模倣，反復，再生ができるようにする活動．教師の指示にしたがって，形式に注意して行なわれるので，学習者は受け身の立場になり，機械的な反復活動（mechanical drill）になりやすい．しかし，練習は言語習得には不可欠である．要は，ドリルが意味を伴い（⇨ MEANINGFUL DRILL），学習者が積極的に参加できるように効率よく短時間で十分な練習量を確保できるよう，単純かつ容易なものにして学習者の注意を引く活動にすることが肝要である．例えば，次のような活動がある．模倣暗唱活動（*mimicry-memorization [mim-mem]）／逆方向積み重ね方式（*backward build up）／個別化ドリル（*personalized drill）／置換ドリル（*substitution drill）／オープン・センテンス・プラクティス（*open sentence practice）／転換練習（*conversion）／状

況訂正作業（*contextual correction）／絵訂正活動（picture correction）.

② 練習（practice）：コミュニケーションの目的で英語を用いるが，活動に必要な表現はあらかじめ練習を積んで正確に操作できる特定の言語項目に限定されることが多い．drillとproductionの中間点にあり，両者の橋渡しの色合いが強いが，初心者，初級のレベルではpracticeがスムーズに行なえることが当面の目標になる．次のような活動がある．形式設定インタビュー（*structured interview）／空所補充会話（*gapped dialogue）／意志決定活動（*decision-making activity）／ゲス・フー（*Guess who）.

③ 運用（production）：現実的な課題（*task）を解決するために英語を実際に用いる活動．活動で用いる言語項目は限定されず，目的達成のために有効であればどのような表現を用いることも自由である．最も重要なのは，コミュニケーションを実現することにある．したがって，このタイプの活動をコミュニケーション活動（*communication activity）やフルーエンシー活動（fluency activity）と呼ぶこともある．また，いずれの活動にも課題が設定されるので単にtaskと呼ぶこともある．productionは，上級レベルでは当然現実の活動を再現した複雑なものが頻繁に実施されるが，中級，初級レベルにも，より単純なproductionは実施可能であり，また，コミュニケーション能力（*communicative competence）養成の観点からそれが望ましい．学習の早い段階から言語使用の経験を積むことは動機づけ（*motivation）の観点からも価値が高い．次のような活動がある．ディスカッション（*discussion）／ロール・プレイ（*role-play）／スピーチ（*speech）／インタビュー（*interview）／ジグソー活動（*jigsaw task）／ランク付け活動（*ranking exercise）／価値観解明（*values clarification）／問題解決活動（*problem-solving activity）／シミュレーション（*simulation）／ディベート（*debate）． ⇨ SEQUENCE OF SPEAKING INSTRUCTION.

**speaking assessment**  ⇨ ASSESSMENT OF SPEAKING.

**Spearman's rank-order correlation coefficient** スピアマンの順位相関係数

変数の実際の数値ではなく，順位の比例あるいは反比例の程度を示す係数．例えば，母語話者である幼児の文法形態素の発達順序と第2言語習得における同種類の文法形態素の発達順序の相関を調べる際に用いられる．ノンパラメトリック検定（⇨ PARAMETRIC TEST）の1つ．母集団が正規分布をなすと想定される場合には，ピアソンの積率相関係数（*Pearson's product-moment correleation coefficient）を用いるのがよい． ⇨ CORRELATION COEFFICIENT.

## speech スピーチ

スピーチは聞き手との応答を絶えず行なう会話と異なり，まとまりのある，ある程度の長さのメッセージを英語で複数の聞き手に伝える活動である．話し手にかなりの努力が要求されるだけに，教師の援助も多くの場合要求される．しかし，継続的に行なうことにより，スピーキング力の向上とともに話すことへの自信を学習者に与える効果を持つ．

speech には，prepared speech と unprepared speech がある．前者は，あらかじめスピーカーを決めて準備時間を与え，場合によっては教師は原稿に目をとおして必要な訂正や練習の機会を用意する．しかし，実際のスピーチの際は原稿から目を離し，できればメモ程度のノートを用意させるほうが実際のスピーキング活動（*speaking activity）になる．時間は，最初は1分程度にし，話題は自由に選ばせる．事前指導としてヒントを与えたり相談に乗ることも効果的である．また，聞き手には必ずメモを取らせスピーカーに質問をする場面を設け，場合によっては教師がスピーチの内容についてクラスに質問することもできる．要は，クラス全体が真剣にスピーチを聴く状況を作り出すことである．VTR に録画すると自己評価（*self-assessment）や教師の評価の資料に使える．また，学習者には，例えば，半年前の speech を見ることによって自分の進歩を確認するよい機会になる．unprepared speech はよりむずかしい活動であるが実際のスピーキング活動として貴重な機会を提供する．適当な課題が与えられ，教師の支援があれば決して過酷な要求にはならない．休暇中の出来事などの経験で仲間に伝えたいことを話す，教師や録音教材の話を途中まで聞いて，その後の展開を想像して話すなどの場面を用意し，最初はペア，次にグループ，クラスと次第に輪を広げるようにすることでスピーキングに習熟する．他のスピーキング活動と同様に，スピーチは頻繁に機会を設定して経験を積ませることが何より大切である．

## Speech Accommodation Theory = ACCOMMODATION THEORY.

## speech act 発話行為

発話（*utterance）を行なうことは状態や行動を述べる（saying）だけでなく，ある種の行為を行なっている（doing）とする理論．例えば，I'm coming tomorrow. と言うことで，明日の行動を「述べる」だけでなく「約束する」という行為を行なっている．この発話を locutionary act（発話行為），それによって行なう「約束」を illocutionary（発話内行為），さらにこの約束を実際に遂行することを perlocutionary act（発話媒介行為）と区別する．言葉を使うことは行為をなすことであるとすれば，話し手（S）は発話を行なう行為者であり，聞き手（H）はその行為がおよぶ

対象者である．どのような行為が発話によって行なわれるかは，用いられている語句だけでなく，SとHが誰であって両者はどのような関係にあるか，またそれはどういう場面であるかによって決定される．例を挙げると，Can you play the piano? という発話は，Hが明らかにピアノを弾く能力があり，SがHに弾いてくれるようにお願いする立場にいて，その場面にピアノがあれば，依頼の行為と解釈される．しかし，このような条件を満たさない場合にはピアノ演奏能力の有無を問う質問する行為と解釈される．

**speed test　速度テスト**

speeded test とも呼ばれる．時間が許されればすべての問題に解答可能な同程度の問題を多数用意することで受験者が何題解答できるかで言語運用能力を測定する試験．どの受験者も全問に解答できないほど大量の問題を用意することが重要になる．たとえば，同程度のリーディング問題を多数用意し，解答できた量で受験者のリーディング運用力を判定するテストは速度テストの1例．能力レベルを測定する力量テスト（\*power test）と対比される．

**spiral syllabus　螺旋状シラバス**

特定の機能，文法項目などが修正を施された形で繰り返し学習項目として指導されるように構成されたシラバス（\*syllabus）で，循環型シラバス（cyclical syllabus）と呼ぶこともある．直線型シラバス（linear syllabus）と対比される．⇨ NOTIONAL-FUNCTIONAL SYLLABUS.

**split-half method　折半法** ⇨ RELIABILITY.

**SQ3R**

Survey-Question-Read-Recite-Review の略で，個人学習のために行なうリーディングに際して次の段階を経ることが効果的であるとして薦められるリーディング技術．スタディ・スキル（\*study skill）の1つ．それぞれの特徴は以下のとおり．

① survey: テクストをスキミング（\*skimming）して，学習の目的に合っていることを確認し，テクストの要点を概括する．

② question: テクストに解答を期待する質問を自ら考える．質問を発するのが読者自身であることに注目．この過程によってテクストを読む目的を明確に意識するようになる．初めのうちは，質問を書きとめる．

③ read: 質問に対する解答を探し，また他の関連のあることに注意を払いながら，ていねいに読む．

④ recite: 答えを口に出して言ってみる，あるいは書きとめる．この段階によって答えが明確に捉えられる．

⑤ review: 読みとった内容について考え，今までの情報と結びつける．

このようにして，読者の既存の知識体系に新しく獲得した情報を統合する．

**S-R theory**　= STIMULUS-RESPONSE THEORY.

**stakes　利害**

テストの結果が受験者の将来におよぼす影響を指す．入学試験や入社試験に用いられるテストは，その結果次第で受験者の将来に重大な利害をもたらすので，high-stakes test（利害関係の大きいテスト）に分類される（⇨ PROFICIENCY TEST）．これに対して，教室内で行なわれる小テスト，定期テストなどの内部テストは low-stakes test（利害関係の小さいテスト）と見なされる（⇨ ACHIEVEMENT TEST）．*IELTS, *TOEFL, *TOEIC, あるいは *STEP（実用英語検定試験）などの公的な標準テスト（*standardized test）が資格，昇進，留学，就職などの資料として用いられるときは high-stakes test となる（Bachman & Palmer. 1996）．

**standard deviation　標準偏差**

ある集団のメンバーがどれくらい平均値（*mean）に近いか，あるいは平均値から離れているかというばらつきの程度を表す数値．標準偏差が大きいほど集団内のばらつきが大きい．次の図は平均点が同じテストでも a, b, c では標準偏差が異なることを示す．⇨ STANDARD SCORE; Z SCORE.

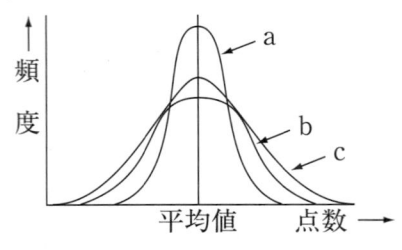

(清川．1990)

標準偏差は得点と平均値の差を二乗し，その合計を人数で割り，その平方根を求めることで計算する．標準偏差は普通，SD の記号で表すが s, σ が用いられることもある（清川．1990）．⇨ NORMAL DISTRIBUTION.

**standardized test　標準テスト**

標準化された共通の尺度で学力などを測定できるように開発，実施されるテスト．専門家により作成され，一定の水準以上に実用性（*practicality），信頼性（*reliability），妥当性（*validity）が維持され，実施条件も一定に保たれている．そのため，得られたデータは比較可能である．

結果は留学，入社，昇進などの判定のための資料として用いられることがある．*TOEFL, *TOEIC, *IELTS, *STEP などは代表的な標準テストである．⇨ PROFICIENCY TEST; STAKES.

**standard score　標準得点**

基準となる集団の得点分布に基づき，テスト得点を変換したもの．異なったテストの素点を共通の尺度で比較することができる．⇨ STANDARD DEVIATION; Z SCORE.

**Standards for Foreign Language Learning　外国語学習基準**

アメリカ連邦政府の教育改革プログラムの一環として外国語教育諸団体が共同で研究開発した幼稚園から高校まで（K-12）の外国語学習の基準．SFLL と略す．"5Cs" と呼ばれる外国語教育の次の5つのゴールが設定された．① communication: 外国語によるコミュニケーション能力（*communicative competence）を獲得する．② cultures: 外国語学習をとおして他文化を知り，理解する．③ connections: 英語のみの単一言語話者には利用できないような知識体系を習得する．④ comparisons: 外国語との比較をとおして自国の言語と文化をより深く理解し，多元的な世界観を持つ．⑤ communities: 自国内および外国で多言語使用の社会に参加する．SFLL は内容に関する基準であり，行動（performance）基準ではない．行動基準は各州および学区で設定される．そのための支援として，それぞれのゴールごとに3つの学年の進歩指標の見本が例示されている．また *ACTFL Proficiency Guidelines にも行動基準が示されている．

**statistical significance　統計的有意性**

複数の測定値の間の差が偶然でなく，統計的に見て意味のある違いであること．この有意性を検定するために有意水準（level of significance）をあらかじめ定める．有意水準は5％，1％ などに設定される．有意水準が5％ ということは，観察された出来事が偶然に生じる確率が20回に1回あることを意味する．有意水準が1％ 以下であれば，偶然によって生じる危険性が100回に1回未満であることを意味し，$p \leq 0.01$ と記載する．有意差を5％（$p = 0.05$）と設定して測定した数値の差がこの水準を超えれば帰無仮説（*null hypothesis）は棄却され，対立する実験仮説が採択される．

**STEP　英検／実用英語検定試験**

Society for Testing English Proficiency（日本英語検定協会）が実施するわが国最大の英語熟達度を測定する（⇨ PROFICIENCY TEST）標準テスト（*standardized test）．検定対象になる「実用英語」は同協会によれば

「日常の社会生活に必要な英語,状況などに応じて適切にコミュニケーションができる一般的・総合的な英語」の意.試験は,初歩段階の5級から1級までの7つの級(5級,4級,3級,準2級,2級,準1級,1級)に分かれている. ⇨ TOEFL; TOEIC; IELTS.

## stimulated recall　刺激想起法

被調査者の参加した出来事の記録を用いて,その人の想起を刺激し,情報を収集する研究手法.教師認知研究(*teacher cognition research)では,用いられる記録(データ)には録音・録画テープ,観察者の調査メモ(field note),授業場面の転写(transcript)などがある.研究者は被調査者がデータを見ながら記憶を思い起こし,口述するのを記録する(Gass & Mackey, 2000).

## stimulus-response theory　刺激・反応理論

S-R 理論(S-R theory)とも呼ぶ.あらゆる学習を,特定の刺激(stimulus)に対して決まった反応(response)がなされ,両者の間に連合(association)が成立する過程と捉える.刺激に対する特定の反応が好ましければ,その反応の生起時に何らかの報酬(reward)を与えることで,次の機会にも類似した刺激に対して特定の反応が生じやすくなる.報酬は強化(reinforcement)と呼ばれることが多い.この理論によれば,学習は刺激(stimulus)― 反応(response)― 強化(reinforcement)のサイクルの反復により,新しい習慣が形成されると見なされる.刺激・反応理論は習慣形成理論(*habit formation theory)に理論的な基盤を提供し,行動主義心理学(*behaviorism)の中に位置する. ⇨ AUDIOLINGUAL METHOD; ERROR ANALYSIS; INTERLANGUAGE.

## strategic competence　ストラテジー能力

コミュニケーション能力(*communicative competence)を構成する1つの能力.コミュニケーションに際して問題が生じたとき,それに対処して解決するためにとられる方法や活動を言う.また,コミュニケーションをさらに効果的に進めるためにとられる方法や手段も意味する.

## Strategy Inventory for Language Learning　言語学習ストラテジー一覧表

学習方略(*learning strategy)の使用を判定するための調査法.Rebecca Oxford によって開発され,記憶方略(memory strategies),認知方略(cognitive strategies)など6つの尺度から構成されている.それぞれの尺度に与えられて項目に5段階評定で回答することで,回答者の学習方略のプロフィールが示される.SILL と略すことがある.

## stress　強勢

多音節語の音節(*syllable)のうち,他よりも高く,長く,強く発音される音節は強強勢を持っているという.例えば,communication は次のような音節に分けられ,各音節の上に表示されたように異なったレベルの強勢をおびる.●は第1次強勢(primary stress),•は第2次強勢(secondary stress),·は弱強勢(weak stress)を表す.

   •    •    ·    ●    ·
  com  mu  ni  ca  tion

強勢の位置は複雑な規則や要因によって決まるので,多くの場合,個々の単語ごとに習得していかなければならない.次の例に示すように,強勢の位置で語の意味や働きが異なってくることがある.

●·    ·●    ●  ●    ●·
import  import  black bird  blackbird
(名詞)  (動詞)  (黒い鳥)  (ツグミ)

正しい位置に強勢を置くことはコミュニケーションの実現のためにも重要な意味を持つ.したがって,その指導も重視されなければならない.なお,指導手順は発音指導(*pronunciation instruction)を参照.

多音節語の強勢と同じように,文にも強勢がある.これを文強勢(sentence stress)と呼ぶ.1文,あるいは1つの thought group には最も強い強勢を持った音節が1つあり,tonic stress,あるいは nucleus と呼ぶ(⇨ RHYTHM).tonic stress は第1次強勢をおび,かつ,そこでピッチの急激な変化が生じる.⇨ INTONATION.

**structural syllabus　構造シラバス**

英語の文法項目・文型を指導項目の中心においたシラバス(*syllabus).構造の単純・複雑,一般的・特殊,使用頻度の高・低,母語と対象言語の対照分析などを基準にして配列がなされた.オーディオリンガル教授法(*Audiolingual Method)の教材編成はこのシラバスに基づいている.これまで長年にわたり,またわが国のみならず世界各地で広く構造シラバスが用いられてきた.日本語と英語の比較に基づいて日本人に学習困難だと予想される英語の構造を重点的に取り上げ,それらを構造上の複雑さ,規則性,使用頻度などの基準で配列したシラバスにしたがって,学習項目を1つひとつ教えていけば学習者は短期間に英語の基本的な構造をマスターできるとする.こうした考えが構造シラバスを支えていた.直線上に言語項目を1つずつ並べた形になっているので直線型シラバス(linear syllabus)とも呼ばれる.

しかし,これはシラバス編成に携わる者がこれまでに伝統的に受け継がれてきた順序を踏襲した便宜的なもので,実際の言語の習得順序(*ac-

quisition order)を反映したものではない．また，項目をシラバスの順序にしたがって逐一習熟することをめざした指導は学習者の学習を促進する助けになっているとは言い難い面がある．さらに，構造を重視するあまり，それによって表される意味や機能はしばしば軽視された．その結果，教室で操作に習熟した言語項目でも，実際の場面で使いこなせない状況が生じることになり，構造シラバスに即して英語構造の操作に習熟しても英語を実際に使いこなせることを保証するものはなかった．
⇨ GRAMMAR INSTRUCTION; SYLLABUS.

**structure-centered approach　構造中心のアプローチ**

英語の言語形式を学習し正確に操作できることを目標に据えた教授理論．言語形式の自動的な操作能力の獲得が場面に応じた適切な言語使用能力に結びつくとする暗黙の了解が基底にある．このアプローチに包含される教授法は多く，一見したところ共通点のないような異なった教授法であっても言語構造の習得を最も重視するという共通項を持っている．主な教授法には文法・訳読式教授法（*Grammar-Translation Method），読書中心教授法（*Reading Method），直接教授法（*Direct Method），口頭教授法（*Oral Method），全身反応教授法（*Total Physical Response [TPR]），ナチュラル・アプローチ（*The Natural approach），オーディオリンガル教授法（*Audiolingual Method）などがある．⇨ COMMUNICATION-ORIENTED APPROACH; HUMANISTIC APPROACH.

*structured interview*　形式設定インタビュー

スピーキング活動（*speaking activity）の１つ．あらかじめ質問項目を指定して，その項目にしたがって相手にインタビューする．こうすることで適切な英語表現を工夫するという言語運用（*performance）の練習にはならないが，学習した特定の項目の習熟には役立つし，活動そのものが素早く行なわれるのでどの学習者も安心して取り組める．次の例は初心者向けのインタビュー活動である．

When do you ...　　　　　？

|  | me | friend 1 | friend 2 | friend 3 |
|---|---|---|---|---|
| get up |  |  |  |  |
| have breakfast |  |  |  |  |
| go to school |  |  |  |  |
| go home |  |  |  |  |

| have supper | | | | |
| go to juku | | | | |
| watch TV | | | | |
| go to bed | | | | |

　各項目の練習をしてから，me の部分に記入させる．次に，3人の友達にインタビューしてその結果を記入させる．さらに，自分といちばんよく似た生活習慣の人が誰かを見つけ発表する．最後に，全体で Who gets up first? / Who goes to bed last? のような Q&A を行なうと発展的な活動が展開できる．⇨ INTERVIEW.

**student-centeredness** = LEARNER-CENTEREDNESS.
**study abroad**　海外研修／留学

　中学生から大学，一般人に至る年齢層，数週間から数年間にわたる期間，さらに，現地での指導プログラムと滞在先など，いずれも多様な特色を有する．共通するのは，一定期間，対象言語が常用されている国で過ごしながら対象言語を集中的に学習することで自然な言語習得(*acquisition)と教室での学習(*learning)の促進をめざす点にある．海外研修はすべての参加者の語学力の向上に一様に貢献するものとはかぎらない．同一のプログラムの参加者であっても，事前の学習経験，態度(*attitude)，動機づけ(*motivation)，学習スタイル(*learning style)，学習ストラテジー(*learning strategy)，また母語話者との接触量などの違いにより，その成果に著しい個人差が生じる．

　多くの質問紙法(*questionnaire)やテストによる調査では，一般的に社会言語学的能力(sociolinguistic competence)が向上すること，および語彙量の急速な拡大と聞くこと・話すことの口頭能力および流ちょうさ(*fluency)の著しい向上が報告されている．一方，形態統語面の文法能力(*grammatical competence)および読むこと・書くことの能力は大きな進歩は報告されていない．しかし，これはいずれも留学グループと自国内グループの厳密な比較研究に基づいた報告ではない．多くの研究者の間で意見の一致を見ているのは閾値(threshold)に関してであり，海外研修で十分な成果を挙げるためには一定の学力レベルに達していなければならい，とする考えである．留学前の文法能力が留学後の熟達度を予測する，また，基本語の認知・使用能力が留学による熟達と流ちょうさ(*fluency)の向上につながるなどとする研究結果がある．いずれも留学前の充実した学習プログラムの重要性を指摘するものとなっている．

文法能力の伸長が見られない理由として，対象言語に接する量が予想されるほど実際には多くないことが指摘されている．(Collentine. 2004)

## study skill　スタディ・スキル

学習を効果的に行なうための技術，勉強法を言う．特に，大学などの教育機関で英語で行なわれる専門教育を受講し，研究を進めるために必要とされる特定の英語運用技術の解明とその指導を指す場合が多い．例えば，英語圏の大学で外国人学習者向けに設置されるスタディ・スキルのコースにはノートの取り方，セミナーにおける学習法，エッセイの構成法と書き方，リーディング方法（⇨ SQ3R）などに加え，特定の辞書や参考書の使い方，図書館や資料センターの活用方法などが含まれることが多い．

## subjacency　下接

ある句が元の位置からどの程度離れて移動できるかを支配する制約．(1) Who do you believe John saw? は You believe John saw ___. の下線部の位置から who が疑問文で文頭に移動してできた（Wh-移動 [wh-movement] と呼ぶ）文である．しかし，(2) *Who do you believe the claim that John saw? は英語の文法に違反した非文である．これは，(1) の文では wh-移動が1つの境界接点を超えて行なわれたのに対し，(2) の文では who が2つの境界接点を超えたために，1回に2以上の境界接点を超えることを認めない英語における移動の制約に違反したことによる．韓国語や日本語では wh-移動は存在しないため下接の制約に違反することはない．しかし，下接が普遍文法（*Universal Grammar）の原理（⇨ PRINCIPLES AND PARAMETERS）であり，また完全利用仮説（*full access）が正しいとすれば，例えば，韓国語を母語とする英語学習者は英語の wh-移動を容易に習得できるはずである．この点をめぐる研究は種々行なわれてきたが，これまで明確な結論は出ていない．

## subjective test　主観テスト

テストの採点が評定者の主観的判断で行なわれるテスト．エッセイ，和訳などの論述式テスト，インタビュー（*interview）に代表されるスピーキング・テストなどがある．受験者の実際的な英語能力を直接（⇨ DIRECT TEST），総合的に測定する（⇨ INTEGRATIVE TEST）のに適していて，問題作成も容易である．しかし，評定者内信頼性（intra-rater reliability），評定者間信頼性（inter-rater reliability）のいずれも低くなりがちである．この欠点を克服するためには採点基準の細部にわたる明確化，評定者の評定技術の向上が求められる．⇨ OBJECTIVE TEST; RELIABILITY.

## submersion model　サブマーション理論

移民などの少数派の子供に対して多数派の言語を用いて教育することによって少数派の子供を早期に同化させることをめざす言語教育. 極端な場合には, 少数派の子供は学校で母語の使用を奨励されないだけでなく, 禁止されることもある. このような場面の2言語使用(*bilingualism)は除去的2言語使用(subtractive bilingualism)である.

**subskill**　下位スキル ⇨ MICRO-SKILL.

*substitution drill*　置換ドリル

置換表(substitution table)を用いてモデル文を教師が作り, 一斉に反復した後に, 各生徒が自分の好きな語句を選んで自由に文を作る自由選択方式にする. ペアで作った文を発表した後, クラスでも行なう. ⇨ DRILL.

| Bill | stayed | for 5 hours | last night. |
| Gillet | swam | for 6 hours | last Monday. |
| Gillian | worked | for 30 minutes | yesterday. |
| Linda | ran | for 8 hours | today. |

置換ドリルは次のように会話方式を採用し, ペア活動(*pair work)をすることでさらに現実的な言語活動に近づく.

A.

| Shall I | carry your suitcase upstairs | for you (?) |
| Can I | cook dinner | |
| Let me | go shopping | |
| | make the bed | |

B.

| That's very kind of you. | Thank you. |
| Thanks very much. | But I think I can manage. |
| No, it's all right. | I'm all right. |
| Please don't bother. | |

**subtractive bilingualism**　除去的2言語使用 ⇨ BILINGUALISM.

**Suggestopedia**　サジェストピーディア

学習者の潜在的な学習能力を掘り起こすことによって学習は顕著に促進されるとする立場に立つ教授法. 本来, 自然で楽しい営みである学習を阻害している障害を暗示(suggest)によって取り除き, 潜在的な学習能力を過小評価する固定観念を取り除く(desuggest)ことが最初の重要指導になる, と本教授法の創始者で精神科医のLozanovは主張する. こ

のことから suggestopedia は desuggestopedia と呼ばれることがある (Larsen-Freeman. 2000).

指導方法は次のような独自の展開を示す. ① 心理的な暗示: バロック音楽を背景にしたリズミカルな教材提示, くつろげる学習環境の整備などを織り込んだ指導法により, 学習者の不安感, 抑圧を取り除く. ② 教師の権威: 教師は教える内容を熟知し, 学習を促進する提示方法を駆使することにより, 学習者間に絶対的な信頼感を醸成する. 学習者は, 子供に戻って (infantalize) 自由にのびのびと言葉の学習に専念し, 潜在能力を十分に発揮する. ③ 新たな自己像: 学習者は学習場面で新しい名前や職業を選択することで過去の束縛から逃れ, 新たなアイデンティティを獲得して自由に学習に取り組む.

授業は4時間を1サイクルとして, 次の4段階から構成される. ① 導入 (Prelude): 説明を加えながら新教材を提示. ② コンサート・セッション1 (Concert session 1): active concert と呼ばれ, 音楽に合わせて教師がダイアログ形式の教科書を朗読. 学習者は対訳付きの英文と解説に目をやりながら理解を深める. ③ コンサート・セッション2 (Concert session 2): passive concert と呼ばれ, 学習者はバロック音楽を背景に教師がテクストを朗読するのを静かに聞く. ④ エラボレーション (Elaboration): 学習者の参加を促す多彩な言語活動を展開する.

サジェストピーディアは特殊な学習環境と指導技術が要求されるため, 通常の英語教育で採用するのが困難である. しかし, その理念は英語教育のあり方を考える上で貴重な示唆を提供している. ⇨ HUMANISTIC APPROACH.

## summarizing　要約

要約はリーディングに重要な活動である (⇨ POST-READING ACTIVITY). かなりの分量のものを読む際には, 無意識のうちにつねに要約作業を行なっているとも言える. しかし, 文字で整理して書き出す作業は母語のリーディングでも困難を伴うので, 英語のリーディングでは困難は増幅する. したがって, いきなり要約文を作らせることは多くの場合きわめてむずかしい. 最終的には, 独力で要約を行なうレベルに到達することをめざすが, 以下のように段階を追って行なうとよい.

Step 1　Reordering summary: 要約文を用意する. その順序を変えれば要約文ができるようにしておく. 名詞を代名詞に変えたり, 副詞句を there, then などに直し, 適当な接続詞を挿入したりして文章のまとまりをつけさせる.

Step 2　Fill-in summary: 教師が用意した要約文の中に空所や選択肢

を入れておき，本文の内容と合致するように適語を挿入したり，選ばせたりする．

Step 3 Addition, deletion summary：教師が提示する要約文に不適切な文を混入させ，学習者にそれを取り除かせたり，逆に必要な文を抜いておき，補充させたりして適切な要約文を完成させる．

Step 4 Standard summary：通常の要約作業．グループ，クラスで仲間と比較する活動を入れることでよりよい要約を実現できる． ⇨ WRITING ACTIVITY.

## summative assessment 総括的評価

一定期間に行なわれた学習成果の評価．学期末の成績評定はその例である（⇨ ACHIEVEMENT TEST）．学習の途中で行なわれる形成的評価（\*formative assessment）と対比される．

## suprasegmental 超文節音

強勢（\*stress），ピッチ（\*pitch），イントネーション（\*intonation），リズム（\*rhythm）などの音声的特徴で，1つの文節音を超えて音節（\*syllable）の上にかぶさる音声特徴．⇨ SEGMENT; CONSONANT; VOWEL.

## syllabic consonant 成節子音

音節（\*syllable）は，聞こえ度（sonority）の高い母音を中心（＝主音）にして，前後に聞こえ度の低い子音を配置した山形の構造をとる．しかし，中心に流音（/l/, /r/）や鼻音（/m/, /n/, /ŋ/）などの聞こえ度の高い子音が来ることがある．このような音節の主音の働きをする子音を成節子音と称し，各符号に下に補助記号 [ˌ] を付けてその働きを明示し，twinkle [twinkl̩], people [piːpl̩], student [stjuːdn̩t] のように表記する．⇨ VOWEL; CONSONANT.

## syllable 音節

主として母音を中心において，前後に聞こえの切れ目があると感じられるひとまとまりの音声上の単位．音節には核になる音が不可欠であり，その前後の音に比べ聞こえの度合いが大きく，頂点をなす．英語では Oh /oʊ/, eye /aɪ/ のように V（V は母音 [\*vowel] を表す）のみで音節を形成するもの，boy, saw のように CV（C は子音 [\*consonant] を表す）の母音で終わる開音節（open syllable）もあるが，その前後に子音をしたがえて bag /bæg/, hat /hæt/ のように CVC の構造を取り，子音で終わる閉音節（closed syllable）を取る音節が多い．さらに中核音の前には street /striːt/, spray /spreɪ/ のように最大3つの子音（CCC）を，またあとには texts /teksts/, twelfths /twelfθs/ のように最大4つの子音（CCCC）が生じることがある．これに比べて，日本語の音節は比較的単純で CV

のように大部分が母音で終わる開音節である．英語の単語の大部分は 1 ～2 音節語であり，使用頻度の高い語ほど音節数は少なくなる．⇨ VOWEL; CONSONANT; PRONUNCIATION.

**syllabus** シラバス

　コースの概要で，その中で指導すべき項目の明細を残らず列挙したもの．項目は易・難，単純・複雑，一般性・特殊，使用頻度の高・低などの基準で一定の順序に配列されている．コースの目的，必要な時間数も明示することが多い．さらに，シラバスにふさわしいと判断される特定の教授法に言及する場合もある．シラバスは，教師のみならず，学習者や関係者にも広く公開される文書である．シラバス構成の重要な要素である項目に何を選ぶかで分類される．これまでに次のような多種類のシラバスが提案されてきた (Ur. 1996)．① 構造シラバス (*structural syllabus)．② 語彙シラバス (*lexical syllabus)．③ 語彙・構造シラバス (lexical-structural syllabus)：文法，文型と語彙を中心に構成されたシラバス．④ 場面シラバス (*situational syllabus)．⑤ トピック中心シラバス (*topic-based syllabus)．⑥ 概念シラバス (*notional syllabus)．⑦ 概念・機能中心のシラバス (*notional-functional syllabus)．⑧ 統合シラバス (*integrative syllabus)．⑨ 手続中心のシラバス (*procedural syllabus)．⑩ プロセス・シラバス (*process syllabus)．

**syntagmatic relation** 統合的関係

　言語の構成要素の配列，継時的関係を言う．例えば，hit という語の中の /h/, /ɪ/, /t/ という音素の関係や He hit the dog. の文中の各語の関係はいずれも統合的関係にある．系列的関係 (*paradigmatic relation) と対比される．英語教育で古くから用いられている置換表 (⇨ SUBSTITUTION DRILL) は，言語構造の統合的関係と系列的関係を理解し，またその使用に習熟することをねらったドリル (*drill) と解釈できる．また，連語 (*collocation) や成句 (*idiom) に見られるような，いわゆる英語らしい表現も統合的関係にある．この観点から英語力の向上は，統合的関係の把握と運用に強い関連を持っていると言える．

**syntax** 統語（論）

　文法 (*grammar) の 1 領域．言語音を扱う音韻論 (phonology)，語の形式を扱う形態論 (*morphology) と共に文法を構成する．語が配列されて文 (*sentence) を構成する過程を律する規則を明らかにすることをめざす．英語では，語形が単純であるだけに，文法における統語論の重要性が顕著である．

**synthetic syllabus** 統合的シラバス

文法項目などの言語体系を構成する項目を1つずつ取り上げて順次提示する方式の教材編成．多くの場合，最も簡単（easy），学習可能（learnable），高い使用頻度（frequent）の項目を先に教えるように教材を配列する．教師が提示する個々の項目を学習者が受け入れ，すでに学習した項目と統合して（synthetic），言語体系を学習者が自ら作り上げることを重視した教材編成．分析的シラバス（*analytic syllabus）と対比される．Wilkinsの用語． ⇨ ANALYTIC SYLLABUS.

**system learning　体系学習**

　言語構造を構成要素に分析して規則として理解し，また規則に則って産出する学習．Canの学習で，canにhave, play, goなどの多様な動詞が後続する，またcanには能力，可能性，許可などの機能があり，助動詞として疑問文では主語と語順が入れ替わるといった規則を学習する．言語学習の最初の段階では項目学習（*item learning）が多く見られ，その後，体系学習の傾向が強くなる（Ellis, R. 2008）．

# T

**tacit knowledge　無意識知識**　= IMPLICIT KNOWLEDGE.

**task　タスク／課題**

　　英語教育でタスクの定義は一定していない．「日常生活で1人あるいは仲間と行なうすべての行ない」というきわめて広義の定義（Long. 1985）がある一方で，「教室内で学習者が英語を用いて行なう作業の最小の単位」（Nunan. 1989）と狭義に定義する立場もある．このような多様な定義の中で特徴を列挙することでタスクの輪郭を示そうとしたSkehanの次の試みはよく知られている（Skehan. 1998）．①　意味が最も重視される活動．②　現実の世界の出来事と類似した特徴がある．③　解決を要するコミュニケーションの問題がある．④　タスクをやり遂げることが優先される．⑤　タスクの評価は得られた成果で決定される．⇨ TASK CLASSIFICATION.

**Task-Based Instruction　タスク中心教授法**

　　コミュニケーション志向のアプローチ（*communication-oriented approach）に分類される教授法の1つで，TBIと略す．Task-Based Language Teaching（TBLT），Task-Based Learningとも呼ばれる．タスク（*task）を中心に教材が編成される．タスクには現実的な目的が設定される．学習者は多くの場合，ペアやグループで英語を用いてこの目的を達成することを求められる．この過程で自然に生じる相互交流（*interaction）が，その結果として言語習得を促進すると主張される（⇨ INTERACTION HYPOTHESIS）．TBIはコミュニケーショナル・ティーチング・プログラム（*Communicational Teaching Project）がその端緒となり，英語によるコミュニケーションをとおして，英語の言語能力が習得されるとするコミュニケーション志向のアプローチ（*communication-oriented approach）の "strong version" である．タスクに多様な定義が存在することはその種類が多種にわたることも意味している（⇨ TASK CLASSIFICATION）．タスクを実施する場合には，次のような段階を設定することでそ

の有効性を十分活用できるとする提案がある（Willis. 1996）．

第1段階 Pre-task：扱われるトピックを学習者と話し合い，重要な語句や表現を取り上げて理解を助ける．学習者は他のクラスで行なわれた同様のタスクの録画を見て活動を理解する．

第2段階 Task cycle：① Task ペアやグループでタスクを行なう．教師は活動の様子を観察する → ② Planning タスクの結果をクラス全体に口頭あるいは文書で報告するための準備を行なう → ③ Report クラスで発表して，比較したり，検討したりする．

第3段階 Language focus：① Analysis テクストや口頭発表の録音を検討して細かな表現を検討する → ② Practice Analysis の途中や終了後に，教師が新語句，文型などの練習活動を設定する．

有力な第2言語習得理論（⇨ SECOND LANGUAGE ACQUISITION）を基盤にしているタスク中心教授法は大きな関心を集めている．しかし，すぐれたタスクの条件を明らかにして言語習得に有効なタスクを開発することはこれからの課題である．同時に，タスクの選択と配列を決める基準も明確にしなければならない．TBI が抱える問題は多く，かつ大きい．
⇨ ACTIVITY SEQUENCE.

**task-based listening activity　タスク・リスニング活動**

聞き取った情報を活用してさまざまなタスク（*task）を行ない，タスクの結果（consequence）でリスニングがうまくなされたかどうかが評価される活動．日常の言語生活の多様性を反映してタスクは多様である．しかし，いずれのタイプのタスクもリスニングの前に示され，そのやり方を説明しなければならない．タスクは音声入力処理を重視する bottom-up task（⇨ BOTTOM-DOWN PROCESSING），聞き手のスキーマ（*schema）の活用を重視する top-down task（⇨ TOP-DOWN PROCESSING），そして bottom-up と top-down の関連を重視する interactive task の3つに分類できる．以下，Peterson（2001）を参考に活動を列挙する．[（　）内の B, I, A はそれぞれ beginner, intermediate, advanced を示す．] ⇨ SEQUENCE OF LISTENING INSTRUCTION.

(1)　bottom-up tasks

・イントネーション型の識別：文を聞いて下降調（↘），上昇調（↗），平坦調（―）に区別し，それぞれが伝える情報を理解する．(B)

・音素の識別：mouse / mouth, sing / thing などの音素の異なった語を聞いて発音された方を選ぶ．(B)

・形態素の識別：He puts it on the desk (　). / He put it on the desk (　). のように形態素の異なる2文を聞いた直後に yesterday, every

day のいずれかを（　）内に入れることで puts / put の識別を促す．(B)
・語の認知：天気予報を聞いて，該当する気象記号を選ぶ．(B)
・強勢型による内容語（*content word）と機能語（*function word）の識別：まず，書かれた文を読み，どの語に強勢（*stress）がおかれるか推測した後に，読まれるのを聞いて予測を確認する．(I)
・強勢シラブルの識別：語の発音を聞いて強勢シラブルを選ぶ（⇨ RHYTHM）．(I)
・音連結（⇨ LINKING）の認知：文を聞いて音連結の部分に印をつける．例：次の文の care と of の間にスラー記号（⌣）を入れる．I'll take care of poor Anne. (I)
・重要な細部を理解する：旅程を聞いて列車の時刻表に到着時間を記入する．(I)
・構成理解：与えられたフレームの空白部に講演などを聞いて肉付けする．(A)

(2)　top-down tasks
・感情の理解：会話を聞いてその応答が楽しいか，悲しいか，深刻かなどを判断する．(B)
・要点の理解：会話が行なわれている場所を示す絵を選ぶ．(B)
・トピックの理解：さまざまな手順を述べた説明を聞いて，それぞれが何についてのものかを理解する．(B)
・話し手やトピックの特定：いくつかの会話を聞いて，それぞれに合った絵を選ぶ．ラジオのニュースを聞いて用意された新聞の見出しの中から適切なものを選ぶ．(I)
・推測：状況説明を聞いて話し手の心理状態を推測する．(I)
・予測：レクチャーの冒頭を聞いて，いくつかの示されたトピックの中からふさわしいものを予測する．(A)

(3)　interactive tasks
・語彙分類：買い物リストの品物を聞いて，該当する店を選ぶ．(B)
・リスニング情報と自分の経験の比較：外国の様子（食生活，学校制度など）の説明を聞いて自国の状況と比較する．(B)
・省略された文法標識の認知：助動詞や主語が抜けている会話を聞いてそれらを補う．例：(Have you) got some extra?　(I)
・背景的知識の活用：電話の話し手の一方だけを聞いて全体の会話を再現する．(I)
・ディスコース標識（*discourse marker）などに基づく推測：レク

チャーで使われたディスコース標識や語句に基づいて次に話がどのように展開するか予測する．(A)

**task-based syllabus　タスク中心のシラバス**

　言語構造や機能（*function）・概念（notion ⇨ NOTIONAL-FUNCTIONAL SYLLABUS），また語彙（*vocabulary）などをシラバス構成の中核に置く代わりに，課題（*task）を中心にして構成されたシラバス（*syllabus）．手続き中心のシラバス（*procedural syllabus）が発展したものと言える．⇨ TASK-BASED INSTRUCTION.

**task classification　タスク分類**

　タスク（*task）は異なった観点からいくつもの分類が可能である．次はタスク終了までの間に行なわれる相互交流（*interaction）のタイプ別になされた分類である（Pica, Kanagy & Falodun. 1993）．① ジグソー（*jigsaw task）：多くの異なった情報の断片を組み合わせて全体像を作る．② 情報差（*information-gap task）：一方が一連の情報を持ち，他方がそれを補完する情報を持っていて，情報を交換して活動を完結させる．③ 問題解決（*problem-solving task）：与えられたヒントを使って問題を解く．④ 意志決定（* decision-making task：いくつかの結果が可能な問題を与え，話し合いで1つの方向に決める（⇨ DECISION-MAKING ACTIVITY）．⑤ 意見交換（opinion exchange task）：ある出来事について自由に考えを述べる．結論を出す必要はない．

　次の分類はタスク遂行に用いられる知識の観点でなされたものである（Richards & Rodgers. 2001）．① listing：トピックに合わせてさまざまな項目を列挙する活動．e.g. ペアでお互いの家族を紹介して家系図を作る．② ordering and sorting：項目，行動，出来事などを一定の順序に並べたり，特定の範疇に品物を区分けする活動．e.g. 毎日食べている食品を分類する；テクストを読んで表を完成させる．③ comparing：さまざまな項目を比較する活動．e.g. 相手の持っている絵と自分の絵を説明して異なっている点を指摘する；同一事件の記事を2種類の新聞で読んで比較する；旅行記を読んで経路図に記入する（Willis. 1996）．④ problem solving：さまざまな問題を解決する活動．e.g. 一定の予算内で，東南アジアから来た友人を家に招待し夕食の献立を作る；新聞などの相談記事の回答を作る；ストーリーを途中まで読んで，その続きを想像して書く．⑤ sharing personal experiences：個人的な経験について話し合い，相手をよく知る活動．e.g. 行きつけのスーパーの特徴を話し合う；小学校の思い出を話し合う；土曜日の過ごし方を話し合う．⑥ creative tasks：プロジェクト活動．e.g. 海外の姉妹都市や姉妹校と e-mail で交信して必要な情報を

集めて発表する；クラスの新聞を作る；外国人のための学校案内を作る；町の名所，旧跡の英語の案内板を作る（⇨ PROJECT-BASED LEARNING）．

　タスク分類には情報の流れに着目して，次のような観点が用いられることがある．① one-way or two-way：情報の流れが一方通行か双方向か．② convergent or divergent：共通の目的を実現するか，異なった目的を求めるか．③ collaborative or competitive：タスクを行なうために競争するか協力するか．④ single or multiple outcomes：結果は1つか，いくつかの結果が可能か．⑤ simple or complex processing / language：タスクは比較的単純な認知プロセス・言語で行なえるかどうか．⑥ reality-based or imaginary：タスクが現実の世界を反映しているかどうか．

## Teachability Hypothesis　教授可能性仮説

　指導が学習を促進する領域は学習者の中間言語（*interlanguage）が位置する発達段階の隣接上位の領域に限られているとする理論．この立場では，学習者が自然な言語習得の場面で習得可能な項目に関して，指導は学習に効果をおよぼすが，その段階を超える項目を教えても習得と結びつかないことになる．Pienemann の第2言語習得理論の中で展開されている立場．⇨ LEARNABILITY; PROCESSABILITY THEORY.

## teacher belief　教師の信条

　教師の教室内外の活動や行動を律するのは彼らの信条であり，この信条の体系は教師が指導過程と指導内容に関して持っている目的，価値観，信念に基づいており，次のいくつかの要因から派生している．① 外国語学習者としての自分の学習経験．② 指導経験：最も成功した指導例がその後の指導規範となる．③ 学校，地域などの指導基準．④ 個性的要因．⑤ 指導理論：理論的な情報に基づいた行動．信条は以上の要因の影響のもとで長期間にわたって形成された，個々の教師の特質であるため，その変更は容易ではない．新しい指導技術が紹介されても，その実践が拡大しない1つの理由がここにある．信条体系を教師自身が理解するとともに，現職研修などの計画と実践を成功に導くには教師の信条に関する理解が前提となる．⇨ LEARNER BELIEF.

## teacher cognition research　教師認知研究

　教育活動に関する教師の意識，効果的な指導に関わる意志決定の特徴，新人教師の専門的技術の発達過程などに関する研究．研究者が教室内で得たデータを教師に点検してもらい，その時点での教師の思考や意志決定に至った動機などを教師が口頭で述べる（⇨ STIMULATED RECALL）．得られた資料をもとに研究者が記述，整理して仮説や理論を構成するといった手続きがとられる．

## teacher evaluation　教師評価

　教師の資質向上には，指導についての自己評価とともに，公正な基準に基づいた外部からの評価も求められる．評価方法には授業観察，学習者による評価，学習者の学習成績，ポートフォリオ(*portfolio)，授業後の教師自身や観察者を交えた授業検討などが挙げられる．また，評価基準として すぐれた教師特性(*good language-teacher characteristics)などを活用することができる．

## teacher research　教師研究

　教師自身の手になる研究の意で，教員養成，教員研修の一環として唱道されてきた．教室内での教師と学習者の相互交流過程が研究の主流になるが，授業前の教材研究などの教室外で行なわれる活動も含む．⇨ ACTION RESEARCH; CLASSROOM RESEARCH.

## teacher talk　教師言葉

　英語の教室で，教師が学習者に話す際に用いる特有の言葉遣い．学習者のレベルに応じて言語形式と相互交流の両面で教師は言葉を調整する．母語話者の英語教師，日本人の英語教師を問わず，この調整能力は経験を積んだ教師には直感的なものとして備わっているように思える．それはまた，教師の指導力量の指針といってもよい．次のような特徴を挙げることができる．① 学習者のレベルに合わせて話の速度を落とし，より長いポーズをおき，より大きな声で話す．② 語彙(*vocabulary)は基本的なものを多用し，タイプ・トークン比率(*type-token ratio)を低くする．③ 統語(*syntax)面ではより短い，単純な，文法に沿った発話(*utterance)を多用する．④ 談話面では自己発話の反復が多い．⑤ 教師が説明，質問，命令をして学習者がそれに応答する機能面の偏りが見られる．このような特徴は一般的な傾向にすぎず，教師間で差が大きい．また，学習者のレベルによっても大きく異なってくる．教師言葉は教師と学習者の動的な人間関係の反映である．英語教室ではそれに加え，円滑なコミュニケーションを実現する意図も含まれている．しかし，教師言葉が第2言語習得(*second language acquisition)を促進する働きを有するか否かについては議論が分かれている．外国人言葉(*foreigner talk)，子供にも向けられた言葉(*child-directed speech)と共通する部分がある．⇨ CLASSROOM RESEARCH.

## teaching English to young learners　早期英語教育

　TEYLと略すことがある．ここでは，小学校在学中の児童を対象にした英語教育を指し，就学前の子供を対象にしたTEVYL(= teaching English to very young learners)と区別する．外国語としての英語教育

(*TEFL)の開始時期が小学校に移行してきているのは世界的な傾向である．英語を新たに小学校の教育課程に組み入れた多くの地域では共通した問題に直面している．シラバス(*syllabus)編成，教材開発，教員養成，教員再教育などである．このような未解決の課題を抱えた状況で早期英語教育を実施するのは言語学あるいは教育学の専門家からの勧告というよりも社会的な要請による部分が強い．"早ければ早いほど良い"がスローガンになることがある．確かに，これは自然な習得場面では妥当な見解であるが，学校という教育環境における研究実績はきわめて乏しいのが実情である．このような状況にあって，習得(*acquisition)が実現しやすい環境を設定して，児童が楽しみながら，コミュニケーションの目的を持って，十分英語に接する機会を提供することが重要な要件になる．英語教育開始時期の単なる低年齢化が英語習得の切り札とはなりえない．英語の学習期間をより長くすることで最終的な習熟度を高めようする立場は理解できるが小・中・高の英語教育の一貫性と連続性を確保することが重要．

　実際の授業の運営に際しては，次の点を留意することが望まれる．① 授業を異なった，多くの活動で構成し，書く活動は短くする．② 説明を少なく，実演，体験を多く取り入れる．③ 聞くことをとおして英語入力に十分接しさせる．子供が自発的に発言するのを忍耐強く待つ．④ 一回の学習量を少なくし，復習で反復活動を多く取り入れる．⑤ ライティング指導は急ぎすぎない．子供の発達段階と要望を勘案して柔軟に対処する．⑥ 全身を使った活動を多く取り入れる(⇨ TPR)．⑦ 子供の自己表現を促す会話場面を設定して，教師が適切に援助する足場掛け(*scaffolding)を準備する．⑧ ペア活動(*pair work)やグループ活動(*group work)は，教師の十分な指導のもとで行なう．任せすぎは禁物．⑨ 言葉遊び(*language play)を取り入れて，音の組み合わせと言葉のリズムが醸し出す楽しさに気づかせ，言語意識(*language awareness)を高める．⑩ 指導に一定した手順を確立しタイミングのよい活動を展開することで子供を飽きさせない．

**teaching practice** 教育実習 = PRACTICE TEACHING.
**team-teaching** ティーム・ティーチング

　元来，総合的な学習のような広領域で扱うコースを複数の教員がそれぞれ得意とする分野を担当する授業形態を指すが，英語教育では *ALTと日本人教師(Japanese English teacher [JTL])が教室に同席して行なう共同授業を言うことが多い．

　一般にティーム・ティーチング(TT)は次のような効用を有すると言

われる．① 生きた英語に触れる機会：状況に合い，学習者の反応に即して反復，言い換えをして理解しやすいように配慮された英語を提供する場面としてティーム・ティーチングは有効である．② 英語を使う必然性：わが国では，教室が英語を使用するほとんど唯一の場面であり，教師を含むすべての教室構成員が日本人である．こうした *EFL の場面では英語を実際に使用することに不自然さが生じがちである．しかし，教室に ALT が 1 人いるだけで，英語を用いる自然な状況が生まれてくる．③ 英語を使う喜び：生徒にとって英語が通じたときに味わう喜びはさらなる学習への強い動機づけ (*motivation) となる．⑤ 英語圏文化の理解：母語話者はその国の文化をつねに体現している．ALT の出身地，生活様式，風俗習慣などの直接体験に基づいた話の内容はもちろんのこと，それを述べる際の表情，しぐさの 1 つひとつが英語圏の文化を周囲に伝える．学習者にとって，ALT に間近に接し，また言葉を交わすことのできる TT は異文化理解 (*intercultural understanding) の絶好の機会になる．⑤ JTL の英語運用能力の向上：授業中だけでなく，その前後の打ち合わせを英語で行なうことで英語教育という専門領域を扱う JTL の英語力が高まる．JTL の英語力の向上は学習指導にも良い影響をおよぼすと考えられる．⑥ 教材開発の促進：各学校や地域に密着した教材作成や，聞き取りをはじめとする各種テスト問題の作成にも ALT の協力が不可欠となる．

　TT の形態は，ALT の訪問回数，教授経験，JTL の英語力を含む指導技術，学習者のレベルなどによって異なってくる．次はその例である．

　A. インフォーマント (informant) 型：テクストの題材が ALT の出身地に関するようなとき，ALT は生の最新情報を提供できる．また，ALT に教授経験がない，あるいは学習者がまったくの初心者である場合には，ALT は発音，モデル文の口頭による提示と反復練習，範読，内容理解を試す問い (⇨ COMPREHENSION QUESTION) と解答の提示などを担当する．JTL は目標設定，指導案作成に加え，授業を率先して進める．このタイプの授業では，ALT は録音，録画教材レベルの働きにとどまっているように見られがちである．しかし反復練習のモデルを務める際にも，学習者の反応を見ながら話す速度を調節したり，強勢 (*stress) などを加減したり，反復の回数を調整するなどの柔軟性と学習者の努力を誉めたり励ますなどができるのは機器ではなく，この役割をこなせるのは ALT のみである．

　B. 役割分担方式：ALT と JTL がそれぞれ得意とする分野を授業の中で分担することによって，より効果的な指導をめざす．上の A. に加え，

warm-upでのALTのあいさつや自己紹介，それについてのQ&A，復習活動の大半，文脈を利用した新教材の提示，教科書のリーディングの背景と内容説明，Q&A，各種言語活動などはいずれもALTが得意とする分野である．JTLは，必要に応じて説明を日本語で行なって理解を促し，特に理解の遅れがちな学習者を助け，クラス全体の授業への参加を注意深く観察して，学習者に対する理解を深め，指導に役立てる．

C. 協力推進型: ALTとJTLによる対話文に基づく会話実演，修正を加えた発展型会話，即興的会話などの手法は，ごく一般的に行なわれている．生徒同士のペアによる会話がその後展開する．この際，ALTとJTLがそれぞれ手分けして机間巡視し，ペア活動(*pair work)を観察し必要に応じて助言する．このような分担方式は，ライティングなどの個別活動や，各種グループ活動(*group work)にも適用できる．ALTとJTLが対等な立場で手分けして同時に異なった学習者の指導に当たることによって，効率的な指導が実現される．

D. ALT主導型: JTLは指導計画立案の際にALTと綿密な打ち合せをするが，授業中はALTが学習活動を運営する．高校における会話クラスなどではこのような方式が効果をあげることがある．

E. 教室分割方式: クラスを二分して授業の大半をJTLとALTが交替で教える．それぞれの教師が分担をあらかじめ決めておき，少人数を相手に効果的に単独指導を展開する．ALTは学習者との相互交渉(*interaction)を伴ったコミュニケーション活動(*communication activity)を積極的に行なう．学習者はJTLの助けなしに自分たちの力で，20分以上の時間をALTとコミュニケーションを行なうことになるので，真剣に活動に臨むことが期待される．この方式が効果的に行なわれるためには，生徒にはある程度の英語力が必要とされるものの，本物の相互交渉が実現される可能性が高く，こうした現実的な交渉が英語の運用能力はもちろん，狭い意味の言語能力の増進に寄与する可能性が高い (⇨ INTERACTION HYPOTHESIS)．

TT実施にあたり，ALTとJTLの綿密な打ち合せと率直な意志の疎通が成功の鍵となる．ALTの訪問形態が1回限りの場合には，ALTの自己紹介のテープを事前に入手し，あらかじめクラスで聴視し，質問を用意するなどの活動が当日の授業をより充実したものにする．また，全クラスでTTが実施できない場合には，授業を録画・編集して他のクラスの授業に活用する．なお，TTを成功させるためには，学習者の側にALTの英語を聞いて理解できる最低限の学力あるいは少なくとも理解しようとする意欲が前提となる．それは，日頃教師ができるだけ英語を用

いて授業をし，生徒が英語を情報交換に必要な媒体だと認識することによって実現される．この点で，TT は日常の授業の質を高めることによって初めて効果的に行なわれるのであり，両者は相補補完的な関係にある．

## **technique** 指導技術

特定の指導法を実践する際に用いられる具体的な個々の指導技術を指し，ドリル (*drill)，音読 (reading aloud) などの指導方略を意味する．特定の指導法に特有の指導技術がある一方で，複数の指導法で共通して用いられる指導技術もある． ⇨ APPROACH; METHODS.

## **TEFL** テフル／外国語としての英語教育

Teaching English as a Foreign Language の略．わが国の英語教育がその例．英語が外国語としての地位を占める国における英語教育． ⇨ FOREIGN LANGUAGE; TESL.

## **telegraphic speech** 電報発話

内容語 (*content word) のみで構成されて，機能語 (*function word) が使われていない発話で，子供の言語習得の初期段階に特有の特徴．特に，2語文 (two-word sentence) の段階で観察される．Want milk. / Mommy come. / Car go. などがその例． ⇨ FIRST LANGUAGE ACQUISITION.

## **TESL** テスル／第2言語としての英語教育

Teaching English as a Second Language の略．英語が公用語，あるいは準公用語として用いられている地域での英語教育，あるいは学習が行なわれている地域の人びとが母語として英語を用いている状況での英語教育．イギリスにおける日本人に対する英語指導，シンガポールにおける英語教育はいずれも TESL．TESL はまた，外国人に対する英語教育全般を指すこともある． ⇨ SECOND LANGUAGE; TEFL.

## **TESOL** テソール／第2言語あるいは外国語としての英語教育

Teaching English to Speakers of Other Languages の略．英語が外国語あるいは第2言語であるいずれの場面での英語教育も TESOL に含まれる．

## **testing** テスト

受験者のある特徴について推測する目的で一定の行動を誘発するように設定された手順．テストの作成に際しては反応を誘発するための明確な課題を設定し，受験者の特徴についての推測を行なえるようにする．得られた情報は，受験者のためにさまざまな目的で活用される．テストはその目的に応じて次のように分類される．到達度テスト (*achievement test)，熟達度テスト (*proficiency test)，診断テスト (*diagnostic test)，クラス分けテスト (*placement test)，進度テスト (*progress test)，適

性テスト（\*aptitude test）．また，受験者の特徴のどの部分を測定するかによって，リスニング（\*assessment of listening），リーディング（\*assessment of reading），スピーキング（\*assessment of speaking），ライティング（\*assessment of writing），文法テスト，語彙テスト，総合的言語運用力の測定のためのコミュニケーション能力テスト（\*communicative language test）などに分けられる．言語テストは，技能を実際に用いる場面の中で測定する直接テスト（\*direct test）と間接的な手段による間接テスト（\*indirect test）とがある．テストの結果は，さまざまな影響，利害（\*stake）を受験者にもたらす．よいテストは高い信頼性（\*reliability）と妥当性（\*validity）に加え，実用性（practicality）を備えていなければならないが，実際にはこの3つの条件を同時に満たすことはきわめて困難である．なお，テストはアセスメント（\*assessment）と同義に使われることもある（Bachman. 2004）．⇨ NORM-REFERENCED TEST; CRITERION-REFERENCED TEST.

**Test of English as a Foreign Language**　= TOEFL.
**Test of English for International Communication**　= TOEIC.
**test-retest method**　テスト・再テスト法 ⇨ RELIABILITY.
**text**　テクスト

コミュニケーションの目的を持った，文を超えたまとまりのある言語単位．ディスコース（\*discourse）と同義に用いられることが多いが，文脈の中で言語を使用した結果（product）を意味し，その過程（process）を示すディスコースと区別されることもある．No smoking のような掲示から，1編の小説，論文など長短は問わない．text linguistics は発話（\*utterance）の結果を扱うことから特に文字言語を対象にした領域を言うこともある．テクストがまとまりのある構成を保っているのは，テクストを構成する要素間に言語形式上の結びつき（⇨ COHESION）があることによる．また，テクスト中の情報間に意味のつながり（⇨ COHERENCE）があることによる．

**TEYL**　= TEACHING ENGLISH TO YOUNG LEARNERS.
**theme**　主題

文の最初の語を指す．その他の部分を題述（\*rheme）と呼ぶ．談話構造の視点から文を分析する際に用いられる概念である．*John* played tennis. の斜体部が主題であり，話し手が何について話すか示す部分である．それ以外の部分 played tennis は題述であり，主題について何かを述べる部分である．主題は，話し手と聞き手の間にすでに共有されている情報（＝旧情報［old information］）である．この例文のように，平叙文で，

能動態の文では主題が文法的主語（subject）であり，かつ動作主（agent）である．題述は相手に伝えたい内容であり，相手にとって新しい情報（＝新情報［new information］）と話し手が考える内容を含む．冒頭に旧情報をおき，新情報は後のほうにおくのが英語の文の構成法である．このような見方は，文の理解にディスコース（*discourse）の視点を取り入れることを意味する．この視点を取り入れることで文構造のみならず，その機能を理解することを容易にし，受身形，倒置文などさまざまな文法項目を明瞭に説明できる場合がある（村田．1982）．

**theme-based model　テーマ中心プログラム**

　　内容中心教授法（*Content-Based Instruction）の１タイプ．英語担当教師が英語授業を行なう点では従来の指導方法と同じであるが，4技能別の言語能力中心のシラバス（*syllabus）ではなく，学習者が最も関心を持つテーマやこれからの学業に必要とされる技能を中心に学習内容が設定される．「コンピュータ英語」，「ビジネス英語」のようなタイトルを持ったクラスになることが多い．

**theoretical grammar　理論文法**　⇨ GRAMMAR; UNIVERSAL GRAMMAR.

**think aloud technique　思考表出法**

　　学習者が実際に用いる学習方略（*learning strategy）に関する内省的な資料を集めるために開発された研究手法．学習者は，例えば文中における語句の意味の推測などのような，ある課題（*task）を行なうように指示され，その課題解決のために実際に用いている思考過程を同時に口頭で述べる．この口述を記録し，分析して学習過程の解明に資する．2つの活動を同時に行なうことを要求するため学習者の通常の言語活動とは異なった状況が生じるおそれがある．したがって，think aloud を用いることは実際的でないこともある．初心者が母語で学習方略を述べるとき，その think aloud が英語の使用の妨げになることがある．また，学習者によっては口頭説明の質と量に大きな差があるので，特定の学習者の内的過程の説明としてのみ有効であり，一般化が困難な事態が生じることもある．なお，ペアで活動を行なってその様子を自由に話し合わせるなどの工夫が有効に働く場合がある．自己観察（self-observation），口頭報告（self-report），日記（*diary study）などの他の研究方法を組み合わせて学習者の心的過程をより明確にする１つの手段として用いられることが多い（Ellis, R. 2008）．　⇨ INTROSPECTION; TRIANGULATION.

**three-dimensional grammar framework　3次元文法構造**

　　英語教育で文法指導（*grammar instruction）を行なう場合，文脈から切り離された意味を伴わない構造を１つずつ取り上げて扱うのでは効果

を上げることはできない。文法を形式,意味,用法のより大きな総合体として捉え,それらの理解と運用力を養成することが望まれる。Celce-Mercia and Larsen-Freeman は次のような円グラフでこの考えを示している。

　form / structure（形式・構造）部分では語形態・統語,語彙,音声形などの言語形式に関わる情報を示す。meaning / semantics（意味・意味論）部分では語彙的意味と文法的意味を,また use / pragmatics（用法・語用論）部分では言語と文脈の関連が言語構造の中に記号化されている部分を扱う。言語的文脈と社会的文脈のいずれもが,用いられる言語形式と強い関連を持つ。コミュニケーションの実現に向けて文法を操作するためには,形式,意味,用法の理解が要求される。文法指導にあたり,これらの要素をすべて同時に提示することが現実的かどうかは即断できない。しかし,準備段階でも,実際の指導中でも,3要素を念頭におくことでバランスのとれた指導が実現できる（Celce-Mercia and Larsen-Freeman. 1999）。

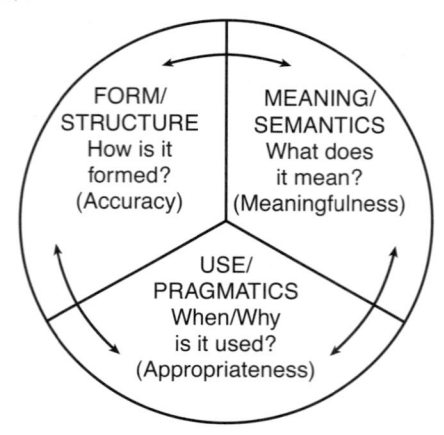

```
        FORM/            MEANING/
       STRUCTURE         SEMANTICS
        How is it        What does
         formed?          it mean?
        (Accuracy)    (Meaningfulness)

              USE/
           PRAGMATICS
           When/Why
           is it used?
         (Appropriateness)
```

## *Threshold Level*　スレッショールド・レベル

　欧州会議（Council of Europe）で制定された外国語習得レベルで,日常生活で実際的なやりとりを個人的なつきあいと仕事の両面で支障なく行なえる程度の熟達度を指し,自習時間も含めて 375 時間の学習時間を必要とする。また,このようなレベルの到達度を設定して編成された概念・機能中心のシラバス（\*notional-functional syllabus）を指す。1975 年に出版されて以来,ヨーロッパのみならず世界各地であらゆる種類のシラバス編成,カリキュラム改革,試験問題作成,教科書編集,外国語コー

ス編成に活用されてきた．1990年に改訂版が出版された (Van Ek & Trim. 1991)．なお，共通参照レベル (\*Common Reference Level) の B2 に該当する．⇨ WAYSTAGE.

**TOEFL**

Test of English as a Foreign Language の略．主にアメリカ，カナダの大学留学を希望する外国人学生が大学での授業を受講できるだけの英語力を有しているかどうかを評価するため，1964年にアメリカにある Educational Testing Service が開発した標準テスト (\*standardized test)．大学を始めとする多くの教育機関，各種の政府機関，奨学金プログラムでその結果が活用されている．テストは TOEFL PBT (Paper-based Test ペーパー版 TOEFL テスト) と TOEFL iBT (Internet-based Test インターネット版 TOEFL テスト) がある．現在，日本では TOEFL iBT が実施されており，TOEFL PBT は 2007 年 11 月以降実施されていない．また，団体向けテストプログラムとして，TOEFL テスト ITP (Institutional Test Program) があるが，公的な効力はない．⇨ IELTS; STEP; TOEIC.

**TOEIC**

Test of English for International Communication の略．英語によるコミュニケーション能力 (\*communicative competence) を幅広く評価する標準テスト (\*standardized test)．英語を用いる一般企業の要望に合わせて開発されたテストで，多くの企業で採用され，採用，昇進などの資料に用いられている．リスニング，リーディングから構成されているテストに加え，特にスピーキング，ライティング能力測定を行なう TOEIC Speaking and Writing Tests および初級レベルの受験者向けの TOEIC Bridge が実施されている．⇨ IELTS; STEP; TOEFL.

**token**　トークン ⇨ TYPE-TOKEN RATIO.

**tongue twister**　早口言葉

典型的な言葉遊び (⇨ LANGUAGE PLAY)．正確に，早く言えるようになるまで反復しても楽しんで参加する学習者が多い．英語の音声，リズムに習熟するためにも活用できる．長さ，使われている語，特徴的な音声などを考慮して選ぶ．次の2つはいずれも多くの子供が口にするもの．

Red lorry, yellow lorry, red lorry, yellow lorry.

The blue bluebird blinks.

Freshly fried fresh flesh.

Fred fed Ted bread, and Ted fed Fred bread.

While we were walking, we were watching window washers

wash Washington's windows with warm washing water.

She sells sea shells by the sea shore.
The shells she sells are surely seashells.
So if she sells shells on the seashore,
I'm sure she sells seashore shells.

Give papa a cup of proper coffee in a copper coffee cup.

Of all the felt I ever felt,
I never felt a piece of felt
Which felt as fine as that felt felt,
When first I felt that felt that's felt.

Swan swam over the sea,
Swim, swan, swim!
Swan swam back again
Well swum, swan.

I thought a thought,
But the thought I thought wasn't the thought
I thought I thought.

Peter Piper picked a peck of pickled peppers.
Did Peter Piper pick a peck of pickled peppers?
If Peter Piper picked a peck of pickled peppers,
Where's the peck of pickled peppers Peter Piper picked?

**top-down processing　トップ・ダウン処理**
　聞く，読むなどの情報処理方式の1つ．ボトム・アップ処理(*bottom-up processing)に対比する構成概念．すでに所持している背景的な知識(⇨ SCHEMA)，テクスト内容についての予測，期待など，より高次の認知力を動員してテクストを解釈する方式．トップ・ダウン処理はテクストの聞き取り，読解などの包括的な言語活動に関して認められるだけでなく，語彙認知や文理解などの小さな言語単位の処理についても用いられる．素早い，正確な語彙認知はその言語の体系に関する詳細な知識を活用することで実現されるのであり，ここでもトップ・ダウン処理が行なわれている．

**topic-based syllabus　トピック中心シラバス**

さまざまな話題を中心的な構成要素にしたシラバス．ポップス，スポーツ，大気汚染，国際平和など学習者に関心のありそうな話題を選択し，学習の動機づけ（*motivation）を図る．各トピックはさらに詳細な情報に細分して具体的な活動の話題になる．例えば，sports のトピックでは，indoor sports, outdoor sports, my favorite sports, popular sports などである．トピック中心シラバスは学習者に関心のある話題を中心にした教材編成を行なえるようになる点ですぐれたタイプのシラバスである．多くの教科書で各課のタイトルがトピックで示されているのはこのシラバスの有効性を表すものである．もちろん，トピックを設定していかに細分しても，用いられる表現形式，語彙などの系統性を絶えず考慮に入れなければ実用に供せられることにはならない．⇨ SYLLABUS.

## Total Physical Response　全身反応教授法

TPR は略称．英語を聞いて理解することと理解したことを動作で表現するという，言語と動作を連動させた教授法．Asher が提唱し，特に初級レベルの指導に効果を発揮している．子供の母語習得の過程が"自然な"過程であるがゆえに，それを外国語教授に適用すべきだとする直接教授法（*Direct Method）の延長上にある教授法．ヒトは聞くことをとおして十分な言語入力に接し，言葉を身につけていく．幼児言語発達の沈黙期（*silent period）は母語習得に決定的な意味を持つ．外国語学習でもこの過程を反映した指導で学習者の言語習得能力が十分活用され，学習が実現すると主張する．

TPR では，学習者はさまざまな命令を理解し，動作で反応する．次第に複雑な命令文を与え，それに反応させることをとおして，英語の理解力の養成をめざす．具体的には次の手順をとる．① 教師が命令し，自ら動作をして，学習者に命令の意味を理解させる．② 教師の命令に，学習者は教師とともに動作をする．③ 教師の命令に，学習者のみで動作を行なう．④ 命令文の組み合わせを変えて動作を継続して行なわせる．⑤ 学習者が相互に命令を発し，動作をしあう．

TPR の提唱者である Asher は心理学者であり，実験手続きにしたがった綿密な報告がなされていることもあり，TPR は多くの教師に用いられる教授法となっている．これまでの実践の結果，年少者に特に効果的であるが，どの年齢層にも効果を上げており，命令文はその中に複雑な構文も組み入れることができるので，TPR でかなり高度の英語を教えることができる（Asher. 1977）．また，発話を強要されないため，安心して聞くことに集中でき，学習が促進される．こうした成果が報告される一方で，英語教育の重要な一部である文化間理解（*intercultural understanding) に資する点が少ないなどの欠点も指摘される．リスニング以外のスキルの習得は期待できないため，他の教授法の併用，あるいはその一部としての使用が妥当である．

**TPR** = TOTAL PHYSICAL RESPONSE.

**TPRS** /ti:pi:ɑr:es/

Teaching Proficiency through Reading and Storytelling の略（以前は，TPR and Storytelling と称していた）．主に，アメリカで実践されている外国語指導法で，Asher の全身反応教授法（*TPR）と Krashen の言語習得理論（⇨ INPUT HYPOTHESIS）に基盤をおく，Blaine Ray によって提唱された外国語教授法．文脈の中で大量の理解可能入力（*comprehensible input）を提示し，同時にコミカルなストーリーを対象言語を用いて理解させる活動が骨格になる．ストーリーで使われる語彙と文法を反復して提示し，内容理解を促進する多くの質問（その多くは個々の学習者に対する個別的なもの）と応答で授業が進行する．授業は次の3段階で構成される．① 理解段階（Establish meaning）：ストリー中の主要な語彙，文法を学習者の母語やジェスチャーを用いて理解させる，② ストーリー作成（Ask a story）：教師がストーリーの概略を示し，学習者が細部を補充する．多くの質問をとおして対象語彙と表現の反復練習が行なわれる，③ 話し合い（Read and discuss the story）：ストーリーを読み話し合う，あるいは同じ文法表現を含むが細部が異なったストーリーを読む．学習者の不安を除去し動機づけを高める上で効果的であり，各種テストにも好成績を収めた実績を持つ一方で，教科書との連動および上級クラス・学校との連携に問題が提起され，また体系的な文法指導の欠如を指摘する批判もある．

**transaction　相互交渉**

言葉による相互作用の1タイプで相互交流（*interaction）と対比される．会議での発言，商取引など必要な情報の交換が重要な目的になる．そのため，正確で複雑な表現が用いられることが多い．⇨ CALP; SPEAKING.

**transfer　転移**

第2言語習得の際に学習者の母語の特徴が対象言語におよぼす影響．転移される項目は発音から語彙，文法，ディスコース，語用に至るすべての言語特徴におよぶ．母語と対象言語が異なる部分では，対象言語でエラーを生じさせ，習得に干渉（*interference）するため，このような転移は負の転移（*negative transfer）と呼ばれる．これに対して，両言語が共通した特徴を有する部分では，母語が対象言語の学習を促進する働きを示すため正の転移（*positive transfer）と呼ばれる．外国語という新

しい習慣を身につける際に，母語の古い習慣が干渉するとする考えは，行動主義（*behaviorism）理論に基づいた習慣形成理論（*habit formation theory）によって強く押し進められた．日本人学習者が *many boy, *three pencil のように英語の複数語尾 -s を脱落する傾向は，日本語の数の文法体系の転移と見なされる．しかし，他方で，複数語尾の脱落は自然な言語発達の特徴の1つで，転移によるものではない，とする見方も可能である．また，転移が学習者の対象言語習得レベルによって左右されることから，エラーは対象言語の規則を学習することで克服されると主張されることもある．いずれにしても，習得過程における学習者の積極的な関わりが重視されることを意味し，それに伴い行動主義理論の影響を受けた転移（transfer）に代わって，中立的な言語間影響（crosslinguistic influence）という言い回しが用いられることがある．しかし，どの用語を用いるにしても，母語あるいは習得済みの言語が対象言語習得に何らかの影響をおよぼすことは無視できない．どのような場合に，転移が生じやすいのか，その制約を明らかにすることが転移をより正確に把握するカギとなる． ⇨ CONTRASTIVE ANALYSIS HYPOTHESIS; ERROR ANALYSIS; MORPHEME ORDER STUDY; INTERLANGUAGE.

**transition to work**　授業開始 CE

| | | |
|---|---|---|
| Be quite,<br>Keep quiet,<br>Stop talking now,<br>Settle down now, | will you?<br>so that we can start.<br>please. | Let's start today's lesson.<br>Ready? Let's start. |
| No more chatting, | | |

**translation**　翻訳

　日本語から英語，またその逆の方向で一方の言語の意味を他方の言語に移し替える過程，またその結果を指す．文法・訳読式教授法（*Grammar-Translation Method）で多用される翻訳は英語学習の障害になると非難されることが多い．確かに，翻訳が多くなればそれだけ英語の使用場面が少なくなるのであるから，結果的には英語のコミュニケーション能力（*communicative competence）の発達が期待できないことになる．日本語の使用が支配的な教室から，英語を実際の場面で用いる能力と意欲を持った学習者が輩出することはない．このようにして，英語を日本語に置き換え，教師の日本語による説明を学習者が黙って聞くだけという授業を肯定する議論を最近聞くことはない．しかし，語彙，文法，リー

ディングの学習で翻訳が理解の重要な方便になることは，多くの英語学習者にとって真実である．さらに，翻訳はプロの通訳のみでなく，日常生活で多くの人にとって大切な技能と見なされることがある．例えば，商品の英語のラベルを読んで英語を知らない人に説明する，レストランで英語のメニューを英語を知らない人に解説する，さまざまな場面で日本語を知らない外国人と英語を知らない日本人の会話の仲介をする，日本語の表示を理解できないでいる外国人を助けるなど多くの現実的な場面が想定できる．英語学習に成功した人は，誰でも翻訳の能力を所持していると見なされるのが実状である．次に，注目すべきは，翻訳能力は日本人の英語教師が母語話者の英語教師よりもすぐれている領域である点である．簡潔で明確な日本語による説明は，英語学習を促進する重要な手だてとなる．多くの母語話者の持たないこの能力をいかに効果的に使用して，学習者の英語コミュニケーション能力を高めるかは，日本人英語教師にとっての課題でもある．この際に，忘れてならないことは英語教室はできるだけ多く英語で満たすのがよい，また，翻訳は指導の手段であって目的ではない，という点である．⇨ MULTI-COMPETENCE.

## triangulation　トライアンギュレーション

定性的研究（*qualitative research）で被調査者の行動についてより正確で網羅的なデータを得るために複数の研究手法を用いて結果を総合的に分析することを指す．ある活動の様子の口頭報告（self-report）と活動の結果を比較する，口頭報告と他者観察の結果を総合するなどを挙げることができる．⇨ THINK ALOUD TECHNIQUE.

## true-false test　真偽テスト

選択肢に正（true）と誤（false）の2つを用意し，いずれかを選択させて行なう客観的なテスト形式（⇨ OBJECTIVE TEST）．正解が分からなくもいずれかを選べば50％の正答率を確保できるので，受験者の当て推量を招くことになり，それだけテストの妥当性（*validity）と信頼性（*reliability）を低める結果となる．当て推量を防ぐため，正答数の合計を得点とせずに正答数から誤答数を引いた数を得点にするなどの工夫が必要になる．また，選択肢を3個以上の多肢選択形式（⇨ MULTIPLE-CHOICE TEST）にすることも必要になる．

## t-test　t検定

2つの集団の平均値（*mean）の差が統計的に見て有意かどうかを検定する方法．例えば，あるクラスに1週間リスニング訓練を行ない，その直後にテストを行なったところ直前に行なった同じテストの成績よりもよかった．しかし，その差は統計的に見て有意かどうかは単に平均点を

見ていただけでは判断できない．このようなときにt検定を用いる．同一の集団の2回のテストの差の検定は「対応のあるt検定」(paired sample t-test) と呼ばれる．他方，例えば1組と2組の期末テストの平均の差を検定するような場合に用いられるのは「独立2群のt検定」(independent sample t-test) と呼ばれる検定方法である．⇨ ANALYSIS OF VARIANCE; PARAMETRIC TEST.

**t-unit　tユニット**

文の言語的な複雑さの程度を示す指標で，Minimal Terminable Unit とも呼ばれる．独立節 (independent clause) を1つのtユニットと見なし，その独立節に従属節，関係詞節，修飾語句が付加してもtユニットの数は1個と数える．例えば，Ron played a computer game and Jane watched TV. は2つのtユニットであるが，Ron played a computer game while Jane watched TV. は1つのtユニットとして計算される．元来，子供の第1言語のライティングに見られる統語 (*syntax) 発達の測定のために提唱された尺度である (Hunt. 1966)．その後，第2言語学習者のライティングの発達および音声言語の測定にも用いられるようになった．tユニットは次のような組み合わせで能力のさまざまな側面の測定に用いられる．① words in T-unit: tユニット中の語数の平均．② words in error-free T-unit: エラーを含まないtユニット中の語数の平均．③ clause per T-unit: 総tユニットに対する節の割合．④ dependent clause per T-unit: 総tユニットに対する従属節の割合．⑤ error-free T-unit per T-unit: tユニットの総数に対するエラーを含まないtユニットの比率．⑥ errors per T-unit: 総tユニットに対するエラーの割合 (Wolfe-Quintero et al. 1998)．⇨ C-UNIT.

**two-way　（情報の流れが）双方向**　⇨ TASK CLASSIFICATION.

**two way ANOVA　二元配置法**　⇨ ANALYSIS OF VARIANCE.

**type　タイプ**

あるテクスト中に用いられている異なった語の総数．これに対して総語数をトークン (token) と呼んで区別する．例えば，The man works for the bank. の文中の語のタイプは5，トークンは6である．⇨ TYPE-TOKEN RATIO.

**type-token ratio　タイプ・トークン比率**

テクスト中の全体の語数 (token) に対する異なった語 (*type) の割合を意味し，テクストのタイプを示す．語彙密度 (lexical density) とも呼ぶ．一般に，書き言葉は話し言葉よりも高いタイプ・トークン比率の数値を示す．数値が高ければ，そのテクストは内容が濃く，また難度が高

いとも解釈される．この比率は，また，ライティングなどの能力の測定にも用いられる． ⇨ READABILITY; FOREIGNER TALK; TEACHER TALK.

# U

**universal grammar**　普遍文法

　すべての言語に共通する特徴で，ヒトに生得的に備わっている（⇨ IN-NATISM）と生成文法理論（*generative grammar）で仮定される能力．Chomsky の提唱する言語習得理論に基づく．認知的に未発達の状態にいる子供が抽象的な規則体系である言語を一様に習得する．また，ヒトは限られた入力に接しながら，それをはるかに超えた言語知識を獲得する．これは言語習得の論理的問題（logical problem of language acquisition）と呼ばれるようになった．さらに，子供が接する言語入力は言い間違い，あるいは不必要な反復などを多く含み，言語モデルとして理想的とは言えないし，保護者は子供の発話に言語的な修正や訂正を加えることは稀である．このような状況でも子供は母語の言語体系を完璧に獲得する．この現象は，ヒトは生得的に普遍文法を所持していると考えることで初めて説明がつく．

　ヒトに生得的に備わっている普遍文法は，限られた数のあらゆる言語に共通の原理（*principle）と一定の範囲内で言語によって値（value）が変わるパラメター（*parameter）から構成されている．原理はヒトに生得的に備わっているので学ぶ必要はない．パラメターは，それぞれの言語資料に接することでその値が設定される．例えば，主要語（head）と補部（complement）の位置関係に関する主要語パラメター（head parameter）は英語と日本語では異なった値をとる．例を挙げると，英語では buy a book の動詞句で主要語である buy が補部の a book より前に来る主要語先行であるのに対し，日本語では hon-o kau のように主要語が補部の後に来る主要語後行になる．パラメターは，このように言語によってどちらの値をとるかが決まってくる．学習者は，習得する言語の実例に接して，パラメターの値を設定する．以上の理念に基づいた理論を principles and parameters theory（⇨ PRINCIPLES AND PARAMETERS）と呼ぶ．

Chomskyの普遍文法理論は母語習得の説明として提案されたもので，第2言語習得(*second language acquisition)が普遍文法で説明できるか否かは不明であるが，幼児期以降の外国語学習における普遍文法の役割に関しては，特に次の4つの立場が可能である．① 非利用仮説(no access)：普遍文法は第2言語習得では使用できない．普遍文法は年齢とともに衰退し，学習者が第2言語習得で利用できるのはより一般的な問題解決能力(general learning mechanism)である．② 完全利用仮説(full access)：第2言語習得の中で普遍文法は直接活用される．母語と第2言語の習得は基本的には類似しており，学習者の認知的発達度とニーズの違いが両者を区別するにすぎない(⇨ INPUT HYPOTHESIS)．③ 間接的利用仮説(indirect access)：普遍文法は母語をとおして間接的に活用される．その結果，第2言語習得では母語に存在しない原理には接近できず，またパラメターの設定も変更しなければならないことが生じる．④ 部分的利用仮説(partial access)：普遍文法の中で活用される部分とされない部分があり，原理は接近できても，パラメターの設定は使えない部分も生じる(Mitchell & Myles. 1998)．

普遍文法の枠組みに沿った第2言語習得研究は統語分野のごく限られた領域に集中していて，語彙，語形，文型などの英語教育の多くの領域の研究はほとんど行なわれていない．また，研究の多くは言語発達の経路(route)に関するものであり，学習者によって差が著しい習得の速度，到達度などの英語教育に重要な意味を持つ領域は無視されており，具体的な指導方法についての提言はほとんどなされていない．研究の成果をどのように授業に生かすかは今後の課題である．しかし，このタイプの研究は明確な枠組みの中で行なわれるので，その成果を客観的に検討することができ，第2言語習得の過程の解明に役立つことが期待される．
⇨ CORE GRAMMAR.

**uptake** アップテイク

学習者の発話(*utterance)に対する矯正的フィードバック(*feedback)の直後になされる学習者の自己修正と正しい形の使用を言う．アップテイクの生起率はフィードバックの種類によって左右されることが指摘されている．教師の言い直し(*recast)後のアップテイクが30%であるとする調査結果がある一方で，目標言語特徴に関連したエラーの組織的な言い直し(*recast)を含むインタラクション(*interaction)がアップテイク生起率を高めるとする報告もある(Mitchell. 2009)．

**usability** 有用性 ⇨ PRACTICALITY.

**usage-based theory** 用法基盤理論

言語使用の経験をとおして言語体系は形成されるのであり，言語使用と言語知識は不可分とする考え．認知言語学の言語習得モデルで，文法概念は社会的なコミュニケーションの必要性から発生し（emerge），創造的な言語能力は学習者がコミュニケーションの中で経験したおびただしい量の表現を1つずつ習得し，言語使用の経験から使用頻度に基づいて規則性を抽象することから生じてくる．このように，用法基盤理論は生得的な言語習得機構を想定する普遍文法（*universal grammar）と対比される．語彙文法的な実例中心の用法基盤理論に基づく第2言語習得研究は将来的な有効性が指摘され，とりわけ特定の目的のための英語教育（*English for specific purposes）では注目される一方で，実際の言語使用場面に乏しい教室内の英語指導にどのように取り入れるかは今後の研究に待つところが大きい（Ellis, N. 2009）． ⇨ EMERGENTISM.

**U-shaped learning　U字型学習**

学習者はある文法項目を学習する段階で，最初に目標言語の構造に沿った発話（*utterance）を頻繁にするが，次の段階でしばらく標準型を逸脱した形を使用し，その後，再び目標構造を用いるようになる．このようにU字を描くような発達進路は多くの文法項目で観察される．動詞の過去形では次のような発達進路が確認されている．① 過去形の代わりに原形を使う: go, sleep. ② 不規則動詞過去形の使用: went, slept. ③ 過去規則形の過剰一般化: goed, sleeped. ④ 時々混合形を用いる: wented; slepted. ⑤ 正しい不規則過去形を使う: went, slept. ⇨ BACK SLIDING; ERROR ANALYSIS; RESTRUCTURING.

**utterance　発話**

特定の文脈の中で，ヒトが何らかの目的で実際に発する言葉．形態的には，ある話し手が話し始めてから終わるまでの一続きの話で前後にポーズが来る．言語体系の1つの文法単位としての文（*sentence）と対比されることがある．発話は場面が異なれば異なる意味を持つ．これに対して，文（sentence）の意味は文脈に関係なく一定していると言われる．

# V

**validity　妥当性**

　テストが具備すべき3つの条件の1つ．他の2つは実用性（*practicality）と信頼性（*reliability）．妥当性とはテストが測定することや意図していることを実際に測定している程度．例えば，リスニング・テストで実際に英語のやりとりを聞いてどの程度理解できるかを試すテストは，筆記テストで英文を与えて上昇調か下降調かを問うテストよりも妥当性は高くなると言ってよい．妥当性は次のようないくつもの観点から検討できる．① content validity（内容的妥当性）：テストしようとする内容を適切に測定している程度を指す．例えば，未学習の事項を多く含んだ到達度テスト（*achievement test）は内容的妥当性が低いと言える．② predictive validity（予測的妥当性）：テストの得点が将来の能力の発達をどの程度予測できるかに関する妥当性で，入学試験の英語の成績が入学後の英語学習の成績と高い相関を示すならば，そのテストは予測的妥当性が高い．③ concurrent validity（併存的妥当性）：類似した他の信頼できるテストとの相関がどの程度あるか（⇨ CORRELATION COEFFICIENT）を示す指標（静・竹内・吉澤，2001）．

***values clarification*　価値観解明**

　スピーキング活動（*speaking activity）の1つ．自分の価値観に気づくことで自己を啓発し，仲間と話し合ってよりよい人間関係を築くことにもつながる．次の "unfinished sentences" は，未完の文を自分の立場で完結させ，仲間と比較する活動である．

---

If I had 24 hours to live ....................................................................
I feel best when people .......................................................................
I have never ........................................................................................
The thing that worries me most is ...................................................
I like people who ...............................................................................

---

> I get very angry if ..................................................................

(Klippel. 1984)

**variance　分散**
　標準偏差（*standard deviation）を二乗した値．平均からの得点のばらつきの程度を示す．

**variation　変動性**
　第2言語習得および産出に際し，学習者の発話が状況や条件によって安定せずに変化する状態．変動性は中間言語（*interlanguage）の特徴の1つであり，時間を追って言語学習が進行する様子を示す証しとも言える．また，学習のある時点で学習者の発話が I no can do this. 〜 I don't can do this. のように変動する場合もある．いずれの形を用いるか理由が明確でない変動を自由変動（free variation）と呼び，特に新しい項目の習得の初期の段階で新旧の形が混在する場合に顕著に認められる．一方，状況によって使い分けが定まっている変動を体系的変動（systematic variation）と呼ぶ．⇨ BACKSLIDING; DEVELOPMENTAL SEQUENCE.

**video　ビデオ**
　教科書に付随したビデオに加え，多くの英語教育用のビデオが利用できる．ビデオは，英語圏の風物習慣，日常生活の場面を即座にスクリーンをとおして教室内に再現して，現実感を高めることができる．そこで実際に使われている英語を音声で伝えることによって，生きた（⇨ AUTHENTICITY）英語を学習者に届け，表情，動作などパラ言語的（⇨ PARALANGUAGE）な要素を同時に情報として伝えることによって，学習者の理解の助けになる．実際の場面で用いられる英語に接することで文化理解（⇨ INTERCULTURAL UNDERSTANDING）を促すなどの利点も持つ．また，再生が何度でも可能な点も大きな強みである．さらに，ビデオを使ってスキット，学校紹介などの作品を作るならば，英語を使う喜びが増し，有効な動機づけ（*motivation）になる．

　再生機能を用いる場合には，次のような活動が考えられる．① 特定の箇所を繰り返し再生し，聞き取り，反復を行なう．② 映像のみを映して話の内容を予測した後で音声を再生して比較する．③ 音声のみを再生して場面を話し合わせた後で映像も見て比較する．④ キャプション付きのビデオは CC ディコーダーを用いて，最初はキャプションを見せ，2度目は音声のみで聴視させるなどの変化を与える

　ビデオの録画カメラを活用することで次のような活動が可能になる．① 言語活動のスキットをグループで演じるのを録画して，再生してクラ

スで視聴する．② *ALT とのやりとりを録画，編集して，生きた英語に現実的な状況のもとで接する機会を与える．事前に台本を作り，ALT と打ち合せ，また，場面を設定し，連続した一連の言語場面を構成するなどの工夫でよりよいものができる．③ ニュース番組，インタビュー (*interview) などのプロジェクト (*project-based learning) を実施する．④ さまざまな場面で，コミュニケーション活動 (*communication activity) などの学習場面を録画し，適宜再生してモティベーションを高め，評価にも活用する．このような活動をとおして，コミュニケーションを実現した喜びを英語習得に結びつけることになる．

**virtual learning　仮想学習／バーチャル・ラーニング**

　教師と学習者が同じ場所で対面して実施される通常の教授・学習と異なり，両者が離れた状態でインターネット (*internet) などの情報機器を媒介にして，あたかも現実の教室を再現するような形で行なわれる学習方式を指す．高度な情報機器の普及とソフトウェア開発の進展に伴い，一部の教育機関において急速に実施されるようになった．仮想学習にはいくつかの利点がある．① 学習者が学校で指定された時間割にしたがう必要がなく，都合のよい時間帯を自由に設定して学習に参加できる．② 自己の学習速度に合わせて，最も適切な速度と分量の学習に専念できる．③ 仲間との競争意識，それに伴う学習中に感じる不安 (*anxiety)，間違いを仲間に笑われることへの懸念などの否定的な感情から解放されて，自由に学習に打ち込むことができる．

　しかし，次のような解決すべき課題も忘れてはならない．① コース全体を市販の教材でカバーすることは現実的ではない．また，各学習者に適した包括的な教材の開発が十分ではない．さらに，運用に際し専門的な技術と多額の費用を必要とするため，個々の教師が手軽に教材を作成するのは容易なことではない．② 言語習得に必要とされる教師と学習者の相互交流の実現が容易でない (⇨ INTERACTION HYPOTHESIS)．③ 学習の成果をチェックする学習管理システムが備わったコースウェアであっても，学習結果に基づいて学習者の相談に乗り，適切な助言を行なう必要がある．このためにはビデオ会議 (video conferencing) 方式を用いることも可能であるが，頻繁に直接面接を行なうことも重要になる．したがって，従来方式の指導を何らかの形で維持する必要がある．④ 孤立した状態での学習に孤独感を覚え，学習に対する意欲が維持できなくなる学習者に対するケアは重要であるが，実際は困難なことが多い (⇨ MOTIVATION)．そのため，従来に増して，学習者の自律性 (*learner autonomy) 養成のための準備が必要になる．

　以上の諸点を考慮に入れるとき，当面，バーチャル・ラーニングは従

来型の授業形態を補完する役割を持つことになるであろう．⇨ COMPUTER-MEDIATED COMMUNICATION.

## vocabulary　語彙

　　英語の運用能力の中心に位置するのが語彙力である．したがって，現代の英語教育にあってその増強はとりわけ大切な目標になる．オーディオリンガル教授法（*Audiolingual Method）では，学習の初期段階では英語の構造に習熟することが最も大切であり，語彙は必要最低限にとどめるべきだとする考えに基づき，語彙の指導は軽んじられた．しかし，近年コミュニケーション重視の英語教育（⇨ COMMUNICATIVE LANGUAGE TEACHING）で語彙の重要性が強調されるようになってきた．

　　語彙には必要に応じて自然に身につく面がある．このタイプの習得を付随的学習（*incidental learning）と呼ぶ．しかし，英語に触れる機会の少ない生徒には，授業中に語彙指導を行なうことによって語彙学習を促す，すなわち，意図的語彙学習（*intentional vocabulary learning）の機会を計画的に提供する必要がある．

　　学習者は英語学習の早い段階で2000語程度の高頻度の発表語彙（*productive vocabulary）を習得すべきだと多くの学者が指摘している．2000語程度の基本語彙があれば日常生活で接する英語の80％が理解できる．これに対して，500語程度ではほとんど使いものにならない，と言われている（Meara. 1995）．2000語の最低線確保までは，集中的な意図的語彙学習を授業の一環として行なうのがよい．大学レベルでは，さらに1000語の基本語彙（cf. Coxhead: *Academic Word List*）と低頻度の語彙を処理するストラテジー（⇨ LEARNING STRATEGY）の習得が必要であると考えられる．

　　また，個々の単語を切り離して学習するよりも，関連する語をまとめた学習が望ましい．これは，例えば swim, swims, swam, swum, swimming を1つのワード・ファミリー（*word family）として捉える視点である．語彙単位を数える際には1つの ワード・ファミリー を1語と数える学者もいる．

　　語彙知識は複雑な要因によって構成されている．この知識を念頭においた指導が大切である．Ur（1996）は指導の視点を次の6点にまとめている．① 発音や綴りなどの語の形態．② 品詞，選択制限などの語の文法．③ 連語（*collocation）関係．④ 辞書的意味，暗示的意味，適切さ（*appropriateness）．⑤ 同義語，反義語，下位語，上位語などの意味関係．⑥ 語形成．

　　語彙習得は累加的過程である．文脈の助けを借りて語義を想起する段

階から，文脈外でその意味や用法まで認知する段階，さらに適切な場面で用いる段階にまでおよぶ．また，聞いたり読んだりするために用いる受容語彙（*receptive vocabulary）よりも話したり書いたりするために用いる発表語彙はより高い習熟度を要求する．特定の語を教える際には，その語の使用頻度や学習者のレベルを頭に入れておく必要がある．⇨ FLASHCARD; INTRODUCTION OF VOCABULARY; VOCABULARYACTIVITY.

## vocabulary activity　語彙活動

語彙活動は次の4つのタイプに分類できる．

(1)　形態重視活動
・語の発音：モデルについて何度も発音練習をする．
・認知：フラッシュカード（*flashcard）で提示される語を正確に認知する．
・ディクテーション（*dictation）：教師の読み上げる語を正確に書く．
・表記入

（例）
| 次の表の空欄に適語を入れよ．（何も入らない部分もある） |||| 
| --- | --- | --- | --- |
| Noun | Verb | Adjective | Adverb |
|  | describe |  |  |
| agreement |  |  |  |
|  |  | peaceful |  |
|  |  |  | intensely |

・単語分析

（例）
次の語をできるだけ小さな単位に分解し，それぞれの単位の意味を考えよ．
unbelievable, carelessness, disappointment, reorganization

(2)　意味重視活動
・Grouping：単語をさまざまなクラスに分類することで語彙を整理し，同時に何度も接することで記憶の助けになる．

（例）
下の Word list 中の語を次の観点で分類せよ
・things I like
・things I don't like
・things I have
・things I don't have
Word list:（省略）

分類の基準は，単語リストに応じて適宜設定する．また，学習者が自由に基準を設定することで異なった分類ができる．各学習者の設定した基準をクラスで比較すると語彙に対する興味を喚起できる．

・"Odd Word Out"

(例)
> できるだけ早く読んで，各行で他と異なる語を見つけよ．
> red blue paper green yellow black
> hat gloves coat book shirt shoes
> train radio car ship airplane bicycle
> violin piano football guitar drum trumpet
> male eyes ears arms legs feet
> snow rain sunshine wind potato ice

・Definition

(例)
> 次の定義に合う語を下から選べ．
> a person whose job is to receive and pay out money in a shop, bank, etc. ＿＿
> a person who receives people arriving in an office, hotel, etc. ＿＿
> a person who controls business ＿＿
> [receptionist; manager; cashier]

定義文に相当する語をテキストから選ばせる活動もある．

・Synonyms; antonyms: 対応する同義語，反義語を語群中から見つける．テクストを対象に同様の活動を行なうこともできる．

・Collocation

(例)
> 次の語を下の文の空所に入れよ．異なった語が入る文もある．
> 
> job, work, labor, occupation, position, task, employment
> 
> a. That job requires hard physical ＿＿＿．
> b. In today's ＿＿＿ market, computer skills are important.
> c. I'll meet you for dinner after ＿＿＿ today.

(Decarrico. 2002)

・Semantic map: 次例のように，特定の語を出発点にして，教師と学習者，あるいは学習者同士で連想される語を次々に提示して意味地図(*semantic map)を作り，語のネットワークを作り上げる．

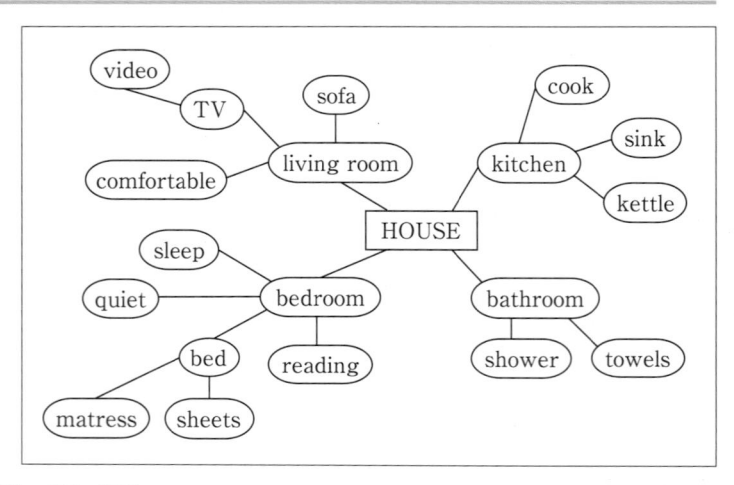

```
                video    sofa              cook
                 TV                              sink
                    living room    kitchen
        comfortable                          kettle
                          HOUSE
              sleep
       quiet    bedroom         bathroom
          bed      reading    shower   towels
   matress  sheets
```

(3) 綴り確認
・Reordering

(例)
アルファベットを並べ替えて単語を作れ.
　　　　b n o r w ＿＿＿＿＿＿＿
　　　　f i r t u ＿＿＿＿＿＿＿

・Games: bingo, クロス・ワードパズル (*cross-word puzzle) などの各種言葉遊び (*language play) がある.

(4) Vocabulary notebook

　単語帳は英単語と対応する日本語, 文例などを記入することが多い. ルーズリーフ形式のファイルを用いて単語の整理を何段階かに分けて行なうと, 語彙力を伸ばすのに効果的である. 単語数が増加するにつれて, 設定する項目も次第に細分化したり単語をアルファベット順に整理したりする. このような訂正活動を行なうことで単語に繰り返し接触する機会が増え, そのことによって, 語彙習得の促進が図られる. 究極的には個々の学習者の特注の My wordbook ができあがる.

## vowel　母音

　声門に振動を伴い, 呼気が口腔中で調音器官の妨害を受けずに自由に口の中央から出ることで生じる音声. 母音は音節 (*syllable) の中核を形成する. 母音の発声には声帯が振動し, 呼気が声道を通って外に抜けるまでその流れはさえぎられることはない. また, 母音は音節 (syllable) の中核 (core) を形成する働きを持つ. これに対して, 子音の発声では調

音器官のいずれかの部分で呼気の流れが中断されたり，声道が著しく狭められるため摩擦を生じたりする．また，成節子音（*syllabic consonant）のように音節を形成する子音もあるが，普通，子音は音節の核にはならない．

　日本語の母音数が5に対し，英語は14〜15ある．そのことが日本人学習者の英語の母音習得を困難にする．母音は舌のどの部分（前 [front]，中 [central]，後 [back]）が口蓋にどの程度接近（高 [high]，中 [mid]，低 [low]）するか，その際，唇がどのような形をとるか（円唇 [rounded]，非円唇 [unrounded]）の観点で分類される．次の母音チャートはアメリカ英語の母音の舌の位置を示す．

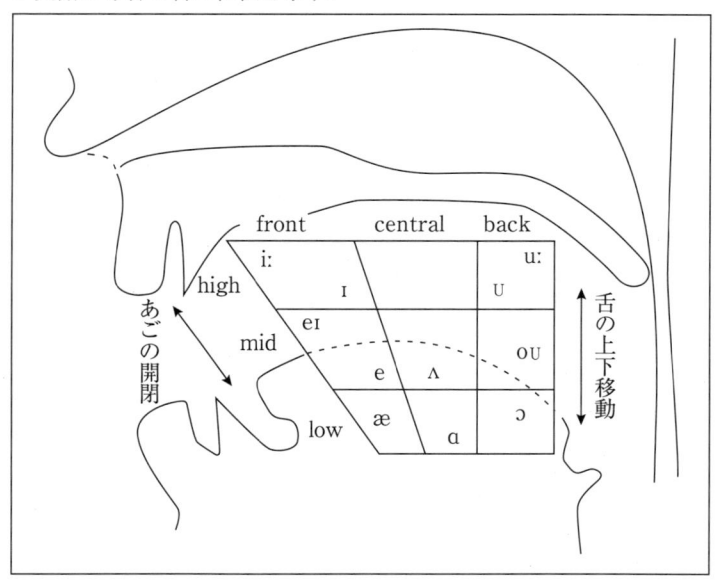

（母音チャート）

　母音の発音指導の詳細は発音指導（*pronunciation instruction）を参照．個々の母音について教師が与えるヒントを下に掲げる．

**vowel**

| 音 | 例 | 指導のヒント |
|---|---|---|
| /iː/ | heat, he | 「イ（ー）」よりも唇を横に引く |
| /ɪ/ | hit, fin | 小指の先が入るほど口を開く |
| /eɪ/ | rain, gate | /e/ を強く長く，/ɪ/ は弱く，短く |
| /e/ | get, said | 親指を横にして入るほど口を開く |
| /æ/ | cat, sad | 親指の先を縦にくわえるほど口を開き，長めに発音する |
| /ɑ/ | hot, want | 口を縦に大きく開く，唇は丸めない |
| /əːr/ | hurt, bird | 口を半開きにして，舌先をそらす．（英）ではそらさない |
| /ʌ/ | hut, bud | 口を半開きにし，「ア」と「オ」の中間 |
| /ɔ/ | thought, talk | 口を縦に大きく開き，唇を丸める |
| /oʊ/ | boat, low | /o/ を強く長く，/ʊ/ は弱く，短く．（英）では /əʊ/ |
| /ʊ/ | look, good | 唇を丸めて「ウ」 |
| /uː/ | food, lose | 唇をすぼめて丸め，前に突き出す |
| /aɪ/ | eye, pie | /a/ を強く長く，/ɪ/ の方向に舌を移動 |
| /aʊ/ | cow, how | /a/ を強く長く，/ʊ/ の方向に舌を移動 |
| /ɔɪ/ | boy, coin | /o/ を強く長く，/ɪ/ の方向に舌を移動 |
| /ɪə/ | ear, hear | /ɪ/ を強く，第2要素は軽く添える．「イア」ではない |
| /eə/ | air, where | /e/ を強く，第2要素は軽く添える．「エア」ではない |
| /ʊə/ | poor, tour | /ʊ/ を強く，第2要素は軽く添える．「ウア」ではない |
| /ə/ | sofa, about | 口を半開き，弱く，短く |

⇨ CONSONANT; PRONUNCIATION; PRONUNCIATION INSTRUCTION.

# W

**wait time** 待ち時間

　教師が発問や課題（\*task）を提示した後に学習者を指名したり，別の発問や課題に切り替えるまでの時間．学習者が解答する際にエラーをおかしたり躊躇するとき，5～10秒の待ち時間を与えることで学習者の正解する率が高まったことが報告されている（Holley & King. 1974）．
⇨ CLASSROOM RESEARCH.

**warm-up** ウォーム・アップ

　授業の始めに行なわれるあいさつや出席調査などの活動．warm-up は，次のような目的を持つ．① 学級管理：出欠調査をしながら，学習者に話しかけ様子を把握する．また，窓の開閉，照明の調節，机・椅子の整理などの教室環境を整える．英語の指示を与えて学習者を動かす（⇨ CLASSROOM MANAGEMENT）．② レディネスの形成：英語の歌（⇨ MUSIC）や簡単なゲーム（⇨ GAME），なぞなぞ（\*riddle），早口言葉（\*tongue twister），全身反応教授法（\*Total Physical Response）などをとおして本時の授業に学習者が積極的に参加しようとする雰囲気を作る．③ 英語をとおしてのコミュニケーション：英語であいさつや最近の出来事など生徒が興味を持っている話題を選んで，気軽に話し合う．学習者に毎時間スピーチを行なわせることもできる（⇨ SPEECH）．④ 自然な言語習得の実現：興味のある話題を与え，楽しい活動に従事させながら意味の理解を中心におく英語による相互交流（\*interaction）が，学習者に備わっている言語習得能力の活性化に役立つ．

　次に，具体的な活動例を示す．学習者の様子を注意して見て，次のように学習者の特徴を捉えたやりとりを行なう．

　T: Oh, you have your hair cut short, Takeshi. I like your hair style better. When did you go to the barber's?
　S: No, I didn't go to the barber's.
　T: But your hair is short. Did you cut your hair?

S: No. My mother cut it.
 T: Oh, really! Wonderful!

学習者の毎日の生活，休日の過ごしかた，出欠，所持品，趣味などの他に，教師自身の話も加えることができる．通勤途中の出来事，家庭の様子，趣味などに生徒は大変興味を示す．教師による短時間の英語のおしゃべりを毎時間入れるのがよい．学習者から自由に質問を受けることで次第に自然なコミュニケーションを英語で行なえるようになる．次例参照．

 T: I usually get up at 6:00 weekdays, that is, when we have school. Usually I prepare breakfast. My wife has to wake up our children and look after them. They are small. We have breakfast at 6:45 and leave home at 7:30. I take one of my children to the nursery, that is, hoikuen in my car. I get to school at 8:20.
 S: May I ask you a question?
 T: Yes, please.
 S: You have two children and one of your children goes to hoikuen. Does the other child stay at home?
 T: No. She goes to kindergarten, that is yochien. My wife goes with her on her way to work.
 S: I see.

warm-up として生徒に短いスピーチをさせる場合に手元に品物や絵をおいて説明するような場面を設定すると聞き取りやすくなるだけでなく，話し手にとっても自然な場面のなかで話しやすくなる．

## washback　波及効果

テストの結果が授業におよぼす影響．特定の形式，内容がテストに多用されれば，授業中にその特徴を持った活動に積極的に参加するが，出題されない活動には注意を払わなくなる．授業中にコミュニケーション活動（*communication activity）を多用しても，テストに反映されなければ多くの学習者は関心を示さなくなるという否定的波及効果（negative washback）をもたらす．これに対して，テストに出題される可能性の高い項目の学習に授業中に意欲的に取り組むのは肯定的波及効果（positive washback）の例である．backwash とも言う．

## *Waystage*　ウェイステージ

欧州会議（Council of Europe）で制定された外国語習得レベルで，日常生活で必要とされる基本的なコミュニケーション・スキルの習熟度を示す．180〜200 時間の学習量を必要とする．スレッショールド・レベル

(\*_Threshold Level_) に到達するまでの中間地点であるが，差し迫ったコミュニケーション場面に対応できる外国語習得レベルとなっている．_Threshold Level_ と同様に，概念・機能中心のシラバス (\*notional-functional syllabus) の1つで，特に初級レベルの教材編成，教育課程設定に強い影響力を持つ (Van Ek & Trim. 1991)．共通参照枠レベル (\*Common Reference Level) の A2 に該当する．

**Webquest　ウェブクウェスト**

あらかじめ整理された情報を駆使してインターネット上で学習者が特定の課題の解決に取り組む探求的問題解決的な学習を指す．教師があらかじめ課題を紹介し，学習者に探索可能なサイトを提供しておく．ウェブクウェストは基本的に，① 学習目標を設定し，学習者の興味を引き出し，背景知識を与える introduction, ② 達成可能な課題を設定し最終目標を明記した task, ③ 課題達成に必要な情報資源を示す resource, ④ 課題解決のための情報の入手方法や手順，答えの導き方などを提示する process, ⑤ 課題達成度を基準に基づいて評価する evaluation から構成されている．個人学習 (⇨ INDIVIDUALIZATION) に加え，課題によっては共同学習 (⇨ COOPERATIVE LANGUAGE LEARNING) を促進することで学習方法の多様化が図れる．課題解決にあたり4技能の統合的な運用を必然的に実現するタスク中心の教授法 (\*Task-Based Instruction) の1タイプでもある．⇨ CALL, INTERNET.

**Wernicke's area　ウェルニッケ野**

左脳の側頭葉上部にある側頭平面から上側頭回後部にかけての部位．話し言葉の理解に関わる部位．ウェルニッケ野に障害を持った患者は自然な音調と正常な語順の文を産出するものの，それらは意味を伴っていないことがドイツの医師 Welnicke の研究により明らかにされたことに因む (酒井．2002)．⇨ APHASIA; BROCA'S AREA.

**Whole Language Approach　ホール・ランゲージ教授法**

アメリカの初等母語教育に端を発し，言語を文法，語彙，音声などに分けて分析的に扱うのでなく，"まるごと" 教えることの重要性を訴える．その後，中等教育，そして外国語教育にもこの考えを取り入れるようになった．学習者の興味を引く本物の (⇨ AUTHENTICITY) 読み物，とりわけ文学作品を取り上げ，仲間と共同で理解を進め，またその間に自由に討議し，まとめや感想を書くといったまとまりのある活動の中で統合的に言葉の学習を押し進める．⇨ CONSTRUCTIVISM.

**willingness to communicate　コミュニケーション意欲**

WTC と略す．第2言語でコミュニケーションを実際に行なおうとす

る意志（WTC）はコミュニケーション能力（*communicative competence）と同義ではない．コミュニケーション能力が備わっていても積極的に相手とコミュニケーションを図ることを回避する学習者がいる一方で，同等のコミュニケーション能力保持者でコミュニケーションを楽しむ学習者もいる．WTCはコミュニケーション能力とこの能力を実際に用いることの間にある仲介的な要因を指す．WTCに強い影響をおよぼす要因として，コミュニケーションに際しての不安と知覚されたコミュニケーション能力などが挙げられる．学習者の発話に対し適切なフィードバック（*feedback）を与え，他の学習者との良好な人間関係を維持する教室環境，また学習者が能力を発揮できる学習活動の設定などが不安の軽減につながる．この点で，教師の役割は重要である（Dörnyei. 2005）．

## word family　ワード・ファミリー

語彙サイズ測定のための基準の1つ．一般的に，密接に関連した語の集合で，主要語（headword）とその屈折形と派生形を含む．mend, mends, mending, mendable, unmendable は1つのワード・ファミリーを形成する．⇨ LEMMA; TYPE; TOKEN; VOCABULARY.

## working memory　ワーキング・メモリー

短期記憶（*short-term memory）を発展させたモデルで，言語処理などの高次の認知活動で必要とされる情報の短期的な貯蔵と操作を指す．ワーキング・メモリーはいくつかの下位システムから構成されている．音韻ループ（phonological loop）は言語および聴覚的な情報を一時的に貯蔵する．文字などの視覚的情報も聴覚的な情報に変えて貯蔵する．貯蔵された情報は短時間で消失するので，維持するためにたえず内的なリハーサルが行なわれる．視覚空間的記銘メモ（visuospatial sketchpad）は，図や絵などの視覚的，空間的情報を統合して一時的に貯蔵する．中央実行系（central executive）は，上記の音韻ループと視覚空間的記銘メモの下位システムを管理・統括するとともに，リーディングなどの複雑な認知課題を遂行するために長期記憶の情報を取り込む重要な任務をおびる．また，管理部門を担当する中央実行系の貯蔵部門を担当するエピソード・バッファ（episodic buffer）を加えたモデルが提案されている．エピソード・バッファは長期記憶を含むさまざまなソースからの情報を，多面的な1つの記号，即ち，エピソードにまとめる働きをする（Dörnyei. 2009, 小池. 2003）．⇨ MEMORY; LONG-TERM MEMORY.

## World Englishes　世界英語

国際語としての英語（*English as an international language [EIL]）が世界中に急速に広がる中で，イギリス，アメリカなどのいわゆる英語圏

で用いられる英語のみならず，世界各地で用いられている多様な英語を正統な英語として認めようとする考えを指し，Kachru によって最初に提唱された．World Englishes は英語が用いられる地域を英語の歴史的な脈絡に加え，異なった地域におけるさまざまな社会文化的領域において英語が果たす機能の観点を考慮して同心円状に3つのグループに分けられる．① Inner Circle（内円）：英語を第1言語（母語）とする地域でイギリス，アメリカ，オーストラリア，ニュージーランド，カナダなどの地域．② Outer Circle（外円）：イギリスやアメリカの旧植民地やその影響を強く受けた地域でインド，ケニア，ナイジェリア，シンガポールなどが含まれる．この地域では英語が公用語として，あるいは現地語の追加言語として教育，行政，司法などの公の場面で広く用いられている．③ Expanding Circle（拡張円）：旧植民地ではないが，西洋の影響を受けて学術，商取引，高等教育の場面で英語使用が急速に拡大している地域で，アラブ諸国，中国，ヨーロッパ地域，日本，韓国，中南米諸国を含み，この地域では英語は公用語としては用いられない．中心円で用いられる British English, American English, Canadian English, Australian English, New Zealand English のみならず，シンガポール，インド，パキスタン，フィリピン，ナイジェリア，フィジーなどの旧植民地や旧統治国で使われる英語も正統な英語に含まれる（Kachru. 1992）．世界における英語の多様性を強調する World Englishes の概念は，英語教育にも大きな影響をおよぼすと考えられる．また，各種試験は従来，英語力の測定基準として British English, American English などの模範となる目標言語（target language）を用いてきた．言語学習の成果はこの目標にどの程度接近したかで測定されてきた．World Englishes の観点からはこうした従来の基準は再検討を迫られることになるであろう．

**writing　ライティング**

　ある目的のために伝えたい内容を文字で記録し，読み手に伝える過程や活動．その過程は活動の目的にもよるが，一般的に複雑な，多くの段階をたどる．それは次のようにまとめることができる．① どんな内容を盛り込むか決める．② 考えをまとめて順序づける．③ 最初の下書きをする．④ 内容を編集して整理する．⑤ 再び下書きする．⑥ 言葉遣いや文法の誤りを編集する．⑦ 完成させる．

　実際のライティングでは，置かれた状況や個人差などで，いくつかの段階をはずしたり，また各段階は順序よく一定の方向に進むのではなく，行きつ，戻りつしながらの複雑な段階を経る．しかし，この過程はライティングには準備段階が重要なこと，推敲を重ねて次第に整った形にな

ること，また，完成した最終作品（product）に至るまでの途中の過程（process）が指導の大切な領域であることなどを示している．

ライティングには次の3点の知識が必要である．① 書こうとする内容（content knowledge）．② 誰に対して，何のために（context knowledge）書くのか．③ 文法，語彙（language system knowledge）．

ライティングの下位技能（*micro-skill）の主なものを列挙する．
1. 英語の書記法（アルファベット，句読点など）を知っている．
2. 語彙の綴りを知って，適切な順序に語を並べることができる．
3. 英語の文法を用いて正しい英文を書くことができる．
4. 複数の文の間に形式上のまとまり（⇨ COHESION）をつけることができる．
5. まとまりのあるテクストを作ることができる．
6. 読み手に理解しやすいように書くことができる．
7. 目的に合った適切な表現と形式を用いることができる．
8. 重要な内容を的確に伝えることができる．
9. 主題文（topic sentence），支持文（supporting details）などを論理的に配置して適切なパラグラフを作ることができる．

ライティングはスピーキングと並んで産出技能（productive skill）に分類されるが，それはライティングがスピーキングを文字化したものという意味ではない．両者には多くの相違点がある．両者の相違点およびライティングの主な特徴を挙げれば次のようになる．① スピーキングはその場限りであるが，ライティングは長い間残る．② 読み手が離れたところにいるため，整理して，明確に情報を伝えなければならない．そのため，ライティングの作業は高度に知的な過程を必要とする．③ 日常のスピーキングは反復や言い換えが多く，内容が冗長なことが多いのに対して，ライティングは内容が凝縮されることが多い．⇨ SPEAKING ACTIVITY.

ライティングの指導は次の3つのタイプに大別できる．① product approach：課題（*task）を与えて，ライティングの結果を点検し，評価する伝統的な指導法（⇨ PRODUCT APPROACH TO WRITING）．② process approach：最終的な作品に至るまでの途中の段階の指導を重視し，ライティングの技術の習得をめざす方法（⇨ PROCESS APPROACH TO WRITING）．③ genre-based approach：学習者が将来必要とするライティングのタイプを想定して，実際的な課題として取り組ませる指導法（⇨ GENRE-BASED APPROACH TO WRITING）．

**writing activity** ライティング活動

教室内で行なわれるライティングの活動には次のようなものがある．

1. 学習事項の理解と記憶のための活動
   (1) 単語，文法，構文などの学習項目の定着
   ・板書事項を書き写す．
   ・何度も単語や基本文を書いて覚える．
   ・文法練習を書いて行なう．
   (2) 教師による学習状況の点検
   ・各種宿題の提出
   ・テストの解答
2. ライティング・スキル養成のための活動
   (1) 語，文レベル
   ・筆写（*copying）
   ・各種ディクテーション（*dictation）
   ・統制ライティング（*controlled writing）
   (2) テクスト・レベル
     (a) 自己宛ライティング
       ・各種メモ（*memos）
       ・日記（diary, *journal）
     (b) 読者想定ライティング
       ・個人的レベル（例：メモ，絵はがき，手紙）（⇨ PERSONAL WRITING）
       ・公的レベル（例：各種書式記入，願書，推薦書，投書，報告書，指示文，説明文）（⇨ PUBLIC WRITING）
       ・創作（例：エッセイ，詩，スキットなどの脚本，文集，新聞，感想文）

**writing assessment**　⇨ ASSESSMENT OF WRITING.

# Z

**Zone of Proximal Development　最近接発達領域**

　　学力や能力には，学習者が独力でできる部分（A）と，教師や自分よりも進んだ仲間からの助けがあればできる部分（B）と，さらに他からの援助を得ても達成不可能な部分（C）がある．Aは現実の学力を指し，Bは指導や援助の効果が期待できる領域である．この部分を最近接発達領域と呼ぶ．BをAに転換するためになされる適切な指導や援助（＝足場［scaffolding］）の結果として，それまでCであった部分がBに変異し，指導可能な部分になる．⇨ SOCIOCULTURAL THEORY.

**ZPD**　＝ ZONE OF PROXIMAL DEVELOPMENT.

**z score　z 得点**

　　素点が平均値（*mean）からどのくらい離れているかを標準偏差（*standard deviation）を単位として計算したもの．標準得点（*standard score）の1つ．

**指導案1**

# 小学校英語（第5学年）

指導者　米山朝二

1. **ねらい**：数字，品物の名称を復習して，買い物ごっこを楽しむ．買い物に用いる個々の表現はすでに学習済みである．ここでは，それをまとめて用いることをめざす．
2. **準備するもの**：絵カード；商品（実物，ぬいぐるみ，玩具など）；値段ラベル；おもちゃの1ドル札；店の看板．
3. **指導手順**

| セクション | 児童の活動 | 教師の指導 |
|---|---|---|
| ウォーム・アップ<br>（3分） | ・あいさつ<br>Good morning.<br>Fine, thank you. How are you?<br>・歌を歌う<br>（Ten Little Indian Boys の替え歌） | Good morning, everybody.<br>How are you today?<br>Fine, thank you. Let's enjoy today's lesson.<br>Let's sing Ten Little Teddy Bears together.<br>（児童は毎時間歌っているので慣れている．教師も一緒に歌う） |
| 復習<br>（5分） | ・次の単語の絵カードを見て英語で言う<br>(1) banana, apple, orange, pineapple, strawberry<br>(2) pencil, ruler, eraser, notebook, paste<br>(3) ice cream, juice, cake, chocolate, candy<br>(4) dog, cat, bird, hamster, goldfish | 絵カードを次々に見せて，素早く言えるようになるまで練習する．ALTがモデルを示す．<br>(1)〜(4)ごとに練習して，絵を見ないでいくつ思い出せるか，言わせる． |
| 練習<br>（10分） | ・買い物のやりとりを聞いて理解する<br>客：Good morning.<br>店員：Good morning. May I | JTEとALTは左のやりとりをジェスチャーを交え，役割を交代しながら反復する．次に，下線部の品物を変えてモ |

| | | |
|---|---|---|
| | help you?<br>客：I want <u>a dog</u>.<br>店員：This is <u>a good dog</u>.<br>客：How much is it?<br>店員：It's <u>10 dollars</u>.<br>客：Here you are.<br>店員：Thank you very much.<br>客：Thank you. Bye.<br>店員：Bye.<br><br>・右の手順をヒントにしてやりとりを英語で言う練習をする． | デルを十分聞かせる．児童が慣れてきたら，ALTのあとをついて反復練習を行う．<br>次の会話の手順を示す<br><br>> あいさつ<br>> 欲しいものを言う<br>> 品物を勧める<br>> 値段を尋ねる<br>> お金を払う<br>> お礼を言う<br>> あいさつ<br><br>(文字が読めるクラスであれば，左のやりとりを板書して示す) |
| 活動<br>(20分) | ・客と店員に分かれる．客はそれぞれ30ドルのオモチャの札を1ドル紙幣で受け取る．店員は八百屋，菓子屋，文具店，ペットショップに各3名配置．<br>・客の児童は店舗を回り，買い物をする．店員は交代して客に応対する．<br>・店員と客の役割交代をして，活動を続ける． | 事前にドル紙幣，各店舗の商品を複数準備し，商品には値段ラベルを付けておく．また，店舗は教室の4隅に設置し，見やすい看板を付けておく．<br>手分けして，買い物がうまく行なわれるように適宜支援する． |
| まとめ<br>(2分) | ・買い物がうまくできたか話しあう<br>・あいさつ<br>Good bye. | Good bye, class.<br>I'll see you next week. |

## 4. 評価の観点

・児童が英語ではっきりとやりとりして，目指す商品を買うことができたか．
・楽しんで買い物をしていたか．

指導案2

# 小学校英語（第6学年）

指導者　米山朝二

1. **ねらい**：英語を使って将来の夢を友達と語り合う．このねらいを実現するため，聞いて理解する活動を十分に用意するとともに，適切なモデルを豊富に提供することで児童が安心して授業に臨めるように配慮する．
2. **準備するもの**：各種職業を図示した一覧表；児童の志望職業，志望の理由を事前に調査し，対応する英語表現を準備しておく．
3. **指導手順**

| セクション | 児童の活動 | 教師の指導 |
|---|---|---|
| ウォーム・アップ<br>（5分） | ・あいさつ<br>Good afternoon.<br><br>Fine, thank you. And you?<br>Yes, it is.<br>Yes, we did. / No, we didn't.<br><br>I read a book in the library.<br><br>動作を付けて歌う． | Good afternoon, class.<br><br>How are you today?<br>Fine, too, thank you. It's a beautiful day, isn't it?<br>Did you play outside after lunch?<br><br>What did you do, ___?<br>Good. OK. Now let's enjoy today's English lesson.<br>First, let's sing "Mulberry Bush". |
| 聞き取り活動（10分） | ・Who am I?（わたしは誰でしょう）<br>Alfred, Helen, Charles, Emily, Fred, Jillと2〜4列の語句の発音練習と意味の確認を行ない，表の意味をよく理解する． | 聞き取りゲームをやりましょう．手元の表をよく見て下さい．左に名前が書いてあります．私のあとについて何度も発音してみましょう．表の2つ目の欄にはそれぞれの人物が欲しいものが，3つ目の欄には行ってみたい国，4つ目にはやりたいスポーツ，最後の欄はつきたい職業が示してあります．それでは，発音の練習をしましょう．<br>それでは，私がいずれかの人物になってその人のことを言います．誰 |

| | | |
|---|---|---|
| | | であるか分かったら，その人物の名前を答えて下さい． |
| | | 最初に，1つ例を出します． |
| | | I want a CD player. I want to go to America. I want to play soccer. I want to be an engineer. |
| | | Who am I? |
| | You are Alfred. | Yes, that's right. I'm Alfred. |
| | | …… |
| | | 今度は友達とペアになって，一方が人物になって説明し，他方が誰であるか当ててみましょう． |
| 相互交流活動（15分） | ・Open sentence practice | 皆さんは将来どんな職業につきたいですか．それは，どんな理由からですか．となりの人とペアになって話し合ってみましょう．こんなふうにしてやります．（児童を1名指名して） |
| | | What do you want to be, A? |
| | A: I want to be a dentist. | I see. You want to be a dentist. |
| | Yes. I want to be a dentist. | You want to be a dentist. Why? |
| | Because my father is a dentist. | OK. Your father is a dentist. |
| | Yes. How about you? | I want to be a sushi chef. |
| | I see. You want to be a sushi chef. | Yes, I want to be a sushi chef. |
| | You want to be a sushi chef. Why? | Because I like sushi very much. （さらに1～2名の児童と同様のやりとりをしてから）私と話した人がどんな職業につきたいか覚えていますか． |
| | | Does A want to be a dentist? |
| | Yes, he wants to be a dentist. | Is that right, A.? |
| | A: Yes, that's right. I | |

|  |  |  |
|---|---|---|
|  | want to be a dentist. | Good. Why does A want to be a dentist. |
|  | Because his father is a dentist. |  |
|  |  | Then, does B want to be a vet? |
|  | No, she doesn't. | Is that so? |
|  | B: That's right. I want to be a police officer. |  |
|  |  | やり方が分かったら，となりの人と会話をしてみましょう．<br>...　上手にできたようですね． |
| 全体発表<br>(8分) |  | ペアで話しあったことをみんなの前で発表してみましょう．<br>Hello. My name is ___. I want to be a ___. Because I ___.<br>のように話してみましょう． |
|  | (例)　Hello. My name is Tanaka Masumi. I want to be a tofu maker. Because my parents are tofu makers. My grandparents are tofu makers, too. Our tofu is very good. I like tofu very much. |  |
| まとめ<br>(2分) |  | 今日は将来の夢を英語で話しあいました．友達の夢を知って楽しかったですか．<br>Well, time is up. So much for today. I'll see you next week. Bye. |
|  | Bye. |  |

## 4. 評価
1. 聞き取り活動を熱心に聞いて理解し，また正しく答えることができたか．
2. 相互交流活動のペア活動で相手との会話に楽しんで参加していたか．
3. 発表は上手にできたか．

## 参考資料

1. Mulberry Bush の歌詞

| | |
|---|---|
| This is the way we wash our face, | こうやって顔を洗うの |
| Wash our face, | 顔を洗う |
| Wash our face, | 顔を洗う |
| This is the way we wash our face, | こうやって顔を洗うの |
| So early in the morning. | 朝早く. |
| | |
| This is the way we: | こうやって |
| Wash our hands, | 手を洗う, |
| Brush our teeth, | 歯を磨く |
| Comb our hair, | 髪をとかす |
| Eat our breakfast, | 朝食を食べる |
| Dress ourselves, | 服を着る |
| Walk to school, | 学校へ歩いて行く |
| Write our words, | 文字を書く |
| Read a book, | 本を読む |
| Play on the swings. | ブランコで遊ぶ |

2. Who am I?

| Name | want ___ | want to go to ___ | want to play ___ | want to be ___ |
|---|---|---|---|---|
| Alfred | CD player | America | soccer | engineer |
| Helen | CD player | New Zealand | volleyball | chef |
| Charles | Play station | Spain | volleyball | florist |
| Emily | Play station | America | tennis | chef |
| Fred | synth | Spain | tennis | engineer |
| Jill | synth | New Zealand | soccer | florist |

(注: synth は synthesizer を短くした言い方. Electone は商標名; chef – 料理長; florist – 花屋)

3. 職業名 『英語ノート 2』 pp. 62–3 参照

指導案3

# 中学校1年

指導者　杉山　敏

1. **Class:** 1-A
2. **Material:** Lesson 3　The Davis Family (*Total English 1*)
3. **Aims:**
   (1) 主語がI, You以外で1人・1つの時に，そのあとに来る一般動詞（現在時制）につく 's' の使い方を理解する．
   (2) 上記(1)の場合の疑問文と否定文の作り方を理解する．
   (3) 「私」「あなた」以外の人について，説明したり，尋ねたり，「～しません」と表現したりしながら，英語で発信する表現方法を広げる．特に自分の家族について説明できる．
   (4) 冠詞 'the' の基本的な使い方を理解する．
4. **Assumption:**
   英語科における学力とは：① 英語で他国の人とコミュニケーションできる力またはコミュニケーションしようとする意欲；② 文法力と語彙力である，と考えている．この考え方に基づき，①と②の調和した授業をめざして本題材を指導する．したがって，自分の授業がどちらかに偏った授業にならないように心がける．1年生だから①のみ，3年生だから②のみといった立場はとらない．

   また，生徒にとって本題材を学習することで，英語で発信する機会がより増えることになる．教師にとっては，本題材を学習材として指導することで，「個性を伸ばし豊かな学びを創造する生徒の育成」に一歩近づくのだと考える．「私」「あなた」だけの視野からそれ以外の人の視野へ広げる題材なのだということを心に留めて，指導を進める．
5. **Aims of this period:**
   ・3単現のsがどのような場面で使われるのか，「書く」活動を通して徐々に理解できる．
   ・doesを使って，家族や先生について友人に質問したり紹介したりする．
6. **Procedure**

| 段階 | 学習活動・生徒の動き | 教師の援助 | 留意点 |
| --- | --- | --- | --- |
| Review (10 min) | ・小テストに意欲的に取り組みながら，3単現のsの使い方を振り返る．<br>・どのような場面で，ど | ・文法事項の定着を意図した復習の活動であるという構えで，定着していない | ・意欲的に取り組めるように，できるだけ英語を使う． |

| | | | |
|---|---|---|---|
| | こに s がつくのか確認する. | 生徒へ個別の言葉がけを行なう. | |
| Introduction (15 min) | ・英語での質問に反応しながら, does の使い方を予想する.<br>・徐々に Yes, he/she does. No, he/she doesn't. と答えられるようになる. | — Does your father/mother like （テレビ番組など）？<br>— Do you like （テレビ番組）？<br>・答え方も提示する. | ・あらかじめ, 生徒の家庭環境をチェックしておく. |
| Explanation (10 min) | ・説明を聞き, ノートにまとめながら, does の使われる場面を確認する. | ・do との比較で分かりやすく, 短い説明を行なう. | |
| Practice (15 min) | ・以下のような質問をとおして, 教科担任をより身近に感じるようになる.<br>・does を使うことで表現の幅が広がることに気づく.<br>— Does Mr. Sugiyama play badminton?<br>— Does he play golf?<br>— Does he love his wife?<br>— Does his son have Game Boy? など<br>・自分なりの質問を書いて, 3単現sの使い方を確かめるとともに, 学級担任をより身近に感じる. | ・「プリントにある質問について yes か no か予想をたてよう. 次に英語で友達にも尋ねて, 自分の予想と比較しよう」<br>・「学級担任の先生の好みなどについての英文を, Does ～ or... という質問文にしてノートにつくってみよう」 | ・人間味や生活感のあふれる英文を用意する.<br>・ノートを見ながら理解度を確認する. |

## 7. Evaluation:
・does を使うことで, 自分の表現が広がったことに気づいたか.
・does が使われる場面が理解できたか.

**授業資料**

| | 自分の予想 | (　)の予想 | (　)の予想 | (　)の予想 |
|---|---|---|---|---|
| 1　Does Mr. Sugiyama like Giants? | | | | |
| 2　Does he play badminton? | | | | |
| 3　Does he play golf? | | | | |
| 4　Does he love his wife? | | | | |
| 5　Does his son have Game Boy? | | | | |
| 6　Does Mr. Sugimoto play golf? | | | | |
| 7　Does he love his wife? | | | | |
| 8　Does Ms. Kanri like Giants? | | | | |
| 9　Does she play golf? | | | | |
| 10　Does Mr. Matsuki play badminton? | | | | |
| 11　Does he like chocolate? | | | | |
| 12　Does Mr. Moriyama have a girl friend? | | | | |

指導案4

# 中学校2年

指導者　杉山　敏

1. **Class:** 2-A
2. **Material:** Program 7　A Reply to Virginia (*Sunshine English Course 2*)
3. **Allotment:** 6 periods are devoted to the whole program. This is the 3rd period.
4. **Aims:**
   (1) give her a birthday present, ask me the same question などの意味と使い方が理解できる．
   (2) (1) を使って，自分に子供ができたらクリスマスプレゼントに何を贈りたいか表現できる．
   (3) テキストの内容を聞きながら理解し，自分の幼い頃の心情と比較する．
5. **Procedure**

| 生徒の活動 | 指導内容と英語での指示 | 留意点・評価 |
|---|---|---|
| ・小テストにチャレンジする．<br><br>・前の時間の大切なポイントを思い出す． | ・Today, first of all, I'd like you to have a try at the quiz. I'll read out two Japanese sentences. Change them into English and write them on the sheet.<br>・Are you finished? Now change your paper with your partner and mark it. Read the textbook and be careful in marking. Three points for each question. The total point will be six. | ・小テストはできるだけ少ない量で，回数を多くする．<br><br><br><br><br><br>one spelling mistake = minus one point. |
| ・show / give ～ …の使い方を理解する． | ・Show me your pen (pencil, notebook etc.). と生徒1人ひとりに尋ねる． | ・すばやく多くの生徒に投げかける． |

| | | |
|---|---|---|
| ・Show me your ....を使ったじゃんけんゲームを楽しむ. <br> ・Show me your pen/pencil/notebook/eraser/etc. とすばやく相手に言う. <br> ・Show me your ..../ Don't show me your ....と言う. | ・席を立って，誰とでも自由にじゃんけんし，勝った生徒は負けた生徒に左のように指示し，負けた生徒はその指示にすばやく反応する. <br> ・上記の活動の応用として，ハタ上げゲームのようなすばやさで相手に指示し，反応する. | ・生徒の持ち物を英語でどのように言うか，事前に提示することも考えられる. |
| ・show/give＋目的語＋目的語の説明を聞き，ノートに学習の記録を残す. | ・日本語にすると「に」「を」のつく言葉が2つ続く形，というように，できるだけ平易に説明したい. | |
| ・自分がもし母親・父親になったら子供に何をプレゼントしたいか英文で書く. <br> I'll give my son / daughter a dog / a cat / TV games / a new house / etc. | ・左記の課題を出し，3〜4文で表現してみるように促す．書き終わったら4人のグループで発表し合う. | ・生徒の作った文を大切にしながら，それに関連して，教師から親としての話や自分の子供の頃の思い出を英語で語ることも考えられる. |
| ・New wordsを練習する. <br> ・本文の内容を「聞いて」楽しむ. | ・前時に発音に触れているので，ここではドリル中心で練習する. <br> ・意味を確認する. <br> ・授業資料1, 2を配布する. <br> ・教科書を閉じるように指示する. | ・単語の意味はノートに書いておくように指示する. <br> ・聞くだけでのＱ＆Ａをむずかしいと感じる生徒も多いので，実 |

| | | |
|---|---|---|
| ・CDを繰り返し聞きながら，Q＆Aを行なう． | ・「教科書を読まないで，聞くだけで（　）を埋めて，質問に答えてみよう」<br>・CDまたはテープを何回か流す．<br>・ターゲットになっている文や長めの文は，そこだけ再度流す． | 態に応じて，例えば「fill-in-the-blanks またはQ＆Aのどちらかに挑戦してみよう．できれば両方に挑戦しよう」と選択させることもできる． |
| ・教科書を読み，Q＆Aの解答を自己採点しながら，内容を理解する． | ・「今度は教科書をしっかり読んで，自己採点をしよう」<br>・生徒の理解度を把握し，必要に応じて，文の構造の説明などを行なう． | ・ただ音読させるだけでは意味の理解を伴わない可能性がある． |
| ・p.55の「Q」に挑戦し，内容を再度確認する． | ・「ここでは，もう一度じっくり本文を読み直して，答えてみよう」 | |
| ・本文の内容を読んで，自分の子供の頃はどうだったのか日本語で発表する． | ・生徒の発言に対して英語で質問したり，生徒の日本語を英語に訳したりする． | |
| ・この時間の大切な部分をチェックする． | ・目的語が2つある文にアンダーラインをし，それを家で10回以上書くように指示し，次の時間にその小テストを行なうことにする． | ・2〜3文は確実に書けるようにしておきたい． |

## 授業資料1

(According to the reply from the newspaper company;)
Answer in English.
1. Does anybody see Santa Claus?
2. Can we see love?
3. Is there Santa Claus?
4. What does Santa Claus bring children?
5. How do children feel?
6. Do you really enjoy celebrating Christmas?

## 授業資料2

1. CDを聞いて日本語で答えよう．
Mr. Brown: ある時少女が地方紙に（　　），（「　　」）と尋ねた．
　彼女の（　　）は（　　）だった．彼女の年は（　　）歳だった．
Yuki: 私の小さないとこが私に同じ（　　）をしました．私は（　　）と答えました．
Mr. Brown: なるほど．あなたはその子を（　　）ができなかったんだね．
Yuki: そうなんです．（　　）は（　　）をもらいましたか？
Mr. Brown: （　　）

## 授業資料3　Text (p. 55)

ブラウン先生は，アメリカで実際にあった英字新聞にまつわる話を紹介します．
Mr. Brown: Once a little girl wrote to a local newspaper and asked, "Is there Santa Claus?" Her name was Virginia. She was eight years old.
Yuki: My little cousin asked me the same question, and I answered, "Yes."
Mr. Brown: I see. You couldn't disappoint him.
Yuki: That's right. Did Virginia get an answer?
Mr. Brown: Yes, she did.
Q.1. What did Virginia ask in her letter?
　2. Did Virginia get an answer?

指導案5

# 高等学校　コミュニケーション英語 I

指導者　高橋直彦

1. **Material:** Lesson 7　School Journey (*Sunshine English Course I*)
2. **Class:** 1-2
3. **Allotment:** Seven periods are devoted to the whole lesson, this period being the first period. In this period Section 1 is taught.
4. **Aims:** I would like my students
   (content)　1. to find how excited Kossur was and what she did on the trip
   　　　　　2. to understand the difference between the children in her country and those in England
   (grammar) 1. to understand discourse markers: for example, in fact, as long as
   (skill)　　1. to get general idea of content
   　　　　　2. to grasp the main points
   　　　　　3. to guess the meanings of new items with contextual cues
5. **Procedure**

|  | Teacher | Students | note |
|---|---|---|---|
| Greeting / roll calling | greets the class | respond to the teacher | (1 min.) |
| Pre-reading<br>・Questions in pairs | tells class to ask questions and write down the answers<br>calls some students to give answers in class | exchange answers with each other orally<br>give answers to the class | worksheet 1<br>S: pair work activate schema<br>(6 min.) |
| ・Guessing from a picture | draws attention to a picture on page 73 and asks questions:<br>1. Which country is | look at the picture and guess the girl's background<br>pay attention to the | S: pair work activate schema from the picture |

[ 400 ]

| | she from?<br>2. Why do you think so?<br>3. Why does she go to a British school? | teacher and give answers | (5 min.) |
|---|---|---|---|
| Pre-reading<br>Section 1<br>・pronuncia-<br>tion of new words<br>・meaning of new words | pronounces each new word twice as a model<br>tells class to guess meanings of words | repeat after teacher<br><br>try to guess meaning with help from teacher | S: individual<br>(3 min.)<br>worksheet 2<br>S: individual<br>(3 min.) |
| During-<br>reading<br>・1st reading<br>Task 1:<br>skimming;<br>getting main points<br>・2nd read-<br>ing<br>Task 2:<br>scanning;<br>questions of inference<br>・3rd read-<br>ing<br>Task 3:<br>questions of personal re-<br>sponses | calls for answers to a question for each paragraph<br>checks answers<br><br>calls for answers to a question for each paragraph<br>checks answers<br><br><br>tells class to respond to the questions per-<br>sonally<br>makes groups of 4<br>sets up group work | read and choose the correct topic for each paragraph<br>give answers<br><br>read again and find answers<br><br>check own answers and deepen under-<br>standing<br><br>write personal an-<br>swers<br><br>tell personal an-<br>swers to each other | worksheet 2<br>S: individual<br>skimming<br>(5 min.)<br><br><br><br>worksheet 2<br>S: individual<br>scanning<br>inference<br>from text<br>(20 min.)<br>worksheet 2<br>S: individual<br>→group work<br><br><br>(15 min.) |
| Reading aloud | plays tape<br>lets students read aloud | listen to the tape<br>read text after tape | S: individual<br>fluent read-<br>ing<br>(4 min.) |

| Evaluation | lets students fill in the questionnaire | gives quick responses | worksheet 3 S: individual (4 min.) |
|---|---|---|---|
| Assignment | gives homework | | worksheet 2 |
| Greeting | greets with some comment | respond to teacher | |

### 授業資料

Worksheet 1

Answer the following questions by yourself before class:
1. Have you been on a school journey?
    (Your answer)
    (Your partner's answer)
2. Where did you go?
    (Your answer)
    (Your partner's answer)
3. When did you go?
    (Your answer)
    (Your partner's answer)
4. What did you do?
    (Your answer)
    (Your partner's answer)
5. Did you enjoy it?
    (Your answer)
    (Your partner's answer)

Worksheet 2

Checking new words: Guess the meanings of the following words (hints given at the end)
1. excitement — excite + ment (「状態」を表す名詞を作る)
    (　　)
2. unbearable — un (「反対」の意味を表す) + bear (耐える) + able (「〜できる」の意の形容詞を作る)
    (　　)
3. religion — belief in a god
    (　　)

4. especially — particularly
   (　　)
5. freedom — free + dom (「…の状態」の意の名詞を作る)
   (　　)
6. youth — young people
   (　　)
7. enormous — very large
   (　　)
8. compass
   (　　)

1st reading: Read Section 1 and choose the suitable topic for each paragraph

1st paragraph [　]
2nd paragraph [　]
3rd paragraph [　]
4th paragraph [　]

  a. How the writer spent the evening
  b. Introduction of the writer
  c. The excitement before the journey
  d. What happened to them one day

2nd reading: Read Section 1 again and answer the following questions for each paragraph

1st paragraph
Q 1 the excitement was becoming unbearable の部分の理由を述べている箇所を抜き出せ.
A 1 (all the class にとっての理由)
   (the writer にとっての理由)

2nd paragraph
Q 2 次の語は何を表しているか. 何を手がかりにそう判断したか. 表すものを (　) に, 手がかりを [　] に書きなさい.
A 2 Kossur (　　　) ← [　　　　　]
   Liverpool (　　　) ← [　　　　　]
   Muslim (　　　) ← [　　　　　]

Q 3 次の a〜d は Muslim girls と British girls のいずれに当てはまるか. 記号を記入せよ.
  a. They can choose their boyfriends.
  b. They can go out with their friends.
  c. They don't have much freedom because of their religion.

d. They have the chance to go to meet young men.
   Muslim girls _____ ; British girls _____

3rd paragraph
   Q 4  この段落には2つのことが書いてある．簡潔に記せ．
   A 4  _____   _____
   Q 5  上の2つのことで，the writer はどのようなことに驚いているか．
   A 5

4th paragraph
   Q 6  The evenings were always our own. の記述を次の点についてまとめよ．
   A 6  守るべき規則 _____
        The writer のしたこと _____

3rd reading: Give your personal answers to the following questions.
   Q 1  If you were going on a school journey for a week, how would you feel?
   Q 2  Which would you like to be, Muslim or British?
   Q 3  The writer said, "Everything was wonderful!" on the camp. Why do you think she said so?

Assignment
1. キャンプ，林間学校，合宿などの楽しかった経験を英語で書く．(50語程度)
2. Section 1 をよく読んでおく．(次時の復習読み)
3. Section 2 の未知語の予習 (次時に提出)


Worksheet 3
Evaluation of today's lesson
1. どの程度理解しましたか．A～Eを1つ○で囲みなさい．

   | A | B | C | D | E |
   |---|---|---|---|---|
   | (100～80%) | (80～60%) | (60～40%) | (40～20%) | (20～0%) |

2. 本文の内容が理解できましたか．
     A  理解できた．    →    ____ 回目の読みで．
     B  理解できなかった．

3. むずかしいところがありましたか．
     A  あった  →  a. 最初のペアの質問
                   b. 絵からの推測
                   c. 新出語句
                   d. 1回目の読み(セクション全体)の課題
                   e. 2回目の読み(パラグラフ単位)の課題

　　　　　　　　　f.　3回目の読み（英語の質問）の課題
　　　　　　　　　g.　音読練習
4.　次の項目の該当する箇所を○で囲みなさい．
　　　辞書なしで未知語を類推しながらよんだ　　　はい　いいえ
　　　本文を興味を持って読んだ　　　　　　　　　はい　いいえ
　　　英語の質問に自分の意見，感想を書いた　　　はい　いいえ
　　　ペアやグループで協力して活動した　　　　　はい　いいえ

**指導案6**

# 高等学校　コミュニケーション英語 II

指導者　永村邦栄

1. **Teaching Material:** Lesson 6　Dear President Reagan (*Spectrum English Course*)
「英単語センター1500」
2. **Class:**　2-A
3. **Allotment**

    Eight periods are devoted to the whole lesson. This period is the 4th period and the following part is taught: pp. 63–65 l. 4 for review and p. 65 l. 5–p. 67 as new material.
4. **The aims of this period**
    1. To increase the students' vocabulary
    2. To have a clearer understanding of material taught in the previous period
    3. To understand new expressions and grammatical points
    4. To grasp the outline of today's text
5. **Procedure**

| Sections | Teacher | Students | Notes |
|---|---|---|---|
| Vocabulary quiz | handing out test sheets | Self check after finishing | 「英単語センター1500」 |
| Review | ・listening activity of the previous material<br>・reading aloud with students repeating some words<br>・handing out pair-reading sheets | listening<br><br>listening to the teacher and repeating some words<br><br>standing up while reading in pair and sitting down when finished | |
| Today's part | ・reading aloud of the text with students repeating new words<br>・handing out CHECK- | listening to the teacher and repeating new words after the teacher<br>individual work on | CHECK- |

| | LIST<br><br>・asking questions written on TEXT SHEET and explaining important expressions and grammatical points | CHECKLIST checking the answer with neighbors<br><br>discussing questions on TEXT SHEET with neighbors answering questions and taking note of important points | LIST<br><br>TEXT SHEET |
|---|---|---|---|

**教授資料1** CHECKLIST OF CONTENT　Lesson 6, p. 65 l. 5–p. 67
本文と内容が合っていれば○を，違っていたら×を記入せよ．

| 1 | 私の祖父と出会ったのは，ある日本の退役軍人であった． | |
|---|---|---|
| 2 | 私は言葉が通じなかったから，その2人が何を話したか知らない． | |
| 3 | その2人は抱き合った． | |
| 4 | 40年前，その2人は仲がよかった． | |
| 5 | 40年前，いま立っている場所は爆弾や銃，憎しみで満ちていた． | |
| 6 | その2人なら世界に対する平和の大使として協力していけそうだと思った． | |
| 7 | 私は自国を愛しているので，必要となれば敵を一生懸命殺すかもしれない． | |

**教授資料2** TEXT SHEET

I did*n't* realize someone had approached me *until* I felt a hat being placed
not A until B 構文「BするまでAしなかった」 授業でチェック　　知覚動詞 O　　～ing
upon my head. A Japanese veteran smiled and introduced himself.
　　　　　　　　　　　　　　　　　V① 　　　　　　　　V②

（以下略）

**指導案7**

# 高等学校　英語表現 I

Instructor:　Masahiro Takeuchi

1. **Class:** 1-A
2. **Material:** Lesson 3　My Interests
3. **Aims:**
   (1) To help the students become familiarized with some expressions used for self-introduction.
   (2) To help them express themselves in English and get to know each other better through pair/group work.
   (3) To help them organize and write a basic passage through a show-and-tell preparation.
4. **Procedure**

|  | Teacher | Students | Notes |
| --- | --- | --- | --- |
| Warm-up and introduction | talks about himself and how he usually spends his free time. asks several students what they usually do in their free time. | listen to the teacher. answer the questions and talk about themselves. | in comprehensible English call on more than two |
| Dialog listening | writes on the board a question about the hobby-related dialog and has the students listen to it. checks the answer. repeats the session so that the students can listen to the dialog attentively again. | read the question and listen to the dialog. answer the question. | make pauses if necessary |

| | | | |
|---|---|---|---|
| Introduction of key expressions | checks the meanings of new words and phrases in the lesson. has the students read aloud the words and phrases. | check the meanings of some unfamiliar words and phrases. repeat after the teacher. | check pronunciation |
| Composition 1 | has the students write three sentences on Worksheet (1) using the listed words and phrases. | write sentences to express what they are interested in. | give other expressions if necessary |
| Pair / Group work | has the students make pairs and ask each other questions to know their partner's interests. asks some to give a brief explanation of their partners' interests. | ask each other what they are interested in and write down their answers. tell the others their partners' interests. | it can be the whole class activity give evaluation |
| Composition 2 | explains Show & Tell and has the students work on Worksheet (2). tells them they can use the sentences they have written in Composition 1. | learn how to do the activity and start writing a script. | go around and help with the writing |
| Assignment | tells the students to finish the script by the next period and bring something to show in class. | try to finish their scripts. | let them ask for help if they need some |

Worksheet (1)

---

## My Interests

Write three sentences beginning with the given phrases.
1. I am interested in . . . / In my free time, I like to . . .
   _____
2. I started . . . when ~ / I first became interested in . . . when ~
   _____
3. In the future, I want to . . .
   _____

Write about your classmates' interests.
Name: _____
  1. He/She _____
  2. _____
  3. _____
Name: _____
  1. He/She _____
  2. _____
  3. _____

---

Worksheet (2)

---

## My Show & Tell Script

I am going to introduce _____
because I _____
_____
_____
_____

In the future _____
_____
_____
_____
_____
_____

---

指導案 8

# 高等学校　英語表現 II

Instructor: Masahiro Takeuchi

1. **Class:** 2-B
2. **Material:** Lesson 15　Pros and Cons
3. **Aims:**
   (1) To help the students become familiarized with some expressions used in arguments and discussions.
   (2) To help them organize ideas about advantages and disadvantages of school uniforms through pair/group work.
   (3) To help them write an organized essay based on what they have discussed.
4. **Procedure**

|  | Teacher | Students | Notes |
|---|---|---|---|
| Warm-up and introduction | talks about the school dress code and how it is or is not observed by the students. has the students think about what they should wear at school. | listen to the teacher. think about the school dress code and the advantages and disadvantages of their school uniforms. | in comprehensible English |
| Introduction of key expressions | has the students read the passage about high school and part-time work. picks out key expressions from the passage, writes them on the board, and explains them briefly. | read the passage and learn the different points of view on the issue. take notes and learn how to use the expressions. | in my opinion, for these reasons, in fact, I don't think [believe], etc. |

| | | | |
|---|---|---|---|
| Brainstorming Pair work | has the students think of and write down on Worksheet (1) as many good and bad points as possible about school uniforms. | write as many points as they can. | give some clues so that they can think of many points |
| | has them make pairs and compare their lists with their partner's. | make pairs, write what their partner has come up with, and decide which side they would like to choose, a "pro" side or a "con" side. | |
| | asks each pair to decide whether they are finally for or against school uniforms. | | |
| Composition Pair / Group work | has each pair work on Worksheet (2), organize their ideas and writes an essay on school uniforms using the given phrases. | start with the main idea, proceed to reasons and concluding sentences through continued discussions. | go around and help with the writing |
| Presentation 1 | puts three pairs into one group and ask each pair to make a presentation within the group. | listen to the teacher's explanation, make groups and decide the order of their presentations. | make sure the students have understood how to make and judge presentations. |
| | has them judge which of the other two "teams" is more persuasive. | make a presentation while the other two "teams" are listening. | go around and give help |
| | | write down comments. | Comments could be in Japanese |

| Presentation 2 | calls on several pairs to make a presentation in front of the class. | listen to the presentations and take notes. | give evaluation |
| --- | --- | --- | --- |
| | has the rest take notes and ask some for their impressions. | give their impressions. | |
| Assignment | collects all the worksheets (2) and tells the students to review the lesson and prepare for a quiz to be given in the next class. | make sure they have completed the task and submit the worksheets. | check the sheets and call for necessary corrections |

Worksheet (1)

```
         School Uniform — Good Points and Bad Points
  Good Points:
    You: _____
         _____

    Your partner: _____
                  _____


  Bad Points:
    You: _____
         _____

    Your partner: _____
                  _____
```

高等学校　英語表現 II

Worksheet (2)

---

### School Uniform

Presenters: _____ , _____

Main idea:
_____
_____

Reason (1):
_____
_____

Reason (2):
_____
_____

Conclusion:
_____
_____

---

Comments on the other presentations:
_____
_____
_____

指導案9

# 高等学校　英語会話

Instructor:　Yoshio Yamaga

1. **Student Level:**　Senior High 1（Oral Communication）
2. **Textbook:**　Lesson 17　pp. 72–75　(*On Air Communication A*)
3. **Aims:**
   (1) To help the students get familiarized with expressions used for planning a trip through practice of dialogs with their classmates.
   (2) To help them communicate reasons clearly for their choice of places in planning a trip through practice of dialogs and also through tasks for describing reasons.
   (3) To help them summarize what they've discussed by reporting back to the class.
4. **Procedure**

| Procedure | Teachers' Activities | | Students' Activities |
|---|---|---|---|
| | JTE | ALT | |
| Warm-up | ・talks with ALT about their plan for the spring vacation.<br>・helps the students answer ALT's questions. | talks with JTE about their plan for the spring vacation.<br>asks the students where they want to go during the spring vacation. | listen to the teachers' talk.<br><br>answer the questions. |
| Introduction of new materials (Starting Line) | ・has the students look at the map and pictures on page 72.<br>・walks around and helps them.<br>・checks the answers. | has the students pronounce the words and phrases on page 72.<br>has them match the places on the map with the activities. | look at page 72, and pronounce the words and phrases.<br>match the places on the map with the activities.<br>give answers. |
| Listening | ・has the students | | look at the lis- |

| task | look at the listening task on page 72.<br>· demonstrates the dialogs with ALT and has them fill in the grid.<br>· checks the answers. | demonstrates the dialogs with JTE. | tening task.<br>listen to the teachers carefully, and fill in the grid.<br>give answers. |
|---|---|---|---|
| Dialog practice | · gives the students handout ①. (two dialogs written based on the listening task)<br>· shows an example of the dialogs with ALT.<br>· walks around and helps the students. | shows an example of the dialogs with JTE.<br>has the students make a pair and converse with each other. | look at the dialogs in the sheet.<br><br>listen to the teachers carefully.<br>make a pair and talk with each other. |
| Introduction of the model dialog | · demonstrates the dialog with JTE twice.<br>· helps the students answer the questions. | tells the students to close the textbooks.<br>demonstrates the dialog with JTE twice.<br>asks comprehension questions about the dialog. | close the textbook.<br><br>listen to the teachers carefully.<br>answer the questions. |
| Reading aloud | · reads aloud the dialog with ALT and helps the students read it aloud. | reads aloud the dialog with JTE and helps the students read it aloud. | read aloud the dialog after JTE and ALT. |
| Task in STEP 1 Substitu- | · has the students read aloud the key expressions. | has the students read aloud the key expressions. | read aloud the key expressions after JTE and |

| | | | |
|---|---|---|---|
| tion drills of the key expressions | · walks around and helps them. | has them make a pair and do the substitution drills of the key expressions in STEP 1. | ALT. make a pair and do the substitution drills. |
| Role playing of the applied model dialog | · has the students look at handout ① and demonstrates the applied dialog with ALT. | demonstrates the applied dialog with JTE. | listen to the demonstration. |
| | · has them make a pair, and practice the dialog. | has the students make a pair, and practice the dialog. | make a pair and practice the dialog. |
| Tasks in STEP 2 | · walks around and helps the students fill in the blanks. | has the students look at the task 1 in STEP 2 and complete the dialog. | read the dialog and fill in the blanks by looking at the notes. |
| (1) Task 1 Completion of the dialog | · tells them to make a pair and read aloud the dialog. | walks around and help them. | read aloud the dialog in pair. |
| (2) Task 2 Checking answers | · listens to the demonstration and checks answers. | has one pair demonstrate the dialog. | two students stand up and demonstrate the dialog. |
| (3) Task 3 Matching phrases | · demonstrates the dialog in task 3 with ALT, and has them join up the phrases.<br>· checks answers. | demonstrates the dialog in task 3 with JTE, and has them join up the phrases.<br>helps them say answers. | listen to the dialog and join up the phrases. |
| (4) Further practice | · gives handout ②, and demonstrates the dialog with ALT. | demonstrates the dialog with JTE. | give answers. listen to the demonstration. |

| | | | |
|---|---|---|---|
| | · has them practice the dialog as creatively as possible. | has them make a pair, and practice the dialog creatively. | make a pair and practice the dialog filling in the blanks on their own. |
| Tasks in STEP 3 (1) Task 1 Planning a school trip | · gives handout ③, and has students write down two places where they want to go for a school trip in Japan and two places abroad together with activities and reasons. | gives handout ③, and cooperates with JTE. | write down four places, activities and reasons on the handout. |
| | · demonstrates an example dialog with ALT. | | look at the demonstration, and listen to the teachers carefully. |
| (2) Task 2 Communication practice in pairs | · walks around and help them. After work, has them change partners and practice the dialog with ALT. | has the students look at the dialog in task 2, and demonstrates the dialog with JTE. | make a pair and practice the dialog. |
| | | tells one person in pair to choose a place in Japan and the other abroad. | change their partner and practice the dialog again. |
| | | has them practice the dialog in task 2. | |
| | | walks around and helps them. | |
| (3) Task 3 Reporting | · helps them write a report on the sheet. | has them complete a report on the | write a report on the sheet. |

| back to the class | | sheet using information STEP 3. | |
|---|---|---|---|
| | · helps them report clearly back to the class. | has some students report back to the class. | stand up and report back to the class. |

**授業配布資料**

Handout ①

---

[Starting Line]
1. A: Where do you want to go during the spring vacation?
   B: I want to go to _____.
   A: What do you want to do there?
   B: I want to _____.
2. A: What are you going to do after you graduate?
   B: I'm going to go to _____.
   A: Why is that?
   B: I _____.

[Model Dialog]
A: What do you want to do this [summer/spring]?
B: How about going to _____?
A: No, I don't feel like doing that. I want to go to _____.
B: Why is that?
A: Because I like _____.
B: _____ is fun, but _____.
   Come on, why don't we go _____?
   It's _____ and you can _____ and _____.
A: OK. Let's do that.

Handout ②

[STEP 2]
A: Where do you want to go for our school trip?
B: How about going to _____?
A: No, our class doesn't want to do that. We want to _____.
B: Why is that?
A: We want to _____.
B: But that's boring. Come on, why don't we go to _____ and visit _____?
   It's very _____.

Handout ③

[STEP 3]
Task 1  Write down two places where you want to go for a class trip in Japan in 1 & 2, and two places abroad in 3 & 4. Also write down an activity and a reason.

|   | PLACES | ACTIVITIES | REASONS |
|---|--------|------------|---------|
| 1. |        |            |         |
| 2. |        |            |         |
| 3. |        |            |         |
| 4. |        |            |         |

Task 2  In pairs, one person should choose a place in Japan and the other a place abroad. Then, practice the dialog.

A: Where do you want to go for our class trip?
B: How about going to _____?
   I want to _____ because _____.
A: No, I don't want to do that.
B: Why is that?
A: I want to _____.
B: But that's boring. Come on, why don't we go to _____ and visit _____?
   It's very _____.

Task 3  Using the information in STEP 3, report back to the class.
_____ wants to go to _____. He (She) wants to _____ because _____.
But I don't want to do that because _____. I want to go to _____ because _____.

# 主要参考文献

*ACTFL Proficiency Guidelines*, 1986. American Council on the Teaching of Foreign Languages.

*ACTFL Performance Guidelines for K-12 Learners*. 1999. American Council on the Teaching of Foreign Languages.

Alderson, J. C. 2001. *Assessing Reading*. Cambridge University Press.

Aljaafreh, A. & J. Lantolf. 1994. Negative feedback as regulation and second language learning in the zone of proximal development. *The Modern Language Journal* 78/4. 465-83.

Allen, J. P. M., M. Fröhlich and N. Spada. 1984. The communicative orientation of language teaching: an observation scheme, In *On TESOL 83: The Question of Control*. TESOL.

Allwright, D. 2003. Exploratory practice: rethinking practioner research in language teaching, *Language Teaching Research*, 7/2. 113-31.

Anderson, A. & T. Lynch. 1988. *Listening*. Oxford University Press.

Anthony, E. M. 1963. Approach, method and technique. *ELT Journal* 17/2. 63-67.

Arnold, J. (ed.). 1999. *Affect in Language Learning*. Cambridge University Press.

Asher, J. 1977. *Learning Another Language through Actions: The Complete Teacher's Guidebook 5th edition*. Sky Oak Productions.

Bachman, L. F. 1990. *Fundamental Considerations in Language Testing*. Oxford University Press.

Bachman, L. F. & A. S. Palmer. 1996. *Language Testing in Practice: Designing and Developing Useful Language Tests*. Oxford University Press.（大友賢二，ランドルフ・スラッシャー監訳. 2000.『実践言語テスト作成法』大修館書店）

Beretta, A. 2009. The language-learning brain. In Long and Doughty (eds.). *The Handbook of Second Language Teaching* (pp. 65–80). Wiley-Blackwell.

Brett, D. & Conzález-Lloret, M. 2009. Technology-enhanced materials, In Long and Doughty (eds.). *The Handbook of Second Language Teaching*, pp. 351-70. Wiley-Blackwell.

Brookes, A. & P. Grundy. 1998. *Beginning to Write*. Cambridge University Press.

Brown, H. D. 2007. *Teaching by Principles 3rd edition*. Pearson Education, Inc.

Brumfit, C. & K. Johnson. 1979. *Comuunicative Methodology in Language Teaching*. Cambridge University Press.

Burns, A. 1998. *Collaborative Action Research for English Teachers*. Cambridge University Press.

Busch, D. 1982. Introversion-extroversion and the EFL proficiency of Japanese students. *Language Learning* 32/1. 109-132.

Bygate, M. 1987. *Speaking*. Oxford University Press.

—————. 2009. Teaching and testing speaking. In Long and Doughty (eds.). *The Handbook of Second Language Teaching* (pp. 412-40). Wiley-Blackwell.

Bygate, M., P. Skehan & M. Swain. 2001. *Researching pedagogical tasks*. Longman.

Byram, Michael (ed.). 2004. *Routledge Encylopedia of Language Teaching and Learning*, Routledge.

Byrne, D. 1988. *Teaching Writing Skills*. Longman.

Canagarajah, S. 2005. Critical pedagogy in L2 learning and teaching. In Hinkel, E. (ed.). *Handbook of Research in Second Language Teaching and Learning* (pp. 931-50). Lawrence Erlbaum.

Canale, M. 1983. From communicative competence to communicative language pedagogy. In J. Richards & R. Schmidt (eds.). *Language and communication*. Longman.

Canale, M. & M. Swain. 1980. Theoretical bases of communicative approaches to second language testing and teaching. *Applied Linguistics* 1/1: 1-47.

Carrell, P., Devine, J. & D. Eskey (eds.). 1988. *Interactive Approaches to Second Language Reading*. Cambridge University Press.

Carter, R. and Nunan, D. (eds.). 2001. *The Cambridge Guide to Teaching English to Speakers of Other Languages*, Cambridge University Press.

Celce-Mercia, M. 2001. Language teaching approaches: An overview. In Celce-Mercia, M. (ed.). *Teaching English as a Second or Foreign Language*. Heinle & Heinle.

Celce-Mercia, M., D. Brinton & J. Goodwin. 1996. *Teaching Pronunciation: A Reference for Teachers of English to Speakers of Other Languages.* Cambridge University Press.

Celce-Mercia, M. & D. Larsen-Freeman. 1999. *The grammar book: An ESL/EFL Teacher's Course. 2nd edition.* Heinle & Heinle.

Centre for Canadian Language Benchmarks. 2000. *Canadian Language Benchmarks 2000.*

Chamot, A. U. & J. M. O'Malley. 1994. *The CALLA Handbook: Implementing the Cognitive Academic Language Learning Approach.* Addison-Wesley.

Chaudron, C. 1977. A descriptive model of discourse in the corrective treatment of learners' errors. *Language Learning* 27/1. 29–46.

―――. 1988. *Second Language Classroom: Research on Teaching and Learning.* Cambridge University Press.

Chapelle, C. 2009. Computer-assisted teaching and testing. In Long and Doughty (eds.). *The Handbook of Second Language Teaching* (pp. 628–44). Wiley-Blackwell.

Chapelle, C. & G. Brindley. 2010. Assessment. In Norbert Schmitt (ed.). *An Introduction to Applied Linguistics 2nd edition* (pp. 247–267). Arnold.

CILT. 2006. *European Languages Portfolio-Junior Version: Revised Edition.* CILT.

Collentine, J. 2009. Study abroad research: findings, implications, and future directions. In Long and Doughty (eds.). *The Handbook of Second Language Teaching* (pp. 218–33). Wiley-Blackwell.

Cook, G. 1997. Language play, language learning. *ELT Journal.* 21/3. 224–231.

―――. 2000. *Language Play, Language Learning.* Oxford University Press.

Cook, V. 1991. *Second Language Learning and Language Teaching.* Arnold. (米山朝二訳. 1993.『第2言語の学習と教授』研究社出版)

―――. 2008. *Second Language Learning and Language Teaching 3rd edition.* Hodder Education.

―――. 1996. *Chomsky's Universal Grammar: An Introduction. 2nd edition.* Blackwell.

Corder, S. P. 1981. *Error Analysis and Interlanguage.* Oxford University Press.

Council of Europe. 2000. *European Languages Portfolio*

―――. 2001. *Common European Framework of Reference for Languages: Learning, Teaching, Assessment*. Cambridge University Press. (吉島茂・大橋里枝訳. 2004. 『外国語学習, 教授, 評価のためのヨーロッパ共通参照枠』朝日出版社)

Coxhead, A. 2000. A new academic word list. *TESOL Quarterly* 34/2. 213-238.

Crookes, G. 2009. Radical language teaching. In Long and Doughty (eds.). *The Handbook of Second Language Teaching* (pp. 595-609). Wiley-Blackwell.

Crookes, G. & C. Chaudron. 2001. Guidelines for second language teaching. In M. Celce-Mercia (ed.). *Teaching English as a Second or Foreign Language 3rd edition* (pp. 29-42). Heinle & Heinle.

Crookes, G. & S. M. Gass. 1993a. *Tasks in a Pedagogical Context: Integrating Theory and Practice*. Multilingual Matters.

―――. 1993b. *Tasks in a Learning Context: Integrating Theory and Practice*. Multilingual Matters.

Crystal, D. 1998. *Language Play*. Penguin Books.

―――. 2008. *A Dictionary of Linguistics and Phonetics 6th edition*. Blackwell.

Cummins, J. 1980. The cross-lingual dimensions of language proficiency: implications for bilingual education and the optimal age issue. *TESOL Quarterly* 14/2. 175-188.

―――. 2009. Bilingual and immersion programs. In Long and Doughty (eds.). *The Handbook of Second Language Teaching* (pp. 166-8). Wiley-Blackwell.

Curran, C. A. 1976. *Counselling Learning in Second-Language Learning*. Couselling Learning Publications.

Davies, A., A. Brown, C. Elder, K. Hill, T. Lumley & T. McNamara. 1999. *Studies in Language Testing 7 Dictionary of Language Testing*. Cambridge University Press.

Davis, P. & M. Rinvolucri. 1988. *Dictation: New Methods, New Possibilities*. Cambridge University Press.

Day, R. & J. Bamford. 1998. *Extensive Reading in the Second Language Classroom*. Cambridge University Press.

De Bot, K. & Kroll, J., F. 2010. Psycholinguistics. In Schmitt, N. (ed.). *An

*Introduction to Applied Linguistics 2nd edition* (pp. 124-42). Hodder Education.

DeBot, K., Lowie, W. & Verspoor, M. 2005. *Second Language Acquisition: an Advanced Resource Book*. Routledge.

DeCarrico. J. S. 2001. Vocabulary learning and teaching. In Cerce-Mercia, M. (ed.). *Teaching English as a Second or Foreign Language*. Heinle & Heinle.

DeKeyser, R. 2003. Implicit and explicit learning. In Doughty, C. and Long, M. (eds.). *The Handbook of Second Language Acquisition* (pp. 313-48). Blackwell.

DeKeyser, R. (ed.). 2003. *Practice in a Second Language: Perspectives from Applied Linguistics and Cognitive Psychology*. Cambridge University Press.

DeKeyser, R. 2009. Cognitive-psychological processes in second language learning. In Long and Doughty (eds.). *The Handbook of Second Language Teaching* (pp. 119-38). Wiley-Blackwell.

DeKeyser, R. & Juffs, A. 2005. Cognitive considerations in L2 learning. In Hinkel, E. (ed.). *Handbook of Research in Second Language Teaching and Learning* (pp. 437-54). Lawrence Erlbaum.

Doff, A. 1988. *Teach English: A Training Course for Teachers*. Cambridge University Press.

Dörnyei, Z. 2001a. *Motivational Strategies in the Language Classroom*. Cambridge University Press. (米山朝二・関昭典訳: 2005. 『動機づけを高める英語指導ストラテジー35』, 大修館書店

―――. 2001b. *Teaching and Researching Motivation*. Longman.

―――. 2005. *The Psychology of the Language Learner*. Lawrence Erlbaum.

―――. 2007. *Research Methods in Applied Linguistics*. Oxford University Press.

―――. 2009. *The Psychology of Second Language Acquisition*, Oxford University Press.

Dörnyei, Z. & Murphey, T. 2003. *Group Dynamics in the Language Classroom*. Cambridge University Press.

Dörnyei, Z. & Skehan, P. 2003. Individual differences in second language learning. In Doughty, C. and Long, M. (eds.). *The Handbook of second language acquisition* (pp. 589-630). Blackwell.

Doughty, C. 2003. Instructed SLA: constraints, compensation, and enhancement. In Doughty, C. and Long, M. (eds.). *The Handbook of Second Language Acquisition* (pp. 256–310). Blackwell.

Doughty, C. & J. Williams (eds.). 1998. *Focus on form in class second language acquisition.* Cambridge University Press.

Duff, A. & A. Maley. 1990. *Literature.* Oxford University Press.

Dulay, H., M. Burt & S. Krashen. 1982. *Language Two.* Pergamon.

Ediger, A. 2001. Teaching children literacy skills in a second language. In (Celce-Mercia, M.). *Teaching English as a Second or Foreign Language 3rd edition.* (pp. 153–71). Heinle & Heinle.

Ehrman, M. E. 1996. *Understanding Second Language Learning Difficulties.* Sage Publications.

Ellis, G. & B. Sinclair. 1989. *Learning to Learn English.* Cambridge University Press.

Ellis, N. 2003. Constructions, chunking, and connectionism: the emergence of second language structure. In Doughty, C. and Long, M. (eds.). *The Handbook of Second Language Acquisition* (pp. 33–68). Blackwell.

———. 2009. Optimizing the input: frequency and sampling in usage-based and form-focused learning. In Long and Doughty (eds.). *The Handbook of Second Language Teaching* (pp. 139–58). Wiley-Blackwell.

Ellis, R. 1994a. *The Study of Second Language Acquisition.* Oxford University Press.

———. 1994b. A theory of instructed second language acquisition. In Ellis, N. (ed.). *Implicit and Explicit Learning of Languages* (pp. 79–115). Academic Press.

———. 1997. *Second Language Research and Language Teaching.* Oxford University Press.

———. 2003. *Task-Based Language Learning and Teaching.* Oxford University Press.

———. 2005. Instructed language learning. In Hinkel, E. (ed.). *Handbook of Research in Second Language Teaching and Learning* (pp. 713–28). Lawrence Erlbaum.

———. 2008. *The Study of Second Language Acquisition 2nd edition.* Oxford University Press.

Ellis, R. & Barkhuizen. 2005. *Analysing Learner Language.* Oxford University Press.

Eskey, D. 1986. Theoretical foundations. In Dubin, F. et al (eds.). *Teaching Second Language Reading for Academic Purposes*. Addison-Wesley.

————. 2005. Reading in a second language. In Hinkel, E. (ed.). *Handbook of Research in Second Language Teaching and Learning* (pp. 563-80). Lawrence Erlbaum.

Flowerdew, J. (ed.). 1994. *Academic Listening: Research Perspectives*. Cambridge University Press.

————. 2009. Corpora in language teaching. In Long and Doughty (eds.). *The Handbook of Second Language Teaching* (pp. 327-50). Wiley-Blackwell.

Fotos, S. 2001. Structure-based interactive tasks for the EFL grammar teacher. In Hinkel, E. and Fotos, S. (eds.). *New Perspectives in Grammar Teaching in Second Language Classrooms*. Lawrence Erlbaum.

————. 2005. Traditional and grammar translation methods for second language teaching. In Hinkel, E. (ed.). *Handbook of Research in Second Language Teaching and Learning* (pp. 653-70). Lawrence Erlbaum.

Fotos, E. & Nassaji, H. (eds.). 2007. *Form-Focused Instruction and Teacher Education: Studies in Honour of Rod Ellis*. Oxford University Press.

Fried-Booth, D. 1986. *Project Work*. Oxford University Press.

Gardner, R. & P. MacIntyre. 1991. An instrumental motivation in language study: who says it isn't effective? *Studies in Second Language Acquisition* 13/1. 57-72.

Gass, S. M. 1997. *Input, Interaction and the Second Language learner*. Lawrence Erlbaum.

————. 2003. Input and interaction. In Doughty, C. and Long, M. (eds.). *The Handbook of Second Language Acquisition* (pp. 224-56). Blackwell.

Gass, S. & Mackey, A., 2007. *Data Elicitation for Second and Foreign Language Research*. Lawrence Erlbaum.

Gass, S. & Selinker, L. (2008). *Second Language Acquisition: An Introductory Course 3rd edition*. Routledge.

Gattegno, C. 1972. *Teaching Foreign Languages in Schools: The Silent Way*. Educational Solutions.

Gephard, J. & R. Oprandy. 1999. *Language Teaching Awareness: A Guide to Exploring Beliefs and Practice*. Cambridge University Press.

Graaff, R. & Housen, A. 2009. Investigating the effects and effectiveness of L2 instruction. In Long and Doughty (eds.). *The Handbook of Second*

*Language Teaching* (pp. 726-55). Wiley-Blackwell.

Grabe, W. 2009. Teaching and testing reading. In Long and Doughty (eds.). *The Handbook of Second Language Teaching* (pp. 441-462). Wiley-Blackwell.

Graham, C. 1978. *Jazz Chants*. Oxford University Press.

Hadley, A. O. 2000. *Teaching Language in Context 3rd edition*. Heinle & Heinle.

Halliday, M.A.K. & R. Hasan. 1976. *Cohesion in English*. Longman.

Hamp-Lyons, L. 2001. English for academic purposes. In Carter, R. and Nunan, D. (eds.). *The Cambridge Guide to Teaching English to Speakers of Other Languages* (pp. 126-30). Cambridge University Press.

Harmer, J. 2007a. *The Practice of English Language Teaching 4rd edition*. Pearson.

―――. 2007b. *How to Teach English*. Pearson.

Hatch, E. 1983. *Psycholinguistics: A Second Language Perspective*. Newbury House.

Hedge, T. 1988. *Writing*. Oxford University Press.

―――. 2000. *Teaching and Learning in the Classroom*. Oxford University Press.

Hinkel, E. (ed.). 2011. *Handbook of Research in Second Language Teaching and Learning Volume II*. Lawrence Earlbaum.

Holec. H. 1981. *Autonomy in Foreign Language Learning*. Pergamon.

Holliday. A. 1994. *Appropriate Methodology and Social Context*. Cambridge University Press.

Howatt, A.P.R. with G.W. Widdowson. 2004. *A History of English Language Teaching 2nd edition*. Oxford University Press.

Hughes, A. 2004. *Testing for Language Teachers*. Cambridge University Press.

Hulstijn, J. 2003. Incidental and intentional learning. In Doughty, C. and Long, M. (eds.). *The Handbook of Second Language Acquisition* (pp. 349-81). Blackwell.

Hutchinson, T. & A. Walters. 1987. *English for Specific Purposes*. Cambridge University Press.

Hyland, K. 2006. *English for Academic Purposes: An Advanced Resource Book*. Routledge.

Jenkins, J. 2000. *The Phonology of English as an International Language*.

Oxford University Press.

―――――. 2002. A sociologically based, empirically researched pronunciation syllabus for English as an international language. *Applied Linguistics* 23/1. 83-103.

Johnson, K. 1996. *Skill Learning and Language Teaching*. Blackwell.

―――――. 2001. *An Introduction to Foreign Language Learning and Teaching*. Longman.

Johnson, K. & Johnson, H. (eds.). 1998. *Encyclopedic Dictionary of Applied Linguistics*. Blackwell. (岡秀夫監訳. 1999.『外国語教育学大辞典』大修館書店)

Jourdenais, R. 2009. Language teacher education. In Long and Doughty (eds.). *The Handbook of Second Language Teaching* (pp. 648-58). Wiley-Blackwell.

Kachru, B. B. & C. L. Nelson. 1996. World Englishes. In McKay, S. L. & Hornberger, N. H. (eds.). *Sociolinguistics and Language Teaching*. Cambridge University Press.

Kaplan, R. 2010. *The Oxford Handbook of Applied Linguistics 2nd edition*. Oxford University Press.

Kelly, L. G. 1969. *Twenty-Five Centuries of Language Teaching*. Newbury House.

Klippel, F. 1984. *Keep Talking*. Cambridge University Press.

Koda, K. 2009. Learning to read in new writing systems. In Long and Doughty (eds.). *The Handbook of Second Language Teaching* (pp. 463-85). Wiley-Blackwell.

Krashen, S. 1985. *Input Hypothesis*. Oxford University Press.

―――――. 1988. *Second Language Acquisition and Second Language Learning 2nd edition*. Pergamon Press.

Krashen, S. & T. D. Terrell. 1983. *The Natural Approach: Language Acquisition in the Classroom*. Pergamon Press. (藤森和子訳. 1986.『ナチュラル・アプローチのすすめ』大修館書店)

Kroll, B. 1990. *Second Language Writing: Research Insights for the Classroom*. Cambridge University Press.

Kumaravadevelu, B. 2002. *Beyond Method: Macro-Strategies for Language Teaching*. Yale University Press.

Kunnan, J. & Jang, E. 2009. Diagnostic feedback in language assessment. In Long and Doughty (eds.). *The Handbook of Second Language Teach-

*ing* (pp. 610-27). Wiley-Blackwell.

Lantolf, J. (ed.). 2000. *Sociocultural Theory and Second Language Learning*. Oxford University Press.

———. 2005. Sociocultural and second language learning research: an exegesis. In Hinkel, E. (ed.). *Handbook of Research in Second Language Teaching and Learning* (pp. 335-45). Lawrence Erlbaum.

Larsen-Freeman, D. 2000. *Techniques and Principles in Language Teaching 2nd edition*. Oxford University Press.

———. 2001. Teaching grammar. In Celce-Mercia, M. (ed.). *Teaching English as a Second or Foreign Language. 3rd edition*. Heinle & Heinle.

———. 2009. Teaching and testing grammar. In Long and Doughty (eds.). *The Handbook of Second Language Teaching* (pp. 518-42). Wiley-Blackwell.

Larsen-Freeman, D. & DeCarrico, J. 2010. Grammar. In Schmitt, N. (ed.). *Introduction to Applied Linguistics $2^{nd}$ edition* (pp. 18-33). Hodder Education.

Larsen-Freeman, D. & M. H. Long. 1991. *An Introduction to Second Language Acquisition Research*. Longman.

Lazar, G. 1993. *Literature and Language Teaching*. Cambridge University Press.

Leaver, B. & Willis, J. (eds.). 2004. *Task-Based Instruction in Foreign Language Education*. Georgetown University Press.

Lewis, M. 1993. *Implementing the Lexical Approach*. Language Teaching Publications.

———. 1996. OHE: Observe-hypothesis-experiment, in Willis, J. & Willis, D. (eds.). *Challenge and Change in Language Teaching*. Heinemann.

Lightbown, P. M. & N. Spada. 2006. *How Languages are Learned 3rd edition*. Oxford University Press.

Littlewood, W. 1992. *Teaching Oral Communication*. Blackwell.

Long, M. 1983. Native speaker/nonnative speaker conversation and the negotiation of comprehensible input. *Applied Linguistics* 4/2. 126-141.

———. 1985. The design of classroom second language acquisition: towards task-based language teaching. In Hyltenstam, K. & Pienemann, M. (eds.). *Modelling and Assessing Second Language Acquisition*. Multilingual Matters.

———. 2005. *Second Language Needs Analysis*. Cambridge University

Press.

———. 2007. *Problems in SLA*. Lawrence Erlbaum.

———. 2009. Methodological principles for language teaching. In Long and Doughty (eds.). *The Handbook of Second Language Teaching* (pp. 374-94). Wiley-Blackwell.

Lozanov, G. 1978. *Suggestology and Outlines of Suggestopedy*. Gordon & Breach.

Lynch, T. 1996. *Communications in the Language Classroom*. Oxford University Press.

Lyster, R. & L. Ranta. 1997. Corrective feedback and learner uptake. *Studies in Second Language Acquisition* 19/1. 37-66.

McCarthy, M., Matthiessen, C. & Slade, D. 2010. Discourse analysis. In Schmitt, N. (ed.). *Introduction to Applied Linguistics 2nd edition* (pp. 53-69). Hodder Education.

Mckay, S. 2001. Literature as content for ESL/EFL. In Celce-Mercia, M. (ed.). *Teaching English as a Second or Foreign Language 3rd edition* (pp. 319-32). Heinle & Heinle.

———. 2005. Sociolinguistics and second language learning. In Hinkel, E. (ed.). *Handbook of Research in Second Language Teaching and Learning* (pp. 281-300). Lawrence Erlbaum.

Mackey, A. (ed.). 2007. *Conversational Interaction in Second Language Acquisition*. Oxford University Press.

Mackey, A. & Gass, S. 2005. *Second Language Research: Methodology and Design*. Lawrence Erlbaum.

McLaughlin, B. 1987. *Theories of Second Language Acquisition*. Arnold.

McNamara, T. 2000. *Language Testing*. Oxford University Press.

Maley, A. 2001. Literature in language classroom. In R. Carter & D. Nunan (eds.). *Teaching English to Speakers of Other Languages*. Cambridge University Press.

Matthews, A., M. Spratt & L. Dangerfield (eds.). 1985. *At the Chalkface: Practical Techniques in Language Teaching*. Arnold.

Medgyes, P. 2001. *Laughing matters*. Cambridge University Press.

Mendelson, D. & J. Rubin (eds.). 1995. *A Guide for the Teaching of Second Language Listening*. Dominie Press.

Mitchell, R. 2000. Applied linguistics and evidence-based classroom practice: the case of foreign language grammar pedagogy. *Applied Linguistics*

21/3. 281-303.

———. 2009. Current trends in classroom research. In Long and Doughty (eds.). *The Handbook of Second Language Teaching* (pp. 676-705). Wiley-Blackwell.

Mitchell, R. & F. Myles. 2004. *Second Language Learning Theories 2nd edition*. Arnold.

Montrul, S. 2009. Heritage language program. In Long and Doughty (eds.). *The Handbook of Second Language Teaching* (pp. 182-200). Wiley-Blackwell.

Morgan, J. & M. Rinvolucri. 1983. *Once Upon a Time*. Cambridge University Press.

Morley, J. 2001. Aural comprehension instruction: principles and practices. In Celce-Murchia, M. (ed.). *Teaching English as a Second or Foreign Language. 3rd edition.* (pp. 69-86). Heinle & Heinle.

Morrow, K. (ed.). 2004. *Insights from the Common European Framework*. Oxford University Press.

Murphy, J. 2001. Reflective teaching in ELT. In Celce-Mercia, M. (ed.). *Teaching English as a Second or Foreign Language 3rd edition* (pp. 498-514). Heinle & Heinle.

Murphy, T. 1992. *Music and Song*. Oxford University Press.

Naiman, N., M. Frölich, H. Stern & A. Todesco. 1978. *The Good Language Learner*. The Ontario Institute for Studies in Education.

Nation, P. 2001. *Learning Vocabulary in Another Language*. Cambridge University Press.

———. 2005. Teaching and learning vocabulary. In Hinkel, E. (ed.). *Handbook of Research in Second Language Teaching and Learning* (pp. 581-96). Lawrence Erlbaum.

Nation, P. & Chung, T. 2009. Teaching and testing vocabulary. In Long and Doughty (eds.). *The Handbook of Second Language Teaching* (pp. 543-59). Wiley-Blackwell.

Nation, P. & Meara, P. 2010. Vocabulary. In Schmitt, N. (ed.). *Introduction to Applied Linguistics 2nd edition* (pp. 34-52). Hodder Education.

Nunan, D. (ed.). 1992. *Collaborative language learning and teaching*. Cambridge University Press.

Nunan, D. 1995. *Atlas 2*. Heinle & Heinle.

———. 2004. *Task-Based Language Teaching*. Cambridge University

Press.

———. 1999. *Second Language Teaching & Learning*. Heinle & Heinle.

———. 2004. *Task-Based Language Teaching*. Cambridge University Press.

———. 2005. Classroom research. In Hinkel, E. (ed.). *Handbook of Research in Second Language Teaching and Learning* (pp. 225–40). Lawrence Erlbaum.

Norris, J. 2009. Task-based teaching and testing. In Long and Doughty (eds.). *The Handbook of Second Language Teaching* (pp. 578–94). Wiley-Blackwell.

Nuttall, C. 1996. *Teaching Reading Skills 2nd edition*. Heinemann.

Ohta, A. 2001. *Second Language Acquisition Processes in the Classroom*. Lawrence Earlbaum.

O'Malley, J. M. & A. U. Chamot. 1990. *Learning Strategies in Second Language Acquisition*. Cambridge University Press.

O'Neill, R. 1986. *The Fourth Dimension Course Book*. Longman.

Ortega, L. 2009a. Sequences and processes in language learning. In Long and Doughty (eds.). *The Handbook of Second Language Teaching* (pp. 81–105). Wiley-Blackwell.

———. 2009b. *Understanding Second Language Acquisition*. Hodder Education.

Oxford, R. L. 1900. *Language Learning Strategies: What Every Teacher Should Know*. Newbury House.

———. 1999. Anxiety and the language learner: new insights. In Arnold. J. (ed.). *Affect in Language Learning*. Cambridge University Press.

———. 2001. Language learning strategies. In Carter, R. & Nunan, D. (eds.). *The Cambridge guide to teaching English to Speakers of Other Languages*. Cambridge University Press.

Pachler, N. & K. Field. 2009. *Learning to Teach Modern Languages in the Secondary School 3rd edition*. Routledge Falmer.

Peterson, P. 2001. Skills and strategies for proficient listening. In Celce-Mercia, M. (ed.). *Teaching English as a Second or Foreign Language 3rd edition*. Heinle & Heinle.

Phillips, S. 1993. *Young Learners*. Oxford University Press.

Phillipson, R. 1991. *Linguistic Imperialism*. Oxford University Press.

Phillipson, R. & Skuttnabb-Kangas. 2009. The Politics and policies of language and language teaching. In Long and Doughty (eds.). *The Handbook of Second Language Teaching* (pp. 263–80). Wiley-Blackwell.

Pica, T. 2005. Second language acquisition research and applied linguistics. In Hinkel, E. (ed.). *Handbook of Research in Second Language Teaching and Learning* (pp. 225–40). Lawrence Erlbaum.

Pica, T., R. Kanagy, J. Falodun. 1993. Choosing and using communicative tasks for second language instruction. In Crookes, G. & S. Gass. (eds.). *Tasks and Language Learning: Integrating Theory and Practice*. Multilingual Matters.

Pienemann, M. 1998. *Language Processing and Second Language Development: Prosessability Theory*. John Benjamins.

―――. (ed.). 2005. *Cross-Linguistic Aspects of Processing Theory*. John Benjamins.

Prabhu, N. S. 1987. *Second Language Pedagogy*. Oxford University Press.

Putcha, H. & M. Schratz. 1993. *Teaching Teenagers*. Longman.

Read, J. 2000. *Assessing Vocabulary*. Cambridge University Press.

Reid, J. (ed.). 1995. *Learning Styles in ESL/EFL Classroom*. Heinle & Heinle.

Reppen, R. & Simpson-Vlach, R. 2010. Corpus linguistics. In Schmitt, N. (ed.). *Introduction to Applied Linguistics 2nd edition* (pp. 89–105). Hodder Education.

Richard-Amato, P. 1988. *Making it Happen*. Longman.（渡辺時夫他訳．1993.『英語教育のスタイル』研究社出版）

Richards, J. C. 1985. *The Context of Language Teaching*. Cambridge University Press.

―――. 1990. *Language Teaching Matrix*. Cambridge University Press.

Richards, J. C. & C. Lockhart. 1994. *Reflective Teaching in Second Language Classroom*. Cambridge University Press.（新里眞男訳．2000.『英語教育のアクション・リサーチ』研究社出版）

Richards, J. C. & Renandya. 2002. *Methodology in Language Teaching: An Anthology of Current Practice*. Cambridge University Press.

Richards, J. C. & R. Schmidt. 2010. *Longman Dictionary of Language Teaching and Applied Linguistics 4th edition*. Longman.

Rick de Graaff & Alex Housen. 2009. Investigating the effects and effectiveness of L2 instruction, In Long and Doughty (eds.). *The Handbook of Second Language Teaching* (pp. 726–755). Wiley-Blackwell.

Ringbom, H. & Jarvis, S. 2009. The importance of crosslinguistic similarity and foreign language learning. In Long and Doughty (eds.). *The Handbook of Second Language Teaching* (pp. 106–18). Wiley-Blackwell.

Rinvolucri, M. & J. Morgan. 1990. *Once upon a time*. Cambridge University Press.

Ritchie, W. & Bhata, T. (eds.). 2010. *The New Handbook of Second Language Acquisition 2nd edition*. Emerald.

Rivers, W. M. 1981. *Teaching Foreign-Language Skills. 2nd edition*. University of Chicago Press.

Robinson, P. 2003. Attention and memory during SLA. In Doughty, C. and Long, M. (eds.). *The Handbook of Second Language Acquisition* (pp. 630–78). Blackwell.

————. 2007. Aptitude, abilities, contexts and practice. In DeKeyser, R. (ed.). *Practice in a Second Language: Perspectives for Applied Linguistics and Cognitive Psychology* (pp. 256–86). Cambridge University Press.

Robinson, P. & Ellis, N. (eds.). 2008. *Handbook of Cognitive Linguistics and Second Language Acquisition*. Routledge.

Roever, C. 2009. Teaching and testing pragmatics. In Long and Doughty (eds.). *The Handbook of Second Language Teaching* (pp. 561–77). Wiley-Blackwell.

Ross, S. 2009. Program evaluation. In Long and Doughty (eds.). *The Handbook of Second Language Teaching* (pp. 756–78). Wiley-Blackwell.

Rubin, J. & Thompson, I. 1982. *How to Be a More Successful Language Learner 2nd edition*. Heinle & Heinle.

Savignon, S. J. 2002. Communicative language teaching for the twenty-first century. In Celce-Mercia, M. (ed.). *Teaching English as a Second or Foreign Language 3rd edition* (pp. 13–28). Heinle & Heinle.

————. 2005. Communicative language teaching: strategies and goals. In Hinkel, E. (ed.). *Handbook of Research in Second Language Teaching and Learning* (pp. 635–52). Lawrence Erlbaum.

Savill-Troike, M. 2006. *Introducing Second Language Acquisition*. Cambridge University Press.

Schmidt, R. W. 1990. The role of consciousness in second language learning. *Applied Linguistics* 11/2. 129–158.

————. 2001. Attention. In Robinson, P. (ed.). *Cognition and Second Language Instruction* (pp. 3–32). Cambridge University Press.

Schmitt, N. 2000. *Vocabulary in Language Teaching*. Cambridge University Press.

Schmitt, N. & Celce-Mercia, M. 2010. An overview of applied linguistics. In Schmitt, N. (ed.). *Introduction to Applied Linguistics 2nd edition* (pp. 1–17). Hodder Education.

Schumann, J. 1978. The acculturation model for second language acquisition, In R. Gingras (ed.). *Second Language Acquisition and Foreign Language Teaching*, Center for Applied Linguisitcs.

Scrivener, J. N. 2005. *Learning Teaching 2nd edition*. Heinemann.

Segalowitz, N. 2003. Automaticity and second languages. In Doughty, C. and Long, M. (eds.). *The Handbook of Second Language Acquisition* (pp. 382–408). Blackwell.

Seliger, H. W. & E. Shohamy. 1989. *Second Language Research Method*. Oxford University Press.（土屋武久・森田彰・星美季・狩野紀子訳. 2001.『外国語教育リサーチマニュアル』大修館書店）

Sharwood Smith, M. & E. Kellerman. 1986. *Crosslinguistic Influence in Second Language Acquisition*. Pergamon.

Shrum, J. & . E. W. Glisan. 2000. *Teacher's Handbook 2nd edition*. Heinle & Heinle.

Sinclair, J. & R.Coulthard. 1975. *Towards an Analysis of Discourse*. Oxford University Press.

Skehan, P. 1996. A framework for the implementation of task-based instruction. *Applied Linguistics* 17/1. 38–62.

―――. 1998. *A Cognitive Approach to Language Processing*. Oxford University Press.

Snow, M. A. & D. M. Brinton. 1997. *The Content-Based Language Instruction: Perspectives on Integrating Language and Content*. Longman.

Spencer-Oatey, H. & Zegarac, Z., Pragmatics, 2010. In Schmitt, N. (ed.). *Introduction to Applied Linguistics 2nd edition* (pp. 70–88). Hodder Education.

Spratte, M., Pulverness, A. & Williams, M. 2005. *The TKT Course*. Cambridge University Press.

Stern, H. H. 1983. *Fundamental Concepts of Language Teaching*. Oxford University Press.

Stevick, E. W. 1996. *Memory, Meaning and Method: Some Psychological Perspectives on Language Learning*. Heinle & Heinle.

Swain, M. 1993. The output hypothesis: Just speaking and writing aren't enough. *The Canadian Modern Language Review* 50/2. 158-164.

———. 1998. Focus on form through conscious reflection. In Doughty, C. & J. Williams (eds.). *Focus-on-Form in Second Language Classroom Acquisition*. Cambridge University Press.

———. 2005. The output hypothesis: theory and research. In Hinkel, E. (ed.). *Handbook of Research in Second Language Teaching and Learning* (pp. 471-84). Lawrence Erlbaum.

———. 2000. The output hypothesis and beyond: mediating acquisition through collaborative dialogue. In J. P. Lantolf (ed.). *Sociocultural Theory and Second Language Learning* (pp. 97-114). Oxford University Press.

Taylor, L. 1990. *Teaching and Learning Vocabulary*. Prentice Hall.

Thompson, I. 2001. Assessment of second/foreign language listening comprehension. In Celce-Mercia (ed.). *Teaching English as a Second or Foreign Language 3rd edition*. Heinle & Heinle.

Thornbury, S. 2006. *An A-Z of ELT: A Dictionary of Terms and Concepts Used in English Language Teaching*. Macmillan.

Tomalin, B. & S. Stempleski. 1993. *Cultural Awareness*. Oxford University Press.

Tomlin, R. & Villa, V. 1994. Attention in cognitive science and second language acquisition. In *Studies in Second Language Acquisition, 16*. pp. 183-203.

Tomlinson, B. (ed.). 2003. *Developing Materials for Language Teaching*. Continuum.

Ur, P. 1981. *Discussions That Work*. Cambridge University Press.

———. 1988. *Grammar Practice Activities: A Practical Guide for Teachers*. Cambridge University Press.

———. 1996. *A Course in Language Teaching*. Cambridge University Press.

Ur, P. & A. Wright. 1992. *Five-Minute Activities: A Resource Book for Language Teachers*. Cambridge University Press.

Urquhart, A. H. & C. Weir. 1992. *Reading in a Second Language: Process, Practice and Product*. Longman.

Vandergrift, L. & Goh, C. 2009. Teaching and testing listening comprehension. In Long and Doughty (eds.). *The Handbook of Second Language*

*Teaching* (pp. 395-411). Wiley-Blackwell.

Van Ek, J. A. & J.L.M. Trim. 1997. *Threshold 1990*. Cambridge University Press.

———. 1998. *Waystage 1990*. Cambridge University Press.

VanPattern, B. 1996. *Input Processing and Grammar Instruction in Second Language Acquisition*. Ablex.

———. (ed.). 2004. *Processing Instruction: Theory, Research and Commentary*. Lawrence Erlbaum.

VanPattern, B. & Benati, A. 2010. *Key Terms in Second Language Acquisition*. Continuum.

VanPattern, B. & Williams, J. 2007. *Theories in Second Language Acquisition: an Introduction*. Lawrence Erlbaum.

Wallace, M. J. 1989. *Action Research for Language Teachers*. Cambridge University Press.

Waters, A. 2009. Advances in materials design. In Long and Doughty (eds.). *The Handbook of Second Language Teaching* (pp. 311-26). Wiley-Blackwell.

Weir, C. J. 1990. *Communicative Language Testing*. Prentice Hall.

———. 1993. *Understanding and Developing Language Tests*. Prentice Hall.

Wesche, M. & Skehan, P. 2002. Communicative, task-based, and content-based language instruction. In Kaplan, R. (ed.). *The Oxford Handbook of Applied Linguistics* (pp. 207-28). Oxford University Press.

Wessels, C. 1987. *Drama*. Oxford University Press.

Widdowson, H. G. 1978. *Teaching Language as Communication*. Oxford University Press.

Wilkins, D. 1976. *Notional Syllabuses*. Oxford University Press.

Williams, E. 1984. *Reading in the Language Classroom*. Macmillan.

Williams, J. 2005. Form-focuses instruction. In Hinkel,E. (ed.). *Handbook of Research in Second Language Teaching and Learning* (pp. 671-92). Lawrence Erlbaum.

Williams, M. & R. L. Burden. 1997. *Psychology for Language Teachers*. Cambridge University Press.

Willis, J. 1981. *Teaching English through English*. Longman.

———. 1996. *A Framework for Task-Based Learning*. Longman.

Willis, J. & Willis, D. (eds.). 1996. *Challenge and Change in Language Teach-*

*ing*. Heinemann.
Willis, D. & Willis, J. 2008. *Doing Task-Based Teaching*. Oxford University Press.
Woodward, T. 2001. *Planning Lessons and Courses*. Cambridge University Press.
Wright, A. 1976. *Visual Materials for the Language Teacher*. Longman.
―――. 1989. *Pictures for Language Learning*. Cambridge University Press.
Wright, J. 1998. *Dictionaries*. Oxford.

アレン玉井光江. 2010. 『小学校英語の教育法　実践と理論』大修館書店
石川慎一郎. 2010. 『英語コーパスと言語教育』大修館書店
石村貞夫. 2002. 『SPSSによる統計処理の手順第3版』東京図書
和泉伸一. 2009. 『「フォーカス・オン・フォーム」を取り入れた新しい英語教育』大修館書店
市川伸一・伊東裕司・渡邊正孝・酒井邦喜・安西祐一郎. 1994. 岩波講座認知科学5 『記憶と学習』
今井邦彦編. 1986. 『チョムスキー小事典』大修館書店
今井邦彦. 2001. 『語用論への招待』大修館書店
卯城祐司編著. 2010. 『英語リーディングの科学――「読めたつもり」の謎を解く』研究社
岡秀夫監修. 1999. 『オーラル・コミュニケーションハンドブック――授業を変える98のアドバイス』大修館書店
岡秀夫・金森強編著. 2009. 『小学校英語教育の進め方　改訂版』成美堂
小川芳男編. 1982. 『英語教授法辞典新版』三省堂
大津由紀雄編著. 2004. 『小学校での英語教育は必要か』慶応義塾大学出版部
―――. 2005. 『小学校での英語教育は必要ない!』慶応義塾大学出版部
―――. 2006. 『日本の英語教育に必要なこと――小学校英語に必要なこと』慶応義塾大学出版部
―――. 2009. 『はじめて学ぶ言語学』ミネルヴァ書房
大友賢二. 1996. 『項目応答理論入門』大修館書店
奥津文夫. 2000. 『日英ことわざの比較文化』大修館書店
小篠敏明. 1995. 『Harold E. Palmerの英語教授法に関する研究』第一学習社
金谷憲編. 1995. 『英語リーディング論――読解力・読解指導を科学する』

河源社
金谷憲編. 1995. 『英語教師論――英語教師の能力・役割を科学する』河源社
金谷憲編. 1992. 『学習文法論――文法書・文法教育の働きを探る』河源社
金谷憲編. 2003. 『英語教育評価論――英語教育における評価論を科学する』河源社
金谷憲編集代表. 2010. 『［大修館］英語授業ハンドブック』大修館書店
門田修平編著. 2003. 『英語のメンタルレキシコン』松柏社
門田修平・野呂忠司編. 2001. 『英語リーディングの認知メカニズム』くろしお出版
門田修平・野呂忠司・氏木道人編著. 2010. 『英語リーデイング指導ハンドブック』大修館書店
管正隆・中嶋洋一・田尻悟郎編著. 2005. 『英語教育 愉快な仲間たちからの贈りもの』日本文教出版
門田修平・池村大一郎編著. 2006. 『英語語彙指導ハンドブック』大修館書店
菅正隆編著. 2008. 『すぐに役立つ！ 小学校英語活動ハンドブック』ぎょうせい
清川英男. 1990. 『英語教育研究入門』大修館書店
小池生夫編. 2003. 『応用言語学事典』研究社
小池生夫編集主幹. 2004. 『第二言語習得研究――これからの外国語教育への視点』大修館書店
小室俊明編. 2001. 『英語ライティング論――書く能力と指導を科学する』河源社
酒井邦嘉. 2002. 『言語の脳科学』中公新書. 中央公論新社.
佐野正之編著. 2000. 『アクション・リサーチのすすめ――新しい英語授業研究』大修館書店
――――. 2005. 『はじめてのアクション・リサーチ――英語の授業を改善するために』大修館書店
靜哲人・竹内理・吉澤清美. 2002. 『外国語教育リサーチとテスティングの基礎概念』. 関西大学出版部
白井恭弘. 2008. 『外国語学習の科学――第二言語学習理論とは何か』岩波書店
白畑知彦・冨田祐一・村野井仁・若林茂則. 2009. 『改訂版 英語教育用語辞典』大修館書店

白畑知彦・若林茂則・村野井仁. 2010.『詳説　第二言語習得研究：理論から研究方法まで』研究社

JACET SLA 研究会編. 2005.『文献からみる第二言語習得研究』開拓社

JACET 学習ストラテジー研究会編著. 2006.『英語教師のための「学習ストラテジー」ハンドブック』大修館書店

大学英語教育学会監修. 2010a.『英語教育学大系　第1巻　大学英語教育学——その方向性と諸分野』大修館書店

―――. 2010b.『英語教育学大系　第3巻　英語教育と文化』大修館書店

―――. 2010c.『英語教育学大系　第6巻　成長する英語学習者』大修館書店

―――. 2010d.『英語教育学大系　第10巻　リーデイングとライテイングの理論と実践』大修館書店

―――. 2010e.『英語教育学大系　第11巻　英語授業デザイン』大修館書店

高島英幸編者. 2000.『実践的コミュニケーション能力のための英語のタスク活動と文法指導』大修館書店

―――. 2005.『文法項目別　英語のタスク活動とタスク：34の実践と評価』大修館書店

高梨芳郎. 2009.『〈データで読む〉英語教育の常識』研究社

武井昭江編著. 2002.『英語リスニング論——聞く力と指導を科学する』桐原書店

田崎清忠編. 1995.『現代英語教授法総覧』大修館書店

寺澤芳雄編. 2002.『英語学要語辞典』研究社

投野由起夫編. 1997.『英語語彙習得論——ボキャブラリー学習を科学する』河源社

中島平三編. 2006.『言語の事典』朝倉書店

馬場哲生編著. 1997.『英語スピーキング論』河源社

樋口忠彦・高橋一幸編著. 2001.『授業づくりのアイディア——視聴覚教材，チャンツ，ゲーム，パソコンの活用法』教育出版

廣森友人. 2006.『外国語学習者の動機づけを高める理論と実践』多賀出版

松澤伸二. 2002.『英語教師のための新しい評価法』大修館書店

松村昌紀. 2009.『英語教育を知る58の鍵』大修館書店

三浦孝・弘山貞夫・中嶋洋一編著. 2002.『だから英語は教育なんだ——心を育てる英語授業のアプローチ』研究社

村野井仁. 2006.『第二言語習得研究から見た効果的な英語学習法・指導

法』大修館書店
文部科学省．2009．『英語ノート1』教育出版
―――．『英語ノート2』教育出版
米山朝二．2002．『英語教育――実践から理論へ　改訂増補版』松柏社
米山朝二他．1994．*Genius English Readings*．大修館書店
米山朝二・杉山敏・多田茂．2002．『英語科教育実習ハンドブック改訂版』
　大修館書店
渡辺和幸．1994．『英語のリズム・イントネーションの指導』大修館書店

# 和英対照表
(五十音順)

## ア 行

I-言語 I-language
あいさつ greetings
アイスブレイカー icebreaker
相づち backchannel
アイディア・ユニット idea unit
曖昧性許容度 ambiguity tolerance
アウトプット output
アクション・リサーチ action research
アクセント accent
アクト・モデル ACT* model
足場掛け scaffolding
アスペクト仮説 Aspect Hypothesis
アセスメント assessment
アップテイク uptake
アナグラム anagram
アプローチ approach
アメリカ陸軍各科専門教育計画 ASTP
アルテ フレームワーク ALTE framework
暗示的学習 implicit learning
暗示的指導 implicit instruction
暗示的知識 implicit knowledge
暗示的否定フィードバック implicit negative feedback
言い換え paraphrase
言い直し recast
異音 allophone
意識高揚 consciousness raising
意志決定活動 *decision-making activity*
一元配置法 one-way ANOVA
1対1の原理 one-to-one principle
一貫性 coherence
一斉行動 choral response
一般化 generalization
意図的語彙学習 intentional vocabulary learning
イネーブリング・スキル enabling skill
イマージョン教育 immersion program
意味焦点化指導 meaning-focused instruction
意味地図 semantic map
意味の交渉 negotiation of meaning
意味微分法 semantic differential scale
意味論 semantics
意欲喪失 demotivation
因子分析 factor analysis
インターネット internet
インタビュー *interview*
インタラクション interaction
インテイク intake
イントネーション intonation
イントラリンガル・エラー intralingual error
インプット input
E-言語 E-language
e-ラーニング e-learning
ウェイステージ Waystage
ウェブクウェスト Webquest
ウェルニッケ野 Wernicke's area
ウォーム・アップ warm-up
運用 production
英検 STEP
『英語ノート』*English Note*
エスノグラフィー ethnography
F-検定 *f*-test
エマージェンティズム emergentism
エラー処理 error treatment
エラー分析 error analysis
演繹的学習 deductive learning
応化理論 Accommodation Theory
横断的研究 cross-sectional study
応用言語学 applied linguistics
オーサリング・ソフト authoring software
オーディオリンガル教授法 Audiolingual Method, Audiolingualism
オープン・センテンス・プラクティス *open sentence practice*
オピニオン・ギャップ *opinion gap*
オペラント条件付け operant conditioning
オリエンテーション orientation
音韻論 phonology
音楽 music
音声学 phonetics
音声表記 phonetic transcription / notation
音節 syllable
音素 phoneme
音素表記 phonemic transcription / notation
音読 reading aloud

[ 443 ]

## カ 行

外円 Outer Circle
海外研修 study abroad
回帰分析 regression analysis
外言 private speech
外向性 extroversion
外国語 foreign language
外国語学習基準 Standards for Foreign Language Learning
外国語としての英語教育 TEFL
外国人言葉 foreigner talk
下位スキル micro-skill; subskill
解読 decoding
χ(カイ)二乗検定 Chi-square test
概念 notion
概念・機能中心シラバス notional-functional syllabus
概念質問 concept question
概念シラバス notional syllabus
回避 avoidance
回避エラー error of avoidance
回文 palindrome
会話分析 conversation analysis
カオス chaos
果敢性 risk-taking
学習 learning
学習可能性 learnability
学習指導要領 Course of Study, The
学習者間批評 peer review
学習者間評価 peer assessment
学習者訓練 learner training
学習者言語 language learner's language
学習者自律性 learner autonomy
学習者中心 learner-centeredness / student-centeredness
学習者の信条 learner belief
学習スタイル learning style
学習方略 learning strategy
学術語彙リスト Academic Word List
拡張円 Expanding Circle
獲得 acquistion
核文法 core grammar
隔離プログラム sheltered model
可視化スキル enabling skill
過剰一般化 overgeneralization
過剰使用エラー error of overproduction
化石化 fossilization
下接 subjacency
仮説検証 hypothesis testing
仮想学習 virtual learning
課題 task
価値観解明 *values clarification*
活動順序 activity sequence
活動理論 activity theory
過程重視のライティング指導 process approach to writing
可読性 readability
カリキュラム curriculum
含意法 implicational scaling
環境整備 classroom conditions
関係節化の可能性の階層 Accessibility Hierarchy
観察基準 observation criterion
感情 affect
干渉 interference
感情移入 empathy
感情フィルター仮説 Affective Filter Hypothesis
間接的介入 indirect intervention
間接的利用 indirect access
間接テスト indirect test
完全利用仮説 full access
慣用句 idiom
関連性理論 relevance theory
キーワード法 keyword technique
記憶 memory
気音 aspiration
機械的ドリル mechanical drill
記号化 encoding
記述文法 descriptive grammar
基準関連妥当性 criterion-related validity
キズネール棒 Cuisennaire rod
帰属理論 attribution theory
気づき noticing
気づき理論 Noticing Hypothesis
機能 function
機能語 function word
技能習得理論 skill acquisition theory
機能主義 functionalism
帰納的学習 inductive learning
規範文法 prescriptive grammar
基本的差異仮説 Fundamental Difference Hypothesis
基本的対人間コミュニケーション技能 BICS
決まり文句 formulaic sequence
帰無仮説 null hypothesis
逆方向積み重ね方式 backward buildup
客観テスト objective test
教育課程 curriculum
教育実習 practice teaching; teaching practice
強化入力 enriched input
協議によるシラバス negotiated syllabus
競合モデル Competition Model

教師研究 teacher research
教師言葉 teacher talk
教室運営 classroom management
教室英語 classroom English
教室研究 classroom research
教師認知研究 teacher cognition research
教師の信条 teacher belief
教師評価 teacher evaluation
教授可能性仮説 Teachability Hypothesis
教授文法 pedagogical grammar
強勢 stress
強制アウトプット pushed output
強制出力 pushed output
協調の原則 co-operative principle
共通参照レベル Common Reference Levels
共同会話 collaborative dialog
共同方式教授法 cooperative language learning
局部的エラー local error
規律 discipline
近接空間論 proxemics
句 phrase
グアン教授法 Gouin method
空所補充会話 gapped dialogue
偶数・奇数等分法 odd-even method
句動詞 phrasal verb
句読点 punctuation
クラス編成 dividing class
クラス分けテスト placement test
グルーピング grouping
グループ活動 group work
グループ・ダイナミクス group dynamics
グループ分け grouping
クロスワードパズル cross-word puzzle
クローズ・テスト cloze test
経験的妥当性 empirical validity
形式・修辞スキーマ formal/rhetoric schema
形式設定インタビュー *structured interview*
継承言語 heritage language
形成的評価 formative assessment
形態素 morpheme
形態素順序研究 morpheme order study
形態論 morphology
系列的関係 paradigmatic relation
ゲーム game
ゲス・フー *Guess who*
結果重視のライティング指導 product approach to writing
結束性 cohesion
言語 language
言語意識 language awareness
言語運用 performance

言語学習ストラテジー一覧表 Strategy Inventory for Language Learning
言語間影響 crosslinguistic influence
言語間エラー interlingual error
言語教育改革運動 Reform Movement
言語教授コミュニケーション志向性 Communicative Orientation of Language Teaching
言語距離 language distance
言語形式重点指導 form-focused instruction
言語形式焦点化 focus on form
言語習得装置 language acquisition device
言語習得の論理的問題 logical problem of language acquisition
言語使用域 register
言語体験教授法 Language Experience Approach
言語帝国主義 linguistic imperialism
言語的相対論 linguistic relativity
言語内エラー intralingual error
言語能力 competence; linguistic competence
現代語適性テスト Modern Language Aptitude Test
ケンブリッジ英検 Cambridge EFL Examinations
原理とパラメター principles and parameters
語彙 vocabulary
語彙活動 vocabulary activity
語彙シラバス lexical syllabus
語彙中心教授法 lexical approach
語彙導入 introduction of vocabulary
語彙密度 lexical density
語彙力の評価 assessment of vocabulary
交感的言語使用 phatic communion
高原現象 plateau effect
構成概念 construct
構成概念妥当性 construct validity
構成主義 constructivism
構造シラバス structural syllabus
構造中心のアプローチ structure-centered approach
後退 backsliding
高低 pitch
肯定証拠 positive evidence
公的文書 public writing
口頭教授法 oral method
行動主義 behaviorism
口頭熟達度面接テスト oral proficiency interview Test
口頭場面中心教授理論 oral-situational approach
項目学習 item learning

項目バンク item bank
項目反応理論 Item Response Theory
項目分析 item analysis
項目弁別 item discrimination
交流理論 interface position
コード切り替え code switching
コーパス corpus
語学演習室 LL
国際音声字母 International Phonetic Alphabet
国際音標文字 International Phonetic Alphabet
国際語としての英語 English as an international language
極小主義プログラム Minimalist Program
黒板 blackboard
語形変化表 paradigm
個人差 individual difference
語中音添加 epenthesis
言葉遊び language play
子供に向けられた言葉 child-directed speech
ことわざ proverb
コネクショニズム connectionism
コピーイング copying
個別化 individualization
個別化ドリル *personalized drill*
個別的要素テスト discrete-point test
コミュニカティブ・ランゲージ・ティーチング Communicative Language Teaching
コミュニケーショナル・ティーチング・プロジェクト Communicational Teaching Project
コミュニケーション意欲 willingness to communicate
コミュニケーション活動 communication activity
コミュニケーション志向のアプローチ communication-oriented approach
コミュニケーション能力 communicative competence
コミュニケーション能力テスト communicative language test
コミュニケーション能力理論 communicative language ability
コミュニケーション方略 communication strategy
コミュニティ・ランゲージ・ラーニング Community Language Learning
語用指導 pragmatics instruction
語用能力 pragmatic competence
語用論 pragmatics
語呂合わせ pun
混合シラバス mixed syllabus

コンコーダンス concordance
コンテクスチュアリゼーション contextualization
コンテクスト context
コンピュータ支援言語学習 CALL
コンピュータ仲介コミュニケーション computer-mediated communication
コンピュータ適応型テスト computer adaptive testing

## サ 行

最近接発達領域 Zone of Proximal Development
再構成化 restructuring
最小対 minimal pair
最頻値 mode
サイレント・ウェイ Silent Way, The
錯乱肢 distractor
サジェストピーディア Suggestopedia
サピア Sapir-Whorf hypothesis
サブマーション理論 submersion model
3次元文法構造 three-dimensional grammar framework
詩 poetry
恣意性 arbitrariness
子音 consonant
子音結合 consonant cluster
識字能力 literacy
ジグソー活動 *jigsaw task*
刺激想起法 stimulated recall
刺激・反応理論 stimulus-response theory
試験 examination
志向 orientation
思考表出法 think aloud technique
自己決定理論 self-determination theory
自己効力感 self-efficacy
自己制御 self-regulation
自己調整 self-regulation
事後テスト post-test
自己評価 self-assessment
指示的質問 referential question
自習 self-access
自習室 self-access
辞書 dictionary
自然順序仮説 natural order hypothesis
事前テスト pre-test
自尊感情 self-esteem
視聴覚語学教育 Audio-Visual Language Teaching
実験群 experimental group
失語症 aphasia
質問―応答―確認(質問・応答・確認) initiate―respond―follow up; IRF

質問紙調査法 questionnaire
実用英語検定試験 STEP
実用性 practicality
私的文書 personal writing
指導案作成 lesson planning
自動化 automatization
指導技術 technique
自動処理 automatic processing
指導法 methods
指導理論 methodology
シミュレーション simulation
社会言語学 sociolinguistics
社会言語学的能力 sociolinguistic competence
社会参加方式 Participatory Approach
社会情意的方略 socio-affective strategy
社会文化理論 Sociocultural Theory
弱形 reduced form
シャドウイング(シャドーイング) shadowing
ジャンル genre
ジャンル方式のライティング指導 genre-based approach to writing
習慣形成理論 habit formation theory
修正 repair
修正アウトプット modified output
修正インプット modified input
修正出力 modified output
修正入力 modified input
従属変数 dependent variable
集団基準準拠テスト norm-referenced test
縦断的研究 longitudinal study
集団討議 brainstorming
集団力学 group dynamics
習得 acquisition
習得―学習仮説 Acquisition-Learning Hypothesis
習得順序 acquisition order / acquisition sequence
周辺文法 peripheral grammar
主観テスト subjective test
授業開始 transition to work
授業規律 classroom discipline
授業終了 end of the lesson
宿題 homework; setting homework
熟達度尺度 proficiency scale
熟達度テスト proficiency test
主題 theme
出欠調査 checking attendance
出力 output
出力仮説 output hypothesis
順向抑制 proactive inhibition
状況訂正作業 *contextual correction*

条件付け conditioning
情報差 information gap
情報差解消活動 *information-gap filling activity*
情報処理モデル information processing model
情報転移 information transfer
(情報の流れが)一方通行 one-way
(情報の流れが)双方向 two-way
剰余性 redundancy
除去的2言語使用 subtractive bilingualism
処理可能性理論 Processability Theory
処理教授理論 Processing Instruction
ジョーク joke
シラバス syllabus
自律性 autonomy
事例研究 case study
真偽テスト true-false test
神経言語学 neurolinguistics
神経言語プログラミング Neurolinguistic Programming
信条 belief system
真正性 authenticity
診断テスト diagnostic test
心的語彙項目 mental lexicon
進度テスト progress test
信頼性 reliability
心理言語学 psycholinguistics
C-テスト c-test
C-ユニット c-unit
スキーマ schema
スキミング skimming
スキャニング scanning
スクリプト script
すぐれた外国語学習者 good language learner
すぐれた言語教師特性 good language-teacher characteristics
スタディ・スキル study skill
ストラテジー能力 strategic competence
スピアマンの順位相関係数 Spearman's rank-order correlation coefficient
スピーキング speaking
スピーキング活動 speaking activity
スピーキング指導の順序 sequence of speaking instruction
スピーキングの評価 assessment of speaking
スピーチ speech
スレッショールド・レベル *Threshold Level*
スレップ SLEP
性格 personality
正確さ accuracy
正規分布 normal distribution

成句 idiom
省察的指導法 reflective teaching
生成文法(理論) generative grammar
成節子音 syllabic consonant
生得主義 innatism
正の転移 positive transfer
世界英語 World Englishes
セグメンテーション segmentation
摂取 intake
絶対評価 absolute evaluation
折衷案的指導法 eclecticism
z 得点 z score
折半法 split-half method
節 clause
説明 explanation
宣言的知識 declarative knowledge
全身反応教授法 Total Physical Response
全体的エラー global error
全体の採点 holistic scoring
総括的評価 summative assessment
相関 correlation
相関係数 correlation coefficient
早期英語教育 teaching English to young learners
相互依存仮説 interdependence hypothesis
総合的な学習 integrated study
相互交渉 transaction
相互交流 interaction
相互交流仮説 Interaction Hypothesis
相互交流修正 interactional modification
創作ライティング creative writing
操作原理 operating principles
操作の定義 operating definition
創造性 creativity
創造的構築仮説 Creative Construction Hypothesis
相対評価 relative evaluation
即時想起 immediate recall
測定誤差 measurement error
速度テスト speed test
外発的動機づけ extrinsic motivation
素描 sketch

## タ 行

第1言語習得 first language acquisition
体系学習 system learning
題述 rheme
対照分析仮説 Contrastive Analysis Hypothesis
態度 attitude
態度の評価 attitudinal assessment
ダイナミック・システムズ理論 Dynamic Systems Theory
第2言語 second language
第2言語あるいは外国語としての英語教育 TESOL
第2言語習得 second language acquisition
第2言語としての英語教育 TESL
タイプ type
タイプ・トークン比率 type-token ratio
代名詞主語省略パラメター pro-drop parameter
対話 dialog
多肢選択テスト multiple-choice test
多構成シラバス multi strand syllabus
多次元モデル Multidimensional Model
多重知能理論 Multiple Intelligences Theory
タスク task
タスク中心教授法 Task-Based Instruction
タスク中心のシラバス task-based syllabus
タスク分類 task classification
タスク・リスニング活動 task-based listening activity
脱落 elision
妥当性 validity
多読 extensive reading
多変量分散分析 multiple analysis of variance
段階的直接教授法 Graded Direct Method
短期記憶 short-term memory
探求的実践 exploratory practice
単純化 simplification
談話 discourse
知覚学習スタイル perceptual learning style
置換ドリル *substitution drill*
遅刻 lateness
知的・学問的言語能力 CALP
知能 intelligence
チャンキング chunking
注意 attention
中央値 median
中間言語 interlanguage
中間言語語用論 interlanguage pragmatics
調音器官 articulator
長期記憶 long-term memory
超文節音 suprasegmental
直接教授法 Direct Method
直接的介入 direct intervention
直接テスト direct test
直線型シラバス linear syllabus
沈黙期 silent period
追試 replication
つづり変え遊び anagram
つなぎ語 filler
ディアラング DIALANG
ディープエンド・ストラテジー deep-end

strategy
ティーム・ティーチング team-teaching
ディクテーション dictation
ディクトグロス *dictogloss*
ディクト・コンポ *dicto-comp*
t検定 t-test
ディサジェストピーディア desuggestopedia
ディスカッション *discussion*
ディスコース discourse
ディスコース完成課題 discourse completion task
ディスコース・コミュニティ discourse community
ディスコース能力 discourse competence
ディスコース標識 discourse marker
ディスコース分析 discourse analysis
ディベート *debate*
tユニット t-unit
定型表現 formulaic sequence
提示 presentation
訂正 correction
定性的研究 qualitative research
訂正的フィードバック corrective feedback
定量的研究 quantitative research
adaptive testing 適応型テスト
テキスト text
適性 aptitude
適性処遇交互作用 aptitude-treatment interaction
適性テスト aptitude test
適切さ appropriacy / appropriateness
テスト testing
テスト・再テスト法 test-retest method
テスル TESL
テソール TESOL
手続き中心のシラバス procedural syllabus
手続き的知識 procedural knowledge
テフル TEFL
デュアリング・リスニング活動 during-listening activity
デュアリング・リーディング活動 during-reading activity
転移 transfer
転換練習 *conversion*
電子黒板 interactive whiteboard
天井効果 ceiling effect
電報発話 telegraphic speech
テーマ中心プログラム theme-based model
トークン token
投影仮説 Projection Hypothesis
同音異義語 homonym; homophone
同化 assimilation

動機づけ motivation
道具的オリエンテーション instrumental orientation
統計的有意性 statistical significance
統合シラバス integrative syllabus
統合的オリエンテーション integrative orientation
統合的関係 syntagmatic relation
統合的シラバス synthetic syllabus
統合的テスト integrative test
統語(論) syntax
動作学 kinesics
統制群 control group
統制処理 controlled processing
統制ライティング controlled writing
到達度テスト achievement test
読書中心教授法 Reading Method
特定の目的のための英語教育 English for specific purposes
独立変数 independent variable
度数分布 frequency distribution
トップ・ダウン処理 top-down processing
トピック中心シラバス topic-based syllabus
トライアンギュレーション triangulation
ドラマ drama
ドリル drill

## ナ 行

内円 Inner Circle
内言 inner speech
内向性 introversion
内在化 internalization
内省 introspection
内的一貫性 internal consistency
内発的動機づけ intrinsic motivation
内容強化プログラム content-enriched model
内容言語統合型学習 CLIL
内容語 content word
内容スキーマ content schema
内容中心教授法 Content-Based Instruction
内容的妥当性 content validity
なぞなぞ riddle
ナチュラル・アプローチ Natural Approach, The
ナチュラル・メソッド natural method
ニーズ分析 needs analysis
2言語使用 bilingualism
2言語使用教育 bilingual education
2言語使用者 bilingual
二元配置法 two way ANOVA
日記研究 diary study
入力 input
入力仮説 Input Hypothesis

入力集中 input flooding
入力処理理論 Input Processing
入力増強 input enhancement
人間主義的アプローチ humanistic approach
認知言語学 cognitive linguistics
認知スタイル cognitive style
認知体系学習 Cognitive Code Learning Theory
認知的方略 cognitive strategy
年齢 age
能力記述文 Can-Do statements
ノックノック knock-knock
ノンパラメトリック検定 non-parametric test

## ハ 行

バーチャル・ラーニング virtual learning
波及効果 backwash; washback
励まし encouragement
バズセッション buzz group
バックスライディング backsliding
発見学習 discovery learning
発信 encoding
発達順序 developmental sequence
発達的エラー developmental error
発表語彙 productive vocabulary
発音 pronunciation
発音指導 pronunciation instruction
発問法 questioning techniques
発話 utterance
発話行為 speech act
発話平均値 MLU
パフォーマンス・テスト performance test
場面依存型 field dependence
場面シラバス situational syllabus
場面独立型 field independence
早口言葉 tongue twister
パラグラフ paragraph
パラ言語 paralanguage
パラフレーズ paraphrase
パラメター parameter
パラメトリック検定 parametric test
パン pun
ピアソンの積率相関係数 Pearson's product-moment correlation coefficient
比較誤信 comparative fallacy
非言語的コミュニケーション nonverbal communication
非交流理論 non-interface position
ピジン pidgin
筆写 copying
ピッチ pitch
否定証拠 negative evidence
否定的フィードバック negative feedback
ビデオ video
非動機づけ amotivation
独り言 private speech
批判的教育学 critical pedagogy
ピムスラー言語適性テスト Pimsleur Language Aptitude Battery, The
評価 assessment; evaluation
表示質問 display question
標準テスト standardized test
標準得点 standard score
標準偏差 standard deviation
評定者一貫性 rater consistency
評定尺度 rating scale
評定者間信頼性 inter-rater reliability
評定者内信頼性 intra-rater reliability
非利用仮説 no access
頻度仮説 Frequency Hypothesis
不安 anxiety
フィードバック feedback
フォーカス・オン・フォーム focus on form
フォニックス phonics
複言語主義 plurilingualism
複雑系理論 Complexity Theory
副次的言語プログラム adjunct model
復習 review
複文化主義 pluriculturalism
符号化 encoding
付随的学習 incidental learning
負の転移 negative transfer
部分スキル part skill
部分的利用仮説 partial access
普遍文法 universal grammar
プライミング priming
フラッシュカード flashcard
プリ・リーディング活動 pre-reading activity
プリ・リスニング活動 pre-listening activity
フレーズ・カード phrase card
ブレーンストーミング brainstorming
ブログ blog
フロー flow
ブローカ野 Broca's area
プログラム学習 programmed instruction
プログレス・テスト progress test
プロジェクト方式学習法 project-based learning
プロセス・シラバス process syllabus
プロトコル protocol
プロトタイプ prototype
プロンプト prompt
文 sentence

文化 culture
文解析 parsing
文化間コミュニケーション cross-cultural communication; intercultural communication
文化間語用論 cross-cultural pragmatics
文化間理解 intercultural understanding
文学 literature
文化ショック culture shock
文化変容 acculturation
文化変容モデル Acculturation Model
文強勢 sentence stress
文型 sentence pattern
分散 variance
分散分析 analysis of variance
分析的採点 analytic scoring
分析的シラバス analytic syllabus
文節音 segment
分節化 segmentation
文法 grammar
文法化 grammaticalization
文法形式中心指導 focus on forms
文法指導 grammar instruction
文法性判断テスト grammaticality judgment test
文法能力 grammatical competence
文法・訳読式教授法 Grammar-Translation Method
ペア活動 pair work
平均値 mean
平行ライティング *parallel writing*
併存的妥当性 concurrent validity
並列分散処理モデル Parallel Distributed Processing Model
ベビー・トーク baby talk
ベルリッツ語学学校 Berlitz School
変動性 variation
ベーシック・イングリッシュ Basic English
母音 vowel
方言 dialect
ポートフォリオ portfolio
ホール・ランゲージ教授法 Whole Language Approach
ポストメソッド教授学 postmethod pedagogy
ポスト・リスニング活動 post-listening activity
ポスト・リーディング活動 post-reading activity
ポッドキャスト podcast
ボトム・アップ処理 bottom-up processing
ボトム・アップ タスク bottom-up task
ほめる praising

ホワイトボード whiteboard
翻訳 translation

## マ 行

マイクロスキル micro-skill
マイクロティーチング microteaching
待ち時間 wait time
まとめ consolidation
マルチ・コンピタンス multi-competence
マルチメディア multimedia
見出し語 lemma
未知語の推測 guessing vocabulary meaning
道しるべ質問 signpost question
身振り言語 body language
脈絡 context
脈絡化 contextualization
民族誌学 ethnography
無意識知識 tacit knowledge
矛盾語法 oxymoron
明確化要請 clarification request
明示的学習 explicit learning
明示的指導 explicit instruction
明示的知識 explicit knowledge
明示的否定フィードバック explicit negative feedback
メソッド比較研究 methods comparison studies
メタアナリシス meta-analysis
メタ言語 metalanguage
メタ言語知識 metalinguistic knowledge
メタ認知的方略 metacognitive strategy
メタ分析 meta-analysis
メモ *memos*
面接 *interview*
目的 objective
目標 aim
目標基準準拠テスト criterion-referenced test
モジュール module
文字練習 Alphabet writing
モニター仮説 Monitor Hypothesis
模倣暗唱活動（ミム・メム）mimicry-memorization (mim-mem)
問題解決活動 *problem-solving activity*

## ヤ 行

有意味ドリル meaningful drill
誘導エラー induced error
誘導発見 guided discovery
誘導ライティング guided writing
誘発 elicitation
有標性 markedness
有標性差異仮説 Markedness Differential

Hypothesis
有用性 usability
床効果 floor effect
ゆびさし Find someone who...
U字型学習 U-shaped learning
養護者ことば caretaker speech
用紙回収 handing in papers
用紙配布 handing out papers
容認性 acceptability
用法基盤理論 usage-based theory
要約 summarizing
抑制 inhibition
欲求階層 needs hierarchy
読み違い分析 miscue analysis
読み書き能力 literacy
ヨーロッパ共通参照枠 CEFR; Common European Framework

## ラ 行

ライティング writing
ライティング活動 writing activity
ライティング指導の順序 sequence of writing instruction
ライティングの評価 assessment of writing
螺旋状シラバス spiral syllabus
ラッシュモデル Rasch model
ラポール rapport
ランク付け活動 *ranking exercise*
リーディング reading
リーディング活動 reading activity
リーディング・カード reading card
リーディング指導 reading instruction
リーディング・スキル reading skills
リーディング相互作用モデル interactive model to reading
リーディング・タイプ reading type
リーディングの指導段階 sequence of reading instruction
リーディングの評価 assessment of reading
リード・アンド・ルックアップ *read and look up*
リカート・スケール Likert scale
理解 decoding
利害 stakes
理解確認の質問 comprehension question
理解可能出力仮説 Comprehensible Output Hypothesis
理解可能入力 comprehensible input
理解語彙 receptive vocabulary
理解中心教授理論 comprehension approach
力量テスト power test
リスニング listening
リスニング活動 listening activity
リスニング指導 listening instruction
リスニング・スキル listening skill
リスニングの指導順序 sequence of listening instruction
リスニングの評価 assessment of listening
リズム rhythm
リメリック limerick
留学 study abroad
流ちょうさ fluency
理論文法 theoretical grammar
臨界期仮説 Critical Period Hypothesis
リンガ・フランカ lingua franca
隣接対 adjacency pair
レディネス readiness
レマ lemma
連結 linking
連語 collocation
練習 practice
ロール・プレイ *role-play*

## ワ 行

ワーキング・メモリー working memory
ワード・ファミリー word family

## A

ACTFL外国語熟達度評定基準 ACTFL Proficiency Guidelines
Adaptive Control of Thought
ALT
ANOVA
ATI
ATI

## C

CBI
CE
CHILDES
clarification request
CLL
CLT
CMC
cognitive / academic language proficiency
collaborative learning
COLT
competence
Complexity theory
computer assisted language learning
Content and Language Integrated Learning
Counseling Learning
cross-cultural understanding

## D

DVD

## E

EAP
EFL
EGP
EIL
EIL から見た発音指導 EIL pronunciation targets
English as a foreign language
English as a second language
English for general purposes
EOP
EPP
ESL
ESOL
ESP
European Language Portfolio

## F

FFI
FonF
four/three/two (4/3/2) technique

## G

GDM

## I

i + 1
IELTS
interaction
International English Language Testing Systems
IPA
IPA

## J

Japan Exchange and Teaching Program
JET プログラム JET program

## L

L1 acquisition
L2 acquisition
LAD
language laboratory
listening assessment
LTM

## M

MANOVA

mean length of utterance
Minimal Terminal Unit
modified interaction

## N

NLP
Noun Phrase Accessibility Hypothesis

## O

OHP / OHC
OPI
order of acquisition
over head projector
overhead projector/overhead camera

## P

PDP
PPP

## R

reading assessment

## S

SD
self-evaluation
sentence stress
SILL
SLA
speaking assessment
Speech Accommodation Theory
SQ3R
student-centeredness
S-R theory

## T

Test of English as a Foreign Language
Test of English for International Communication
TEYL
TOEFL
TOEIC
TPRS [tiːpiːarːes]
TPR
type-token ration

## W

writing assessment

## Z

ZPD

編集協力　小島和子・ムロイコウ
社内協力　高見沢紀子・菅田晶子・大谷千明

《著者紹介》

米山朝二（よねやま・あさじ）

1937年，新潟県に生まれ．1959年，新潟大学教育学部外国語科卒業．1965〜66年，ハワイ大学イーストウエストセンター留学．1979年，エディンバラ大学大学院（応用言語学）修了．現在　新潟大学名誉教授．著書に，『英語教育——実践から理論へ』〈改訂増補版〉（松柏社），『生き生きとした英語授業』上下巻（共著），『新しい英語科教育法』（共著），『基礎能力をつける英語指導法』（共著），『すぐに使える英語の言語活動』（共著），『改訂版　英語科教育実習ハンドブック』（共著）（以上，大修館書店），など．訳書に，ビビアン・クック『第2言語の学習と教授』（研究社），ゾルタン・ドルニェイ『動機づけを高める英語指導ストラテジー35』（大修館書店），などがある．

---

しんぺん　えい ご きょういく し どうほう じ てん
新編　英語 教 育指導法事典

2011年8月22日　初版発行

著者　米山朝二
　　　よねやまあさじ

Copyright © 2011 by Asaji Yoneyama

**KENKYUSHA**
〈検印省略〉

発行者　関戸雅男

発行所　株式会社　研究社

〒102-8152　東京都千代田区富士見 2-11-3
電話番号　営業 03(3288)7777（代）　編集 03(3288)7711（代）
　　　　　振替　00150-9-26710
http://www.kenkyusha.co.jp/

装丁　久保和正

印刷所　研究社印刷株式会社

ISBN 978-4-7674-9106-6 C3582

価格はカバーに表示してあります．
本書の無断複写（コピー）は著作権法上での例外を除き，禁じられています．
落丁本，乱丁本はお取り替え致します．
ただし，古書店で購入したものについてはお取り替えできません．